영어 연어 교육론
원리와 적용

Teaching of English Collocations
Principles and Applications

김낙복 지음

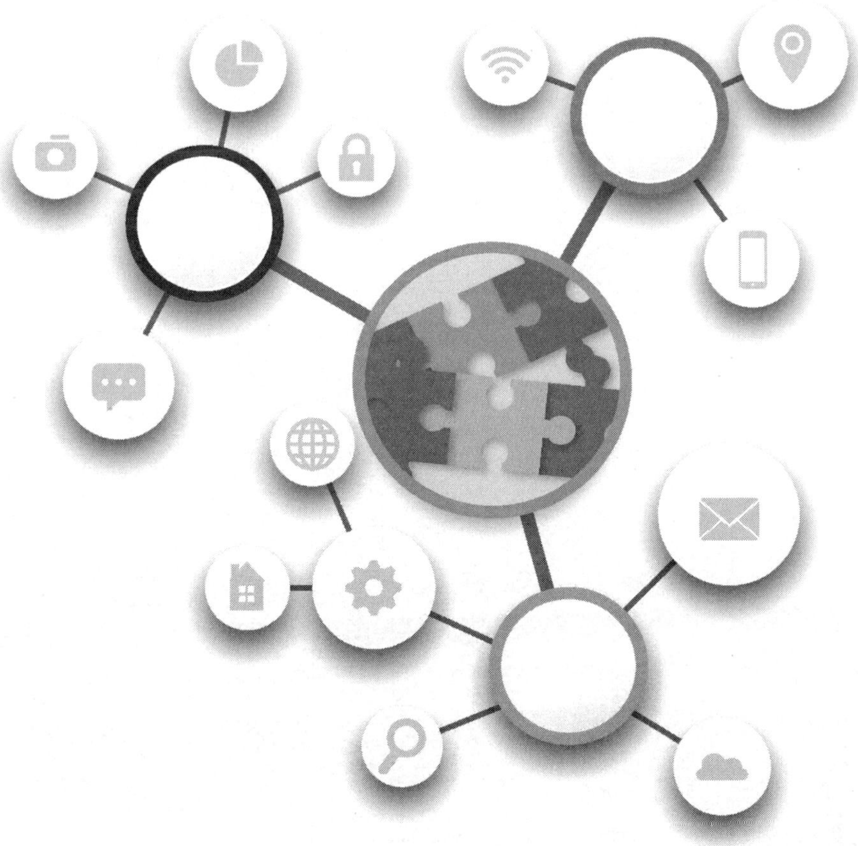

한빛문화

머리말

영어 연어(collocation)에 관한 정보 수집과 연구를 한 지 20년이 지났다. 1999년 대학원을 다니던 중 우연히 연어의 개념과 특징을 접하고 그 중요성과 필요성을 절감하였다. 그리고 이 연구는 2001년 1월 하와이 대학에서 TESOL 연수를 받을 당시, 대학 도서관에서 연어 관련 논문과 도서를 수색(?)하여 복사하고 귀국하면서 시작되었다. 그 이후 2003년 6월 충남대학교에서 열린 한국영어교육학회(KATE) 주최 국제학술대회에서 *Collocational approaches to English lexical acquisition for Korean EFL learners* 제하의 작은 밀알로 발표하고 많은 공감을 얻었다. 그때까지만 하여도 영어 학습이라고 하면 개별 단어를 통해 어휘를 암기하고 문법 규칙을 익혀 영어 문장을 해석하고 의미를 파악하는 것이 중심이었다. 이와 같이 어휘와 문법을 이분법(dichotomy)으로 구분하는 학습 방법의 원인은 언어의 습관적 산물인 단어가 서로 짝을 이루어 결합하는 방식을 이해하지 못했기 때문이었다.

이제 새로운 연어 개념을 통해 적용도와 반복가능성, 전이가능성이 높고 실제 언어사용 상황에서 자연스럽게 의사소통을 할 수 있는 언어 학습 방식으로의 대전환이 필요하다. 이를 위해 '연어를 알면 영어가 보인다'라는 말에 주목할 필요가 있다. 즉, 그동안의 개별 단어 중심으로 학습하던 교수학습 방식에서 벗어나 두 단어 이상의 연어나 확장된 연어인 뭉칫말(chunks)을 활용한 학습이 이루어져야 언어의 숙달도를 높일 수 있다. 연어 학습의 핵심 원리는 인간의 결혼서약서와 같아서 단어 간 어휘 궁합을 통해 뭉칫말화(chunking)와 연어의 묶음인 창문화(windowing)로 연결되어 확장된다는 것에 있다.

영어를 공부하는 기본적인 목적은 원활한 의사소통에 있다. 그렇다면 학습한 내용을 바로 사용할 수 있는 방법이 가장 좋다. 연어를 알면 영어가 쉽게 느껴지는 까닭이 여기에 있다. 연어 학습을 통해 학습된 다단어 조립식 뭉칫말(multi-word prefabricated chunks)은 구조적·의미적·음성적 의존성이 높아 즉시 사용하거나 적용하여 의사소통에 활용할 수 있기 때문이다. 어휘론자인 McCarthy(1990)는 "언어는 강한 연어 쌍으로 가득 차 있다"라고 설파하였다. 즉 연어 학습을 통해 학습자는 단순히 어휘력을 늘리는 것뿐만 아니라 영어 네 기술 전반에 대한 이해도와 산출력을 높일 수 있을 것이다. 특히 2000년 이후에 코퍼스 언어학(corpus linguistics)의 비약적인 발전은 영어 어휘교육이 개별 단어에서 데이터를 기반한 연어 중심의 뭉칫말로 더 큰 어휘묶음(lexical bundles) 단위로 바뀌어야 한다는 실제성(authenticity)을 보여주었다.

이 책은 개별 단어 중심의 영어어휘 교육의 한계점을 해결하고자 하는 작은 바람에서 연어 및 연어 교육의 원리와 구체적 적용을 설명하고자 하였다. 이를 위해 국내외 학자들의 연구물과 저자의 박사 논문을 기반하여, 그동안 연구와 강의를 하면서 얻은 지식과 경험을 담으려고 노력했다. 그간 몇 번에 걸쳐 출판을 준비해오다가 중도에 여러 사정으로 출판하지 못한 아쉬움이 있었는데 이번에 우리나라 영어 교육의 변화와 실용성에 관심을 가지고 있는 유·초·중등학교 교사는 물론 대학에서 관련 연구와 교육활동에 관심이 있는 모든 분들에게 조그만 마중물이 되었으면 하는 소망에 졸작을 세상에 내놓게 되었다. 부족한 부분과 미흡한 점에 대한 독자제현들의 큰 꾸짖음과 많은 지도편달을 바란다.

본 서는 크게 두 부분으로 구성되어 있다. I부에서는 어휘교육과 연어 접근방식의 이해를 통해 지금까지 이루어진 영어어휘 연구를 살펴보고 어휘 접근방식의 이해를 토대로 연어 관계 이해 및 연어 분석과 어휘묶음을 다룬다. II부는 연어 중심 교수학습의 실제 편으로 연어 교수 전략과 교수 방법 및 수업 설계, 유형별 연어 학습 활동지도 및 영어교육에서의 연어 활동 방안으로 각 기능별 활용과 통합적 접근 전략 등을 살펴본다.

끝으로 이 책의 세상 나들이를 위해 꼼꼼한 편집과 출판을 해주신 한빛문화의 정영기 대표님과 편집팀에게 감사를 드린다. 그리고 저자의 옆에서 든든한 지원과 아낌없는 격려를 해준 사랑하는 아내와 딸들에게도 고마움을 전한다. 무엇보다도 부족하고 연약한 내 존재를 지금까지 담대하게 이끌어 주시고 앞으로도 인도해주실 주님께 이 책을 드립니다.

2019년을 새롭게 소망하면서

김 낙 복

목 차

Part 1. 어휘교육과 연어 접근방식의 이해

Ⅰ. 시작하는 글 ······ 11

Ⅱ. 영어 어휘 연구 ······ 15
2.1 영어 어휘 교수 학습 연구 ······ 15
2.2 기본 어휘 선정과 영어 학습 ······ 19
2.3 간접 어휘 학습과 직접 어휘 학습 ······ 24
2.4 L1 어휘 습득과 L2 어휘 학습 ······ 30
2.4.1 전이와 간섭 ······ 30
2.4.2 외국어 어휘 습득에 대한 모국어의 역할 ······ 33
2.5 코퍼스 언어학(Corpus Linguistics)과 어휘 연구 ······ 36

Ⅲ. 어휘 접근방식(Lexical Approach)의 이해 ······ 41
3.1 언어 습득에 대한 어휘 접근방식 ······ 43
3.2 어휘 항목 및 어휘구 ······ 45
3.3 어휘와 문법 ······ 51
3.4 어휘 접근방식과 영어교육 ······ 55

Ⅳ. 영어 연어 관계의 이해 ······ 59
4.1 연어의 개념 ······ 59
4.1.1 연어의 정의 ······ 59
4.1.2 연어와 관용어 ······ 65
4.2 연어의 일반적 특성 ······ 69
4.3 연어 능력(collocational competence) ······ 82

4.4 연어 유형(collocation types) ··· 85
4.5 연어 교육의 중요성 ··· 95

V. 연어분석 및 어휘묶음의 이해 ··· 103
5.1 연어 유형별 분석(collocation analysis) ··· 106
5.2 어구색인(콘코던스)의 분석(concordance analysis) ··· 111
5.3 정형어구(formulaic sequences)와 어휘묶음(lexical bundles) ··· 115

Part 2. 연어 중심 교수 학습의 실제

VI. 연어 교수 전략과 교수 방법 ··· 121
6.1 연어 교수 전략 ··· 121
6.2 연어 교수 전략 원리 ··· 131
6.3 연어 학습 활동을 위한 교수 방법 ··· 138

VII. 연어 교수 학습 활동을 위한 수업 설계 ··· 161
7.1 연어 학습 과정 ··· 162
7.2 수업 모형 ··· 163
7.3 어휘 교수 학습 과정안 모형 ··· 166
7.4 연어 유형 선정과 연어 인식도 평가 ··· 170
7.5 기타 자료 활용 ··· 176
7.6 연어 교수 학습 지도안 작성 ··· 189

VIII. 유형별 연어 학습 활동 지도 ··· 215
8.1 명사+명사(N+N) 유형 ··· 216
8.2 동사+명사(V+N) 유형 ··· 224
8.3 형용사+명사(A+N) 유형 ··· 236
8.4 동사+부사(V+Adv) 유형 ··· 244

8.5 부사+형용사(Adv+A) 유형 ············ 250
8.6 문법적 연어: 전치사 연어 유형 ············ 256
8.7 텍스트 내의 연어 ············ 264

IX. 영어교육에서의 연어 활용 방안 ············ 271
9.1 언어 기능별 적용 활동 ············ 271
9.2 뭉칫말 기반의 기능 통합 전략 ············ 278

X. 나오는 글 ············ 297

참고 문헌 ············ 301

찾아보기 ············ 325

PART I

어휘교육과 연어 접근방식의 이해

I. 시작하는 글

영어교육과 관련하여 언어습득 이론의 관점에 따라 다양하고 새로운 언어 교수 접근방식(approach), 방법(method), 절차(procedure), 기법(technique)이 수업 현장에 적용되어 왔다. 그러나 최근에 많은 언어 연구자들은 코퍼스 기반(corpus-based) 연구에 의한 어구색인 분석(concordance analysis), 컴퓨터 기술의 비약적인 발전과 코퍼스 언어학(corpus linguistics)의 발달에 힘입어 언어의 상당 부분이 다단어 조립식 뭉칫말(multi-word prefabricated chunks)의 형태로 구성되어 있다는 점을 인식하게 되었다.

교수 학습 방법에 있어서도 과거에는 주로 제시(presentation)-연습(practice)-생성(production)의 PPP 패러다임에 기반을 둔 문법 번역식 교수법(Grammar-Translation Method: GTM), 청각-구두식 교수법(Audio-lingual Method: ALM), 전체 언어 접근법(Whole Language Approach: WLA), 의사소통적 언어 교수법(Communicative Language Teaching: CLT) 등의 교수 이론이 현장 영어 수업의 배경을 이루었다. 그리고 이와 같은 교수 이론을 토대로 주로 구조적 교수요목(structural syllabus), 개념-기능 중심 교수요목(notional-functional syllabus), 의사소통 교수요목(communicative syllabus)에 의한 학습 지도안(lesson plan)이 구안·적용되어 현장 영어교육에서 시행되어왔다.

현재는 의사소통능력의 향상이라는 목표하에 문법 번역식 교수법에서부터 과업 중심 언어 교수 학습법(Task-based Language Learning and Teaching: TBLLT), 통합적 접근방식(Integrated Approaches: IA)에 이르기까지 다양한 교수 학습 방법들이 절충·혼재되어 사용되고 있다. 다양성과 창의성을 중시하고 정확성뿐만 아니라 유창성이 강조되는 현실 속에서, 학습자의 필요 및 수준과는 상관없이 문법과 어휘 학습의 중요성이 실제보다 경시되고 있는 점이 큰 문제점으로 지적되어 왔다. 이는 어휘가 언어 숙달도의 핵심적인 성분이며, 학습자가 여타 언어 기술을 잘 수행할 수 있는 기본 틀을 제공해준다는 점을 간과한 네 가지 언어 기술 중심 수업의 부산물이다(Richards & Renandya, 2002).

또한, 우리나라의 영어교육에 관한 연구는 듣기, 말하기, 읽기, 쓰기의 종합적 언어 기술에 대해 집중되어 있고, 어휘와 같은 세부적 언어 기술에는 크게 관심을 두지 않고 있다는 지적이 있다(이화자, 1996). 이와 같은 점은 교사의 교수 전략과 학습자의 학습 전략에 크게 영향을 미치는 교육과정에서도 나타나 있다. 즉, 교육과정상에 다른 언어 기술은 명시적인 성취 기준이 제시되어 있는 반면, 어휘의 역할과 기능 및 지도에 대해서는 명시적인 세부 사항이 없다. 그러나 기본적으로 어휘력이 언어 학습에 중요한 역할을 한다는 점(McCarthy, 1990; Rivers, 1983; Zimmerman, 1997a)과 최근 일련의 연구에서 학생들이 문법과 어휘라는 기초적인 영어 능력에서 입문 단계(threshold level)를 넘어야만 영어 읽기를 제대로 할 수 있다(박기표와 채정숙, 2000; Lee & Schallert, 1997; Mi-Jeong Song, 2001)는 점을 살펴볼 때, 입력단계에서 의사소통적이고 효과적인 문법과 어휘 지도는 매우 중요하다.

많은 어휘론자들은 과거의 개별 단어와 문법 중심의 언어학습으로는 의사소통 능력을 기르는데 한계가 있다고 지적해 왔다(Conzett, 2000; Lewis, 1997a; Nation, 2001). 그 대신 효과적이고 생산적인 의사소통적 언어학습은 개별 단어의 의미를 학습하기보다는 단어 간의 결합관계인 연어(collocation)와 같은 어휘 뭉칫말(lexical chunks)에 주목하여 관찰하고, 기록하고, 재사용하여야 한다고 주장한다. 특히, Lewis(1997a)는 이전부터 부분적으로 여러 학자들에 의해 다양한 용어로 주장되어 오던 언어습득의 새로운 방식으로 어휘 접근방식(Lexical Approach)을 주창하여 구 구조 중심의 문법중심학습의 대안으로 제시하였다. 그것은 언어의 상당부분은 어휘들 간의 공기(co-occurrence)관계로 결합하여 분해되지 않는 전체(unanalyzed wholes)인 다단어 조립식 뭉칫말 (multi-word prefabricated chunks) 형태로 구성되어 있다. Nattinger와 DeCarrico(1992)도 문장을 과거와 같이 문법적으로 분석하거나 개별 어휘의 의미를 인식하기보다는 어휘 결합 어구(lexical phrases)에 주목하고 그것을 하나의 큰 덩어리인 뭉칫말로 인식하도록 하는 것이 의사소통을 향상시키는데 도움이 된다고 주장한다.

뭉칫말(chunks)은 두 단어 이상이 결합하여 다단어 단위(multi-word units)를 구성하는 개념 조각을 지칭한다. 이는 분리되어 작용하기보다 빈번하게 하나의 뭉치로 발화되어 대개는 의미군(sense group)으로 연결된다. 주로 연어 짝(collocational pairs)을 의미하는데, 영어 의사소통을 원활하게 하기 위해서는 연어 짝의 범위를 넘어 다양한 어휘구와 어휘묶음(lexical bundles)으로 확장해야 한다. 그 핵심으로써 어휘 배열능력인 연어 능력(collocational competence) 향상을 도모하여야 할 것이다.

최근 많은 연구자들에 의해 연어는 어휘적 특성과 어휘 관계를 설명하는데 중요한 언어 현상으로 다루어져 왔다(김낙복, 2005a, 2005b). 그뿐만 아니라 언어 지식은 연어 지식(collocational knowledge)이라고 강조하면서 연어 능력의 중요성을 설파했다(Hill, 2000; Lewis, 1997a; McCarthy, 1990). 특히, McCarthy(1990)는 언어에는 강한 연어 짝(collocational pairs)으로 가득 차 있으며 단어 간의 결합인 연어를 혼인 계약서(marriage contract)에 비유하면서 어휘 궁합의 원리를 잘 설명해주고 있다.

이와 같이, 지금까지 어휘의 중요성과 교수·학습 방법에 대한 연구와 논의는 대부분 개별 단어에 관한 것이었는데, 실제 의사소통 상황에서 개별 단어의 다면적 결합 관계에 대한 연구가 더욱 필요하다. 따라서 영어가 동사구부터 더 긴 관습화된 표현(institutionalized expressions)에 이르기까지 어휘 항목으로 구성되어 있다는 어휘 접근방식(Lexical Approach: LA)에 주목할 필요가 있다. 이 LA의 중심 개념은 개별 단어가 빈번하게 다른 단어와 함께 쓰이는 방식인 연어(collocation)라고 할 수 있다(Lewis, 1993). 또한, 이 접근방식은 문법과 어휘를 이분법(dichotomy)으로 나누는 기존의 방식을 지양하고, 외국어 교수 학습에서 기존의 제시-연습-생성의 패러다임을 지양하며, 어휘 문법(lexico-grammar)을 지향하고, 관찰(observation)-가설(hypothesis)-실험(experiment)의 새로운 OHE 패러다임으로의 전환을 제시하고 있다는 점이 전통 방식과 크게 다르다고 설명할 수 있다. 이와 같이 최근 들어 외국어 교수의 관심이 형태에 대한 초점(focus on form)으로 옮겨가고, 전통적으로 문법으로 여겨왔던 언어 패턴이 어휘 접근방식으로 재조명되면서 통합적인 패러다임을 지향하고 있다.

따라서 영어의 상당부분이 다단어 조립식 뭉칫말로 구성되어 있으며, 그 근간을 이루는 것이 연어이고(Ellis, 1997, 2003; Lewis, 1993; McCarthy, 1990; Nesselhauf, 2003, 2005; Read & Nation, 2004; Willis, 1990; Wray, 2000) 어휘의 개념도 단어 이상으로 확장되어 왔다(Fernando, 1996; Richards & Renandya, 2002)는 어휘 접근방식을 기반으로 한 연어 중심 교수 전략과 교수 방법을 구안하고, 연어 수업활동을 위한 수업설계를 바탕으로 연어 중심 어휘 수업에 대한 원리 이해와 유형별 연어 학습 활동 지도를 통해 영어교육에 실질적이고 다면적인 적용의 필요성이 대두되고 있다.

II. 영어 어휘 연구

2.1 영어 어휘 교수 학습 연구

언어의 기초는 어휘이며 어휘력은 의사소통능력의 핵심이 되는 요소이다(Coady & Huckin, 1997; McCarthy, 1990; Nation, 1990; Wilkins, 1972). Wilkins(1972, p. 111)는 어휘가 없이는 의미의 전달도 이루어질 수 없음을 강조하면서 어휘의 중요성을 강조하였다("The fact is, without grammar, very little is conveyed, without vocabulary, nothing can be conveyed."). 무엇보다도 어휘를 안다는 것은 '철자, 소리'와 같은 단어의 형태면은 물론이고 '형태와 의미의 연결, 개념, 연어'과 같은 의미면, '품사 및 맞는 문장패턴, 격식과 비격식체, 사용자 특성, 용법의 제한사항 빈도 등'의 사용의 영역을 모두 안다는 것을 포함한다(Nation, 2005). 또한, 장 이론(field theory)과 구성성분 분석(compositional analysis)을 어휘교수에 적용시키는 방안을 제시한 Channell(1981)은 제2언어학습자가 겪는 대부분의 어려움이 어휘적인 부분임을 지적하면서 학습자는 단어의 기본적인 의미뿐만 아니라 다른 단어들과 어떠한 관련을 맺고 있는가 하는 것과 어떠한 환경에서 다른 단어들과 함께 결합하는가 하는 지식이 필요하다는 점을 지적하고 있다. Richards(1985)도 어휘 능력이란 단어가 나타나는 빈도, 그 단어와 연관된 다른 단어들을 아는 것, 그 단어의 사용이 제한되는 환경, 단어와 관련된 다른 의미들을 아는 것이라고 정의하였다.

전통적으로 외국어 학습에서 어휘는 언어 학습의 중요한 요소 중 하나로 여겨져 왔지만, 제2언어 습득(Second Language Acquisition: SLA) 연구에서는 소홀히 취급되어 왔다(권오량, 1995; 이화자, 1996, 1999; Carter & McCarthy, 1988; Cheongsook, Chin, 2002, 2004; Gass & Selinker, 1994; Harley, 1995; Levenston, 1979; Paribakht & Wesche, 1997; Richards, 1976; Seal, 1991; Sinclair & Renouf, 1988). 그러나 1980년대 후반부터 본격적으로 어휘의 중요성이 많은 학자들에 의해 여러 측면에서 강조되었다. Nagy(1988)에 따르면, 어휘 지식을 증가시키는 것은 영어 교육과정의 기본적인 목적이며, 어휘력과 독해 능력 간의 상관 관계가 높다고 주장했다. Aitchison(1988)은 지엽적이고 단편적인 어휘 연구의 문제점을 제기하면서 인간이 어휘를 어떻게 저장하고, 아동이 어떻게 어휘를 습득하는가에 대한 종합적이고 광범위한 연구를 머릿속 어휘부 또는 어휘 사전(mental lexicon)이라는 용어로 설명했다. 한 걸음 더 나아가 Carter와 McCarthy(1988)는 어휘에 대한 언어학적 연구의 발전, 심적 어휘에 대한 심리언어학적 연구, 의사소통 지향적 언어 교육의 흐름, 컴퓨터의 발달 등의 축적된 지식을 어떻게 어휘 교육과 연결시킬 것인가에 대한 방법론적인 모색을 시도했다. 특히, 어휘론자였던 이들은 어휘의 결합적(syntagmatic) 특성에 대한 관심과, 컴퓨터를 활용한 어휘 교수자료가 증가하였다는 점을 고찰하였다. 즉, 어휘의 결합적 사용은 '조립된 어휘 뭉칫말(prefabricated lexical chunks)'들을 상황에 맞게 조정하는 과정이며 어휘의 습득과정에는 이러한 뭉칫말을 습득하는 과정이라는 점을 강조하였다.

1990년대에 Carter(1987, 1998), Coady(1997a, 1997b), Hatch와 Brown(1995), McCarthy(1990), Nation(1990), Willis(1990) 등은 언어 교수에 있어서 어휘 교육의 중요성을 강조하고, 어휘 교수의 내용적, 방법론적 연구를 소개하면서 보다 효과적인 어휘 교육 방법을 모색했다. 또한, 컴퓨터의 발달과 함께 코퍼스(corpus)를 기반으로 통계적 방법을 이용하여 텍스트에 나타나는 어휘의 빈도, 기본 어휘 목록, 어구색인, 연어 등 어휘와 관련된 다양한 연구가 활발해지면서 어휘 연구에 획기적인 전기가 마련되었다. 특히, 컴퓨터에 저장된 자연스러운 문어, 구어 텍스트의 모음인 코퍼스는 일정한 원칙을 갖고 수집한 방대한 사이즈를 통해 연구자들이 언어 사용의 일반성을 구축할 수 있고 언어가 구체적으로 어떻게 사용되고 있는가를 알 수 있게 해주었다. 하지만 이 시기 국내의 이화자(1996)는 교사들이 어휘 교수의 중요성을 실감하고 우리말 정의를 제공하는 지도 방법을 실시하거나, 좀 더 열의 있는 교사는 단어 카드나 그림 카드를 이용하는 등 다양한 어휘 제시법을 개발하여 상당한 시간적, 정신적 투자를 하고 있음에도 불구하고 그 결과는 실망스럽다고 보고하면서 우리나라 영어교육 여건에 적절한 어휘 지도법의 개발이 필요하다는 점을 강조했다.

2000년대에 들어와서는 그동안 축적된 연구를 바탕으로 정양수(2000), 정영국(2002), 한종임(2004), Cheongsook Chin(2002, 2004), Carter(2001), Hedge(2000), Schmitt(2000), Singleton(2000) 등이 어휘 교육의 다각적인 교수 방법을 제시하고 있다. 더욱이 최근 들어 영어교육의 초점이 '형태'에서 '의미'로 옮겨감에 따라 그동안 영어의 구조나 문법에 비해 상대적으로 소홀히 취급되었던 어휘에 대한 관심이 점차 증가하고 있다. 그렇지만 어휘에 관한 많은 연구는 읽기 학습 중에 발생하는 주변적이거나 '부수적인 어휘 학습(incidental vocabulary learning)'에 관한 것들이었다(Krashen, 1988, 1989; Nagy, 1997; Nation, 1990; Prince, 1996). 또한, 대부분의 교사들은 어휘를 효과적으로 습득하는 방법은 읽기 등 다른 언어 활동을 하면서 문맥 속에서 모르는 단어의 의미나 기능을 파악하는 것이라고 믿어왔다(송미정, 2002; Cheongsook Chin, 2002). 교사가 어휘를 다루는 경우에도 학생들에게 단어의 의미를 가르치거나 연습문제 형태로 고르도록 하였다(Zimmerman, 1997b).

그러나 한편에서는 단순히 독해와 관련한 부수적인 어휘 학습과 개별 어휘 학습의 문제점과 한계를 지적하면서 어휘적 접근방식에 의한 영어 학습의 방법과 유용성을 찾고자 하는 시도가 1980년대 중반부터 활발히 계속되고 있다(Benson, Benson, & Ilson, 1986, 1997; Hill, 2000; Lewis, 1993, 1997a; Schimitt, 2000; Sinclair & Renouf, 1988; Stubbs, 1995a; Thornbury, 2002; Willis, 1990). 이 접근방식의 핵심은 기존의 어휘와 문법의 이분법적인 구분을 깨고 단순히 개별적인 어휘 학습을 넘어, 형태와 의미 및 기능을 통합한 어휘-문법 패턴을 지향한다는 점이다. Nation(2001)도 어휘를 안다는 것은, 단순히 새로운 단어를 아는 것이 아니라, 그 단어들의 새로운 결합을 안다는 것이라는 점을 강조하였다.

한편, 모국어 학습 상황의 경우 풍부한 어휘를 접하고 활용할 수 있는 기회가 많기 때문에 특별한 어휘지도가 없이도 자연스럽게 어휘를 습득할 수 있다(Nation, 2001). 하지만 EFL상황에서의 어휘 학습은 의사소통적이어야 한다. 이런 측면에서 성공적인 의사소통을 위한 어휘지식은 어휘 수(vocabulary size)만 보는 것을 넘어 어휘의 다양한 측면, 즉 본원적 의미와 파생의미, 형태, 용법, 어울리는 어휘 등에 대한 지식의 정도(vocabulary depth)에 대한 연구가 심도 있게 이루어져야 한다.

어휘 지식의 관점에서, Nation(1990)은 어휘에 대한 지식을 <표 2-1>과 같이 수용 지식(receptive knowledge)과 산출 지식(productive knowledge)으로 분류하였다. 듣기나 읽기를 통해 단어를 이해하는 과정은 수용이고, 말하기나 쓰기를 비롯한 영어의 네 기능을 통해 단어를 생성하고 사용하는 과정은 산출이다. <표 2-1>의 Nation(1990)의 분류에서 보듯이 어휘에 대한 지식이 하위영역의 세부 분류에 따라 산출적 지식과 수용적 지식으로 구분될 수 있는데, 어휘를 제대로 알기 해서는 이해와 적극적인 사용의 두 측면을 모두 고려해야 하겠다. 다음은 Nation이 제시한 어휘 지식에 한 분류표이다. R은 receptive(listening and reading), P는 productive(listening, reading, speaking, and writing) 지식을 의미한다.

〈표 2-1〉 어휘 지식 분류표(Nation, 1990, p. 31)

Knowledge areas	Subareas		Examples
Form	Spoken form	R	What does the word sound like?
		P	How is the word pronounced?
	Written form	R	What does the word look like?
		P	How is the word written and spelled?
Position	Grammatical patterns	P	In what patterns does the word occur?
		R	In what patterns must we use the word?
	Collocations	R	What words or types of words can be expected before or after the word?
		P	What (types of) words must we use with this word?
Function	Frequency	R	How common is the word?
		P	How often should the word be used?
	Appropriateness	R	Where would we expect to meet this word?
		P	Where can this word be used?
Meaning	Conceptual meaning	R	What does the word mean?
		P	What word should be used to express this meaning?
	Associative meaning	R	What other words does this word make us think of?
		P	What other words could we use instead of this one?

또한, Corson(1995)은 수용적인 것과 산출인 것의 차이는 지식의 차이라기보다는 사용의 차이라고 한다. 수용적으로는 알고 있으나 능동으로는 사용하지 못하는 어휘를 수동 어휘(passive vocabulary)라고 하고, 산출적으로 사용이 자유로운 어휘를 능동 어휘(active vocabulary)라고 한다. 나아가, 수동 어휘를 세 부류, 즉, 부분으로 알고 있는 어휘, 아직 사용할 준비가 안 된 어휘, 능동적인 사용을 회피하고 있는 어휘로 분류한다. Laufer(1998) 역시 동일한 용어를 사용하며 어휘의 수용적, 산출적 지식을 구분하였다. 어휘의 사용이나 의미를 이해하는데 필요한 지식을 수동적 지식으로 보았고, 문맥에 맞는 어휘를 기억해내어 쓰거나 작문에 능동적으로 사용할 수 있는 지식을 능동적 지식으로 보았다. Laufer(1998)는 반복적인 연습이나 노출을 통해 수동적 어휘가 능동적 어휘로 바뀔 수 있다고 주장했다. 또한 학습 초기에는 산출 지식에 비해 수용적 지식이 많지만 학습이 진행되면서 수용적 어휘 지식이 능동적 어휘 지식으로 전환되면서 두 부분의 격차가 좁아진다고 하였다(Melka, 1997).

산출적인 연어지식 및 어휘지식과 관련하여, Bahns와 Eldaw(1993)은 독일인 58명을 상으로 동사+명사의 산출적 연어 지식을 측정하기 위해 빈칸 채우기와 연어 번역 시험을 실시하였다. 두 종류의 시험의 결과에 유의미한 차이는 없었으나 학습자들의 연어 지식이 어휘지식과 함께 발달하는 것은 아니며, 별도의 연어 학습이 필요하다고 주장하였다. Koya(2003)는 일본인 영어 학습자를 연구하였는데, 그 결과 수용적, 산출적 연어 지식 모두에서 어휘 능력이 높은 학습자일수록 연어 지식이 높았음을 보이며, 그에 따라 어휘 지식과 연어 지식이 밀접하게 관련되어 있다고 주장하였다. 김윤정(2005)은 일반영어 능숙도와 산출적 연어 지식에 차이가 있는지를 알아보기 위해 동사+명사를 포함한 5가지의 유형의 연어 평가와 작문 평가를 실시한 결과, 수용 연어 지식의 평가를 해 주어진 문장의 적절/부적절을 선택하도록 하고 산출 연어 지식의 평가를 해서 부적절한 문장을 고쳐 쓰게 하였는데, 영어 능숙도에 따라 수용적 연어 지식과 산출적 연어 지식 사이에서 유의미한 차이를 보였다고 보고하였다. HyeJin Kim과 Hyunsook Yoon(2008)은 L1의 예측성에 초점을 두고 85명의 대학생을 대상으로 동사+명사 연어 지식과 사용에 관한 연구에서 학습자들이 전체적으로 연어 지식이 부족하고 연어 오류의 상당 부분은 L1의 영향이며, 특히 산출적 연어를 수용적 연어보다 어려움을 겪는다고 지적하면서 학습자들의 의사소통능력 향상을 위해서는 연어 지도를 강조하여야 한다고 주장하였다.

최근에는 컴퓨터 프로그램을 활용한 코퍼스 언어학(corpus linguistics)의 비약적인 발전으로 언어의 장르별 분석은 물론 말을 한데 모은 덩어리인 말뭉치(corpus) 데이터 수집 등을 통해 영어 개별 단어뿐 아니라 연어를 포함한 다단어 뭉칫말(mult-word chunks)에 대한 사용빈도, 문맥 내에서의 함께 어울려 결합하여 사용하는 콘코던스, 그 해당 단어의 빈도와 차트까지 살펴볼 수가 있다. 또한, WordSmith Tools나 AntConc와 같은 코퍼스 분석 프로그램 그리고 COCA(Corpus of Contemporary of American English), BNC(British National Corpus)와 다양한 온라인 프로그램을 통해 어휘 분석은 물론 콘코던스 결과물, 구어와 문어 코퍼스, 원어민과 학습자 코퍼스(native speaker & learner corpus) 등 필요한 정보를 언어 교육활동에 활용하고 있다.

2.2 기본 어휘 선정과 영어 학습

과연 영어 어휘의 규모(vocabulary size)는 어느 정도이며 성공적인 영어 학습에 필요한 기본 어휘는 어느 정도가 되어야 하는가에 대한 연구가 있어 왔다(Nation, 1990, 2001; Nation &

Waring, 1997; Schmitt, 2000). 여러 연구자들이 그 적정 규모를 선정하는 데 있어서 주관성에 대해 논란을 벌이기는 했지만 나름대로의 기준과 많은 자료 분석 연구를 통해 기본 단어를 선정하고 있다. 먼저, 기본 어휘의 조건을 어떻게 보고 있는지 살펴보고자 한다.

Mackey(1965)는 어휘 선택의 평가 기준을 5가지로 제시하고 그 우선 순위는 빈도(frequency)-적용 범위(coverage)-분포 범위(range)-이용가능성(availability)-학습가능성(learnability)이라고 제안했다. Richards(1974)도 어휘 목록 작성의 지침으로 다음의 4가지 기준 즉, a) 빈도 및 분포 범위(frequency and range); b) 적용 범위; c) 이용가능성; d) 친근성(familiarity)과 의미 우선 순위(meaning priorities)를 제시했다. Carter(1987)는 기본(basic) 어휘라는 용어 대신 핵심(core) 어휘라는 용어를 사용하면서, 구조적·기능적 입장에서 언어학적으로 테스트하는 10가지 방법을 제시하고, 핵심 어휘는 높은 빈도, 넓은 영역 및 포괄성, 학습과 교수의 용이성과 연관되어야 하며, 구어와 문어, 친숙성, 교실 어휘 등 교육적 원칙도 충분히 고려되어야 한다고 주장했다. 이상의 논의를 종합해보면, Richards(1974)가 주장한 바와 같이 기본 어휘 선정이 타당하고 유용하려면 최대한 객관적 기준에 바탕을 두면서 교육적 함의와 필요성에 의한 주관적 판별도 같이하는 등 종합적인 접근이 필요하다.

한편, 많은 학자들이 사전을 통해 어휘 규모를 제시하기도 했다. 초보에서 중상급 수준에 이르는 학생들을 위한 읽기 자료를 선택하거나 작성할 목적으로 교사나 전문가를 위해 만들어진 어휘 목록 책인 Hindmarsh(1980)의 *Cambridge English Lexicon*은 약 4,500개 어휘를 다루고 있다. 약 3,000개의 낱말을 다루고 있는 Molinsky와 Bliss(1994)의 그림 사전 *Word by Word Picture Dictionary*는 개인 정보에서부터 우주 탐험에 이르는 115개의 주제 단위를 설정하고 다양한 상황과 주제에서 효과적으로 의사소통을 하는데 필요한 필수 어휘를 제시하고 있다. 이 사전은 기본 어휘 선정 기준에서 빈도와 범위 이외에 이용가능성과 친근성을 고려하여 상황적 항목과 의미적 항목을 포함하고 있는 것이 특징이다. 이와 비슷한 체제이지만 보다 진일보한 체제로 전체 12과에 140개의 핵심 주제를 설명하고 있는 Shapiro와 Adelson-Goldstein(1998)의 그림 사전 *The Oxford Picture Dictionary*는 광범위한 주제를 다루면서 약 3,700개의 핵심 단어를 통해 일상어부터 전문용어까지 제시했다. 특이한 것은 부분적으로 동사+명사 연어의 제시를 통해 실용성을 강화하여 사용도를 높이고자 했다는 점이다.

약 8만 개의 어구를 다루고 있는 *Longman Dictionary of Contemporary English* 3판 개정판(2003)은 어휘의 정의는 이해하기가 분명하고 쉬워야 한다고 주장하면서, Longman Corpus Network을 바탕으로 가장 빈도가 높은 일상 단어 약 2,000개를 사용해서 어휘를 설명하고 있으며, 약 3,000개의 어휘를 구어(spoken: S)와 문어(written: W)로 구별하여 S1, W1(1,000 이내), S2, W2(그 다음 1,000 족, 2,000), S3, W3(그 다음 1,000 족, 3,000)로 표기를 달아 놓았다. 3억2천3백만 단어 코퍼스로 세계적인 권위를 인정받고 있는 *COUBILD*(2001)는 The Bank of English에서 뽑은 상위 2,000개의 빈도 정보를 바탕으로 기본 어휘를 선정했다. 특히, Nation(1990)은 구어 영어에서 적은 수의 단어가 언어의 대부분을 차지하고 있다고 설명하면서, 2,000단어가 구어 자료의 거의 99%를 차지하고 있다고 주장하고, 구어체 영어에서 가장 빈도가 높은 약 5%의 단어는 문어체 영어에서는 고빈도 단어가 아니었다고 보고했다.

Lewis와 Hill(1992)은 잘 교육받은 원어민이 어려움 없이 수천 단어를 읽고 들을 수 있는데, 아마도 보통의 일상 대화에서는 약 2,000단어만을 사용하며 그 정도로도 영어 대화 상황에서 꽤 즐겁게 기능할 수 있다고 말한다. 그들은 또한 더 많은 어휘를 학습하는 것이 유창성을 늘리는데 꼭 필요한 것은 아니라고 말한다. 이는 Nation이 주장한 바와 같이, 구어체에서는 많은 어휘보다 적은 단어를 어떻게 활용하고 다양하게 사용하느냐가 핵심이다. 그는 성인 외국어 사용자는 2,000~7,000개 정도의 어휘를 알고 있다고 주장하면서, 텍스트에서 약 87%는 고빈도 단어(high-frequency words)이며 학습자는 2,000단어 정도로도 텍스트의 87%를 읽을 수 있고, 이러한 고빈도 단어 2,000개에 대학 단어 목록 800개를 합하면 텍스트의 95%를 차지한다고 <표 2-2>와 같이 제시했다.

Hunt와 Beglar(2002)도 가장 빈도가 높은 3,000개의 단어를 학습자들에게 직접 가르칠 것을 강조하고 있다. 이와 같은 주장을 통해 얼마나 많은 수의 어휘를 알고 있느냐도 중요하지만, 언어 능력을 신장시키기 위해서는 알고 있는 단어를 사용할 수 있는 연습과 훈련이 더 중요하다는 점을 알 수 있다. 이런 맥락에서 볼 때, 교실 상황에서는 개별 단어의 의미를 가르치고 적절한 상황에서 사용할 수 있도록 하는 학습활동이 중요하다. 예를 들어, 영어의 'little'과 'small'은 같은 뜻으로 쓰이나 실제 사용에 있어서는 차이가 있다. 즉 'What a pretty *little* dress'라고 말하는 것은 가능하나, '*What a pretty *small* dress'라고는 말하지 않는다. 따라서 이와 같은 개별 단어의 의미 차이와 함께 결합하여 사용되는 표현을 어군이나 고정 표현으로 한 단어처럼 기억하고 사

〈표 2-2〉 단어 수와 텍스트 범위(Nation, 1990)

	단어 수	텍스트 비율
고빈도 단어	2,000	87%
대학 단어 목록	800	8%
전문적 단어	2,000	3%
저빈도 단어	123,200	2%
전체	128,000	100%

용하는 것이 중요하다. 결국, 학습자들에게는 조립식 뭉칫말로 이루어진 어휘 입력이 필요하다.

한편, 기본 어휘 제시에 있어서, 신명신(1996)은 언어교육에 있어 언어 자료 선택의 중요성과 초보단계 학습자를 위한 기본 어휘 제시의 필요성을 언급하면서 1,419(표제어 1,271개)의 기본 어휘 목록을 제시했다. Macmillan(2002) 사전은 핵심적인 어휘(defining vocabulary)를 수많은 영어 어휘에서 어휘 빈도 정보에 따라 가장 기본적이고 일상적인 어휘로 2,500개를 선정했다. 그리고 Daulton(2003)은 일본의 EFL 학생들을 위해 빈도수가 높은 기본 어휘 2,390개를 제시했고, British National Corpus(BNC)는 3,000개의 필수적인 어군(word family)을 선정했다.

교육과정상의 기본 어휘 목록이나 예시문은 상당 부분 필수적이어서 이를 바탕으로 쓰여질 교과서의 내용과 성격을 좌우하게 되고, 교수요목과 교수 방법에까지 영향을 주게 되며, 결국 그 교과목 전체의 내용, 성격 그리고 성취도까지 영향을 미치게 된다(신명신, 1996). 교육과정상 어휘는 학습 자료로서 중요한 요소이며, 교육과정에 제시된 어휘 관련 지침과 어휘표는 소재, 의사소통 기능, 예시문, 언어형식 등과 함께 이를 바탕으로 쓰일 교과서의 내용과 성격을 좌우하게 된다(정규태, 장경숙, 2005). 현행 제7차 개정 교육과정에서 기본 어휘 목록에 제시한 어휘는 BNC에서 제시한 어휘 수와 같이 모두 3,000개이며, 그 중 800개는 초등과정에서 사용하기를 권장하고, 400개는 진로 선택 및 전문 교과 I 에 사용하기를 권장한다. 이는 Nation(1990)이 말한 고빈도 2,000 단어와 Hunt와 Beglar(2002)가 가장 빈도가 높은 3,000개의 단어를 직접 가르칠 것을 주장한 것과 맥락을 같이한다. 물론, 어휘 수는 정하는 기준에 따라 다소 달라진다. 즉, 7차 개정 교육과정에서는 동사, 명사, 형용사, 부사, 대명사의 대표형만을 제시했다. 예를 들면, 동사의 경우 어형 변화가 있는 'be'동사의 변화형인 'am', 'are', 'is', 'was', 'were', 'been', 'being'을 새로운 어휘로 보지 않고 대표형인 be동사 하나의 어휘로 간주했다(영어과교육과정, 2015). 그러나 중요한 점은 어휘 수에 있는 것이 아니라 적은 수이지만 기본 어휘를 어떠한 방법으로 다양하게 결합하여 활용하는가 하는 점이다.

＜표 2-3＞은 영어과 교육과정 상 현행 제7차 교육과정기(2000～현재)에는 2000년, 2007년, 2009년, 2015년 네 번에 걸친 교육과정 개정과 그 때마다 기본 어휘표에 제시된 필수 어휘수와 초등과정 권장 어휘 수가 증가상태를 보여주고 있다. 2007 개정시기에 들어와 기본 어휘 목록에서 BE는 British English의 줄임말로 영국 영어를 의미한다는 표기를 하였다.

〈표 2-3〉 교육과정기별 기본 어휘 수

교육과정기	필수 어휘수
3차 시기(1973-1981)	766
4차 시기(1981-1987)	730
5차 시기(1987-1991)	753
6차 시기(1992-1999)	995
7차 시기(2000-2007)	2,067 (578개 초등과정 권장)
2007 개정시기(2007-2009)	2,315 (736개 초등과정 권장)
2015 개정시기(2015-현재)	3,000 (800개 초등과정 권장)

장경숙(2007, p. 332)에 따르면 "3차～5차까지의 교육과정기 기본 어휘표에 제시된 어휘가 어떤 어휘 자료에 근거를 두고 있으며, 어떤 기준에 따라 선정되었는지에 관한 연구 결과로 알려진 바가 거의 없고 제6차 교육과정 개정 시 기본 어휘 선정에 관한 연구가 시작되면서 제7차 교육과정 연구에서는 기본 어휘 선정의 학문적 근거와 절차에 대한 연구가 본격화되었다"고 한다.

우리나라에서는 교과서와 교육과정 상의 기본 어휘에 대한 통제 및 기본 어휘 리스트 제안 등의 연구가 있었다. 최근에는 이와 같은 어휘 연구는 코퍼스 기반 연구로 보다 분석적이고 과학적인 접근을 하고 있다. 윤현숙(2009)은 2007 개정 교육과정으로 출간된 중학교 1학년 교과서 25종 전체를 코퍼스로 구축하고 단어 수, 어절 수, 어휘 변이 등을 조사하여 제7차 교육과정 시기의 교과서 어휘와 비교하였다. 민수정, 정보현(2012)은 2007 개정 교육과정 시기의 고등학교 교과서를 WordSmith로 분석하고 미국의 최대 규모 코퍼스인 COCA와 비교하였다. 이 연구에서는 교육과정 기본 어휘 중 약 10%가량은 COCA코퍼스의 5,000단어 밖에 있다는 문제점 및 교과서 별로 기본 어휘의 반영이 적절하게 이루어지지 않았다는 것을 지적하였다. 김재은, 최인철(2015)은 고등학교「영어 I」,「영어 II」교과서와 더불어 EBS 수능 연계 교재 그리고 수능 영어 간의 수준을 비교하기 위해 코퍼스 분석을 실시하였다. 이소영과 이현우(2018)는 2009 개정 영어과 교육과정의 기본 어휘 목록을 통한 어휘 통제가 교과서에 따라 어떻게 구현되었는지 살펴보기 위해 먼저 2009 개정 영어과 교육과정의 기본 어휘 목록에 제시된 어휘를 Nation(2012)의 BNC/COCA 표제어 목록들과 VOA Special English Word List를 활용하여 등급화하였다. 그 후 이들 등급화된 그룹에 속하는 어휘군과 어휘 타입이 인정 심의를 거쳐 현재 사용 중인 4종의「영어 I」교과서와 어떤 관계를 갖고 있는지 파악하기 위해 카이제곱 검정을 실시하였다.

이와 같은 연구물들은 코퍼스 언어학적 방법으로 교과서에 나오는 어휘의 수량적, 어휘적 특성을 밝혀 교과서 개발자, 교사, 학습자에게 유익한 자료를 제공해주었다. 따라서 초중등학교에서 사용하는 영어 교과서들을 코퍼스로 구축하여 교육적인 코퍼스로 활용한다면 일반적 코퍼스의 문제점을 해결하면서 어휘 중심 접근방식과 어구색인 분석을 이용한 어휘 교육의 효과를 충분히 기대할 수 있을 것으로 본다.

2.3 간접 어휘 학습과 직접 어휘 학습

어휘 교수·학습 연구의 핵심 중 하나는 과연 어휘 학습을 어떻게 교수하는 것이 효과적인가에 관한 것이다. 또 하나는 학습자들이 어떤 방법으로 어휘 학습을 하는 것이 효과적인가 하는 점이다. 다시 말해, 어휘를 직접적(direct)이고 명시적(explicit)으로 지도하는 것이 효과적인지 아니면 간접적(indirect)이고 암시적 혹은 부수적(implicit or incidental)으로 지도하는 것이 효과적인 지의 문제이다. 이는 학습자들의 어휘 학습 전략과 교사의 어휘 교수 방식과도 직결되기 때문이다.

간접 어휘 학습은 읽기나 듣기 활동에서 비체계적으로 어휘 학습이 이루어지는 것을 말하며, 직접 어휘 학습은 어휘에 초점을 두고 체계적인 연습이나 학습 활동을 실시하는 것을 말한다. 시기적으로 명확하게 구분되지 않고 겹치는 경우도 있지만, 대체로 어휘 학습 및 습득의 접근법에 관한 선행 연구 중 70년대와 80년대에는 암시적 어휘 학습에 관한 연구가 주류를 이루었고(Krashen, 1988, 1989; Nagy, Herman, & Anderson, 1985; Saragi, Nation, & Meister, 1978), 80년대 후반부터 직접 어휘 학습에 관한 연구가 활발했다(Coady, 1997b; Paribakht & Wesche, 1996, 1997). 그러나 90년대에 와서도 읽기를 통해 제2언어(L2) 어휘에 우연히 접하게 하는 것이 어휘 습득을 촉진시키는 방법이라는 견해를 피력한 이들도 있었다(Chun & Plass, 1996; Day, Omura, & Hiramatsu, 1991; Frazer, 1999; Hulstijn, Hollander, & Greidanus, 1996; Zimmerman, 1997b). Dong-Ho Kang(2003)도 초등학교 4학년 학생을 대상으로 이야기하기(story-telling) 방법을 통해 암시적으로 어휘를 지도 받은 집단의 학생이 어휘를 직접 지도 받은 집단의 학생보다 장기 기억에서 더 잘 저장한다는 사실을 발견하고 어휘 학습에서 보다 귀납적이고 잠재적인 방법이 선호되어야 한다고 제안하고 있다.

특히, Ellis(1995)는 명시적-암시적 어휘 학습의 연속체(continuum) 가설을 제시하고 가능성 있는 단계를 <표 2-4>와 같이 네 가지로 설정하여 제시했다.

〈표 2-4〉 명시적-암시적 어휘 학습의 연속체 가설(Ellis, 1995)

암시적 어휘 학습 가설		명시적 어휘 학습 가설	
강한 암시적 학습 (strong implicit learning)	약한 암시적 학습 (weak implicit learning)	약한 명시적 학습 (weak explicit learning)	강한 명시적 학습 (strong explicit learning)
Krashen(1988, 1989)이 강력하게 지지했으며 주로 무의식적인 수단을 통해 어휘를 습득한다고 보는 입장	Schmidt(1990)의 언어 자각과 의식 환기 측면에서 학습자가 능동적인 정보 처리자로서 새로운 단어를 적어도 어느 정도 주목하거나(noticing) 의식을 가지고 학습한다고 보는 입장	대부분의 어휘는 문맥에서 추론 전략에 의해 학습되거나 (Sternberg, 1987), 행간 주(marginal glosses)나 주석 등의 설명에서처럼 문맥 속에서 학습한 어휘를 더 잘 파악한다고 보는(Hulstijn, 1992) 입장	인지적 깊이(cognitive depth)나 처리 수준에 관한 Craik와 Lockhart (1972)의 연구에 근거하여 어휘 학습을 기획하고 모니터링하는 초인지 전략 (metacognitive)의 사용으로, 어휘학습과 관련된 처리과정에 인지 작용이 깊이 관여할수록 장기기억에 저장할 가능성이 보다 커진다고 보는 입장

그동안 어휘를 대개 텍스트 독해를 위한 부수적 학습으로 주장한 많은 연구에서는 텍스트 내의 문맥을 활용한 어휘 학습을 주장하면서 직접적인 어휘 학습의 필요성과 정당성을 부인하고 있다. 그 이유로, 학습자들은 다독(extensive reading)으로 문맥 속에서 모르는 어휘를 전후 문맥에서 유추하여 학습할 수 있다고 주장한다. Nagy, Herman과 Anderson(1985)은 그들의 실험을 통해 아동들이 텍스트의 문맥을 활용한 간접 학습을 통해 다량의 어휘를 습득할 수 있다는 결과를 제시했다.

그렇다면 단어의 의미를 파악하기 위해서는 어느 정도의 문맥을 접해야 할까? 이에 대해 모국어(L1) 학습자를 대상으로 한 Saragi 외(1978)의 연구는 학습자들이 문맥을 통해서 어떤 특정 단어를 장기 기억 속에 보존하기 위해서는 적어도 10 ~ 12번 정도 그 단어에 노출되어야 한다고 설명했다. Nation(1990)의 연구에서도 학습자들이 5 ~ 16번 정도 문맥에 노출될 때 비로소 단어의 의미를 완전히 파악함을 보여주었다.

읽기 과정 중 문맥 활용을 통한 간접적인 어휘 학습이 효과적이라고 믿는 근거는 무엇일까? 우선, 문맥은 습득하고자 하는 단어의 심층적인 의미와 쓰임새를 잘 보여준다. 즉, 단어의 습득이 그 단어의 정의적인 뜻만을 습득하는 것을 의미하지 않으므로, 문맥을 통해서 단어의 정확한 용법을 학습하는 것이 중요하다. 또한, 모르는 단어의 의미를 문맥을 활용하여 유추하는 과정을 통해, 단어의 습득이 더 용이해진다. 마지막으로, 학습자가 배워야 할 단어가 너무 많아지기 때문에 광범위한 읽기 활동을 통해 새로운 단어를 습득하는 것이 가장 바람직하다는 것이 부수적인 어휘 학습의 효용성을 주장하는 사람들이 자주 언급하는 점이다(Nagy, Anderson, & Herman, 1987; Nagy & Herman, 1987; Sternberg, 1987). 하지만 많은 학생들이 다독을 전혀 즐겁게 여기지 않을 수도 있기 때문에(Hunt & Beglar, 2002), 다독을 전제로 어휘를 향상시킨다는 것은 실질적으로 어려운 일이다.

또한, 문맥을 활용한 효과적인 어휘 학습 책략에 대한 연구도 있었다. Dubin과 Olshtain(1993)은 41명의 성인 영어 원어민을 대상으로 실시한 규칙 빈칸 채우기 시험(cloze test)을 실시한 결과, 단어의 의미를 추론할 수 있기 위해서는 문장이나 문단의 구조에 대한 정보(structural information), 문장 수준의 의미적 정보(semantic information), 문장과 문단 이상 수준의 의미적 정보, 주제 내용의 지식(thematic content knowledge), 테스트외적 지식(extratextual knowledge) 등을 갖추어야 함을 발견했다.

그러나 1990년대 이후로 일부 어휘 연구자들은 그동안 가장 바람직한 어휘 학습 방법으로 인식되어온 부수적인 어휘 학습의 한계와 문제점을 지적하기 시작했다(Coady, 1993; Gu & Johnson, 1996). 연구자들이 지적하는 부수적인 어휘 학습의 가장 큰 단점은 읽기를 통해서 습득될 것이라고 기대했던 많은 단어들이 사실은 학습자들에 의해 무시된 채 그냥 넘어가는 경우가 많다는 점이다. 그 이유는 학습자들은 주어진 글을 이해하기 위해서 그들이 중요하다고 생각하는 단어의 의미만을 추론하려고 할 뿐, 그 외의 단어에는 거의 관심을 두지 않기 때문이다. Hulstijn(1993), Paribakht와 Wesche(1997)는 학생들과의 구두 인터뷰를 통해서, 학생들이 글을 읽는 동안 접하게 되는 모르는 단어 중에서 약 절반 정도를 그냥 무시하고 지나간다는 점을 보여 주었다.

둘째, 학습자들이 읽기를 하는 중에 모르는 단어가 나와 그 의미를 추론해야 할 때, 종종 그 의미를 잘못 추론하는 경우가 상당히 많다는 점이다. 그 주된 이유는 먼저, 학습자의 영어능력이 부족하다는 점과 특정 단어의 주변에 있는 문맥이 단어의 의미를 추론하는 것을 어렵게 만들 수도 있다는 점에서 기인할 수 있다. 이러한 주장을 뒷받침하는 실증적인 연구들이 있었다. 그 중에서 Parry(1997)는 피험자에게 글을 읽는 도중에 발견하게 되는 모르는 단어의 의미를 사전을 사용하여 추론하도록 했음에도 불구하고, 피험자들이 추론한 단어의 삼분의 일 정도가 그 의미를 잘못 추론한 것들이었다.

셋째, 문맥으로부터 모르는 단어의 의미를 성공적으로 추론했다는 사실이 반드시 그 단어의 습득으로 이어지지는 않는다는 점이다. 부수적인 어휘 학습의 효과를 지지하는 사람들의 주장이나 믿음과는 상반되게 학습자들은 일단 모르는 단어의 의미가 성공적으로 추론된 후에는 그 단어를 좀 더 오래 기억하기 위해서 별다른 인지적 활동을 하지 않는다는 것이다. 그러나 여러 어휘 연구 결과에 따르면, 학습자들이 문맥을 통해서 어휘 의미를 파악할 수 있기 위해서는 최소한 10회 내외로 그 단어에 노출되어야 한다고 한다(Nation, 1990; Saragi et al., 1978). Cook (1991)에 따르면, L2 어휘 학습을 할 때 중요한 것은 단어를 학습하는 횟수가 아니고 그 방법이며, 학습자가 전이하는 것은 단어 그 자체인 것도 있고 L1의 의미인 경우도 있는데, 특히 단어를 문맥으로부터 분리해서는 안된다고 주장한다.

넷째, 단지 문맥으로부터 모르는 단어의 의미를 추론하는 방법만으로 어휘를 습득하는 것은 EFL 상황에서는 상당히 비효율적이라는 점이다. 영어가 일상적인 의사소통의 도구로 사용되는 ESL 상황에서는 읽기 도중 노출된 새로운 어휘가 일상생활을 하는 중에 여러 담화 상황에서 반복적으로 등장하는 경우가 많으므로 자연스럽게 어휘가 부수적으로 습득될 기회나 확률이 많다. 그러나 모국어 학습자와는 달리 영어에 대한 노출이 적은 EFL 상황에서는 이러한 무의식적이고 부수적인 어휘 습득이 자연스럽게 일어나는 것을 기대하기 어렵다(송미정, 2002; 이화자, 1996). 이는 우리나라의 상황과 같은 EFL 영어 학습 상황에서의 부수적인 문맥 활용 어휘 학습의 한계를 말한다. 어휘 학습 문맥과 관련하여 어휘 습득이라는 정의는 하나의 단어가 어떻게 기억되며 얼마 동안 그 기억이 유지되는 가에 따라 크게 좌우된다(Carter, 2001; Nunan, 1999). 또한, 실제 다인수의 이질적인 교실 환경에서 이루어지는 간접적인 어휘 학습 활동이 비경제적일 수 있고, 하나의 단어 의미를 파악하는데 오랜 시간이 걸린다는 점을 의미한다고 볼 수 있다. 따라서 암시적인 간접적 어휘 학습의 한계와 문제점을 해결하기 위해 명시적이고 직접적인 어휘 지도의 필요성이 제기되었고, 다양한 방법을 활용한 어휘 습득 연구가 진행되었다. Hunt와 Beglar(2002)도 어휘 발달을 위해 한정된 어휘를 가지고 있는 초급 학습자들과 중급 학습자들에게 명시적인 교수를 강조하는 것이 가장 좋을 것이라고 주장한다.

많은 연구자들은 EFL 상황에서는 특히 읽기를 통한 어휘 학습을 실시하되, 습득하고자 하는 목표 단어들을 체계적으로 가르치는 것이 부수적인 어휘 습득 방법보다 더 효율적인 방법이 될 수 있다는 점을 인식하기 시작했다(Coady, 1997a; Sökmen, 1997). 최근까지 부수적인 어휘 학습의 단점을 보완하여 의도적인 어휘 학습에 관한 연구가 다양하게 이루어졌는데, 독해 시 빈번히 등장하는 단어를 따로 발췌해서 어휘 연습 문제를 풀게 하기(Paribakht & Wesche, 1996; Wesche & Paribakht, 2000), 독해 자료에 등장하는 중요한 어휘를 발췌하여 어휘 목록 만들기 (Hulstijin, Hollander, & Greidanus, 1996; Watanabe, 1997) 등의 방법들이 제시되었다. 이러한 연구들은 모두 읽기를 근간으로 하되, 좀 더 의도적으로 목표 어휘가 원활하게 습득될 수 있도록 하기 위해 강구됐다. 그 외 핵심어를 활용한 어휘 학습법(Meara, 1980; Nation, 1982), 의미망을 통한 어휘 학습(Channell, 1981; Crow & Quigley, 1985; Stahl & Vancil, 1986), 받아쓰기를 통한 어휘 학습(Nation, 1991) 등의 방법들도 제시되었다. 이와 같은 방법들은 현재 한국의 중등학교에서 부분적으로 다양한 형태로 활용되고 있다.

Laufer와 Shmueli(1997)는 네 가지 어휘 제시 방법이 어휘 습득에 미치는 영향을 조사했다: a) 단어와 그 단어의 뜻만을 제시했을 때; b) 한 단어를 그 단어가 사용되는 한 문장 속에서 제시했을 때; c) 단어를 긴 글 속에서 제시했을 때; d) 본래 사용된 문장에 대한 추론을 용이하게 하기 위해 단어의 동의어 등을 첨가해서 제시했을 때. 이 연구 결과, 그 단어가 사용되는 문장 속에서 제시했을 때, 학습자들의 어휘 습득이 가장 높았고, 그 다음으로는 단어와 그 단어의 뜻만을 적어서 제시했을 때가 단어를 기억하는데 긍정적인 영향을 미쳤다. 단어를 긴 글 속에서 제시하는 것과 단어의 의미 추론을 용이하게 하기 위해 동의어 등을 첨가해서 제시하는 것은 위의 두 방법에 비해서 효과적이지 못한 것으로 드러났다. 이와 같은 연구는 새로운 단어 및 그 의미를 기억하여 습득하기 위해서는 학습자들이 그 단어에 대한 의식적인 집중과 관심이 절대적으로 필요하고 중요하다는 점을 단적으로 보여준다.

부수적인 어휘 습득 방법을 보완할 수 있는 또 다른 일련의 방법들은 글을 읽은 후 그 글에 나오는 새로운 단어들을 선별하고 그 단어들을 이용한 수업 활동을 실시하는 것이다. Paribakht와 Wesche(1997)는 목표 단어가 포함되어 있는 두 가지 종류의 글을 읽은 집단보다 글을 읽은 후 목표 단어에 대한 일련의 활동을 한 집단이 단어 기억 테스트에서 훨씬 더 좋은 성적을 보여주었다는 연구결과를 제시했다. 그들에 따르면 읽기 활동 후에 실시하는 일련의 어휘 보강 활동은 학습자들로 하여금 새로운 단어의 다양한 의미나 통사적, 음운적 정보를 접하게 함으로써 더 효과적인 어휘 습득이 가능해진다는 것이다.

그러나 이와 같은 방법은 어휘력이 낮은 학습자들에게는 읽기 수업 중 본말이 전도될 우려가 있다. 즉, 어휘력이 빈약한 낮은 수준의 학습자들에게는 읽기 활동 자체가 어렵기 때문에, 읽기 활동 중에 독해보다는 개별 단어의 의미 파악에 집중할 수밖에 없다. 따라서 읽기 후(post-reading) 어휘 보강 활동은 읽기가 어느 정도 가능한 학습자들로 하여금 어휘 처리와 운용 능력 향상을 위해 효과적인 방법이 될 수 있으나, 낮은 수준의 학습자에게는 읽기 활동에 집중할 수 있도록 읽기 전 활동(pre-reading activity)으로 어휘 활동을 하는 것이 읽기뿐만 아니라 어휘 활용 능력도 향상시킬 수 있는 방법이라고 본다. 이 경우, 교사는 학습할 읽기 자료에서 필요한 단어를 문맥과 함께 추출하여 어휘 활동을 하게 함으로써 학습자가 어휘 활동 후 읽기를 할 때 학습한 어휘의 용례를 자연스럽게 반복할 수 있고 읽기 자체에도 집중할 수 있다.

Oxford와 Scarcella(1994)는 대부분의 성인 학습자들에게는 직접적인 어휘 교육이 효과적이며 필요하다고 강조한다. 그 이유로 학습자들은 유의미한 읽기, 듣기, 말하기, 쓰기 활동만으로는 다량의 어휘를 학습할 수 없다는 점을 들고 있다. 어휘를 장기기억에 저장하고 다량의 어휘를 사용하기 위해서는 부가적인 장치가 필요한데, 이것은 직접적인 교육을 통해서 이루어질 수 있다고 주장한다. 그런 경우, 학습자들이 아무렇게나 어휘학습을 하도록 방치하지 말고, 요구 분석을 통해 그들 스스로 어휘력을 신장시킬 수 있는 적절한 어휘 학습전 책략을 가르쳐야 한다고 주장한다.

한편, 국내의 대부분의 학교에서 이루어지고 있는 어휘 학습 지도는 읽기와 듣기 과정 중, 텍스트 상에서 모르는 단어의 의미를 문맥을 통해 단어의 쓰임새를 학습하도록 하거나 단순한 단어 목록에 의한 어휘 지도에 중점을 두어왔다. 이에 따라 알고 있는 어휘 수에 있어서는 상당한 수준이지만 이것을 막상 사용하고자 할 때에는 의사소통의 문제가 발생한다는 점이 지적되어왔다(Nahk-Bohk Kim, 2003). 또 다른 문제점으로는 어휘를 지도할 때 많은 양의 독서 과정을 통해 부수적인 학습을 주장하는 경우에 읽기의 주안점은 교재이지 어휘 자체가 아니라는 점이며, 어휘 지도에 읽기 교재 내용을 사용하는 것은 비경제적이라는 점이다. 또한, 막연히 많은 양의 독서는 학습자들에게 단어를 단지 부분적으로 이해하고 수동적으로 학습하게 할 수 있다는 문제점이 있다. 이는 주로 수용적인 언어능력을 평가하는 현행 대학수학능력시험 체제 도입 이후 계속해서 문제점으로 지적되고 있는 부분이다. 최근에 Jooyeon Ha와 Hyunsook Yoon(2016)은 명시적인 학습이 암시적 학습보다 학습자들의(특히 하위 학생에게) 연어 지식 유지에 긍정적인 영향을 주었다고 보고하고 있다.

요약하면, 읽기와 듣기 과정 중에 이루어지는 부수적인 어휘 습득을 주장하는 것은 기본적으로 독해력과 청해력이 어느 정도 갖추어진 상황에서 가능하다. 또한 과거 문법과 독해 중심의 문법 번역식 학습방식과 무관하지 않다. 이 때는 어휘 학습이 수동적인 독해의 부수적인 부분으로 여겨져 왔고 어휘 학습 또한 그렇게 습득하는 것으로 여겨왔다. 즉, 이해 중심의 의사소통능력을 강조한 결과물이다. 그러나 2000년대에 들어와 표현 중심의 의사소통능력을 강조함에 따라 능동적인 어휘 학습의 필요성과 컴퓨터를 활용한 영어 사용의 증대로 인해 말하고 쓰는 표현 중심의 영어교육에서는 어휘 학습과 사용이 절실하다. 또한, 과거에는 읽기, 듣기 등 이해 중심의 학습을 먼저하고 말하기 쓰기의 표현 중심 학습을 나중에 하는 것이 언어학습에 효과적이라고 생각하였으나, 최근에는 어떤 기술이든지 네 기술이 통합적인 동시에 개별적인 지도와 훈련이 필요하다고 인식하고 있다.

지금까지 어휘 학습을 크게 직접 학습과 간접 학습으로 나누어 살펴보았는데, 대체로 아동인 경우는 부수적인 어휘 학습이, 청소년 이후의 경우에는 의도적인 어휘 학습이 효과적이라는 연구가 많았다. 그러나 두 방식은 상호보완적 관계이며, 각 방식에도 여러 접근방법들이 있음을 알아야 한다. 여기서 무엇보다 중요한 점은 의사소통 과정에서 실제로 활용할 수 있는 능동적 어휘는 명시적 어휘 학습(explicit vocabulary learning)에 의해서만 습득이 가능하다는 주장에 귀 기울일 필요가 있다는 것이다(김영숙, 2002).

2.4 L1 어휘 습득과 L2 어휘 학습

Krashen(1981)이 습득과 학습을 구분하여 정의한 후, 두 용어에 대한 개념상의 논쟁이 있으나 여기에서는 '학습을 습득에 접근해 가는 목표-지향적이고 계속적인 과정(a target-oriented successive process toward acquisition)'으로 보고(배두본, 1990), 두 용어를 혼용하되 L1의 경우에는 습득으로 L2의 경우에는 학습으로 표기하기로 한다. 언어 습득과 관련하여 Cook(1988)와 White(1989)는 다음과 같은 질문으로 모국어 습득과 외국어 습득간의 차이 및 언어 습득을 단적으로 설명하고자 하였다.

1) How do we come to have so much knowledge for so little experience?
2) How do we come to have so little knowledge for so much experience?
3) How can we use language in such a spontaneous/creative way?

1)은 '플라톤의 법칙(Plato's law)'으로 모국어 습득을 대변해 주는 물음이며, 2)는 '오웰의 법칙(Orwell's law)'으로 외국어 습득을 설명해주며, 3)은 '소크라테스의 법칙(Socrates' law)'으로 인간의 언어 습득에 대한 일반적인 물음을 던져준다. 여기에서는 2)와 관련하여 L1 어휘 습득과 L2 어휘 학습간의 관계에서, 특히 심리언어학적 양상과 관련이 있는 전이(transfer)와 간섭(interference)에 대해 알아보고 제2언어 학습 상황에서 어휘 습득과 사용에 대한 모국어의 역할과 영향에 대해 연어적 관점에서 살펴보고자 한다.

2.4.1 전이와 간섭

전이는 선행 행위나 지식을 후행 학습에 옮기는데 일반적으로 사용되는 용어로 선행 지식이

후행 학습과제 수행에 도움을 주어 촉진적(facilitative) 영향을 미치는 경우를 긍정적 전이(positive transfer)라 하고, 선행 행위가 후행 학습 항목에 부정확하게 전이되거나 그것과 부정확하게 연관되는 경우를 부정적 전이(negative transfer)라 하며 이를 간섭이라고도 부른다. 신성철, 박의재, 이정원(1999, p. 213)에 따르면 "외국어 학습에서 전이의 역할은 크다. 왜냐하면 외국어 학습에서는 모국어와 다른 언어 체계를 학습하게 되는데, 대체로 모국어의 체계를 그대로 외국어에 적용시키는 경우가 많기 때문이다. 모국어와 외국어와의 차이가 클수록 간섭 현상이 크고, 차이가 적든지 같으면 간섭이 적든지 촉진이 된다"라고 하여 모국어와 외국어의 차이에 따른 긍정적, 부정적 전이의 정도를 설명하고 있다.

그렇다면 모국어 지식과 외국어 습득 간에는 어떤 관계가 있을까? 다시 말해 EFL 상황에서 모국어 지식은 외국어를 습득하는데 어떤 영향을 미치는가? 이에 대해 모국어는 문장 구조와 발음에 있어 영어와 차이가 있고, 그에 따라 부정적 전이와 긍정적 전이로 외국어인 영어를 학습하는데 영향을 준다고 한다(신성철과 박의재, 1987). 그러면 외국어 어휘 습득에서 모국어는 어떤 역할을 할까? 제2언어 학습상황에서 학습자들은 자신의 모국어에 전적으로 의존하고 있다고 항상 생각해왔다(Gass & Selinker, 1994). 이와 같은 주장의 근거는 기본적으로 인간은 새로운 문제에 대해 기존에 가지고 있는 인지 구조를 통해 접근하며 통찰력, 논리적 사고, 그리고 각종 형태의 가설적 검증을 거쳐 자기가 지금껏 겪어온 선행 경험과 인지적 구조를 모두 동원하여 문제 해결을 시도한다는 점에서 찾을 수 있을 것이다(Brown, 2000). 즉, L2 학습 시 학습자는 목표어에 대해 모르는 상태에서 어떤 식으로든 자신의 모국어가 그 학습 과정에 영향을 미칠 것이다(Larsen-Freeman & Long, 1991).

외국어 어휘 학습은 어떤 면에서 모국어와 다르지만 동시에 어떤 점에서는 유사하다. L1≠L2인 경우의 한 예로, Kellerman(1986)은 네덜란드어의 'oog'의 의미와 같은 영어의 'eye'가 'potato eye', 'peacock's eye', 'electronic eye', 'human eye', 'eye of a dice', 'eye of a needle' 처럼 여러 가지 의미를 지니는 경우 학습자들이 어떻게 습득하는지를 살펴보았다. 이 경우 'oog'의 의미를 영어로 옮기는데 별다른 어려움이 없을 것이라는 예상과는 달리, 네덜란드 학습자들은 영어의 'eye'가 네덜란드어의 'oog'와 같은 의미를 지닐 리가 없다고 생각하는 경향이 있었다. 그리고 이와 같은 경향은 학습자의 언어 숙달도가 높을수록 증대되는 경향이 있었다고 보고하고 있다. Kellerman은 eye의 예에서 영어 'eye'가 네덜란드어의 'oog'와 같은 의미로 생각하지 않는 요인으로는, 첫째, 기본 의미, 이 경우 'human eye'에 가까운 의미일수록 네덜란드어를 영어로 옮기기가 수월한 반면, 'eye of a dice'처럼 기본 의미에서 멀어질수록 학습자들이 영어에는 그런 의미가 없는 것으로 생각한 것으로 드러났고, 둘째, 특정한 의미가 얼마나 자주 사용되는가 하는 것으로, 사용 빈도가 높으면 높을수록 학습자가 그것을 영어로 옮기기가 용이하다는 것이다.

영어 어휘 학습에서 이중어 사전을 주로 사용하고 있는 한국 학생들은 한국어와 영어를 일대일 대응으로 학습하는 경우가 많다. 또한, 함축된 의미를 찾아 대응하는 단어를 생각하기보다는 단어 자체의 음성적 어의에 집착하여 직역하는 경향이 발견되곤 한다. 이 경우, 한국어를 영어로 바로 대입하는 방식으로 이해하는 경우에는 긍정적 전이가 가능하다. 다시 말해, 학습자가 이미 가지고 있는 모국어 지식 내에 목표어의 대상물과 의미 관계에 있어서 일치되는 대응어가 있는 경우에는 학습이 용이하다. 예컨대, 탁자-table, 연필-pencil처럼 많은 명사의 경우가 여기에 해당한다. 그러나 다른 한편으로 다단어로 이루어진 어휘에 대한 학습과 다의어 학습에 있어서 한국어가 영어로 대입되지 않는 경우에는 어휘 학습에 실패할 수 있다.

Bahns(1993)는 대조 언어학적 관점에서 독일어와 영어의 어휘적 연어 구성을 다음과 같이 비교했다. 영어를 배우는 독일어권 학습자의 효과적인 어휘 교육을 위해서는 독일어와 영어의 연어 구성이 일대일 대응을 하는 경우 학습자가 충분히 유추할 수 있기 때문에 별도로 배울 필요가 없고, 일대일 대응을 하지 않는 예들만 따로 학습하는 것이 효과적이라고 설명하고 있다.

제2언어 습득의 주된 장애물은 L1 체계와 L2 체계 간의 간섭이다. 다시 말해, L2 학습은 모국어와 목표어 두 언어의 체계 간 차이를 극복하는 것이라고 볼 수 있다. 간섭과 관련하여 50~60년대의 많은 언어학자들은 행동주의 심리학과 구조 언어학에 이론적 배경을 두고, 효과적인 외국어 교수를 위해서는 두 언어의 대조적 분석에 주안점을 둔 소위 대조 분석 가설(Contrastive Analysis Hypothesis: CAH)의 효과성을 입증하고자 심혈을 기울였다. 대조 분석은 궁극적으로 제2언어 학습 상황에서 배울 필요가 있는 것과 배울 필요가 없는 것을 분리시킬 목적에서 잠재적인 오류를 결정하기 위해 언어를 비교하는 하나의 방식이다(Gass & Selinker, 1994). 따라서 쌍을 이루는 두 언어에 관한 종합적이며 대조적인 데이터를 많이 수집하여 분류표를 작성하여, 학습자가 직면하게 될 난점을 예견하고 문제의 두 언어를 정확히 기술하고자 했다. 이를 통해 두 언어 간의 타당한 대조점을 찾을 수 있다고 생각했다. 다시 말해, 대조 분석에서는 모국어의 언어 체계가 제2언어나 외국어의 언어 체계를 습득하는데 방해와 간섭이 되므로 두 언어를 과학적·구조적으로 분석하여 대조표를 만들면 습득이 어려운 구조를 예견할 수 있으며, 이러한 대조표를 사용하면 목표어를 쉽게 가르칠 수 있다고 가정한다. 많은 경우에 있어서 대조 분석은 유사점과 차이점을 발견할 목적으로 두 언어의 음운적, 형태적, 통사적, 그리고 심지어는 문화적 체계를 구조별로 비교한다. 결국 언어 학습에서 L1과 L2간 전이와 간섭 현상이 불가피하게 일어날 수밖에 없으나 촉진적으로 상호 작용이 되도록 대조분석과 오류분석을 통해 그 차이를 줄여야 할 것이다.

2.4.2 외국어 어휘 습득에 대한 모국어의 역할

외국어 학습과정 중 어휘 습득 및 활용과 관련한 중간언어화 과정에서 모국어의 영향을 받아 외국어의 어휘 습득에 간섭이 일어나는데 이에 대해 문법적 접근으로는 해결하지 못하는 부분도 있다. 남기심(1995)은 한국어의 다의어가 문장 안에서 의미 확장을 나타낼 때, 그 어휘는 여러 가지 통어적 공기 제약과 문법적 제약을 받는다고 지적하고, 다음과 같은 예에서 '바람'의 의미가 전이될 때 그 의미가 확장된다고 설명하고 있다.

1) '바람'이 너무 세게 불어서 눈을 뜨기가 힘들었다.
2) 요새 사정 '바람' 때문에 마음이 편치 않을 사람들이 많다.
3) 악을 쓰고 대드는 '바람'에 전할 말도 못 전하고 그대로 와 버렸다.
4) 속옷 '바람'으로 누굴 만나겠다는 거야?
5) 오늘 재수 없게 그 여자한테 '바람' 맞았다.
6) 요새 또 '바람'이 난 모양이야.
7) 영수 그 놈이 어찌나 '바람'이 센지 그 말을 믿을 수가 있어야지.
8) 바퀴에 '바람'이 빠져서 갈 수가 없어요.
9) 그가 급히 방으로 뛰어 들어서 그 '바람'에 촛불이 꺼졌다.
10) 그가 급히 방안으로 뛰어드는 '바람'에 촛불이 꺼졌다. (pp. 159-160)

위와 같은 예문에서 추상적으로 쓰인 한국어 '바람'의 의미에 해당하는 영어 단어를 찾기란 쉽지 않다. 학생들에게 직접 위와 같은 한국어의 예문을 주고 바람의 의미를 영어로 생각하여 발표하도록 해보았으나 대부분 '바람'을 직역한 단어인 'wind' 이외에 다른 영어 단어를 쉽게 생각해내지는 못했음을 발견했다. 어군이나 고정된 표현을 통해 학습하지 않고 L1=L2라는 일대일 개별 단어에 익숙한 한국 학생들이 모국어에 의한 간섭 현상으로 많은 혼란과 어려움을 겪고 있음을 알 수 있었던 상황이었다. 더구나, 대부분의 학생들은 어구적 의미보다는 개별 낱말의 의미 포착에 집중하고 있음을 보여주었다. 그런데 위 예문 중에서 영어 표현으로 굳어진 예로 'have a flat tire', 'stand somebody up', 'in underwear' 등과 같은 어휘구는 어렵지 않게 학생들의 학습 교재에서 찾아볼 수 있다. 그렇지만 대부분 학습자들은 이와 같이 굳어져 한 단어처럼 쓰이고 있는 어휘 항목에 대해 인식하지 못하고 있거나 수용적인 어휘 활동에 익숙해져서 표현적 어휘를 생성하지 못하고 있음을 보여주는 예라고 생각한다.

영어로 '~바람'의 의미는 'in the process of', 'as a result/consequence of', 'under the influence of', 'on account of/owing to/because of/due to' 등으로 표현될 수 있다. 가령, '나는 철야 작업을 하는 '바람'에 수면이 부족하다'를 영어로 번역하면 'I want/lack sleep *on account of* the night-long work'처럼 될 것이다. 이처럼 대부분 개별 단어를 넘어 고정된 어휘 항목으로 표현하면 위 예문에서의 '바람'에 대한 의미 접근이 가능하다. 따라서 남기심(1995)이 말한 바처럼 위 예문에서 사용된 '바람'을 단순히 확장된 의미로 해석하기에는 무리가 있다. 여기에서 우리는 어휘가 단순히 원자적 낱말의 의미를 넘어 뭉칫말로 확장되어야 할 필요성이 있음을 알 수 있다. 이와 같은 어휘의 연어적 인식은 여러 학자들에 의해 주장되어왔음에 주목할 필요가 있다(Duk-Ki Kim, 2003; Lewis, 1997a; Willis, 1990). 모국어의 전이 현상에 대한 행동주의자들의 주장은 모국어와 목표어 간의 차이점이 학습자 오류를 발생시키는 부정적인 전이 현상을 초래한다는 것이나 모국어의 전이 현상이 학습자의 언어 발달을 촉진시키는 긍정적인 전이 현상이 되도록 한다는 것이 중요하다.

박경자와 이희경(2002)은 학습자들이 명령, 요구, 사과, 거절, 칭찬 등의 화행 습득 시, 처음에 L1 화행 전략을 전이하지 않고 몇몇 간단한 뭉칫말 표현에 의존한다고 주장하면서 다음과 같은 예를 들었다. "직접 명령이나 요구의 경우에는 'Open the N—(N=명사)'라는 덩어리 표현을 사용하여 '—'에 'door', 'book', 'window' 등의 어휘를 삽입하여 표현하지만, 나중에 학습자의 L2 숙달도가 발달함에 따라서 'Would you mind Verb—ing the —N —?', 'Would you Verb the N?', 'Please Verb the N' 등, L1 규범에 따르는 화행에서 수행하는 방법을 찾으려고 노력하게 된다"(p. 300). 이와 같은 실예는 Nattinger와 DeCarrico(1992)가 말한 '관습화된 표현' 또는 Lewis(1997a)의 '문장 핵'이나 '문장 틀'에 해당하는 어휘 항목으로, 다단어 표현을 기반으로 뭉칫말 학습을 하는 경우 생성력과 적용력이 높아져 목표 언어 지식으로 발전할 가능성이 높음을 의미한다.

실제로 목표어를 습득하는 경우 모국어의 영향으로 오류를 범하는 경우가 많으며, 그 반대의 현상이 발생하는 경우도 있다. 또한, 학습자의 어휘 습득 발달 단계가 L1 전이에 영향을 미치는 경우가 있다. 학생들에게 '나는 소년이다'를 번역하라고 하면 'I boy'식으로 명사만을 나열하는 경우를 많이 본다. 또한 요즘에 많이 사용하는 '좋은 아침'은 영어의 'good morning'을 그대로 직역한 외국어 전이 현상으로 L2가 L1에 영향을 준 예이다.

특히, 미국으로 이민간 한국 학생들의 경우 언어 전이는 뚜렷하다고 Park(1998)은 다음과 같은 예문을 통해 설명하고 있다. '마지막으로', '일월 동안', '남대학생', '반가운 재결합' 등은 '끝으로', '한 달 동안', '남자 대학생', '반갑게 만나자' 등을 각각 대신하여 사용된 표현으로 'lastly', 'for one month', 'male college student', 'happy reunion' 등을 직역함으로써 초래된 오류이다. 이와 같은 오류 현상은 체계적이어서 어느 정도 예측이 가능하다.

따라서 L1과 L2간의 상당어가 출현해 L1과 L2간의 전이 잠재성을 제공하는 경우, 이것을 어떻게 활용하여 L2 학습자들의 학습에 촉진적 역할을 하게 할 것인지가 교사의 역할일 것이다. 위의 예를 연어적 관점에서 살펴보면 어느 정도 해결의 실마리를 찾을 수 있을 것이다. 즉, 미국에 이민간 학생들은 예시된 표현에서 보는 바와 같이 부사, 전치사+명사, 명사+명사, 형용사+명사의 연어 유형을 구사하고 있음을 알 수 있다. 이처럼 언어의 습득은 개별 단어의 이해보다 어구나 (반)고정된 표현을 통해 이루어진다. 똑같은 예를 피험자들에게 제시했을 때 대부분이 응답을 하지 못했다. 영어로 제시했을 때 비로소 개별 단어 중 'reunion'을 제외하고는 많은 학생들이 그 단어들을 알고 있다고 응답했다.

L1의 역할과 영향과 관련하여 여러 연구가 있어 왔다. 김혜진과 윤현숙(2008)은 85명의 대학생들을 대상으로 동사+명사 연어 테스트를 실시한 결과 상당수의 연어 오류 원인은 기존에 익힌 L1의 과다사용(overuse)이나 과잉 일반화(overgeneration)라 지적하고 연어 교육의 필요성과 보다 세심한 주의가 필요함을 지적하였다. Nesselhauf(2003)도 외국어 학습에서 L1의 역할을 소홀히 하지 말아야 하며, 동사나 명사 및 전치사 연어 사용 등에서 L1의 강한 영향으로 어휘 조합인 연어 생성에 오류를 보인다고 하면서, 언어에서 모든 연어를 가르칠 수는 없으니 학습자들이 L1-L2 차이점을 인식할 수 있도록 교수용 실러버스에 포함시킬 연어 선택 기준이 마련되어야 한다는 점을 주장하였다. YiBoon Chang(2018)은 성인 영어 학습자는 영어 쓰기에서 L2 연어 지식의 부족을 보충하기 위해 L1 기반한 의도된 의미의 적합한 연어를 정교하게 찾고 있다는 점을 지적하였다. DongKwang Shin(2007)도 고빈도 영어 연어 500개 중 3분지 1은 L1 한국어로 예측하기 어렵다고 하면서 내용어, 빈도, 정형 문법성의 기준으로 L1과 L2의 대조분석을 통해 연어 통찰력을 제공할 필요가 있음을 제안하였다.

따라서 언어 전이는 개별 언어에 대한 의존성이 높기 때문에 목표어 교수에 있어서 연어 기반 학습(collocation-based learning)을 함으로써 모국어로 인해 초래되는 부정적 전이의 제약현상을 상당부분 극복할 수 있을 것으로 본다. 이는 연어 학습의 중요성과 연어 사용을 활용한 시사점을 통해서도 알 수 있다.

2.5 코퍼스 언어학(Corpus Linguistics)과 어휘 연구

언어 연구자의 직관을 중요시한 전통적인 언어학과 다르게 말뭉치 언어학이라고도 불리는 코퍼스 언어학은 실제적인 언어 사용의 용례를 기반으로 하는 연구 방법으로, 컴퓨터의 빠른 발전에 힘입어 놀라운 발전을 거듭하고 있다(Biber, Conrad, & Reppen, 1998; Gavioli & Aston, 2001; Meyer, 2002; Stubbs, 1996). 1980년대부터 본격화된 코퍼스 언어학은 대규모의 전산화된 자료를 바탕으로 음운, 형태, 통사, 의미, 화용 등 언어의 문법 기술, 사전 편찬, 연어 연구, 텍스트 특성 연구 등 언어 분야 전반에 관심을 갖는다(권인숙, 2001). "코퍼스를 기반으로 한 연구는 자연스러운 상황에서 언어의 사용을 분석하는 순수언어학에서 시작하여, 최근에는 실제적인 교수로의 적용 가능성을 탐색하는 외국어교육 연구로까지 그 연구 분야가 확대되고 있다. 특히 컴퓨터 등 다양한 매체를 사용한 정보 처리 기술의 발달과 함께 응용언어학 및 외국어교육 분야에서 코퍼스의 활용과 적용 가능성은 그 연구 분야를 지속적으로 확장해 가고 있다"(이은주, 2008, p 283-284).

코퍼스(corpus)를 활용한 어휘 분석은 최근 언어학과 응용언어학 및 외국어 교육 연구의 제분야에서 새로운 가능성과 방법론을 제시하며 많은 주목을 받고 있다(Conrad, 2005; Gardner, 2007; Granger, 1988, 2002). 이는 컴퓨터 기반 자동 정보검색과 컴퓨터 주석(annotation)이 가능하게 되면서 1990년대 초반 이후로 더욱 발전하였다(Bley-Vroman & Park, 2005). 이와 같이 "현대의 컴퓨터 기반 코퍼스 언어학은 최근 몇 십 년간 급속도로 발전하여 코퍼스 언어학자들은 이론기반 연구 및 교육학적 시사점을 지닌 실용적인 실험 연구를 통하여 언어의 다양한 면을 관찰하였다. 특히 코퍼스 언어학은 자연스럽게 발생하는 언어 자료를 관찰하고 관찰된 언어 현상을 이해하고 설명하는 것을 그 목적으로 하며, 언어의 특정을 이해하고 분석하는 학문이라고 할 수 있다"(이은주, 2015, p. 194).

어휘 자료 분석 연구에서 코퍼스를 기반한 어구색인 연구는 어휘 연구에 획기적인 전기를 마련하였다. 코퍼스 자료는 문법적 패턴뿐만 아니라 어떤 특정 어휘와 다른 특정 어휘와의 공기(co-occurrence)를 규명할 수 있게 되었고, 특정 어휘의 사용 빈도와 어구색인(concordance)이 가능하여 텍스트의 다양한 어휘적 특성에 대한 분석이 가능하게 되었다(Meyer, 2002; Stubbs, 2001). Carter(1998)는 어휘의 중요성을 매우 강조하면서 코퍼스 언어학적 방법이 단어의 통사적, 의미적, 화용적인 면 등 다양한 분야에 유용한 정보를 제공할 수 있다고 주장한다. 이는 어휘 학습에도 많은 교육적 함의를 제시하고 있어서 EFL 학습자들의 어휘 학습 전략에 크게 도움을 줄 수 있다.

무엇보다도 코퍼스 언어학이 가장 크게 기여한 분야는 사전 편찬이다. 특히, 2000년대에 들어와서는 외국어 학습 지도 교사와 학습자들에게 어휘적 특성과 연어 관계 학습에 도움을 줄 수 있는 코퍼스 기반 연구의 영향을 반영한 사전들이 나왔다(*COUBILD*, 2001; *LDOCE*, 2003; *MACMILLAN*, 2002; *OXFORD*, 2002). 이와 같이 코퍼스 연구를 기반한 사전 보급은 교사와 학습자들에게 실제적인 언어 사용에 대한 정보에 쉽게 접근할 수 있게 하여 언어 학습의 진정성(authenticity)을 제공해주고 있다. 더욱이 코퍼스를 기반으로 한 연어 사전인 *OXFORD*는 이론적이라기보다는 실제적인 유용한 학습 자료를 제공하면서 영어의 연어적 어휘 학습과 교수에 대한 방대한 정보와 새로운 아이디어를 제공하고 있다. Larsen-Freeman(2001)도 코퍼스 중심의 연구가 갖는 교육적 효용성을 강조했다. 그는 코퍼스를 통해 제공되는 문법 구조와 함께 그와 빈번히 나타나는 특정한 어휘들에 주목하면서, 문법을 가르치는데 있어서 단순히 문법 규칙을 전하지 않고 관용화된(conventionalized) 어휘-문법적 단위(lexicogrammatical unit)에 주목할 것을 강조했다.

그러나 영어교육에서 코퍼스의 효용가치를 인정하지만, 이에 대한 부정적인 면을 지적한 연구도 있다. 먼저, 코퍼스는 매우 제한된 의미에서의 실제적 언어이다(Hunston, 2002). Widdowson(2000)도 코퍼스는 텍스트의 흔적으로 이루어져 있을 뿐 실제 담화를 보여주지는 못한다고 말한다. 이선(2003)도 일반적인 코퍼스가 보여주는 문맥이 완전한 담화상에서가 아닌 잘라진 문맥 속에서라는 문제점을 지적했다. 하지만 이러한 지적과 달리 MonoConc Pro의 경우는 사용자가 잘라진 문맥을 클릭하면 완전한 문맥을 볼 수 있다는 점에서 프로그램상의 문제이지 언어자료 자체의 문제는 아니라고 할 수 있다. 코퍼스를 통한 영어교육의 근본적인 문제점이자 한계점으로는 *COBUILD*의 The bank of English와 같은 일반적 코퍼스에서 Hunston (2002)이 지적한 바와 같이, 특히 구어체의 코퍼스에서 많은 영어 오용의 예가 나타나고, 이를 EFL 학습자가 바로 모방·활용할 수 있어서 적절치 않은 영어를 학습할 가능성이 있다는 것이다.

이와 같은 지적은 대부분의 코퍼스 분석이 문어와 구어의 원문을 통해 이루어지고 있는 한계점을 지적하고 있으나, EFL 상황에서 원어민이 사용하는 원문을 코퍼스로 분석하여 제공되는 어구색인 분석은 직관에만 의존하던 기존의 학습방식에 보다 객관적이고 유익한 학습 정보를 제공한다는 점에서 그 효용성이 크다 하겠다. 또한, 교사가 그러한 코퍼스를 교육적 코퍼스(pedagogic corpus)로 재구성하거나 선별하여 제공한다면, 개별 단어나 문맥과 유리된 예문만으로 어휘를 학습하던 수준을 벗어나 다양한 문맥을 통해 어휘를 익힐 수 있는 장점이 있다(이선, 2003). 더욱이 교사가 학습자가 사용하는 언어를 학습자 코퍼스(learner corpus)를 구축하여 분석하거나 활용할 수 있으며, 코퍼스를 기초로 한 영영사전에서 좋은 예문을 발췌하여 학습 목적용으로 구조화하여 활용한다면, 학습자들이 실제성(authenticity)을 높일 수 있는 원어민의 발화와 실례를 손쉽게 접할 수 있을 것이다.

특히 2000년대 중반 이후 시기에는 국내외적으로 컴퓨터 기술 및 IT 과학의 혁신적인 발달로 컴퓨터를 활용한 언어학과 영어교육에 많은 영향을 끼쳤다, 언어학과 외국어 교육에서도 이와 같은 신기술을 통해 언어 연구자들이 코퍼스 기반(corpus-based) 연구에 의한 어구 색인 분석(concordance analysis), 코퍼스 언어학(corpus linguistics), 전산 언어학(computational linguistics)의 발달에 힘입어 언어의 상당 부분이 다단어 조립식 뭉칫말(multi-word prefabricated chunks)의 형태로 구성되어 있다는 인식하에 이 분야에 대한 관심이 높았다. 국내에서도 여러 연구자들이 코퍼스를 활용한 어휘 분석이나 어휘학습 지도 결과물을 학술지에 게재하여 어휘학습 연구가 학습자 코퍼스(learner corpus)와 데이터 중심 학습(data-driven learning)으로 활성화되고 있다(김낙복, 2014; 김정현, 2013; 민수정, 2010, 2011; Nahk-Bohk Kim, 2004, 2008). 대표적인 참조 코퍼스(reference corpus)로 사용되는 British National Corpus(BNC)와 같은 1억 단어 이상의 메가 코퍼스뿐만 아니라 언어학, 응용언어학, 외국어 교육 코퍼스가 다양한 종류로 구축되어서 사용되고 있다(Hunston, 2002). 연구 방법 면에 있어, BNC(British National Corpus)나 COCA(Corpus of Contemporary American English)와 같은 코퍼스를 온라인 분석도구들(concodancers)로 검색 활용할 수 있어 어휘에 대한 인식도를 높였으며, 어휘 관련 다양한 서적과 프로그램을 통해 어휘에 대한 새로운 접근을 가능하게 하였다.

무엇보다도 주목할 부분은 코퍼스 기반 연구물로 2000년 중반 이후에 많은 논문이 발표되어 시대적 흐름을 반영하여 새로운 접근을 탐구하고 있음을 알 수 있다. 내용 면에서도 있어서도 전통적인 어휘지도와 전략부터 연어학습, 코퍼스를 기반한 어휘지도, 데이터 기반 언어 학습(data-driven language learning), 어휘 분석 등 다양한 접근 방식으로 어휘연구가 크게 성장한 시기이다. 이는 국내뿐만 아니라 국제적으로도 그동안 문법 중심의 영어 학습 지도에서 문법을 아우르는 어휘중심 교수방식으로 바뀌는 세계사적 추세를 반영한 결과이기도 하다. 최근에는 단순히 어휘중심 학습법을 뛰어넘어 어휘학습이 다른 기능과의 상관관계를 확인해보는 연구가 늘고 있다. 더 나아가 독립적인 연구에서 통합적인 연구(integrated study)로 그 방향이 바뀌고 있는 추세이다. 특히 코퍼스를 기반한 어휘학습 활동은 IT세대라고 할 수 있는 학생들에게도 접근 가능성이 용이하고 발전된 기계의 도움으로 학습효과를 배가시킬 수 있는 측면에서 앞으로 이 분야에 더욱 큰 발전이 기대된다.

결론적으로 과거에는 어휘학습이 암시적인/우연적인 방법과 학습자 스스로에게 맡겨져 진행되던 상황이 2000년대 들어와 어휘 중심 교수방식이 주목받으면서 다양한 학습 도구와 분석용 프로그램들이 나타났다. 그러는 가운데 자연스럽게 데이터 중심의 보다 명시적인 교수법을 적용하는 것이 더욱 효과적이라는 연구물이 나오면서 다양한 접근법이 모색되고 있다. 또 한 가지는 과거에는 어휘와 문법의 이분법적인 시각과 어휘관련 연구는 어휘론적인 면에 집중하거나 어휘가 읽기나 쓰기, 또는 어휘와 듣기나 말하기와 같이 언어의 개별 기능학습 중심으로 연구되었으나 최근에는 두 기능 이상의 통합교육의 입장에서 어휘교육을 바라보고 있다는 점에 주목할 필요가 있다.

III. 어휘 접근방식(Lexical Approach)의 이해

어휘 접근방식에서 어휘(lexis)는 말 덩어리, 즉 연어나 확장된 연어(extended collocation)인 뭉칫말(chunks)을 의미한다. 두 단어 이상이 결합하여 다단어 단위(multiword unit)를 구성하는 연어(collocations)와 보다 더 확장된 연어군(collocation family)인 어휘 뭉칫말(lexical chunks)은 우리 머릿속 어휘사전(mental lexicon)에 저장해두고 필요할 때 기억에서 다시 복원(retrieval)시켜 사용함으로써 유창하고 정확한 언어 산출이 이루어진다고 본다(Lewis, 1997a; Nattinger & DeCarrico, 1992). 따라서 Lewis(2000a, 2000b)나 Wray(2000, 2002)와 같은 어휘론자들은 언어 유창성의 발전은 물론 정확성의 향상을 가져오기 위해서는 연어 지식과 같은 뭉칫말 사용의 증가가 필요하며 특히 산출능력 향상을 가져온다고 주장한다. Sinclair(1991)와 Lewis(1993, 1997a, 1997b)는 언어 문법의 일반화는 수많은 개별 단어와 구의 패턴이 축적된 것이라고 주장하며, 어휘 접근방식은 언어는 근본적으로 임의성(arbitrariness)이며 비상호성(non-reciprocity)인 것이라는 점을 강조한다.

> Collocation is, as we have already seen, arbitrary: *high/tall building, tall boy* but not **high boy*. *Prices rise and fall.* you can *rise to the occasion* but not **fall to the occasion*. You can *look at* a person or problem; you can *gaze at* a person but at a problem. This non-generalisability clearly indicates that we meet and store words in the prefabricated chunks upon which the Lexical Approach is based. (Lewis, 1997a, p. 26)

다른 언어 접근방식과는 달리 어휘 접근방식(Lexical Approach)은 의사소통 접근방식의 기본 원칙에 근거하면서도, 큰 차이점으로는 자연발생적인 언어에서 어휘의 성질에 대한 이해를 증대시키고, 어휘가 언어 교수에 잠재적으로 기여한다는 점을 강조한다. 따라서 언어 교수의 중심 요소는 학생들에게 언어의 뭉칫말(chunks) 인식을 제고시키고 언어의 성공적인 뭉칫말화(chunking) 능력을 발전시키는 것으로 보고 있다. 이는 언어가 어떻게 작동하는가, 아니면 학습이 어떻게 진행되는가에 중점을 두는 학습 중심 교수 방법이라고 말할 수 있다.

> The Lexical Approach places communication of meaning at the heart of language and language learning. This leads to an emphasis on the main carrier of vocabulary meaning.

> The concept of a large vocabulary is extended from words to lexis, but the essential idea is that fluency is based on the acquisition of a large store of fixed and semi-fixed pre-fabricated items, which are available as the foundation for any linguistic novelty or creativity. (Lewis, 1997a, p. 15)

이 접근방식은 총체적(holistic) 혹은 역동적(dynamic) 수용의 관점에 바탕을 두고 있다. 그렇기 때문에 언어나 학습의 본질에 위배되는 전통적인 표준 교수요목 순서와 제시-연습-생성이라는 패러다임이 부적당하다고 생각하고, 그 대안으로 관찰-가설-실험이라는 새로운 패러다임을 제안했다(Lewis, 1993). 즉, 어휘 접근방식은 학습자로 하여금 어휘 항목을 관찰·인식하고 이를 자신의 기억 장치 내에 내재화하기 위해 나름대로의 가설을 설정하고 실험하는 학습을 유도한다. 이는 최근에 강조되고 있는 형태에 대한 초점과도 일맥상통한다.

형태 초점 의사소통 접근방식은 의사소통 활동을 수행할 때 학습자에게 언어 형태에 초점을 두고 의식할 수 있는 언어 학습 상황을 만들어 줄 것을 제안한다(Doughty & Williams, 1998). 어휘 접근방식도 어휘의 본질과 역할, 텍스트에서 어휘 항목의 의식적 주목, 언어의 뭉칫말화를 강조한다. 그러나 Lewis(1997a)에 따르면, 이 접근방식은 새로운 혁명적인 것이 아니며 단지 학습과정에 대한 내용을 새롭게 다시 생각하게 하는 다양하고 친숙한 활동과 기법 등을 위한 원리를 제공한다고 주장한다. 한국의 영어 학습자는 의사소통능력 향상을 위해 기본적인 어휘 사용의 관점에서 어휘구, 의미 단위, 연어 등의 식별과 재인식에 대해 어려움을 느낀다는 주장이 있어 왔다. 그러나 교사들은 이러한 문제점 개선을 위한 학습 자료나 교수 방법 개발에 대해 여전히 소홀한 편이다. 이러한 상황에서 어휘와 담화 학습은 총체적 · 유기적 학습이 아닌 원자적인 개별 어휘 학습이 일반화되어가고 있다(김성환, 2001).

그러나 어휘 접근방식은 언어 코퍼스의 통계적 분석 결과를 바탕으로 언어 교수에서 어휘의 중심적 역할을 강조한다. 모국어 화자의 유창성은 수많은 어휘구인 뭉칫말의 저장과 재생을 통한 효율적인 사용에 있다. 따라서 앞으로의 영어 어휘 학습 전략 지도와 훈련은 개별 단어에 의존하는 단어 목록에 의한 어휘 학습을 넘어, 보다 이용가능성이 높고 의사소통적인 방향으로 재검토가 이루어져야 한다. 즉, 개별 단어를 넘어(beyond a single word) 뭉칫말을 어떻게 의미단위화하여 표현하고 사용하느냐와 보다 의사소통적인 정확성과 유창성을 담보하느냐가 관건이다.

3.1 언어 습득에 대한 어휘 접근방식

어휘 습득과 관련하여 어휘 접근방식의 핵심인 연어에 대한 문헌은 일찍이 Palmer(1933)가 주창한 이래로 크게 다루어지지 않다가, Firth(1957)가 "the word is known by the company it keeps"(p. 20)라고 강조하여 연어의 중요성을 언급하였다. 또한, Hornby는 사전을 편찬하면서 언어 교육에서 어휘구의 중요성을 피력하였다(Hunston & Francis, 1999). 이후 많은 사전 편찬자들이 어휘에 관심을 보여왔으며, 1980년대 중반에 Benson, Benson 그리고 Ilson(1986)은 연어를 어휘적 연어(lexical collocation)와 문법적 연어(grammatical collocation)로 나눈 사전인 *BBI Dictionary*를 편찬하여 연어 학습에 대한 관심을 넓혀 주었다. 또한 Sinclair와 Renouf(1988)는 언어 학습을 위한 어휘적 교수요목(lexical syllabus)의 필요성을 주창했다. 90년대 들어와 Willis(1990)가 *The Lexical Syllabus*에서 교수요목의 변화를 모색하면서 새로운 언어 학습법으로 어휘 중심 이론을 주장했다.

특히, Lewis는 *Implementing the Lexical Approach*(1997a)와 *Teaching Collocation*(2000a)에서, 어휘 접근방식은 문법과 어휘를 이분법(dichotomy)으로 나누는 기존의 방식을 지양하고, 외국어 학습에서 어휘-문법을 통합적으로 지향하고 있는 점이 전통 방식과 크게 다르다고 설명했다. 또한, 어휘-문법적 통합방식 중 하나인 단어 결합을 통한 연어 학습이 영어의 네 기술을 향상시키는데 효과적인 방법이라고 제안하고 있다. 그렇지만 영어를 독일어와 대조 분석하는 입장에서 어휘적 연어의 학습 방법을 제시한 Bahns(1993)에 따르면, 많은 경우의 연어적 오류는 L1의 영향이라고 주장하여 어휘-문법적 접근에 있어 대조 분석의 필요성을 지적했다.

'The Lexical Approach'라는 용어는 Language Teaching Publications(LTP)를 통해 Lewis(1993, 1997a, 2000a, 2000b)와 그의 동료들이 연어 중심 이론과 절차(collocation-focused theories and procedures)에 관한 책들을 내면서 본격적으로 보급되었다. 이들이 주장하는 어휘적 접근방식은 언어 교수에서 어휘가 중심적 역할을 한다고 생각하는 언어관에 기초해서 교수요목 구안과 언어 교수를 위한 여러 가지 아이디어를 제공해주고 있다. 어휘 접근방식을 처음 제안한 Lewis(1993)는 어휘 접근방식을 다음과 같이 정의하고 있다.

> ..It is based on the idea that an important part of language acquisition is the ability to comprehend and produce lexical phrases as unanalyzed wholes, or "chunks," and that these chunks become the raw data by which learners perceive patterns of language traditionally thought of as grammar... (p. 95)

이와 같은 정의의 핵심은 분석할 수 없는 총체성(unanalyzed wholes)일 것이다. 여기서 연어 접근방식의 기초가 되는 Lewis의 네 개 저서를 간단히 살펴보고자 한다. 먼저 *The Lexical Approach*(1993)에서는 어휘의 본질과 역할의 평가, 어휘 항목을 단어와 구조보다는 언어 단위로 간주하는 함축성으로 보고, 코퍼스 사전 편찬, 담화 분석(discourse analysis) 등의 연구에 바탕을 둔 방법론에 대한 연구서이다. 둘째로, *Implementing the Lexical Approach*(1997a)에서는 어휘 접근방식의 원리 이해와 함께 몇몇 실례를 통해 교실 상황에서 다양한 어휘의 활용 방법을 제시해 주고 있다. 세 번째로, Hill과 편저한 *LTP Dictionary of Selected Collocations*(1997)는 어휘 접근방식에서 핵심이 되는 연어를 다섯 유형(형용사+명사, 동사+명사, 명사+동사, 부사+형용사, 동사+부사)으로 분류하고 다른 일반 사전과는 다르게 명사를 핵어(headwords)로 삼고 함께 결합할 수 있는 연관된 동사, 형용사, 전치사 등을 기술하고 있다. 마지막으로, *Teaching Collocation*(2000a)은 어휘 접근방식의 원리와 교실 전략, 연어 활동, 연습 문제 등 연어를 읽기와 쓰기 과정에 통합적으로 활용하기 위한 다양한 실례와 자료를 제공하는 실용서이다.

전통적으로는 문법과 어휘를 이분법적인 입장에서 접근하였으나, 어휘 접근방식에서 언어는 결합되어 뭉칫말로 생성되기 때문에 문법-어휘 이분법은 무익하다고 주장한다. 어휘 접근방식을 주장한 Lewis(1993)가 언어는 어휘화된 문법이 아니라 문법화된 어휘라고 말한 바와 같이, 어휘 접근방식을 주장하는 학자들은 어휘에 강조점을 두고 있다. 또한, 연어가 핵심적인 개념이라고 주장한다(Lewis, 1993, McCarthy, 1990). Lewis(1993, pp. vi-vii)가 제시한 어휘 접근방식의 핵심 원리 중 주된 것을 정리하면 다음과 같다.

1) 언어는 어휘화된 문법(lexicalized grammar)이 아니라 문법화된 어휘(grammaticalized lexis)로 구성된다.
2) 문법/어휘의 이분법은 무의미하며, 대다수 언어는 다단어 '뭉칫말'로 구성된다.
3) 언어교수의 중심요소는 학생들에게 언어의 '뭉칫말'을 인식하게 하고, 언어의 성공적인 '뭉칫말화' 언어 능력을 발전시킨다.
4) 비록 구조적 패턴은 유용한 것으로 인정하지만, 어휘 패턴과 은유 패턴에도 적당한 지위를 부여한다.
5) 연어를 교수요목 내에서 구조의 원칙으로 통합한다.
6) 컴퓨터 언어학과 담화분석의 증거는 교수요목의 내용과 순서에 영향을 끼친다.
7) 연어를 추상적인 이상주의(abstract idealism)가 아니라, 개인적 자원(personal resource)으로 인식한다.

8) 성공적인 언어는 정확한 언어보다도 더욱 넓은 개념이다.
9) 언어의 중심적인 은유는 원자적 장치(atomic machine)가 아니고 총체적 유기체(holistic organism)이다.
10) 글(writing)보다 말(speech)의 중요성을 인정한다.
11) 언어교수에서 일차적으로 중요한 것은 맥락의 상황 요소보다는 함께 하는 텍스트 요소이다.
12) 구조로서의 문법은 어휘에 종속된다.
13) 문법적 오류는 학습과정에 내재된 것으로 인식한다.
14) 연습문제와 생성물보다는 과업과 처리과정을 강조한다.
15) 제시-연습-생산 패러다임을 거부하고, 관찰-가설-실험의 순환에 근거한 패러다임을 선호한다.

위에 제시한 어휘 접근방식의 핵심 원리는 어휘 학습 지도를 위해 중요한 의미를 갖는데, 교사가 영어 학습 지도에서 어휘 접근방식을 어떻게 활용할 것인가와, 학습자들이 새로운 어휘를 이미 알고 있는 어휘와 어떻게 결합하여 활용할 수 있는가에 대한 방법론적인 원리를 참고할 수 있다. 결국, 어휘 접근방식에서는 어휘의 보다 더 중심적이고 심지어 명확한 역할 수행을 제안하고 있다.

어휘 접근방식은 최근 들어 빠르게 발전하고 있는 전산 언어학과 코퍼스 언어학의 도움에 힘입어 여러 방면의 언어 분석과 언어 교육에 대한 대안적 함의를 제공하고 있다. 특히, 실생활에서 쓰이는 각종 텍스트의 코퍼스에서 어떤 특정한 단어와 함께 빈번히 같이 쓰이는 전후의 단어들을 찾아 함께 보여주는 어구색인은 효과적인 어휘 학습과 지도는 물론 영어교육 전반에 걸쳐 대안적 도구로 활용될 가치가 높다. 또한 우리와 같은 EFL 상황에서 어휘 접근방식은 그동안 문법과 어휘를 별개의 영역으로 취급해온 기존의 관점을 바꿀 수 있으며 학교 영어교육 현장에 적용할만한 가치가 있는 통합적인 언어 교육 접근방식이다.

3.2 어휘 항목 및 어휘구

영어교육에서 '어휘'의 개념은 다양하게 표현되고 있다. 또한 그 용어에 있어서도 'words', 'vocabulary', 'lexis', 'lexicon'으로 사용된다. 낱 단어(word)는 가장 전통적으로 인식되어 온 언어 항목으로, 사전적으로는 'a single unit of language which has meaning and can be spoken and written'이라고 정의할 수 있다. 따라서 이는 원자적인 개별 단어를 말한다. 오늘날 'vocabulary'와 'lexicon'은 비슷하게 사용되고 있는데 단어 이상의 것으로 정신적인 머릿속 어휘부를 말할 경우 'lexicon'을 많이 사용하고 있다. 또한, Fernando(1996)는 'vocabulary'를 개별 단어들과 다단어 표현으로 구성된 개념으로 정의하고 있다. Lewis(1997a)가 정의한 바와 같이 'lexis'는 뭉칫말로 네 종류로 구성된다. 하나는 낱 단어들(words)로 구성되며 다른 세 가지는 다단어 항목(multi-word items)인 연어(collocations), 고정 표현(fixed expressions), 반고정 표현(semi-fixed expressions)으로 구성된다. 그러나 한국어로 '어휘'라는 말을 사용할 때 많은 경우에 있어 'words'나 'vocabulary'를 혼용하여 쓰고 있는 경향이 있다. 여기에서는 연어의 개념을 인식하기 위해 단어(낱말)와 어휘를 구분하여 사용하고자 한다. 이와 같은 어휘는 우리의 머릿속 어휘사전(mental lexicon)에 주로 '뭉칫말'로 저장되었다가 필요할 때 회상하여 사용하는 것으로 이해한다.

한편, Richards와 Renandya(2002)는 어휘의 지위가 변하고 있다고 주장하면서 어휘의 개념이 어휘구나 틀에 박힌 어구까지 포함하여 넓어져 왔다고 설명한다. Clark(1993)은 어휘 항목(lexical items)은 *cat*, *shell*, *rowan*과 같은 단어들일 수도 있고, *cook someone's goose, do someone in*, *blow one's own trumpet*처럼 관용구(idiomatic phrases)일 수도 있다고 주장했다. 더 나아가 Lewis (1997b)는 어휘 항목을 다음과 같이 네 가지 유형으로 분류했다.

1. 낱말과 다항어(word & polywords)
2. 연어(collocations)
3. 관습화된 발화(institutionalized utterances)
4. 문장 틀 혹은 문장 핵어(sentence frames or heads)

낱말은 의미를 지니고 독자적으로 존재할 수 있는 언어 항목을 말한다. 'drinking', 'bicycle', 'manager'는 'drink'와 '-ing', 'bi-'와 'cycle', 'manage'와 '-er'같이 의미를 지닌 두 형태소(morpheme)로 구성된다. 따라서 하나의 낱말은 최소한 하나 이상의 독립된 형태소로 구성된다. 즉, 'bi-'와 같은 접두사(prefix)와 '-er'와 같은 접미사(suffix) 같은 의존 형태소(bound morpheme)가 독립 형태소(free morpheme)에 붙어서 이루어진 낱말들이다.

다항어는 두 개 이상의 낱말이 모여 의미 단위를 이루는 약간 확장된 형태의 낱말 집합을 말한다. 'by the way', 'on the other hand'처럼 관용성을 지닌 짧은 어휘구에 한정하여 쓰이는 용어이다. McCarthy(1990, p. 8)는 다항어의 예로서 두 쌍의 단어결합인 이항어와 세 쌍의 단어결합인 삼항어로 나누어 설명하고 있다. 그 외에 아래 <그림 3-1>의 이항어 예와 같이 우리가 일상적으로 자주 쓰는 이항 대구어를 찾아볼 수 있다.

이항어(binomial)	
back and front	rain or wind
wine and dine	arise and shine
to and fro	before and after
fish and chips	shipping and handling nuts and bolts
ladies and gentlemen	tried and true
in and out	wear and tear
back and forth	hot and humid
clean and tidy	search and rescue
sick and tired	man and woman
Stars and Stripes	male and female
aches and pains	pins and needles
cease and desist	goods and(or) services
ups and downs	mix and match
flora and fauna	ebb and flow
tossing and turning	

삼항어(trinomial)
cool, calm, and collected
ready, willing, and able
morning, noon, and night
hook, line, and sinker
lock, stock, and barrel

〈그림 3-1〉 이항어와 삼항어의 예시

이와 같은 다항어의 대부분은 임의적인 것이 아니라 인지적으로 가까운 것이나 현저성(saliency)에 근거한다고 인지언어학자들은 주장한다(Ungerer & Schmid, 1996). 또한 McCarthy와 O'Dell(1999, p. 164)은 주로 접속사 'and'로 결합되어 어순이 거의 고정되어 있는 이항어의 예를 다음과 같이 다양하게 들고 있다:

odds and ends, give and take, part and parcel, ranting and raving, rack and ruin, prim and proper, rough and ready, wine and dine, pick and choose, leaps and bounds, peace and quiet, rest and recreation, first and foremost, here and there, on and off, down and out, out and about, up and down, black and white, hot and cold, back to front, sink or swim, slowly but surely, all or nothing, take it or leave it.

위의 이항어를 우리말과 비교해 보면 많은 경우에 있어 비슷하나 다른 경우도 있다. 예를 들어, 'back and forth'의 경우 우리말의 '앞 뒤'와 다르게 반대로 표현한다. 이는 문화적·언어적 생활이 다르기에 인지하는 순서가 다르기 때문이다. 또한, 'ladies and gentlemen'처럼 강조하거나 사회적 함의에 의해 굳어진 경우도 있다.

연어는 학자에 따라 그 정의가 다소 차이가 있기는 하지만 두 개 이상의 낱말이 자주 결합하여 쓰이거나 굳어진 표현을 구성하는 어휘 관계를 말한다. 즉, 특정한 동사 'commit'가 특정한 명사 'a crime'과 어울려 쓰일 수 있는지, 특정한 형용사 'happy'가 특정한 명사 'birthday'와 결합하여 쓰일 수 있는지의 그 제한적인 관계를 말한다. 연어는 영어의 결합관계 중에서 가장 빈도가 높기 때문에 교실 수업 상황에서 실제로 가장 중요한 교수 · 학습 요소임에도 불구하고 이에 대한 체계적인 연구와 논의가 부족했던 어휘 항목이다.

관습화된 발화는 주로 문어보다 구어에서 나타나는 어휘 형태로서, 지시적 의미(referential meaning)보다 화용적 의미(pragmatic meaning)를 나타내는 경향이 있다. Nattinger와 DeCarrico(1992)는 관습화된 발화가 특정한 기능을 가지기 위해 취하는 형태는 결합적 단순성(syntagmatic simplicity)과 계열적 유연성(paradigmatic flexibility)이라는 두 가지 원칙에 의해 결정된다고 하였다. 예를 들어, 간접적 요청(indirect request)을 할 때 쓰이는 문장의 통사 형태는 서법 조동사(modal) + you + 동사구(VP)의 단순한 형태를 띤다. 이를 도해하여 나타내면 <그림 3-2>와 같다.

여기서 서법 조동사와 동사구 자리가 빈 칸이 되어 다른 서법 조동사들과 다양한 동사구들로 대체될 수 있기 때문에 'Could you pass me the salt?', 'Could you hand me that pencil?', 'Would you lend me a dollar?' 등과 같은 표현들이 가능하게 된다.

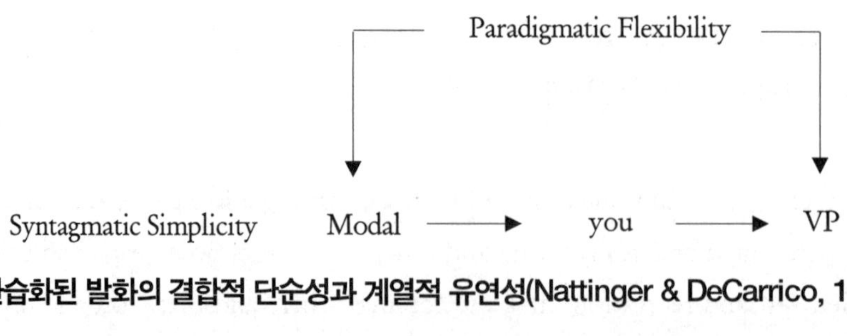

〈그림 3-2〉 관습화된 발화의 결합적 단순성과 계열적 유연성(Nattinger & DeCarrico, 1992, p. 18)

문장 틀이나 핵어는 관습화된 발화와 유사하다. 문장 핵어는 쉽게 식별이 가능하며, 의사소통 능력의 직접적인 증진과 더불어 습득을 촉진하는 자원을 제공한다. 이러한 핵어는 전통적인 교수 요목에서 문법과 기능 사이에 종종 위치한다. 그러나 기능은 일반화가 가끔 불가능하지만, 핵어의 군은 일반화가 가능하다(Lewis, 1993). 또한, 핵어는 글 혹은 강의나 전문적인 발표의 성격을 지닌 구어에 나타나는 형태로서, 복잡하고 긴 말이나 글을 이해하는 데 길잡이 역할을 한다. 'Do you mind if...?', 'Would you like to...?', 'What was really interesting/surprising/annoying was...'와 같은 표현은 문장 핵어의 대표적인 예이다.

Nattinger와 DeCarrico(1992)는 문장 틀이나 핵어와 비슷한 어휘구로서 '거시적 조직어(macro organizer)'라는 용어를 사용하여 포괄적인(등위의) 거시적 조직어(global [co-ordinate] macro-organizers)와 국부적인(하위의) 거시적 조직어(local [subordinate] macro-organizers)로 나누어 다음과 같이 설명하고 있다.

전자의 예로는,
화제의 표지(topic markers: what I (mainly) wanted to talk/tell you about was ..., what do you think about/of...?, the first thing is...);
화제의 전환(topic shifters: that reminds me of..., I'd like/I want to ask you about...);
요약(summarizers: that's about it, what I am trying to say is...)이 있고,

후자의 예로는,
예시(exemplifiers: how about...?, it's like...);
관계(realtors: not only X but (also) Y, it has to do with...);
평가(evaluators: I think/don't think that X, as far as I know/can tell);
한정(qualifiers: it depends on..., that's true but...);
여담(asides: where was I?, I guess that's beside the point) 등을 들고 있다.

또한, McCarthy(1990)에 따르면 다단어 단위(multi-word unit: MWUs)는 두 개 이상의 낱말로 이루어져 있고, 상당히 많은 수의 순환되는 고정된 형태를 나타낸다. 그렇지만 통사적인 측면에서 이들이 합성어와 동일한 것은 아니라고 주장한다. 그리고 화석화된 언어(fossilized language) 뭉치로 하나의 유일한 어휘 항목처럼 취급되는 관용구(예, to kick the bucket, meaning 'to die')는 여러 언어의 어휘들에서 발견되는 다단어 단위에 대한 하나의 유형으로 취

급하고 있다. 또한, 어휘 연구가 단일한 단어들에만 관심을 둔다는 견해는 더 이상 알맞지 않다고 주장한다.

Moon(1997)에 의하면 MWUs는 일련의 두 개 혹은 그 이상의 단어들로 구성된 어휘 항목으로, 문법적 규칙들이 작용한 결과라기보다는 어형성(word formation)과 화석화(fossilization)로 인한 어휘적/의미적 과정의 결과라고 설명했다. 절대적인 분류는 아니지만 구어체 기준으로 세 가지, 즉, 관습화(institutionalization), 고정성, 비합성성(non-compositionality)으로 분류하고, 기타 MWUs로 복합어(compound), 구동사, 숙어, 고정된 구(fixed phrases), 조립식 표현(prefabs)으로 그 범위를 상당히 넓게 보았다. McCarthy(1990)는 verb+the+object (kick the bucket)와 같이 일정한 동사(go, make 등)로 이루어진 숙어와 to 부정사로 이루어진 형식(예, to be as keen as)을 숙어로 보고 있다. 또한, 두 쌍의 낱말이 결합한 이항어(예, ladies and gentlemen)와 세 쌍의 낱말이 결합한 삼항어(예, morning, noon, and night)를 다른 종류의 MWUs 유형으로 보고 있다. Nattinger와 DeCarrico(1992)는 이와 같이 여러 단어로 이루어진 단위를 어휘구(lexical phrases)라고 칭했다.

우리는 다음과 같이 대화상에서 정규적으로 쓰이는 일련의 전체적으로 고정된 항목들을 접하게 된다.

1. 대화 시작하기 표현(initiators): 'Good morning', 'Nice to meet you', 'Excuse me, but...'
2. 대화 이끌기 표현(gambits): 'first of all', 'let's face it', 'let's be clear'
3. 이어가기 표현(links): 'That reminds me', 'another thing', 'put it this way'
4. 대화 회피하기 표현(evaders): 'Not that I know of', 'None of your business'
5. 확장하기 표현(amplifiers): 'To be more clear', 'Furthermore', 'On top of that'
6. 반응 표현(responders): 'I guessed as much', 'You must be joking', 'That's what I thought'
7. 끝맺기 표현(closers): 'Nice talking to you', 'I'd better go now', 'See you later'
8. 대화 지속 중 채우기(fillers): Actually, basically, you know, well...

이와 같은 표현들은 모두 관용구 및 다른 고정된 구절들이 지니는 이미 짜여진 단일체(ready-made unity)를 보여준다. 이는 어휘에 대한 광의의 견해에서 볼 때, 이런 것들은 그 자체의 항목으로 포함된다(McCarthy, 1990). 그는 또한 훌륭한 EFL 사전은 보다 나은 정의와 보다 많은 예와 표제어(headwords)의 문법에 대한 보다 많은 정보를 포함하지만, 가장 두드러진 차이점은 하나의 개별 단어 이외에 구(phrases), 숙어(idioms) 그리고 심지어 완전한 표현을 포함한다는 점에서 간단한 통찰력이 언어에 대한 어휘적 견해와 어휘적 교수의 기초라고 주장했다.

Nattinger와 DeCarrico(1992)는 기능적 관점과 교육적 유용성에 의거하여 Lewis(1997a)의 네 가지 어휘 항목 분류와 비슷하게 어휘구를 사회적 상호작용, 필수 화제, 담화장치로 보고 다음과 같이 분류했다.

다항어(polywords: by the way, by and large);
관습화된 표현(institutionalized expressions: How do you do?, Long time no see);
어구 한정어(phrasal constraints: as far as..., ...as well as...);
문장 구성어(sentence builder: My point is that X, I think [that] X)

Lewis(1997a)는 학습자가 어휘에 접근이 용이하고 학습 요소에 가까이 다가가기 위해서는 접근 가능하고 도움이 되는 방법을 찾는 것이 중요하다고 하면서, 그 방법을 다음의 10가지로 제시하고 있다: a) 주제, b) 상황, c) 연어, d) 개념(notion), e) 화법(narration), f) 은유(metaphor), g) 인칭(person), h) 음성적 뭉칫말화(phonological chunking), i) 핵심어, j) 문법.

Moon(1997)은 어휘 결합을 두 개 혹은 그 이상의 어휘가 연속으로 이루어진 다단어 항목의 입장에서 고찰하면서 앞에서 살펴본 바와 같이, 다른 종류의 결합과 구별되는 세 가지 준거로 관습화, 고정성, 비합성성을 제시했다. 이는 그 동안 의미의 결합에 있어 '전체는 부분의 합으로 이루어진다'는 합성성의 원리(principle of compositionality) 지배해온 것에 대한 거부로, 어휘 접근방식은 '전체는 부분의 합 이상이다'라는 비합성성의 원리를 지향한다는 점에서 어휘 교수·학습 방법의 전환을 시사하고 있다. Lewis(2000a)는 어떤 의미에서 각 단어는 그 자체의 문법을 가지고 있으며, 언어는 어휘화된 문법이 아니라 문법화된 어휘로 구성되어 있다(language consists of grammaticalized lexis, not lexicalized grammar)고 보는 것이 어휘접근방식의 가장 기본적인 원리라고 한다.

3.3 어휘와 문법

언어 학습에서 어휘와 문법은 어떤 관계가 있을까? Radford(1997)에 따르면 "문법은 단어, 구, 문장의 구성과 해석을 지배하는 원리에 대해 연구하는 학문"(p. 2)이라고 정의한다. 여기에서 문법은 통상적으로 학교 문법을 말한다. Cook(1991)은 문법은 전체적인 문형(pattern)을 제공하고, 어휘는 그 문형 안에 넣을 자료(materials)를 제공한다고 말한다. 이처럼 언어 교육에 있어 전통적으로 어휘는 문법과 함께 가장 기본적이고 필수적인 부분으로 생각되어 왔으나, 어휘는 문법에 종속되는 하나의 문법 성분 단위로 여겨져 왔다. 특히 구조주의 언어학(structural linguistics)과 청각 구두식 언어주의(Audiolingualism)가 인기 있을 때 어휘는 문법에 대한 단역 역할을 해왔다(Nunan, 1999). 또한 Bernhardt(1988)는 독해에서 문법 능력이 없으면 단어를 서로 묶어서 해독할 수 없다고 주장하여 문법 능력을 강조했다. 반면에, Harmer(1991)는 언어 교사들이 수세기 동안 문법의 여러 측면을 가르쳐 왔지만, 언어는 화자에 의해 매우 창조적으로 사용되기 때문에 실제 언어 사용은 단순히 문법 패턴으로 자동적으로 축소될 수 없다고 주장하면서 학습자의 언어 사용 인식의 중요성을 강조했다.

또한, Nunan(1999)은 언어 학습의 초기 단계에서는 언어 형식보다는 어휘에 의한 학습이 촉진될 수 있음을 언급했다. Lewis(1993)도 언어 학습의 초기 단계에서 어휘 학습이 매우 중요함에도 언어 구조에 대한 학습이 이루어진 다음에 어휘 학습을 함으로써 학습한 내용을 제대로 이해하지 못하여 학습 효율성이 낮다는 지적을 하고 있다. 특히 어휘 접근법을 주창한 그는 "언어는 어휘화된 문법이 아니라 문법화된 어휘로 구성되어 있다"고 하여 문법은 어휘에 종속된다는 점을 강조했다. 더 나아가 Clark(1993)은 언어 습득에서 어휘가 우선이며, 어휘가 없다면 어떤 구조도, 어떤 구문도 없을 것이라고 하면서 언어에서뿐만 아니라 언어 습득에서도 어휘가 중심이라고 주장했다.

어휘 목록이 문법적 부호화(grammatical encoder)와 음운적 부호화(phonological encoder) 간에 핵심적인 중재요소를 가정하는 어휘적 가설(lexical hypothesis)을 지지한 Levelt(1989)는 어휘는 문장을 발화하는데 있어서 추진력이며(즉, 부호화나 문장 생성), 이러한 추진력은 공식화 과정(formulation process)이라고 기술했다. 공식화 과정은 어휘적으로 주도되며 이것은 문법적 부호화와 음운적 부호화가 어휘 목록에 의해 이루어진다는 것을 의미한다. 그러므로 어휘 목록이 언어 발화를 중재한다는 면에서 어휘 목록은 가장 중요한 요인은 아니더라도 하나의 중요한 요인이라고 믿을 이유가 충분하다고 주장한다. 또한, Nunan(1999)은 적절한 어휘 기반이 구축되어 있는 경우에는 의미 전달의 의사소통에서 문법보다 어휘가 더 도움이 된다고 주장한다. 이와 같은 주장들을 종합해보면 어휘와 문법의 관계는 간단하지 않다.

한 가지 흥미로운 점은 Larsen-Freeman(2001)이 'grammar'와 'grammaring'을 구분하고 'grammar'가 아니라 'grammaring'을 가르쳐야 한다고 주장한 점이다. 또한, 많은 언어 학습자들이 문법적 지식과 언어 규칙을 알고 있음에도 실제로 발화를 하는데 있어서 문법적으로 적절하고 정확하며 의미 있는 문장을 발화하지 못한다는 점을 지적하고 있다. 그에 의하면,

'grammar'를 가르친다고 하는 것은 영어교사들이 문법을 외워서 알고 있어야 하는 일련의 규칙을 전해주는 것이고, 'grammaring'을 가르친다고 하는 것은 문법이라는 것을 하나의 기술로 생각하여 그 기술이 숙달될 수 있게 도와주는 것이라고 주장했다. 이는 오늘날 언어 교육에서 많이 사용되고 있는 의사소통적 문법(communicative grammar)에 해당된다고 볼 수 있다. 또한, 이와 같은 교수 방법은 문법적 연어(grammatical collocations) 학습 지도로도 달성할 수 있는 것으로, 문법을 어휘 접근방식에 의한 하나의 연어 능력으로 보고 언어 사용의 효용성을 강조한 것이다.

한편, Celce-Murcia와 Larsen-Freeman(1999)은 어휘와 문법은 대체로 두 개의 서로 다른 언어 영역으로 여겨져 왔으나, 문법과 어휘를 하나의 연속체의 양극단으로 생각하는 것이 좋으며, 이 때문에 Halliday(1994)의 어휘문법(lexicogrammar)이라는 용어를 선호한다고 어휘와 문법 간의 관계를 설명하고 있다. 또한, Celce-Murcia와 Olshtain(2000)도 의미에 대해 보다 안정된 측면은 어휘적으로 표현되는 경향이 있고, 반면에 보다 유동적이고 복잡한 메시지는 표현을 위해 어휘와 더불어 문법을 필요로 한다고 하는 언어 자원 연속체(language resource continuum) 개념을 <그림 3-3>과 같이 기술하고 있다.

Lexis —— (The lexicogrammatical continuum) —— Grammar

(words: N,V,ADJ/ADV) (idioms) (phrasal forms) (function words) (inflections and syntax)

〈그림 3-3〉 어휘-문법의 연속체

이와 같은 구분은 Benson 외(1997)나 Lewis(1997a)의 어휘 접근방식에서 강조하는 어휘적 연어 및 문법적 연어와 맥락을 같이 하는 부분도 있으나 근본적으로 어휘와 문법을 구분하여 접근하는 것은 극복해야 할 점이다. Sinclair(1991)는 대용량 코퍼스의 어구색인 분석 결과, 어휘와 통사를 분리하는 것은 어리석은 일이라고 말하면서, 텍스트의 많은 부분이 흔한 단어들이 흔한 패턴으로 구성되어 있다고 지적했다. 오늘날 많은 문법서에 기술되어 있는 문법 내용의 상당 부분은 어휘적 특성에 의해 설명될 수 있다. 또한, 단어들로는 말을 많이 할 수 있지만 문법만으로는 말할 수 있는 것이 많지 않다(Gough, 2001). Gass, Madden, Preston과 Selinker(1988)도 문법적 오류는 일반적으로 이해 가능한 구조로 귀결되지만, 어휘적 오류는 의사소통을 방해할 것이라고 지적하고 있다.

그러나 중요한 것은 이와 같은 어휘와 문법의 관계에 대한 태도는 기본적으로 이분법적인 접근에 바탕을 두고 있다는 점이다. 어휘 접근방식은 언어 학습에서 문법의 중요성을 배제하자는 것이 아니며, 그동안 문법이라는 그늘에 있던 어휘의 본질적이고 언어적인 본래의 역할을 확보하고자 하는 접근방식이다. 지금까지 대부분의 기존 연구는 어휘 목록의 중요성과 어휘적 정보 및 어휘적 지식을 강조하고 있지만, 학습자가 어떻게 단어 조합과 연어 관계에 대한 능력을 습득하는지를 다루고 있지 않다. Hunston(2002)은 어휘를 배운다는 것은 그 어휘의 패턴을 배우는 것이고, 따라서 문법도 함께 다루어지는 것이라고 말하면서, 문법은 오히려 어휘적 측면에서 접근할 때 더 잘 학습될 수 있다고 말한다. 이와 같은 어휘와 문법의 관계는 일반적 코퍼스를 활용한 어구색인 분석에 의해 더욱 주목을 받고 있고 어휘와 문법의 통합적 단서를 제공해준다.

문법은 동사 형식 내에서 변이형에 바탕을 둔 문장 문법을 강조한 구조적 교수요목이 지배하고 있던 때에는 문장 틀인 구조를 문법과 대등한 것으로 간주했다. 그러나 어휘 접근방식에서는 단어 문법(연어와 동족어 〔cognates〕)과 텍스트 문법(문장-상위층의 자질)의 역할 증가를 암시한다. 그동안 문법을 적당한 어휘나, 아니면 단어를 메울 수 있는 빈칸이 있는 일련의 문장 틀로 생각해왔고(Sinclair, 1991), 대다수의 학생들은 어휘를 단어와 동등하게 취급하는 경향이 있다(Lewis, 1993). 또한, Lewis(1997a)는 언어는 문법이나 단어로 구성되는 것이 아니며, 어휘는 단어 이상이라고 하면서 머릿속 어휘사전(mental lexicon)의 많은 부분은 조립식 다단어 뭉칫말로 저장된다고 주장했다. McCarthy(1990)는 어휘와 문법의 구분이 그렇게 선명한 것이 아니며 언어에서 임의의 낱말을 문법의 관점에서 검토할 수도 있고, 거꾸로 심지어 관사 및 전치사와 같은 낱말들도 문법 부분에서 취급하지 않고 대신 어휘 항목으로 간주할 수도 있다고 주장했다. 실제로 교실 현장에서 많은 학습자들이 문법을 문법이라는 고정관념 때문에 기피하는 경향이 있는데, 어휘적 특성에 의해 특정한 어휘의 전후 관계가 상당 부분 결정된다는 점에서 문법화된 어휘로 취급하여 통합적으로 접근하는 것이 자연스럽다고 본다.

따라서 영어교육에서 어휘 접근방식을 통해 전통적으로 서로 분리된 영역으로 여겨왔던 문법과 어휘의 유용한 통합적 접근이 가능하다고 생각하며, 또한 언어교사는 이 방식을 언어 교육의 네 가지 중요한 측면(이해, 정확성, 유창성, 유연성)을 장려하는 교수 전략으로 삼을만하다고 본다. 이와 같은 제안은 광의적으로 보아 언어 형태뿐만 아니라 의미와 기능까지를 통합적으로 접근하는 형태 초점 접근방식(The Focus-on-form Approach)과 맥을 같이 한다고 볼 수 있다. 민찬규(2002)도 과제 중심이나 의사소통 교수요목으로 의사소통 활동을 유도하고 기존의 문법에 대한 학습도 강조하면서 필요에 따라 언어 형태를 의사소통 구성 요소로 병행하여 제시함으로써, 정확성과 유창성을 균형있게 신장시킬 수 있는 형태 초점 의사소통 접근방식이 효과적이고 매우 바람직한 교수 방법이라고 제안하고 있다.

한편, 전통적으로 어휘와 문법을 분리하여 접근한 교수 학습이 이루어졌으나 코퍼스 언어학 등장과 어휘접근법에 의한 새로운 방식이 발전하면서 소위 어휘문법 접근방식(lexico-grammar approach)으로 언어 형태와 기능 및 의미를 통합적으로 접근하는 교수 방식이 진행되고 있다. 이 lexico-grammar용어는 Halliday(1994)가 처음 사용한 이래 언어 분석방법과 코퍼스 언어학의 발전으로 그 사용 범위가 lexicogrammatical patterns나 lexicalized phrases 등의 어휘묶음(lexical bundles)으로 확대 활용되기도 한다.

3.4 어휘 접근방식과 영어교육

현재 우리나라 영어 교육과정에는 어휘 수와 품사 정도만 제시되어 있으며, 교과서와 교사용 지도서에서는 어휘 중심의 학습 활동 및 교수 방법이 명확히 제시되어 있지 않다. 일부 교과서에서 word partnership으로 연어적 표현을 언급한 것에 불과하다. 코퍼스 언어학의 발전과 어휘 교육의 중요성에 대한 재인식이 일어나면서 2000년 중후반부터 짧은 기간에 어휘 중심의 영어 교육 연구가 많이 이루어지고 있지만 아직 교육현장에서는 어휘 리스트를 제시하는 수준의 학습에서 그치는 경우가 많다. 이는 어휘 학습의 중요성에 대하여는 잘 알고 있지만 지도할 수 있는 수업 모형과 교재가 미흡하기 때문일 것이다.

뭉칫말(chunk)이라는 용어를 처음 만든 학자는 Miller(1956)다. 그는 청취력 검사에서 청자들이 문장의 단어들을 하나하나씩 해독하거나 이해하는 것이 아니라 두 개 이상의 단어를 하나의 단위로 인식한다는 데 주목하고 이러한 이해 의미 단위를 chunk라고 지칭하였다. 뭉칫말은 어휘(lexis)를 구성하는 중요한 요소가 되는데 이것은 원래 언어가 두뇌 속에서 작용할 때 인식되는 정보의 덩어리를 의미하기도 하지만 구체적으로 실현된 언어 표현을 가리키기도 한다. 즉, 뭉칫말은 하나의 단위처럼 사용되는 언어 표현과 그 표현의 내적 정보 덩어리를 모두 가리킨다고 볼 수 있다. Nattinger(1988)는 유창성은 의미단위의 결합을 통해 달성된다고 하면서 학습자의 대다수 과업은 언어 재료를 의미 덩어리로 실현하는 뭉칫말화(chunking)이며 더욱 효과적인 어휘구를 창조하는데 있다면서 언어 학습에 있어서의 뭉칫말의 중요성을 강조하였다. 즉, 뭉칫말의 개념을 학생에게 도입하고 덩어리 의미 단위(sense unit)를 식별하는 방법을 제시하는 것이 언어 교수의 중요한 활동이라고 보았다. 이와 같은 학자들의 연구를 바탕으로 보면 어휘와 어휘가 의사소통을 위해 조합되어 만들어진 기능적·내용적으로 의미를 지니는 하나의 단위를 뭉칫말이라 할 수 있다.

Newell(1990, p. 7)은 뭉칫말(chunk)과 뭉칫말화(chunking)를 다음과 같이 정의하고 있다. 즉, 뭉칫말은 이미 짜여진 말뭉치로 구성된 기억조직 단위이며 이는 더 큰 기억단위로 결합한다.

> A chunk is a unit of memory organization, formed by bringing together a set of already formed elements (which, themselves, may be chunks) in memory and welding them together into a larger unit. Chunking implies that the ability to build up such structures recursively, thus leading to a hierarchical organization of memory. Chunking appears to be a ubiquitous of human memory.

뭉칫말의 중요성에도 불구하고 영어교육에서 어휘 학습은 개별 단어에 중점을 둔 채, 주로 읽기나 듣기 활동에 수반된 기능으로 여겨왔다. 그러나 역설적으로 읽기나 듣기에 있어 가장 방해되는 것은 빈약한 어휘력이다(Knight, 1994; Nagy, 1988). 학습자들은 빈번히 영어의 개별 단어를 한국어와 일대일 등치 관계(paired-translational equivalence)로 인식하고 기계적인 암기를 해왔다(김낙복, 2003). 실제 수업활동에서의 어휘 학습도 개별 단어에 중점을 두고 있다(송희심, 2000; 이소영, 2001). 또한, 교과서에서는 어휘 학습 활동 부분을 크게 다루고 있지 않으며, 대부분 읽기나 듣기 자료의 하단과 부록에 개별 단어 목록을 제시하고 있다. 그 결과, 명사 bike와 동사 ride의 개별 단어의 의미를 알고 있음에도 함께 결합하여 더 큰 하나의 덩어리 어휘 항목인 'ride a bike', 'bike-riding'나 'bike-rider'의 결합 방법을 몰라 읽기와 듣기에서 어려움을 겪고 있으며, 말하기와 쓰기에서도 자신의 의사를 제대로 표현하지 못하는 사례를 자주 발견한다. 다시 말해, 어휘 항목(lexical items)에 대한 이해 없이 언어의 네 기능에 대해서만 집중적인 관심과 지도가 이루어져 왔다고 할 수 있다. 그 결과, 네 기능의 향상 역시 만족스럽지 못했다(이화자, 1996).

지금까지 국내에서 연어와 같은 어휘 접근방식을 활용하여 영어 어휘력 향상은 물론 의사소통 능력 향상을 입증하기 위한 다양한 연구가 있어왔다(김낙복, 2007; 김윤정, 2005; 이윤경, 2009; 이정원, 김낙복, 2005; 현태덕, 2007; Nahk-Bohk Kim, 2003). 그러나 이와 같은 연구는 연어유형 중에서 명사+명사, 동사+명사, 형용사+명사, 형용사+부사, 동사+부사 등 주로 어휘적 연어에 관한 연구였다. 이와 같은 뭉칫말을 하나의 덩어리로 익히고 사용할 수 있는 연어 능력의 필요성과 효용성은 학습자의 유창성을 향상시킬 뿐만 아니라(Hill, 2000; Lewis, 1997a), 영어 단어의 다의성(polysemy)의 혼동을 상당부분 해소시킬 수 있으며(김낙복, 2005b), 연어 지식이 영어 숙달도 및 영작문 능력에도 큰 영향을 미친다(김윤정, 2005). 특히, Dongkwang

Shin(2007)은 구어체의 연어 빈출도가 문어체보다 높으며 고빈도 연어가 반복하여 출현한다는 코퍼스 분석결과를 토대로 구어체 연어 교육의 중요성을 강조하였다.

무엇보다도 모래알과 같은 개별 단어 중심의 단순 암기 학습보다 연어와 같이 두 단어 이상의 결합어인 뭉칫말 학습은 장기 기억에도 도움이 된다. 즉, 단어 간 결합을 통한 연어학습과 기능 간 통합학습으로 공기 관계와 연어성(collocability)을 습득하면서 분해되지 않는 뭉칫말 총체(unanalyzed wholes)로 기억하고 저장한 상태로 발화시킬 수 있다는 장점이 있다. 이는 Hill(2000)이 지적한 바와 같이 연어를 알고 사용하는 것이 올바른 강세와 억양 구사에도 도움을 주어 원어민다운(nativelike) 뭉칫말 단위의 억양 패턴을 하나의 단위로 익히고 사용하기 때문에, 개별 단어 중심으로 학습하고 발화할 때에 낱개의 단어를 조합하는 경우보다 자연스러운 억양패턴과 강세를 구사할 수 있다는 점과 맥을 같이 한다.

연어 중심의 뭉칫말을 활용한 어휘 접근방식은 EFL상황인 우리나라에서 상당히 중요하고 필요한 개념이며 교수 학습 방법의 원리와 전략으로 확산시키기에도 충분하다. 왜냐하면 현재 유·초등학교를 거치는 동안 학습자들은 주로 파닉스나 챈트와 노래 그리고 스토리텔링에 중점을 두고 학습하고 있다. 중등학교의 영어교육은 대학수학능력시험(CSAT: College Scholastic Aptitude/Ability Test)준비를 위한 읽기와 듣기 중심의 문제풀이에 치중하는 면이 많다. 대학에서의 영어교육, 특히 교양영어는 영어회화나 토익(TOEIC)이나 오픽(OPIc)과 같은 취업을 위한 어학인증시험에 몰두하는 경우가 많다. 돌이켜보면 유·초등의 영어교육은 어느 면에서 상당부분 뭉칫말(chunks) 중심의 뭉칫말화(chunking)에 중점을 두고 있으나 중등학교와 대학에 올라가면서 개별단어 중심의 어휘 수를 확장하는 데 많은 시간과 에너지를 투입하고 있는 실정이다.

이제 우리나라의 영어 교육이 점차 표현적인 의사소통능력 신장에 목표를 둠에 따라, 교수-학습의 초점 역시 형태뿐 아니라 의미와 기능으로 옮겨왔다. 그동안 의미이해와 분석에 중점을 두었다면 이제는 표현과 발표 중심의 산출적인 언어활동을 권장하여야 할 것이다. 동일 선상에서, 또 한 가지는 어휘와 문법의 분리식 영어 교육이 아니라 "언어에는 연어 쌍으로 가득 차 있다"는 McCarthy(1990)의 말처럼 연어를 중심으로 어휘 뭉칫말과 같은 어휘-문법 통합적인 어휘 접근방식을 체계적으로 활성화하고 강화하여 정확성과 유창성을 동시에 신장시키고, 뭉칫말 기반의 기능 간 통합적인 영어교육이 이루어져야 한다.

IV. 영어 연어 관계의 이해

연어와 관련하여 최근까지 국내에서도 많은 연구가 있었다(이선, 2003; 이은주, 2008; 현태덕, 2007; Duk-Ki Kim, 2003; Nahk-Bohk Kim, 2003, 2008; Sung-Sig Kim, 2004; In-Dong Song, 1994), 국외에서는 Firth(1957) 이래 많은 연구자들이 연어의 정의, 범위, 유형, 그리고 특성에 관한 논의를 해왔다(Bahns, 1993; Benson, Benson, & Ilson, 1997; Bonk, 2001; Brinton & Akimoto, 1999; Hargreaves, 2000; Hoey, 1991, 2000; Kennedy, 1990; Kjellmer, 1984; Lewis, 1993, 1997a, 1997b, 2000a; McCarthy, 1990; Nation, 2001; Nattinger & DeCarrico, 1992; Nesselhauf, 2003, 2005; Ooi & Lee, 1996; Schmitt & McCarthy, 1997; Stubbs, 1995a, 1995b; Thornbury, 2002; Willis, 1990). 그러나 학자마다 그 개념에 대한 정의와 범위 및 특성에 있어 다소 차이가 있다. 이 장에서는 그와 같은 차이점을 살펴보고 연어를 협의의 연어와 광의의 연어로 구분하여 정의하고자 한다.

4.1 연어의 개념

4.1.1 연어의 정의

언어학에서 연어(collocation)에 대한 용어는 Palmer(1933)가 처음으로 사용한 이래 Firth (1957)가 "함께 어울리는 단어에 의해 그 단어를 안다"(The word is known by the company it keeps, p. 20)이라고 단어 간 조합(배열) 학습의 중요성을 설명하면서, 연어의 정의를 "Collocations of a given word are statements of the habitual or customary places of that word"(p. 181)라고 하여 연어의 습관성과 관습성을 언급하였다. 그 후 많은 언어학자들에 의해 연어는 어휘의 특성과 어휘 관계(lexical relations)를 설명하는데 중요한 언어 현상으로 다루어져 왔다.

단어와 단어가 관습적으로 결합하여 특정한 의미를 전달하는데 일정한 제약이 따른다. 이러한 단어들 간의 결합 관계를 설명하는 개념인 연어는 개별 단어가 특정 표현이나 문장에서 결합하는 공기(co-occurrence)관계를 말한다. 이 연어라는 용어는 라틴어 cum(with) + locus(to place)에 그 어원을 두고 있으며, '서로 함께 놓는다'(to place with/together)는 의미를 가지다 (Singleton, 2000). 우리말로는 연어 또는 연어 관계라고 표현하는데, 초등학생들을 위해서 더 쉬운 말로 바꾸자면 '짝꿍말'이라고 할 수 있겠다(김미순, 2008). 필자는 개인적으로 어휘 결합 관계를 쉽게 연상하고자 '어휘 궁합'이라는 말을 사용하기도 한다. 요즘 상황으로 표현하면 '말(뭉치) 케미'라고 말할 수도 있겠다.

연어의 정의는 학자마다 다른데 우선 그 개념을 살펴보고자 한다. 일반적으로 연어란 단어들의 결합을 말한다. 의사소통 시 단어들의 결합이 올바르지 않으면 이상하게 들릴 수 있고 의미전달은 될지언정 바른 표현은 아니다. 예컨대, 영어에서 'turn off the light'라고는 하지만 '*close the light'라고는 하지 않으며, 'fast food', 'quick service'라고 말하지만 '*quick food', '*fast service'라고 말하지 않는다. 'strong coffee'라고는 하지만 '*powerful coffee'라고는 말하지 않는다. 또한, 'powerful weapon/engine'이라는 말은 가능해도 '*strong weapon/engine'이라는 말은 쓰지 않는다. 'blonde hair'라고 하지만 '*gold hair'라고는 말하지 않는다. 'high season'의 반대로 '*low season'보다는 'off season'이라고 말한다. 이와 같이 연어란 함께 어울려 어휘 궁합을 이루어 뭉칫말로 자주 쓰이는 어휘 항목/단위를 말한다. 또 다른 예로 어떤 인간의 문화에서든지 상관없이 '*green blood'란 표현은 매우 이상하게 들릴 것이다. 그러나 연어의 구체적인 예 중에는 결합 관계의 순서나 특성에 있어 상이한 경우도 있다. 그러면 몇몇 학자들과 사전에서 주장한 연어 정의를 연도순으로 살펴보자.

> Collocations of a given word are statements of the habitual or customary places of that word. (Firth, 1957, p. 181)

> Collocation is the syntagmatic association of lexical items, quantifiable, textually, as the probability that there will occur at n removes (a distance of n lexical items) from an item x, the items a, b, c... Any given item thus enters into a range of collocation, the items with which it is collocated being ranged from more to less probable. (Halliday 1961, p. 276)

> Collocation is meant that the habitual association of a word in a language with other particular words in sentences. (Robins, 1980, p. 53)

> The term collocation will be used to refer to sequences of lexical items which habitually co-occur, but which are nonetheless fully transparent in the sense that each lexical constituent is also a semantic constituent. (Cruse, 1986, p. 40)

Collocation is a marriage contract between words, and some words are more firmly married to each other than others. (McCarthy, 1990, p. 12)

Collocation is the occurrence of two or more words within a short space of each other in a text. (Sinclair, 1991, p. 170)

Collocations are defined along a syntagmatic, or horizontal, dimension, and a paradigmatic, or vertical, dimension. That is, a collocational unit consists of a 'node' that co-occurs with a 'span' of words on either side. The span consists of particular word classes filled by specific lexical items. (Nattinger & DeCarrico, 1992, p. 20)

Collocations are those combinations of words which occur naturally with greater than random frequency, and divided them into strong collocations (*commit suicide*) which are so tightly that they behave almost as single words, and weak collocations (*a nice day*, *a good chance*) which occur between two common words, each of which may co-occur with many words. (Lewis, 1997a, p. 5)

In English, as in other language, there are many fixed, identifiable, non-idiomatic phrases and constructions. Such groups of words are called *recurrent combinations*, *fixed combinations*, or *collocations*. Collocations fall into two major groups: *grammatical collocations* and *lexical collocations*. (*The BBI dictionary of English word combinations*, 1997, p. xv)

Collocation is the semantic compatibility of grammatically adjacent words. Whether these patterns of co-occurrence between such words as adjective- noun *nice surprise* noun-verb *panic broke out*, or verb-preposition *lecture on* are approached positively as 'solidarity relations' or negatively as 'selection restriction' (**good surprise*, **passion broke out*, **lecture over*), the resulting collocations are more fixed than free combinations and less fixed than idioms. (*Dictionary of Lexicography*, 1998, pp. 22-23)

Collocation is the way in which words are used together regularly and refers to the restrictions on how words can be used together, for example which prepositions are used with particular verbs, or which verbs and nouns are used together. (*Longman*

Dictionary of Language Teaching & Applied Linguistics, 2002, p. 87)

The way in which some words are often used together, or a particular combination of words in this way: '*commit a crime*' is a typical collocation in English. (*Longman Dictionary of Contemporary English*, 2003, p. 294)

A word or phrase which is frequently used with another word or phrase, in a way that sounds correct to people who have spoken the language all their lives, but might not be expected from the meaning: In the phrase '*a hard frost*', '*hard*' is a collocation of '*frost*' and '*strong*' would not sound natural. (*Cambridge Advanced Learner's Dictionary*, 2003, p. 294)

Collocation is the way words combine in a language to produce natural-sounding speech and writing. For example, in English you say *strong wind* but *heavy rain*. It would not be normal to say **heavy wind* or **strong rain*. (*Oxford Collocations Dictionary*, 2009, p. v)

Collocation is 'the property of language whereby two or more words seem to appear frequently in each other's company'. (*Macmillan Collocations Dictionary*, 2010, p. vii)

연어의 정의는 학자와 시대에 따라 조금씩 차이가 있음을 알 수 있다. 공기성(co-occurrence)과 연어성(collocability) 측면에서, 1980년대 후반까지 Firth(1957), Robins(1980)와 Cruse(1986)가 정의한 내용은 '습관적이거나 관습적으로 함께 나타나는 단어들의 결합'으로 기술하고 있다. 그러나 1990년 이후에는 주로 '빈도가 높게 함께 어울리는 단어들 간의 결합'이라고 정의하고 있다. 이는 컴퓨터 기술과 함께 코퍼스 언어학의 발전과 관계가 크다고 본다. 즉, 앞에서 언급한 바와 같이 언어학자들의 직관을 통해 분석한 경우와 1980년 후반부터 컴퓨터를 활용한 데이터 기반 분석에 따른 차이라고 볼 수 있다.

이상의 정의들을 종합적으로 살펴볼 때, 다음과 같이 협의의 경우와 광의의 경우로 구분하여 정의할 수 있다. 먼저 '협의의 연어(narrow collocation)'는 주로 기반어인 특정 단어가 결합어인 특정한 다른 단어와의 반복적인 배열관계를 요구함으로써 발생하는 단어들 간의 배타적(exclusive) 혹은 제한적(limited) 공기 관계에 있는 어휘 짝이라고 정의할 수 있다. 또한, '광의의 연어(wide collocation)'는 통사적 · 의미적 · 화용적으로 관계를 맺고 있는 특정한 단어나 어휘 항목이 동일한 문맥에서 동시에 나타나는 특정한 다른 단어나 어휘 항목과의 배타적 혹은 제한적 공기 관계에 있는 구조 짝이라고 정의할 수 있다(김낙복, 2005a). 따라서 전자는 주로 어휘적 연어에 해당하며, 후자는 주로 문법적 연어에 해당한다고 말할 수 있다. 두 정의 다 어휘 궁합을 이루고 있다는 공통점이 있다.

Benson, Benson과 Ilson(1997)의 BBI 사전과 Howarth(1998), Conzett(2000)는 연어의 연속선상을 <그림 4-1>, <그림 4-2> 그리고 <그림 4-3>과 같이 설명하고 있다. BBI사전에서는 <그림 4-1>과 같이 연어의 연속선상 끝에는 가장 높은 생산성, 의미적 투명성, 항목의 대체성을 가진 자유 결합(free combinations)이 있고, 반대쪽 끝에는 가장 덜 생산적이고 가장 불투명한 의미를 가지며, 고정되어 대체성이 굳어진 관용어(idiom)가 위치해 있다.

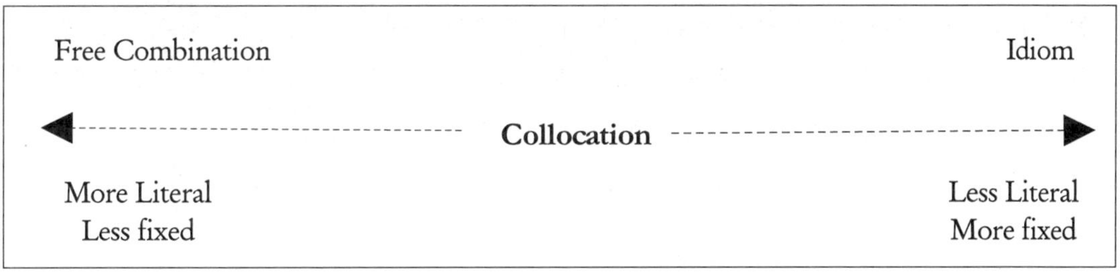

〈그림 4-1〉 BBI 사전의 연어 연속선상

Howarth(1998)는 영어를 잘하는 학습자는 원어민들이 조립식 말뭉치나 (반)고정된 표현으로 처리하는 다양하고 복잡한 어휘적 단위(lexical units)에 대한 구사력이 있어야 한다고 주장한다. 그는 언어 능력을 향상시키는 방법으로 관용구(phraseology)의 수행 능력이 매우 중요하다고 강조하고, 연어를 기술하는데 있어서 관용성과 비관용성을 문법적/어휘적 합성어에 똑같이 적용하여 아래 <그림 4-2>와 같이 연어적 연속체(collocational continuum)를 도해하고 있다.

	free/open combinations	restricted collocations	figurative idioms	pure idioms
lexical composites	blow a trumpet	blow a fuse	blow your own trumpet	blow the gaff
grammatical composites preposition+noun	under the table	under attack	under the microscope	under the weather

〈그림 4-2〉 연어적 연속체(Howarth, 1998, p. 28)

자유/개방 결합(free/open combinations)은 'carry a trumpet'과 같이 글자 그대로의 의미(literal senses)로 사용되는 요소로 구성된다. 제약적인 연어는 기반어인 명사에 결합어인 동사나 명사가 제한된 수로 특수화된, 종종 비유적 의미로 사용되는 요소로 구성된다. 이 경우 자유결합과 비유적 관용어의 경계선(borderline)에 있는 합성어를 엄격하게 적용하여 기반어와 결합어의 대체(substitution)를 허용하지 않는 경우(예: curry favor)와 보다 자유롭게 적용하여 소수의 명사나 동사의 대체를 허용하는 경우(동사 대체의 예: pay/take heed, 명사 대체의 예: give the appearance/impression)가 있을 수 있다. 비유적 관용어(figurative idioms)는 전체적으로 은유적 의미(metaphorical meanings)를 갖는다. 반면에 순수한 관용어(pure idioms)는 구성 요소의 의미로부터 파생될 수 없는 일체의 의미를 갖기 때문에 가장 불투명하고(opaque) 고정된 표현이다. Howarth(1998)는 언어학자나 교사가 전통적으로 자유 결합에서 관용어의 스펙트럼 극단에 관심을 집중해왔다고 지적하고, <그림 4-2>와 같이 연어의 연속체 모형으로 상호 연계가 필요하며, 특히 학습자에게는 양 극단에서는 큰 어려움이 없으나, 중간 영역인 제약적인 연어나 반관용어(semi-idioms)를 내재화해야 언어 처리 능력과 운용 능력을 향상시킬 수 있다고 주장한다.

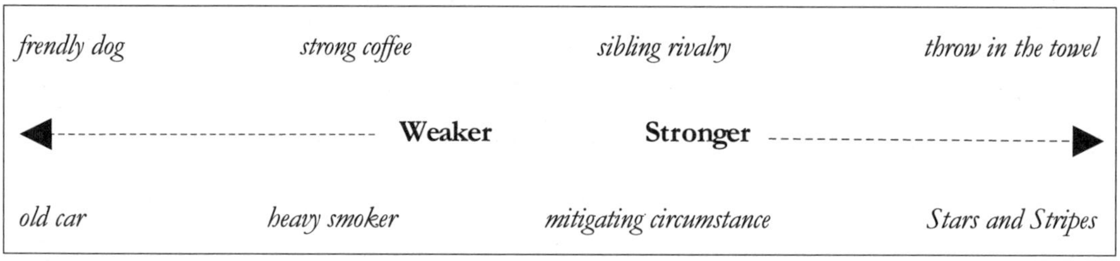

〈그림 4-3〉 Conzett(2000, p.74)의 연어 연속선상

Conzett(2000)는 연어 연속선상에서 연어의 강 약에 의해 연어의 유형을 분류하였다. <그림 4-3>과 같이 연속선상의 왼쪽 끝에는 'friendly dog'처럼 아주 자유롭게 결합할 수 있는 약 연어(weak collocation)와 오른쪽 끝으로 갈수록 강 연어(strong collocation) 형태를 취하면서 끝쪽에는 'throw in the towel'과 같이 고정되어 굳어진 관용구가 위치한다. 이처럼 연어는 매우 자유로운 결합과 완전히 고정된 표현 사이의 연속선상에 위치하여 있기에 자유 결합과 관용어의 차이를 구별하기는 쉽지 않다. 이와 같이 연어 정의는 학자마다 관점을 다소 달리하고 있으나 기본적으로 자유 결합과 관용어 사이의 연속선상에 위치하고 있음을 공통적으로 언급하고 있다. 다음에 설명할 연어와 관용어에서 보다 구체적으로 살펴보기로 한다.

4.1.2 연어와 관용어

연어와 관용어의 차이를 명확히 밝히는 것은 쉽지 않다. 그러나 둘 다 어휘 항목으로 어휘 문법적 구조(lexicogrammatical structures)를 가지고 있는 어휘화된 다단어 표현(lexicalized mult-word expressions)이라는 공통점을 가지고 있다. 즉, 연어와 관용어는 적어도 두 단어 이상이 서로 결합하여 다단어 표현을 구성한다는 공통점이 있다. 반면에, 다단어의 하나인 다의어(polysemy)는 한 단어가 여러 개의 다른 의미를 갖는 단어를 말하며, 그 예로는 명사인 경우 head를 들 수 있는데, 그 의미는 the part of the body at the top of the spinal cord, including brain, eyes, mouth, and so forth; the highest part of something, as of stairs; the source, as of a river; the obverse of a coin 등이다.

그런데 확산성을 지닌 영어 단어 'wear'나 'win'과 같은 동사는 기반어인 명사와 결합하여 한국어로 다양한 의미로 표현되기 때문에 학생들이 이러한 단어의 의미 확장을 이해하는데 어려움을 겪는다. 이 경우 동사+명사의 연어로 뭉칫말 학습을 하게 한다면 다의어의 혼란을 상당 부분 해소할 수 있다. 예컨대, 'win a lottery', 'win a game/an election/competition', 'win a prize', 'win a gold medal/championship/tournament/ league', 'win a battle/war', 'win a seat', 'win a victory', 'win a case/appeal', 'win a title', 'win a contract' 'win jobs' 등과 같이 연어 형태로 학생들에게 제시·활용할 수 있다. <표 4-1>은 동사 'win'과 결합하는 연어를 유형별로 제시한 예이다.

〈표 4-1〉 동사 "Win"과 결합하여 사용되는 연어 예

유형(Types)	예시(Examples)
V + N	Win a race/a game/match, win an election/a battle/war/argument, win a competition/ championship/tournament/league, win a title/seats, win a prize/award/medal, win a reputation/ scholarship, win a case/appeal, win a victory, win a (the) contract/bin...
Adj + N	big win, comfortable win, convincing win, easy win, six-point win, straight/successive/consecutive win, decisive win, resounding win, unexpected win, great win, fine win...
V + Adv	win easily, win convincingly, win comfortably, win handsomely, narrowly win, eventually/finally/ ultimately/finally win...

어휘 항목은 앞에서 언급한 바와 같이 완전히 고정된 것에서 매우 유동적인 것의 양 극단 사이의 연속선상에 위치해 있다(Lewis, 1993). 이 연속선상의 중간에 수많은 관용어와 연어가 위치해 있는데, 연어를 관용어로 보기보다는 관용성(idiomaticity)이 있는 어휘 항목으로 이해해야 할 것이다. 어휘의 관용성은 형태의 고정도(fixedness of form)와 의미의 투명도(transparency of meaning)가 어느 정도인가에 따라 결정된다(Lewis, 2000a). 그러나 고정된 연어(fixed collocation)는 관용어와 같이 그 형태가 고정되어 있다는 것은 같으나, 관용어는 그 어휘 항목 자체로부터 재생하기 어려운 의미를 지니고 있다는 것이 차이점이다(Marianne & Diane, 1999).

관용어와 연어의 구별을 요약하여 그림으로 나타내면 <그림 4-4>와 같다. <그림 4-4>는 Nahk-Bohk Kim(2008)이 관용어와 연어의 구별에서 고찰하지 않은 비합성성과 합성성을 추가하여 보여주고 있다. 관용어와 연어를 명확히 구분하기는 쉽지 않지만 관용어는 연어보다 형태의 고정도가 높고 의미의 투명도는 낮아 비합성성의 특성이 있다.

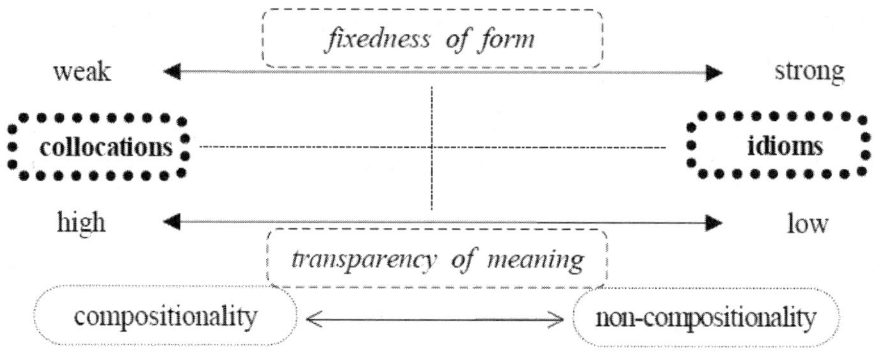

〈그림 4-4〉 연어와 관용어의 비교(Nahk-Bohk Kim, 2008, p. 35)

연어나 관용어와 같이 둘 이상의 구성 요소로 이루어진 복합적인 표현은 기본적으로 합성성의 원리(principle of compositionality)에 따라 의미가 해석된다. 즉 구성요소의 의미와 구성 요소들의 결합 방식에 의해 합성성의 원리로 의미를 예측한다. 예를 들어, 고정화된 관용어는 'to spill the beans'나 'to beat around the bush'처럼 형태가 완전히 고정되고 개별 낱말의 문자적 의미(literal meaning)로부터 전체 의미를 전혀 알 수 없는 경우를 말한다. 즉, 구성 성분인 'spill'과 'beans'는 전체적인 관용적 의미인 'to tell a secret'을 위한 단서를 제공하지 못하며, 'beat'과 'around the bush'는 전체적인 관용적 의미인 'to get to the point'에 기여하지 못하는 비합성적 구(non-compositional phrase)이다(권영도, 1999). 하지만 약간 유동적인 관용어는 'to break/shatter the ice'처럼 형태적으로 덜 고정되어 있고 개별 낱말의 문자적 의미가 전체 의미와 어느 정도 연결이 되어 있어서 관용성이 좀 더 약한 경우도 있다. 이 경우에 break 대신 shatter로 대체해도 관용적 의미가 손상되지 않는 것은 의미적 생산성(semantic productivity) 때문이다. 반면에, 연어적 관용어는 'shrug your shoulders'처럼 강한 결합의 연어에서 'catch a cold' 같은 중간 결합의 연어, 'good weather'와 같은 약한 결합의 연어로 갈수록 형태의 고정도는 낮아지고 의미의 투명도는 높아진다고 볼 수 있다(Lewis, 1997a).

관용어의 전체적 의미는 구성 성분의 의미로부터 결정될 수 없다는 비합성성(non-compositionality)과 통사적 고정성이 강한 특징이 있다. 반면에, 연어는 통사적 고정성이 강하고 의미의 투명성이 약해 비합성성의 원리가 적용되는 것부터 고정성이 약하고 의미의 투명도가 강해 합성성의 원리가 적용되는 경우까지 그 범위가 방대하다.

Carter(1987)는 연어성(collocability)은 "하나의 단어가 다른 단어들과 함께 붙어 다니는 것(p. 38)"이라고 하면서 개별 단어는 다른 단어의 어휘적 환경에서 작동된다는 점을 강조하였다. 가령, 'lean'과 같은 단어를 자주 사용하고 아는 것은 그 단어가 'meat'와 결합하여 함께 쓰이기 때문이라고 말한다. 그러하기에 단어의 특성에 따라 그 연어성의 폭이 다름을 알 수 있다. 즉, 어휘항목이 더 핵심일수록 다른 단어와의 연어성이 더 크다는 점이다. 예컨대, 'bright'는 매우 넓게 결합하여 그 연어성이 광범위하지만 'radiant'의 연어성의 범위는 보다 좁다는 것을 알 수 있다.

bright	sun light sky idea colors red, green future prospects child

radiant	light smile sun flame? *green *idea *prospects future? *child

위와 같이 연어성의 범위에 따른 결합 관계는 자유 결합(free combination)에서 굳어진 고정 표현인 관용어까지 그 연어성의 스펙트럼은 매우 넓다. 아래 <그림 4-5>는 고정 표현의 유형들을 모아 놓은 것이다(Alexander, 1984; Carter, 1987, p. 67에서 재인용). 이와 같은 고정 표현은 의미적, 통사적 또는 담화적으로 다양하기 때문에 분류할 때 어느 정도 구조적인 중복은 불가

피하다. 아래 <그림 4-5>에 제시된 고정 표현에 대한 잠정적인 유형 분류는 하나의 범주, 예컨대 Idioms 내에서도 연어성의 스펙트럼 연속선상에 여러 유형이 있을 수 있음을 보여주는 등 고정표현의 범위에 대한 아이디어를 제공해준다.

Types of fixed expression	Examples
I Idioms	
(i) irreversible binomials/ compound idioms	spick and span; dead drunk; red tape
(ii) full idioms	run up(a bill); tear off (rush away); to smell a rat; to rain cats and dogs; to be in the doghouse.
(iii) semi-idioms	beefy-looking; dead drunk; at fat salary; the meeting kicks off at nine
II Proverbs	A watched pot never boils.
III Stock phrases	When all is said and done; a recipe for disaster; unaccustomed as I am to...; a vicious circle.
IV Catchphrases	That's another fine mess you got me into; What do you think of it so far?; Are you sitting comfortably? Then I'll begin.
V Allusions / Quotations	You've never had it so good; We are not amused; The lady's not for turning
VI Idiomatic Similes	as sober as a judge; as old as the hills; as daft as a brush
VII Discoursal Expressions	
(i) social formulae / cliches	How do you do? Long time, not see; bottoms up!
(ii) connectives; structuring devices	Mark my words; Once upon a time; Finally; to conclude.
(iii) conversational gambits	We'll now take questions from the floor; Guess what!; I wondered if I could have a word.
(iv) stylistic formulae	Further to my letter of 11th inst.; My lords, ladies and gentleman
(v) stereotypes	We're just good friends; I thought you'd never ask; It's not what you think!

〈그림 4-5〉 고정표현의 유형과 예

한편, 관용어와 연어를 어휘구의 복잡한 정도에 따라 네 단계로 나누어 다음과 같이 설명할 수도 있다(Cowie & Howarth, 1995, pp. 37-44).

1) 관용어
   bite the dust, shoot the breeze
2) 바꿀 수 없는 연어
   break a journey, from head to foot
3) 한 어휘를 바꿀 수 있는 연어
   take/have/be given precedence [over noun phrase]
   give/allow/permit access to [noun phrase]
   have/feel/experience a meal [for noun phrase]
4) 두 어휘를 바꿀 수 있는 연어
   as dark/black as night/ink
   get/have/receive a lesson/tuition/instruction [in noun phrase]

Fernando(1996)는 관용어와 관용성은 밀접한 관련이 있지만 동일하지는 않다고 하면서, 두 가지의 원리는 특정 단어의 습관적인(habitual)이고 예측 가능한(predictable) 공기라고 했다. 관용어는 관용성보다 좀 더 적은 범위를 나타내며 구성 요소가 한정된 범위 내에서만 변할 수 있고 분할할 수는 없는 단위이다. 예를 들어, 'smell a rat'나 'seize/grasp the nettle'처럼 어떤 다른 단어로도 그 구성 성분을 대체할 수 없다. 물론, 모든 관용어는 관용성을 보여주지만 관용성을 보여주는 단어의 결합 중 하나인 습관적인 연어(예: rosy cheeks, black coffee, catch a bus)는 관용어가 아니다. 왜냐하면 앞의 습관적인 연어의 예들은 형용사적 그리고 명사적 변이형에 있어 비교적 제한이 없기 때문이다. 즉, 위의 예에서 rosy/plump cheeks, rosy dawn, strong coffee, catch a tram 등이 가능하다.

4.2 연어의 일반적 특성

연어 구성은 다양한 생성 원인과 구성 방식에 따라 이루어지지만 이들이 공통적으로 공유하는 일반적인 특성들이 있다. 일반적으로 연어의 정의에서 살펴본 바와 같이 어휘적 연어의 특성으로 공기성(co-occurrence), 인접성(contiguity), 고정성(fixedness)을 들 수 있는데 이와 같은 특성은 문장 형성에 참여하는 단어들 간의 결합, 즉, 단어의 연쇄를 통해 이루어지기 때문에 어렵지 않게 유추할 수 있다. 따라서 여기에서는 연어의 일반적인 특성을 선택의 임의성과 단일 방향성, 인지적·심리적 현저성, 구조적·의미적·음성적 의존성, 언어적·집단적 의존성의 네 가지로 나누어 살펴보고자 한다.

4.2.1 선택의 임의성(arbitrariness)과 단일 방향성(unidrectionality)

연어는 함께 어울리는 단어들 간의 결합관계를 말한다. Sinclair(1991, p. 170)는 "연어는 어떤 텍스트에서 두 단어 이상이 서로 인접한 공간 내에 나타나는 것이다"라고 하여 'make a big difference'는 가능하지만 'make a high difference'는 어울리지 않는다. 그렇다면 반복적으로 함께 나타나는 단어들 간 결합은 어떤 특징이 있을까? 먼저 가장 두드러진 특성은 선택의 임의성이다(Benson et al., 1986; Lewis, 1997a). 즉, 연어는 다음 설명처럼 임의적이며 예측 불가능하다는 특성이 있다.

> Collocations are arbitrary and non-predictable. Non-native speakers cannot cope with them; they must have a guide. They have no way of knowing that one says in English make an estimate, (but not *make an estimation), commit treason (but not *commit treachery). In English one says commit fraud and perpetrate fraud. However, only the collocation commit suicide is possible; one does not say *perpetrate suicide. One says bake a cake, but make pancakes. (Benson et al., 1986, p. 258)

> Collocation is, as we have already seen, arbitrary: high/tall building, tall boy but not *high boy. Prices rise and fall. you can rise to the occasion but not *fall to the occasion. You can look at a person or problem; you can gaze at a person but at a problem. This non-generalisability clearly indicates that we meet and store words in the prefabricated chunks upon which the Lexical Approach is based. (Lewis, 1997a, p. 26)

위의 설명처럼 문장의 단어 선택이 예측 불가능하고 무작위적인 제약이 있어 우리와 같은 EFL학습자는 더욱 어려움을 겪을 수밖에 없다. 즉, '추정하다'는 'make an estimation'으로 표현하지 않고 'make an estimate'로 표현해야 하며, '배반하다'도 'commit treason'으로 표현하지 'commit treachery'로 표현하지 않는다. 또한, 형용사 'high'는 명사 'building'과 함께 결합하여 형용사+명사 연어 형태인 'high building'으로 사용되지만, 명사 'boy'와 결합하여 'high boy'로 쓰이지 않으며 'tall boy'라고 말한다.

이와 같은 단어 간의 결합이 임의적일 뿐만 아니라 두 단어 결합 관계의 힘이 동일하지 않다는 특성이 있다. 연어는 두 단어 간 상호 호혜 평등에 의해 결합하는 것이 아니다. 즉, 그 관계는 동등하게 양방향으로 강하지는 않기에 비상호성이다(non-reciprocity). 다시 말해, 연어는 기본적으로 구성 요소 중 하나가 다른 하나를 제한적으로 요구한다는 것이다. 이와 같은 선택의 단일 방향성은 연어를 자유 결합(free combinations) 및 관용어와 개념적으로 구별하는 중요한 특성이라고 할 수 있다. 조합 관계에 있는 두 단어는 서로 다른 방법으로 관계가 설정될 수 있다. 따라서 전형적으로 그 관계는 양방향으로 똑같이 강하지는 않다. McCarthy(1990)는 이와 같은 연어 관계를 혼인 계약(marriage contract)에 빗대어 어휘 궁합으로 보았는데, 인간관계에서 사랑도 그 관계가 대등하지 않다는 것과 상통한다. 즉, 하나의 단어가 다른 하나의 존재를 그 역보다 강하게 제의하는 경우가 대부분이다. 예를 들어, *drink*가 *non-alcoholic*을 제의하는 것보다 *non-alcoholic*이 *drink*를 더 요구한다. 또한 *premature*가 *baby*를 *awake*가 *wide*를 *flatly*가 *contradict*나 *refuse*를 제의하여 연어 관계가 성립된다. 그러한 연어적 강도는 명사가 문장의 발화를 요구하는 일반적인 규칙과 밀접한 관계가 있다. Lewis(1997a)도 연어는 두 단어 간의 비상호성(non-reciprocity)이라고 하였다. 연어를 지배하는 것은 명사이다. 따라서 품사의 일련의 연어적 강도는 명사>동사>형용사>부사가 된다(Lewis, 1997a). 하지만 항상 그와 같지는 않다. Raving lunatic, blithering idiot과 같은 경우, 두 단어가 너무 강하게 구속되어 실제로 서로 뗄 수 없다. 이러한 항목은 연어라기보다는 이항어 명사에 가깝다.

> The two words of a two-word partnership may be related to each other in different ways, and typically the relationship is not equally strong in both directions. Again, human relationships differ in similar ways... "Loves are never equal". Typically, one word suggests the presence of the other more strongly than the reverse: *non-alcoholic* suggests *drink* more than *drink* suggests *non-alcoholic*, *premature* suggests *baby*, *awake* suggests *wide*, *flatly* suggests *contradict* or *refuse*. Such collocational strength relates closely to the general rule that nouns tend to call the shots. (Lewis, 1997a, pp. 27-28)

다음은 Lewis(1997a, p. 28)가 구체적인 예를 들어 언급한 연어적 강도에 의한 내용어의 연어 짝(collocational pairs)을 통해 선택의 단일 방향성을 살펴보자. 먼저, 많은 명사는 공기 가능한 동사 연어 짝을 자연스럽게 제의한다(bill: pay, foot, receive, present, reduce, submit). 마찬가지로 많은 명사는 공기 가능한 형용사 연어 짝을 자연스럽게 제의한다(accident: serious, slight, unfortunate, tragic, fatal, terrible). 그리고 일부 동사는 공기 가능한 부사 연어 짝을 자연스럽게 제의한다(check something: properly, quickly, regularly, automatically, carefully, closely, meticulously, again and again). 똑같은 경우가 형용사에도 적용된다(acceptable: perfectly, widely, mutually, readily).

이와 같이 연어가 일정한 방향성을 가진다는 것에 반론이 없는 것은 아니다. Cruse(1986)는 연어를 상호 의존적 기대치를 갖는 낱말의 결합 관계로 보고 있다. Jackson(1988)도 상호 간의 어떤 기대치를 갖는 어휘의 결합으로 연어를 규정하고 있다. 하지만 연어를 구성하는 요소들 간의 의미관계는 상호 선택적인 것이 아니라 어느 한 요소가 다른 요소를 요구하는 일정한 방향성을 나타내며, 바로 이러한 특성이 '선택의 단일 방향성'이라고 볼 수 있다. 이와 같은 연어의 특성은 앞에서 살펴본 바와 같이 'spill the beans'와 같은 관용어에서 두 구성요소의 결합이 의미의 합이 아닌 새로운 제3의 의미를 형성하는 관용어와 구별되는 특성이다. 즉, 관용어로 결합되는 두 구성요소에서는 어떠한 방향성을 찾기가 힘들며, 관용 의미를 형성하는 두 요소의 의미적 기능은 상호 선택적이어야 한다.

반면에 연어 관계 구성은 두 구성 요소 중에 어느 한 쪽이 다른 요소를 요구하기 때문에 일정한 방향성을 갖는다. 구성 요소 중 하나가 다른 하나를 제한적으로 요구하는 것은 특정 어휘가 특정한 의미를 형성하기 위해서 결합 가능한 어휘를 제한적으로 요구하기 때문이다. 예컨대, Chomsky(1965)가 제시한 다음 문장 'Colorless green ideas sleep furiously'은 통사적으로 부적격한(syntactically ill-formed) 문장이 아니지만 문장 형성에 참여하는 단어들 간의 결합이 불가능한 단어의 연쇄를 이루고 있기 때문에 수용할 수 없다.[1] 다시 말해서, 명사 'idea'는 'color'와 같은 어휘와 결합할 수 없고, 동사 'sleep'은 부사 'furiously'와 결합할 수 없다. 즉, 어휘 선택의 방향성을 가진 기반어인 명사 'idea'와 동사 'sleep'이 결합어로 결합 가능한 형용사나 부사가 아닌 것과 결합하여 수용할 수 없는(unacceptable) 문장인 것이다.

1) 통사론에서는 이 문장을 다음과 같이 의미 자질(semantic feature)과 선택 제약(selectional restrictions)으로 설명하고 있다. 즉 'colorless green'이란 연쇄는 [-Color]의 의미를 갖는 'colorless'가 [+Color]인 'green'과, 'green ideas'는 [+Color]인 'green'이 [-Color]인 'ideas'와, 'ideas sleep'은 [-Animate]의 자질을 갖는 'idea'가 [+Animate]의 의미자질을 갖는 'sleep'과 그리고 'sleep furiously'는 [+Static]인 'sleep'이 [-Static]이란 의미자질을 갖는 'furiously'와 결합해 의미자질의 상충으로 선택 제약을 준수하지 않아 영어 사용자가 수용할 수 없는 문장이다(우윤식, 1998, p. 60).

선택의 단일 방향성을 알아보고자 저자가 피험자 60명에게 <표 4-2>와 같이 기반어(a ~ e)와 결합어(1 ~ 6)를 동사+명사의 연어 형식으로 제시하고 가장 자연스럽게 함께 어울리는 어휘 짝을 연결해 보도록 하였다.

〈표 4-2〉 연어의 단일 방향성 인식도 검사를 위한 연어 문제

verbs	nouns
1. make	a. your arm
2. show	b. your alarm for 6 o'clock
3. set	c. a business
4. break	d. a mistake
5. set up	e. interest in something

이와 같은 연어 문제 형태는 그동안 어휘 문제가 대부분 정의적 연결을 주로 한 것과는 다르다. 제시된 기반어와 결합어는 학습자가 이미 알고 있는 것으로 선택했다. 인식도 실험 결과 정답률이 1-d(60%), 2-e(36.7%), 3-b(35%), 4-a(68.3%), 5-c (23.3%)로 나타났다. 이와 같은 결과로 미루어 추측할 수 있는 것은 학습자에게 익숙한 어휘일지라도 함께 어울려 생각을 표현하고 쓰는 연습과 체험이 없을 때에는 어렵게 느껴질 수 있다는 점이다. 이는 어휘 학습 활동에서 개별 단어가 어렵기 때문이라기보다 단어 결합을 통한 연어 관계 구성을 위한 언어 자료의 관찰과 가설 및 실험 활동을 해오지 않았음을 의미한다. 즉, 이제까지 학습자는 개별 단어에 익숙해져 왔고 암기해왔을 뿐, 개별 단어끼리 결합하여 생각의 단위를 뭉칫말로 산출하는 것에 대한 학습과 지도가 부족하였음을 입증해 준다고 볼 수 있다.

4.2.2 인지적 · 심리적 현저형(cognitive and psychological prominence)

많은 경우에 있어 인지적으로 먼저인 것을 먼저 발화하는 경향이 있다. 즉, 연어 구성은 출현 빈도가 높을 뿐만 아니라, 화자의 마음 속에 연어적 짝이 우선하여 떠오르기 때문에 심리적인 현저성이 높다(Bahns, 1993). 연어처럼 인지적 현저성이 높은 언어 구성으로는 관용어를 들 수 있는데, 관용어는 특정 의미를 구현하기 위해서는 자유 결합이던 구 구성을 하나의 어휘적 의미 단위로 사용하는 방식이다.

반면에, 연어 구성은 기반어가 주어지면 가능한 결합어를 어렵지 않게 연상할 수 있다는 점에서 둘은 구별된다. 하지만 대부분의 경우에 있어 인지적으로 현저한 것이 먼저 나오지만 그렇지 않은 경우도 있다. 즉, 결합 쌍의 순서가 뒤바뀌는 경우도 있다. 예컨대, 영어에서 'ladies and gentlemen'이지만 말레이어에서는 'tuan-tuan dan puan-puan' 즉, 'gentlemen and ladies'로 표현한다(McCarthy, 1990). 이는 한국어의 경우도 마찬가지로 영어 표현과 결합하는 방식이 뒤바뀌어 사용되는 경우이다.

다음 예에서 한국어와 영어 낱말들의 결합 방식이 인지적·심리적으로 일치하는지 차이가 나는지 이항어를 통해 살펴보자.

safe and sound (무사히, 탈없이)	*Rise and shin*e! We're going to the beach.(일어나)
Back and forth (앞 뒤)	*Wear and tear* on the equipment is very serious. (마모)
ladies and gentleman (신사 숙녀)	We searched *high and low.* (위 아래)
black and white film (흑백 필름)	I go there *now and then.* (가끔)
from head to foot (머리에서 발끝까지)	We talked about *this and that.* (이것 저것)
rise and shine (어서 일어나라)	He works hard *day and night.* (밤 낮)
wear and tear (마모, 손상)	The police searched the room *from top to bottom* (샅샅이)
far and wide (널리, 멀리)	
ins and outs (자초지종, 상세한 내용)	

Carter와 McCarthy(1988)는 위와 같은 예들은 문화적으로 굳어진 표현이라고 하였다. 그러나 위 예의 대부분은 우리의 인지적 · 심리적 현저성과 다르지 않음을 알 수 있다. 다른 언어에서도 이런 결합 쌍들이 많이 존재하지만 때로는 순서가 뒤바뀌기도 한다. 다시 말해, 화자에 따라, 강조점의 차이에 따라 달라질 수 있다. 예컨대, 'day and night'는 화자에 따라 'night and day'로 표현할 수도 있다. 그러나 그 빈도는 분명 적을 것이다. 한국어의 '남녀노소'는 영어로 'man and woman, young and old'로 표현이 되는데 한국어의 '노소'가 영어로는 반대로 표현되고 있다. 한국어의 '신구'의 경우도 영어로는 'old and new'로 반대로 표현된다. 하지만 대부분의 경우 인지적 · 심리적으로 가까운 대상을 먼저 표현하는 것은 언어마다 크게 다르지 않은 것 같다. 또한, 좀 더 가깝거나 좋은 쪽, 위쪽 그리고 긍정적인 것이 먼저, 강한 것보다는 약한 것, 외부보다는 내부, 긴 것보다는 짧은 것을 먼저 말하는 특성은 공통적인 것 같다. 예를 들어 'good or bad', 'positive and negative(긍부정)', 'pros and cons(찬반)', 'success or failure', 'in and out (안밖)', 'up and down(위아래)', 'come and go(오가고)', 'small and large(대소)', 'long and short(장단)' 그러나 우리는 신구를 영어는 'old and new' 또는 'new and old'를 바꿔서 사용한다.

그러면 한국어의 '동서남북', '가위 · 바위 · 보', '의 · 식 · 주'와 같은 경우는 어떠할까? 이것은 다음의 음성적 의존성과 언어적·집단적 의존성에서 살펴보고자 한다.

인지적 · 심리적 현저성을 알아보기 위해 수업 시간에 60명의 학생들에게 쪽지 시험(pop quiz) 형태로 연상 실험을 해보았다. 이 경우 제시된 기반어 명사를 보고 가장 먼저 떠오르는 결합어인 동사를 하나씩 쓰도록 했다. 결합 범위가 상대적으로 넓지 않은 명사 기반어 school과 exam을 제시하고 결합어 동사의 반응을 알아본 결과, school의 경우 90%가 go to를, 7%가 leave를, 3%가 attend라고 응답했다. 또한 선택어 exam에 대한 결합어인 동사의 반응 결과는 pass는 75%, take가 15%, fail이 10%로 나타났다. 예시에서 기반어가 'school'과 'exam'인 경우, 그것과 결합할 수 있는 결합어의 수가 적고 빈도수는 상대적으로 높다. 다시 말해, 기반어에 의한 결합 범위가 좁기 때문에 연상할 수 있는 어휘에 대한 심리적 현저성이 높다고 볼 수 있다. 이와 같은 반응은 기존의 영어 학습의 영향과 시험과 관련한 경험에 따른 심리적 상황과 밀접한 관련이 있다고 보인다. 즉, 교과서를 통해 학습하고 배우는 경우, 학습자는 그것에 지배되기 마련이다. 'school'인 경우 대부분 부정적인 '학교를 그만두다' 보다는 긍정적인 '학교에 가다'에 큰 비중을 두고 구성되었다. 또한, 'exam'은 학생들의 학교 상황과 밀접한 관련이 있기 때문에 제도상 '시험에서 떨어지다'라든가 '시험을 다시 치르다'와 같은 표현보다는 단순히 '시험에 합격하다'나 '시험보다' 정도만 심리적으로 연상하고 있는 듯하다.

이와 같이 언어 표현도 개인의 경험과 학습 내용에 따라 인지적 · 심리적 현저성에 영향을 주어 개인에 따라 연어 구성에도 차이를 보이고 있음을 알 수 있다. 따라서 제시된 기반어에 따른 다양한 경험을 가진 학습자로 하여금 다양한 결합어의 반응을 유도하고 활용할 수 있도록 하여 다양한 언어 사용 능력을 키워주는 것이 필요하다. 이 경우 많은 학습자가 L2학습을 위해 L1의 학습 내용을 활용하는 것 같다. 그러나 머릿속 어휘사전(mental lexicon)에서 먼저 L1을 끄집어내어 그것과 대응되는 L2를 찾고자 할 때 연어적 오류를 범할 가능성이 높다(Bahns, 1993; Swan, 1997). 다시 말해, 학습자들은 영어의 어휘 항목보다는 모국어의 전이가능성(transferability)에 의존하는 경향이 있다. 따라서 풍부한 언어 자원을 통해 연어 구성 표현을 하나의 어휘 항목으로 기억하고 활용할 수 있도록 체계적인 지도 전략이 필요하다고 본다.

인지 언어학(Cognitive Linguistics)에서는 인지적 현저성을 원형(prototype)과 범주화(categorization), 전경(figure)과 배경(ground)으로 설명하기도 한다(Ungerer & Schmid, 1996). 전경과 배경 측면에서 살펴보면, '이런저런'을 'this and that'이라고 하고 'that and this'라고 하지는 않는다. 이러한 부류에는 'here and there', 'now and then', 'father and son', 'man and machine', 'friend or foe' 등의 예를 들 수 있다. 그러나 'back and forth'인 경우는 우리의 '진

후'와 상반된다. 이는 인지적으로 우리와 다르기 때문일 것이다. 또한 운동 경기나 국제 회담 등에서도 각자 자기 쪽을 먼저 말하기 때문에 'Korea-Japan game'이나 'Korea-America Defence Minister Conference' 식으로 말할 것이다. 우리는 '남북회담'이라 말하고 북한은 '북남대화'라고 말하는 것이 자연스러울 뿐만 아니라 인지적 전경화에 따른 것임을 알 수 있다. 즉, 이는 인지적으로 전경과 배경의 원리에 의한 현저성 견해(prominence view)에서 온다. 다시 말해, 논리적 추리나 객관성을 초월하는 언어발화로 표현된 정보를 선택하고 배열하는 것은 현저성의 정도에 의해 결정된다. 모두 자기 쪽의 것을 전경으로 삼고 먼 것을 배경으로 삼아 나중에 말한다는 개념이다.

4.2.3 구조적 · 의미적 · 음성적 의존성(syntactic, semantic, and phonological dependency)

먼저 구조적 의존성을 살펴보고자 한다. 개념적으로 어휘와 문법을 이분법(dichotomy)으로 구분하는 것은 무익하다고 주장하는 어휘주의자들의 견해에 주목할 필요가 있다. 그들은 일반화할 수 있는 문법의 습득은 어휘적 뭉칫말의 습득과 밀접한 관련이 있다고 주장한다. 그러나 중요한 점은 언어 습득에서 문법적 접근보다는 어휘적 접근이 문법을 습득하는데 훨씬 용이하며 자연스럽다고 설명한다. 그 근거로 모국어를 배우는 어린아이는 문법적 접근이 아니라 어휘 접근방식으로 언어를 습득하며 사용한다는 점을 들고 있다. 그리고 현행 EFL 문법서나 교재에서 문법을 적용한 많은 수의 예문들이 그럴듯하지 않기 때문에 학생들이 중요한 문법을 습득하지 못한다고 지적한다(Hill, 2000). 또한, Hill(2000)은 원어민들이 어휘적 뭉칫말로 학습한다는 점을 알 때, 문법적 구조가 포함된 어휘적 뭉칫말을 학습하는 것은 영어 문법 패턴을 습득하는 데에도 도움이 될 것이라고 추정하는 것이 이치에 맞는다고 주장한다. 그리고 어휘적 뭉칫말, 즉 다단어 표현의 가장 중요한 형태는 연어이다(Lewis, 2000a, 2000b; McCarthy, 1990).

연어는 구조적으로 볼 때 통사적 구조와 무관할 수 없다. 다시 말해, 명사적 표현은 통사적으로 주로 문장의 주어, 목적어, 보어의 자리에 위치한다. 또한 동사+명사의 연어 관계는 구조적으로 V-NP이며, 경우에 따라 S-VP의 관계를 갖는다. 이와 같이 연어 구성을 이루는 두 구성요소 또는 그 이상의 구성요소가 어떤 특정 의미를 실현하기 위해 결합될 때 구조적으로 상호 의존 관계를 갖는다.

그러나 무엇보다 중요한 것은 이와 같은 연어가 구조적 의존성을 가지고 있다고 하더라도, 학습자에게 단 하나의 선택으로 그와 같은 어휘적 뭉칫말을 의식할 수 있도록 해야 한다는 점이다. 또 한 가지 여기서 생각할 문제는 구조적 의존성이 형태의 고정성과 밀접한 관련이 있다는 점이다. 다음 예에서 우리는 단어와 단어가 결합하여 의미 단위를 형성할 때, 의미의 불투명성과 형태의 고정성 사이의 관계를 살펴볼 수 있다. 동사 'talk'을 수반하는 다음의 구절들을 비교해 보자.

to talk turkey	opaque
to talk shop	↑
to talk business	↓
to talk politics	transparent

위와 같은 예는 자유 결합인 경우인데, 의미의 불투명성(opacity of meaning)과 형태의 고정성(fixedness of form) 사이에 있는 관계를 살펴보면 'to talk politics'와 같이 매우 투명한 구절도 종종 통사적으로 형태가 고정되어 있음을 알 수 있다(McCarthy, 1990). 또한, 경우에 따라 표어(catchphrase)와 같이 매우 긴 문장 형태도 하나의 덩어리로 작동함을 알 수 있다. 예를 들어, 'They don't make them like that any more'와 같은 말투는 정상적인 통사 형식을 지니며 그 속에 기묘한 어휘 항목이 없지만 전체적으로 문장을 구성하는 형태들이 많은 합성어와 단일 낱말들의 형태소처럼 고정되어 있고 제멋대로 옮겨 다닐 수 없다. 다시 말해, 연어는 통사적 결합과 무관할 수 없다. 명사적 표현과 동사적 표현 관계의 한 예로 문장에서 이탤릭체로 된 동사적 표현 'The enemy *destroyed the city entirely*'를 명사적 어휘구로 표현하면 'The enemy's *entire destruction of the city*'처럼 표현할 수 있다.

다음으로 연어는 의미적 의존성을 갖는다. 동일한 의미를 지님에도 불구하고 그것을 어떤 어휘로 구현하느냐에 따라 그 표현 방식이 달라진다. 다시 말해, 연어를 구성하는 요소들은 이론상으로 다른 유의적 인접어와 결합이 가능함에도 특정 어휘와만 결합한다. 예를 들어, 'The bees buzz', 'The wind blows', 'Bombs explode'와 같이 명사+동사의 연어 형태의 하나로 '가격이 떨어지다'의 '가격이 오르다'의 표현으로 다음과 같이 상황에 따라 다양한 형태를 찾아볼 수 있다.

1) The price collapsed/declined/dropped/nose-dived/plummeted/ plunged/slumped/ drifted down/tumbled/reduced/went down/decreased/went through the floor.//

2) The price increased/raised/skyrocketed/soared/went up/shot up/climbed/jumped/spiked/double.//

이와 같은 연어 구성의 공통점은 특정 어휘인 기반어 'price'에 결합어가 제한적으로 결합하면서 특정 의미를 생성한다. 즉, '가격이 떨어지다', '가격이 오르다'의 의미를 나타내기 위해 다양한 특정 어휘가 결합될 수 있음을 알 수 있다. 그러나 각각 공통의 의미 이외에 의미의 미묘한 차이(nuance)를 나타내며 상황과 사태에 따라 기반어에 대하여 '강조'하거나 특별한 의미를 내포하고 있다. 이는 영어 원어민들이 즐겨 사용하는 '같은 것을 다르게 표현하는 바꾸어 말하기(paraphrasing)'와도 관계가 있다. 하지만 다음의 예와 같이 기반어에 대하여 결합어가 극히 제한적으로 결합하는 경우도 있다. 'kitchen utensil/tools', 'table tennis', 'the volcano erupted', 'bombs exploded/went off', 'tell a lie', 'commit murder', 'a rough estimate', 'strong tea', 'deeply/profoundly move', 'rich and famous', 'a school of fish'와 같은 예가 그러하다. 결론적으로, 대부분의 연어 구성요소들은 개방적인 결합을 통해 다양한 의미적 국면을 나타낼 수 있는데, 어떤 특정 의미를 나타낼 때에는 관습적으로 특정 어휘와의 제한적인 공기 제약(co-occurrence restraints)을 나타낸다.

마지막으로, 연어의 일반적 특성은 음성적 의존성을 갖는다는 것인데, 음성적으로 영어 발화는 기본적으로 모음은 전설음과 후설음, 고음과 저음으로 분류되며, 자음은 구강 뒤쪽의 성문음(glottal)에서부터 앞쪽의 입술소리인 순음(labial)까지로 구성된다. 그러면, 조음의 편리성 측면에서 다음 예를 살펴보자. 우리와 그 쓰임이 다른 예로 한국어의 '가위, 바위, 보'를 영어로는 주로 'rock, scissors, paper'로 표현한다. 조음 방법 면에서 'rock'의 첫 음 /r/은 유음(liquid)이며, 'scissors'의 첫 음 /s/는 마찰음(fricative)이며, 마지막으로 'paper'의 첫 음 /p/는 순음(bilabial)이다. 이 세 음을 조음 위치 면으로 살펴보면 /r/과 /s/는 치경음(alveolar)이며, /p/는 폐쇄음(stop)이다. 그런데, 영어의 조음은 허파 내의 공기가 입이나 코를 통해 몸 밖으로 밀려나면서 생성되는 폐장음(pulmonic sounds)으로 입 밖으로 배출되기까지 혀와 입술을 움직여 구강 모양을 바꾸어 여러 음을 내기 때문에 상당한 에너지를 필요로 한다. 따라서 가능한 한 발화의 편리성이 요구되는데, 앞의 예를 발음해 보면, 입 안쪽에서 혀가 감겨 연구개 쪽으로 이동하여 /r/이 생성되고, 소리가 나오면서 혀끝이 경구개 쪽에 있는 치경을 대어 /s/음이 생성되며, 마지막으로 양 입술을 다물면서 기류가 구강 내에서 잠시 완전히 막혔다가 파열되는 폐쇄음 /p/을 생성한다. 따라서 영어에서 여러 음을 연속적으로 발화할 때에는 구강 안 쪽에서 구강 밖으로 나오는 /r/→/s/→/p/ 순의 음 발화가 다른 경우보다 더 자연스럽다. 물론 화자에 따라 /r/→/p/→/s/

순으로 말할 수도 있으나 대부분은 /r/을 가장 먼저 발음한다.

다른 예를 살펴보자. 왜 'ping-pong'을 'pong-ping'이라고 하지 않을까? 이와 비슷한 예는 영어 어휘에서 많이 찾아볼 수 있다. 그 예로 'sing-song', 'see-saw', 'criss-cross', 'zig-zag', 'ding-dong', 'King Kong' 등을 들 수 있다. 이런 말의 공통점은 모음의 소리체계이다. 'ping'에서 전설음 /i/소리와 'pong'에서 후설음 /ɔ/가 발성되는 과정을 보면 그 단서를 찾을 수 있다. 우선 발음의 편리성이다. 혀가 높고 앞쪽에 위치하는 발음이 쉽고 편하며, 혀가 낮고 뒤쪽에 놓이게 되는 음은 그만큼 부담이 된다는 원리이다. 'ping-pong'에서 'ping'을 소리낼 때는 입의 앞쪽에서 발성됨을 알 수 있다. 그리고 'pong'은 입 안쪽에서 소리가 난다. 자연발생적으로 정착한 이러한 발음은 사전에 수백 개씩 수록되어 있는데, 많은 경우에 의성어와 의태어가 이에 해당된다.

그런데 또 한 가지 흥미로운 것은, 발음의 편리성뿐만 아니라 입 앞쪽의 위치와 그 순서 개념도 중요하다는 것이다. 일명, 'me-here-now'라는 이치이다(인지 언어학의 전경과 배경에서 here and now principal). 상대보다는 나(me), 저쪽보다는 여기(here), 과거보다는 현재(now)부터 생각하는 원리이다. 다시 말해서 이런 발음을 들여다보면 'high front vowel'인 'me'라는 발음이 혀 위치가 높고 앞쪽에서 소리나는 것임을 알 수 있다. 즉, 'me first'라는 사고 체계이다. 이런 소리 체계나 단어 배열은 결코 머릿속에서 연구하여 인위적으로 만들어진 것이 아니라 언어 발화의 기본에서 출발했다고 본다. 그리고 'man and woman,' 'man and wife'인 경우도 비슷한데 이 경우 단모음과 이중모음 관계, 즉 단모음이 먼저 오고 장모음이나 이중모음이 나중에 오는 원리가 아닐까 한다.

4.2.4 언어적 · 집단적 의존성(linguistic & collective dependency)

마지막으로 살펴볼 연어의 일반적 특성은 언어의 일반적 특성과도 상통한다. 즉, 연어도 개별 언어, 언어 사용역(register), 문체(style)에 의존한다. 다시 말해, 연어 구성도 개별 언어마다 결합 양상이 다르며, 동일한 언어를 모국어로 사용하더라도 직업(예: 의사, 변호사)이나 관심사(예: 우표수집, 야구팬), 또는 사회 경제적 집단과 연계되는 특성에 따라 달라질 수 있다. 이와 같이 언어 사용역에 따라 사용하는 언어에서 발음의 변이, 어휘, 표현 등이 달라진다. 즉, 특정한 언어 사용역은 종종 수많은 변별적 단어를 포함함으로써, 단어나 구를 특정 방식으로 사용함으로써(예: 골프에서 사용되는 용어인 par, birdie, eagle, bogey 등) 그리고 때로 특별한 문법구조(예: 법적 언어)에 의해서 다른 언어 사용역과 구분된다. 따라서 언어 사용역을 통해 사람들은 특별한 집단의식을 고취시키고 단결을 유지할 수 있다. 같은 직업에 종사하는 동료들은 서로 의사소통하기 위해 특별한 용어를 사용할 것이고, 다른 사람들은 이들이 사용하는 용어를 잘 알아듣지 못할 것이다. 예를 들어, 트럭 운전사, 비행기 조종사, 판매원, 농부는 자신들의 집단에서만 의미가 통하는 독특한 단어와 구를 사용한다.

한편, 개별 언어의 특성 중에서 신성철, 박의재, 신두호(1996)는 영어와 한국어 어휘의 차이를 확산 현상(divergent phenomenon)과 수렴 현상(convergent phenomenon)으로 설명하면서 문화의 차이로 인해 양국어 간에 뜻의 함축된 차이(connotation)가 생긴다고 설명했다. 몇 가지 대표적인 명사+명사의 복합어 연어의 예를 들어보면 다음과 같다. 첫째, 한국어의 장(field)은 대단히 확산적으로 사용되나 영어의 경우에는 수렴적으로 쓰인다. 예를 들어, 수영장(swimming pool), 스케이트장(skating [ice] rink), 복싱 경기장(boxing ring [arena 큰 경기장 안에 원형으로 된 시설]), 경매장(auction house), 축구장/야구장(football/baseball stadium), 양궁장/사격장(shooting/firing/archery range), 무도장(ball room), 테니스장(tennis court), 볼링장(bowling alley), 레슬링장(wrestling mat), 골프장(golf course), 검도장(kendo hall), 각종 경주장(car/ horse/dog/motorcycle track), 스키장(ski slope/resort), 음악회장(concert hall), 캠프장(campsite, camp ground), 양식장(fish farm), 양계장(chicken farm), 산란장(spawning ground) 등과 같이 영어는 각각 다르게 표현되고 있다. 이와 같이 문화적 차이에 따른 한국어와 영어 표현의 차이에 대한 관찰은 연어의 의식 환기를 위해서도 필요하다.

둘째, 동사+명사 연어의 한 예로 영어 'wear'의 확산성을 살펴보자.

	perfume/cologne	향수를 바르다(화장수를 쓰다)
	jeans/protective clothing	청바지를/보호복을 입다
	a double-headed drum, Janggu	장구를 메다
	a denture	의치를 끼다
	a cast	깁스를 하다
	a belt	벨트를 매다
	a hat/a mask	모자를/마스크를 쓰다
wear	matching rings/contacts	커플 반지를/렌즈를 끼다
	a smile	미소를 짓다
	a frown	얼굴을 찌뿌리다
	light make-up	엷은 화장을 하다
	an apron	앞치마를 두르다
	a formidable curved daggar	무서운 굽은 단검을 차다
	braces/a neck brace	교정기를/목 보호대를 착용하다
	a tattoo (that says "Mom" on his chest)	문신을 새기다

위의 예에서 우리는 언어마다 결합 양상이 다름을 알 수 있다. 다시 말해, 한국어로는 각각 다르게 표현되는 경우가 영어로는 한 단어로 표현되고 있음을 보여준다. 더욱이 예시 마지막 부분에 있는 'a formidable curved dagger, a neck brace' 와 같은 예시는 단순히 '동사+명사'의 연어유형에 내부적으로 '형용사+명사'와 '명사+명사' 연어유형 'formidable curved daggar', 'neck brace'으로 결합되어 전체적으로 동사 'wear'와 명사 'brace'나 'daggar'가 결합한 '동사+명사' 연어유형으로 구성되어 있다. 이는 기반어인 명사에 결합되어 연어 구성을 이루는 결합어인 동사가 확산적 특성을 갖고 있기 때문이다. 이 경우 직역하여 L1=L2인 경우에는 L1≠L2인 경우보다 학습자의 학습 부담은 훨씬 줄어들 것이다.

또한, 개별 언어마다 연어 구성을 위한 결합 양상이 다른 경우가 많다. 학습자로서는 우선 자신이 알고 있는 L1을 통해 L2를 연상하게 되기 때문에 목표어의 연어 구성에 실패하는 경우가 있다. 모국어와 목표어가 일대일 대응을 하는 경우에도 Bahns(1993)가 주장하는 것처럼 충분히 유추하지는 못하는 듯하다. 다시 말해, 학습자의 평소 어휘 학습 형태가 개별 단어에 초점을 두고 기억하는 경우에도 쉽게 유추하지 못하고 시간을 소요한 후 알게 되며, 알고 난 이후에는 훨씬 쉽게 인지하는 경우를 보게 된다.

이와 같은 사실은 수업 중에 학생들에게 'pay a surprise visit', 'pay attention to', 'pay lip service'와 같이 영어 단어 'pay'와 연관된 연어를 제시하고 의미를 유추하도록 했을 때, 상당수의 학생들이 그 의미를 유추하지 못했다는 점에서도 알 수 있다. 영어 동사 'pay'가 다의어로 쓰여 다양하게 의미 구현이 된다고 하더라도 'pay'의 기본 의미인 '값을 치르다'를 크게 벗어나지 않는다. 그렇더라도 L2 학습자는 자신의 L1을 통해 의미 연결을 시도하면서 전체 의미를 파악하는데 실패하는 경우가 종종 있다. 화자에 따라 다르기는 하지만, 또 한 예로 우리가 방위를 '동서남북' 순으로 말할 때 자연스럽다고 생각한다. 반면에, 북미인들은 '북남동서'로 주로 말한다. 또한 '의 · 식 · 주'에 있어서도 북미인들은 '식(food)·의(clothing)·주(shelter)'라고 주로 말한다. 이와 같은 관습화된 발화도 집단적 · 언어적 의존성에 그 기준을 두는 것과 관련이 있다.

한편, 직업과 관련된 한 예로 법정에서 쓰는 연어나, 컴퓨터 업체나, 교회 및 성당에서 쓰는 연어의 예는 일상생활에서 빈번히 사용되는 연어 구성과는 다르다. 예를 들어, 'surf the Internet'과 같은 경우 처음에는 특정 직업과 관련된 표현이었는데, 점차 많은 사람들이 인터넷을 사용하면서 보편화된 연어의 한 예라고 볼 수 있다. 그러나 '소송을 제기하다'의 'file a (law)suit'은 그 동사의 사용에 있어 일반 사람이 쓰는 연어와 다른 느낌을 준다.

또한, 'vigorous depressions'나 'dull highlights'와 같은 연어는 기상학이나 사진학에서는 매우 정상적으로 받아들여지나 보통은 이상하고 어색한 결합으로 여겨질 수 있다. 다시 말해, 어떤 종류의 텍스트에서는 자연스러운 연어가 다른 텍스트에서는 부자연스럽게 받아들여질 수 있다. 따라서 어떤 텍스트에 대한 것이냐에 따라 연어 목록이 달라질 수 있으며 그 정상성(normality) 여부도 달라지게 된다. 즉, 연어 구성은 언어적·집단적 의존성을 나타낸다.

4.3 연어 능력(collocational competence)

언어 능력에 관해서 여러 용어들이 사용되고 있다. 그러나 문법, 발음, 철자와 마찬가지로 연어 능력은 언어 능력과 함께 인식될 필요가 있다. Bonk(2001)는 응용언어학에서 일반적으로 어휘 항목에 대한 관습적인 결합과 연어적 관계에 대한 언어 사용자들의 지식이 체계적으로 연구되지 않았다고 지적하고 있다. Zimmerman(1993)은 언어 교사들이 실제로 가르치고 있는 교재나 언어 자료에서 발견되는 연어와 같은 어휘 항목을 잘 인식하고 있지 못하고 있다고 지적했다. Carter와 McCarthy(1988)도 언어의 네 가지 기능과 의사소통의 가장 핵심적인 요소인 어휘의 중요성에 대한 인식은 여전히 상대적으로 부족하다고 말한다. Nation(2001)은 언어 지식과 연어 지식(collocational knowledge)을 동일시 할 정도로 연어 학습의 중요성을 강조하며 연어 지식이 모국어 화자와 제2언어 학습자를 구별하는 중요한 기준이 된다고 주장한다.

코퍼스 분석 결과, 언어의 이해와 생성에 있어 독립된 단어보다 단어의 결합, 즉 연어 역할의 중요성이 인식되고 있다. 언어를 훌륭하게 구사하기 위해서는 연어 사용에 익숙해야 한다. 연어 능력의 부족은 학습자가 말하고 쓰고자 하는 바를 정확하게 표현할 수 없게 하며, 소위 문법적 오류를 가져오기 쉽다. 따라서 우리의 사고에 있어 의사소통능력이라는 개념과 같이 연어 능력이라는 개념에 친숙해져야 한다. 즉 언어의 어휘적 특성과 어휘적 결합 방식에 익숙함으로써 보다 자연스럽고 영어다운 표현을 사용할 수 있다. 그 특성과 방식 중 가장 중요한 개념이 연어이다.

영어를 모국어로 사용하는 사람은 언어의 이해와 생성에 있어, 어휘의 결합적 특성을 알고 사용하는데 직관적이고 체계적이다. 반면에 EFL 상황의 학습자들은 낱개의 어휘력은 풍부할지라도 풍부한 연어 지식이 없어 머릿속 어휘사전(mental lexicon)에서 어휘 항목들을 제대로 연결하고 재생하여 사용하지 못한다. 예를 들어, 모두 2천 단어를 알고 있는 원어민은 능동적 어휘 사용자로서 연어적 능력을 가지고 있는 경우 무리 없이 주어진 어휘를 가지고 언어기술을 사용할 것이다. 반면에, 비원어민은 2천 단어에 대한 낱개의 의미는 이해할 수 있다 하더라도 그 개별 단어를 결합하여 사용할 수 있는 연어 능력은 매우 제한적이다. Hill(2000)은 의사소통능력 개념에 연어능력 개념을 추가해야 한다고 하면서, 학생들이 말을 하거나 글을 쓸 때 연어 능력이 부족하기에 문법적 오류에 빠지게 되며 교사 또한 문법 부족인지 연어능력 부족인지 그 차이를 알지 못하는 경우가 종종 있다고 다음과 같이 지적하였다.

> We are familiar with the concept of communicative competence, but we need to add the concept of collocational competence to our thinking. Any analysis of students' speech or writing shows a lack of collocational competence. Lack of competence in this area forces students into grammatical mistakes because they create longer utterances because they do not know the collocations which express precisely what they want to say. Teachers often then focus on correcting the grammar mistakes, failing to realise that it will make no difference- the mistakes are not made because of faulty grammar but a lack of collocations. (Hill, 2000, p. 49)

연어 능력 향상을 위해서는 입력 단계부터 연어 결합 관계를 통해 의미와 구조를 통합하여 익힐 수 있도록 하여야 한다. 국내에서는 최근 들어 연어 능력과 언어 숙달도의 관계에 대한 연구가 빠르게 늘어나고 있다. Nahk-Bohk Kim(2003)은 90명의 한국 고등학생을 대상으로 <형용사+명사>, <동사+명사>, <전치사+명사>, <동사+전치사>의 네 가지 유형의 연어와 일반 언어 숙달도와의 상관관계를 조사하여, 모국어의 영향으로 연어 오류가 발생하고, 연어 시험과 일반 언어 숙달도 시험 간에 연관성이 있으며, <동사+전치사> 유형을 제외한 나머지 세 연어 유형이 연어 숙달도를 나타내는 중요한 척도가 된다는 사실을 보고했다. 김성식(2004)은 코퍼스를 활용한 어휘 중심 수업 모형을 개발하여 교수-학습을 실시한 결과, 학습자들의 연어 능력이 향상됨과 동시에 어휘에 대한 기억력이 증가하였음을 보고하였다.

김윤정(2005)은 203명의 한국 대학생을 대상으로 한 연어 지식과 사용에 관한 연구에서 연어 지식에 가장 큰 영향을 미치는 것은 영어 능숙도이며 연어 사용에 가장 큰 영향을 미치는 것은 쓰기 능숙도라는 실험 결과를 밝히면서, 연어 지식과 연어 사용은 생산적 언어에서 더 많은 차이가 있으며 생산적 언어를 위한 연어 학습 필요성을 주장하였다. 손영희(2007)는 고등학교 2학년생을 대상으로 어휘 지식, 연어 지식, 쓰기 평가 시험을 실시하여 어휘 지식과 연어 지식 간의 상관성, 연어 지식과 쓰기 능력의 상관관계를 알아본 결과, 어휘 지식이 높다고 하여 반드시 연어 지식이 뛰어난 것은 아니며, 어휘 지식보다는 연어 지식이 쓰기 점수에 더 큰 영향을 미친다는 것을 실험을 통하여 입증하였다. 이정원과 정복희(2008)는 고등학교 1학년생을 대상으로 한 실험에서 연어 지식과 독해력 사이에 유의한 상관관계가 있음을 입증하였다.

많은 언어 연구자들이 언어 지식은 연어 지식(collocational knowledge)이라고 강조하고 있다. 그 이유는 저장된 단어들의 연속체가 언어 학습, 지식, 사용의 기본이기 때문에 연어 지식이 중요하며 많은 언어 학습은 연속적으로 관찰된 언어 항목 사이의 결합으로 설명할 수 있다는 점을 지적하고 있다(Ellis, 1997, 2003; Lewis, 1997a; McCarthy, 1990; Willis, 1990). 또한, McCarthy(1990)에 따르면 연어 지식은 어떤 낱말들이 함께 결합할 가능성이 가장 높은 지에 대한 지식으로, 이는 전형성(prototypicality)에 대한 물음이며 연어에 대한 진술이 결코 절대적일 수 없다는 점도 강조하고 있다. 다시 말하면, 문학이나 광고 언어 등의 창조적이거나 상상 차원의 일부는 비전형적인 연어라고 볼 수 있다는 것이다(예: sky-blue와 galaxy-blue).

연어 능력은 단순히 개별 단어에 대한 능력을 넘어 단어와 단어의 결합 관계에 대한 이해 능력으로 문법 구조와 언어 기능에 대한 능력이 포함된다. 상당 부분의 문법 구조나 언어 기능은 어휘의 특성과 관련이 있으며, 어휘적 연어 능력은 어휘 간의 결합 능력이고 문법적 연어는 문법 구조에 대한 능력으로 어휘적 접근방식과도 연결된다. 그 구체적인 예를 단어 'run'을 통해 살펴보자. 학생들에게 'run'의 의미를 말해보라고 하면, 기본 의미로 '달리다/뛰다', '흐르다'정도로 대답한다. 좀 더 공부한 학생들은 '운영하다'는 의미로도 쓰인다고 말한다. 이러한 경우 어휘 학습 방법을 질문하면 대부분의 학생들은 단어장이나 사전에 나와 있는 의미를 일대일 대응방식으로 (run=달리다) 암기해왔다고 응답한다. 하지만 'run'은 그 보다 다양한 형태의 명사와 동사로 사용되고 있음을 알 수 있다. 학습 활동을 지도하는 사람은 아래 예처럼 적용도를 높이며 기억에 오래 남을 수 있는 학습법인 연어적 접근 방식으로 뭉칫말로 이해하고 사용하도록 안내하면 좋을 것이다.

선택어	뭉칫말 활용 예시
run (s)	a. in my family b. a fancy restaurant c. every thirty minutes d. high over the project e. for mayor in 2019 f. out of time g. run a story h. run an errand i. run some miles j. have a run k. the fever ---

a. Musical talent **runs in my family.**
b. My father **runs a fancy restaurant.**
c. The school shuttle bus **runs every thirty minutes.**
d. Expectations are **running high for the project.**
e. He is **running for mayor in 2019.**
f. We am **running out of time.**
g. My sister **runs an errand.**
h. We decided to **run the virtual story** in local newspaper.
I. The road **runs some miles by the sea.**
j. I **have a run in my stockings.**
k. I was **running the fever.**

4.4 연어 유형(collocation types)

이 절에서는 먼저 연어 구성의 유형에 대해 여러 학자들의 분류 기준을 일별한 후, 영어 어휘 결합 사전을 편찬하면서 연어에 대한 인식과 중요성을 강조한 Benson 외(1997)의 분류를 기초하여 어휘적 연어와 문법적 연어로 분류하고, 각 유형의 특징을 예를 통해 살펴보겠다. 간단하게 말하면, 문법적 연어는 명사, 형용사 또는 동사가 문법 항목, 대개는 전치사와 자주 함께 쓰인다. 예를 들어 reason for, account for, afraid of, by accident 등이다. 어휘적 연어에는 문법 항목이 포함되지 않고 대신 명사, 동사, 형용사, 부사와 같은 완전한 어휘적인 항목들이 결합하여 구성된다. 여기에는 동사+명사(spend time, make an effort), 형용사+명사(rancid butter, iced water), 동사+부사(laugh loudly), 부사+형용사(deeply absorbed)의 결합이 포함된다(DeCarrico, 2004). 어휘적 연어는 기본적으로 품사에 기초를 두고 있으며 각 품사의 결합은 통사적 구성 방식뿐만 아니라 의미적 결합을 보여주고 있다. 그러나 기본적으로 각 단어가 가지는 고유한 의미적 특성과 품사적 어휘 합성의 원리를 함께 살펴볼 필요가 있다.

Lewis(1997a)도 연어를 크게 어휘적 연어와 문법적 연어로 분류하였다. 지금까지 대부분의 연어 연구는 동사, 명사, 형용사, 부사가 상호 결합하는 어휘적 연어에 관한 것이었다(김낙복, 2005a; 김성식, 2004; 김성아, 박혜연, 2007; 김윤정, 2005; 이윤경, 2009, Nahk-Bohk Kim; 2003, 2004). 이와 같은 어휘적 연어는 영어문장의 주요소를 구성한다. 반면에, 명사, 동사, 형용사와 같은 지배어(dominant word)가 전치사나 문법 구조(부정사나 절)와 결합하여 구성되는 문법적 연어는 단어, 구, 문장(절) 등 영어 숙날도를 증진시키는 중요한 요소로 작용한다. 김낙복

(2005a)은 어휘-문법 연속체와 공기성 관점에서 어휘적 연어를 협의의 연어(narrow collocation)로, 문법적 연어를 광의의 연어(wide collocation)로 정의하였다.

4.4.1 분류 기준

연어에 대한 기존의 유형 분류에서는 여러 학자들이 자신들의 기준에 따라 연어를 다양하게 하위 분류하고 있다. 우선 Cruse(1986)는 의미론적 관점에서 연어를 설명했는데, 결합한 구성요소들이 의미의 투명도에 따라 연어와 관용어 그리고 결속 연어로 분류했다. 연어는 'fine weather', 'torrential rain', 'light drizzle', 'high winds'처럼 단지 습관적으로 함께 나타나지만 구성요소의 의미가 투명한 연속체를 말하고, 결속 연어는 연어 가운데 구성요소가 분리되기를 원치 않는 형식을 말한다. 특히, Cruse(1986)는 연어와 관용어를 쉽게 구별할 수 있다고 하면서, 연어는 의미의 결합성(semantic cohesion)을 지니고 있고 다양한 구성 성분 요소는 상호 선택적이며, 'heavy drinker'에서 'heavy'처럼 연어의 통합성(integrity), 즉 결합성은 하나(이상)의 의미 구성요소에 의해 전달되는 의미가 문맥적으로 매우 제한되고, 더 중립적인 문맥에서 그 의미가 다르면 더 유표적이라고 주장한다. 또한 'foot the bill'은 관용어와 같은 성격을 지니고 있으며 'foot'이 특별한 어휘 짝의 존재를 요구하면서 그 구성성분들이 분리되기를 원치 않는 연어로, 이를 결속 연어(bound collocation)라고 일컬을 수 있다.

Cowie(1981)는 투명성(transparency)와 교환성(commutability) 측면에서 어휘 결합을 '자유 결합(free combinations)', '제약 연어(restricted collocations)', '비유적 관용어(figurative idioms)' 그리고 '순수 관용어(pure idioms)'와 같이 네 가지 범주로 분류하였는데 Nesselhauf (2005, p. 14)가 <그림 4-6>과 같이 요약하여 배열하였다.

Free combinations (e.g., drink tea):
- the restriction on substitution can be specified on semantic grounds [i.e., you can substitute tea by coffee, water, juice, etc.] - all elements of the word combination are used in a literal sense
Restricted collocations (e.g., perform a task):
- some substitution is possible, but there are arbitrary limitations on substitution [e.g., you can also say do a task, but not make a task] - at least one element has a non-literal meaning, and at least one element is used in its literal sense; the whole combination is transparent

Figurative idioms (e.g., do a U-turn, in the sense of "completely change one"s policy or behaviour"):
- substitution of the elements is seldom possible - the combination has a figurative meaning, but preserves a current literal interpretation
Pure idioms (e.g., blow the gaff):
- substitution of the elements is impossible - the combination has a figurative meaning and does not preserve a current literal interpretation

〈그림 4-6〉 Cowie의 어휘 결합 분류(Nesselhauf, 2005, p. 14)

Carter(1998)는 특정한 어휘 패턴은 연어제약, 통사구조(syntactic structure), 의미 불투명성(semantic opacity)의 고착 정도에 따라 결정되는데, 연어는 매우 자유로운 결합부터 고정적인 결합까지 그 범위가 다양하게 나타나기 때문에, 이를 연어 제약(collocation restriction)으로 설명하였다. 어휘 패턴의 이해도는 고정 표현의 학습과 이해에 관련된 어려움의 정도와 밀접한 관련이 있다. 제약성(restrictedness) 여부를 기준으로 연어를 '무제약 연어(unrestricted collocation)', '준제약 연어(semi-restricted collocation)', '친숙 연어(familiar collocation), 제약 연어(restricted collocation)'로 분류하고 있다(pp. 70-71). 첫째 유형인 무제약 연어는 특정한 어휘항목이 광범위한 단어와 결합할 수 있는 능력을 의미한다. 대부분의 핵심어(core words)는 take a look/a holiday/a rest/a letter/time/notice/a walk 의 구조에 있어서 take나 have 같은 핵심동사가 들어있는 구조와 같은 범주에 말한다.

둘째 유형인 반제한 연어는 각각 다른 통사적 자리(slot)에서 대치될 수 있는 단어의 수가 보다 정해진 어휘패턴을 포함한다. 이러한 예로서 harbour doubt/grudges/uncertainty/suspicion이나 fan a riot/discontent/ disturbances/ hooliganism처럼 'incite'나 'encourage'를 의미하는 동사 fan이다.

셋째 유형인 친숙 연어는 서로 규칙적인 결합을 하는 단어들의 중간에 해당된다. innocent bystander, unrequited love; unmitigated disaster, readily admit, lukewarm reception, pregnant with possibilities, amicable divorce 같이 특정집단 상투구와 은유적 용법(예: vicious circle)으로 고정표현(fixed expressions)과 분명히 겹치는 것도 있다.

마지막으로 제한 연어는 dead drunk, pretty sure, stark naked, pitch black처럼 일반적으로 보다 고착되고 폐쇄적이다. 그러나 consider seriously, lean meat, soft water, gin and tonic, accept defeat처럼 통사적인 패턴도 관련된다. 또한, 이 범주에 속하는 것으로는 cash and carry, ups and downs, hit and miss, assault and battery, swings and roundabouts 같이 순서를 바꿀 수 없는 이항어(binomials)가 있다.

Schmitt(2000) 등이 제시한 연어를 이루는 단어 사이의 조합의 자유로움의 정도(공기성 co-occurrences, 배타성 exclusivity)이다. 예컨대, blonde는 주로 hair나 lady같은 단어와 결합하지만 paint, wallpaper 같은 단어와는 결합하지 않기에 배타성이 높은 반면, nice는 이와는 달리 다양한 단어들과 결합한다는 점에서 배타성이 낮다. 또한 Hill(2000, pp. 63-64)은 연어적 결합 강도(collocational strength)에 따라 다음과 같이 네 가지 스키마를 제시했다.

1) 유일한 연어(Unique collocations). E.g., *foot the bill, shrug your shoulders*. (These are unique because foot (as a verb) and shrug are not used with any other nouns.)
2) 강한 연어(Strong collocations). E.g., *trenchant criticism, rancid butter*. (There are other things that can be trenchant or rancid, but very few.)
3) 약한 연어(Weak collocations). E.g., *a tall woman, a red shirt, an expensive car, a loud noise*. (These combinations are entirely predictable to most students and not worth focussing on.)
4) 중강도 연어(Medium-strength collocations). E.g., *hold a conversation, a major operation, expensive tastes, a loud shirt*. (Note that words such as expensive and loud can form both weak and medium-strength collocations.)

이와 같은 Hill의 분류는 Carter(1998)의 분류와 크게 다르지 않다. 다시 말해, Carter가 분류한 첫째 유형은 강한(strong) 결합의 연어에 해당하며, 둘째 유형은 중강도(medium-strength) 결합의 연어이며, 셋째 유형은 약한(weak) 결합의 연어에 해당한다. 그러나 Hill이 분류한 유일한 연어(unique collocation)는 강한 결합의 연어로 통합하여 분류하는 것이 학습상 좋을 것이다. 여기서 우리가 주목해야 할 점은 Hill이 제안한 바와 같이, 주어진 수업 시간에 교사가 어떤 유형의 연어를 선택하여 가르칠 것인가와 어떤 연어를 무시할 것인가에 대해서는 연어적 강도를 이해하는 것에 기초해야 하며, 말과 글에서 가장 많은 부분을 차지하고 있는 중강도 결합의 연어가 어휘 학습에 있어 가장 중요하다는 점이다.

Cowie와 Howarth(1995)는 연어 유형을 연어 범주뿐만 아니라 친숙성 혹은 관습성(familiar or institutionalized), 저장성(stored or memorized), 제한적이고 임의적인 변이성(limited and arbitrary variation), 의미의 투명성(semantically opaque)을 기준으로 <표 4-3>에서 같이 동

사+명사 연어의 예를 들어 네 가지 유형으로 분류하였다. (a)의 'foot the bill'과 같이 불변의 고정된 연어로 동사+명사 어느 부분도 대체 불가능한 연어이다. (b)는 한 부분에서, (c)는 동사와 명사 양쪽 모두 제한된 선택을 하는 좀 더 자유로운 연어를 말한다. 이와 같은 분류는 앞에서 살펴본 연어 제약과 연어 강도에 따라 분류한 Carter(1998)나 Hill(2000)의 연어 유형과 유사한 면이 많음을 알 수 있다.

〈표 4-3〉 Cowie와 Howarth의 연어 유형(1995, p. 83)

Sub-types of collocation
(a) Invariable collocation *break a journey, foot the bill* (b) Collocation with limited choice at one point *take/ have/ be given precedence* (over noun phrases) *give/ allow/ permit access to noun phrases* *have/ feel/ experience a need* (for noun phrases) (c) Collocation with limited choice at two points *find/ experience trouble/ difficulty in DOING noun phrase* *get/ have/ receive a lesson/ tuition/ instruction* (in noun phrases) (d) Overlapping collocations *convey a point, communicate a view* **communicate regrets, *give across condolences*

한편, 가장 대표적인 연어의 유형 분류는 연어의 정의, 용례, 어법을 풍부하게 제공해주는 *The BBI Dictionary of English Word Combinations*(Benson et al., 1997 3판, 이하 BBI로 칭함) 사전이다. 영어 학습자를 위해 최초로 발간된 연어 사전인 BBI는 저자들의 이니셜로 작명되어 1986년 초판, 1993년 2판, 그리고 1997년 3판이 발행되었다. 본 서에서 사용한 개정 3판에서는 연어 구성을 크게 어휘적 연어와 문법적 연어로 분류했다. 연어의 구성 성분은 중심이 되는 기반어(base)와 이것과 함께 어울리는 결합어(collocate)로 이루어진다. 어휘적 연어는 명사, 형용사, 동사 그리고 부사 등의 내용어로만 구성되며, 문법적 연어는 지배어(dominant word: 명사, 동사, 형용사)가 전치사나 문법 구조(부정사나 절)와 결합하여 구성되는 구이다. 여기에서는 'strong tea', 'commit a crime', 'affect deeply', 'bees buzz' 등처럼 주로 명사, 동사, 형용사 그리고 부사로만 이루어진 어휘적 연어에 한정하며, 자세한 사항은 다음 절에서 설명한다.

4.4.2 어휘적 연어

어휘적 연어는 문법적 연어와는 달리, 전치사나 부정사, 절과 같은 종속절을 포함하지 않는다. 전형적인 어휘적 연어는 명사, 형용사, 동사, 부사의 내용어로만 구성된다(Benson et al., 1997). 다시 말해, 어휘적 연어는 두 단어 이상의 결합을 구성하는 요소 간에 기반어(기저어)와 결합어의 짝 관계가 있다. 대부분 구성 요소 중 하나가 다른 하나를 제한적으로 요구하여 결합관계가 이루어지는데, 대부분은 기반어에 의해 배타적 혹은 제한적으로 결합어를 선택한다. 다음 <표 4-4>는 기반어와 결합어의 결합 쌍의 예이다.

〈표 4-4〉 기반어와 결합어의 결합쌍의 예

기반어	결합어	예
명사	동사	*fly a kite*
명사	형용사	*warm greetings*
동사	부사	*struggle desperately*
형용사	부사	*sound asleep*

어휘적 연어의 대부분은 동사와 명사로 이루어지는데, BBI는 'bring in an acquittal', 'put on airs' 등을 그 예로 들고 있다. 문제는 'bring in'이나 'put on'을 어떻게 처리할 것인가 하는 점이다. 이와 같은 동사+전치사 형식을 일반적으로 동사구로 지칭하는데, BBI에서는 이것을 어휘적 연어에서도 언급하고 문법적 연어에서도 다루고 있다(예: decide on). 여기에서는 전치사 처리의 복잡성과 실제로 동사구가 하나의 동사처럼 사용되는 경우가 많기 때문에 그 분석 방식은 차치하고, 논의의 초점을 동사구를 동사로 처리하고 'apply for a job'과 같이 동사구가 기반어인 명사에 긴밀하게 결합되는 경우 어휘적 연어에 포함시켜 학습상 도움을 주는 것이 바람직하다고 생각한다.

한편, BBI에서는 'commit murder'를 연어로 보고 있는데, 동사 'commit'과 함께 쓰이는 것은 범죄(crime), 악행(wrongdoing)을 의미하는 소수 명사에 한정되며, 특정하게 'murder'와 연어를 이룬다. 또한, 두 요소가 언제나 함께 계속적으로 반복해서 사용되는 경우가 적은 자유 어휘 결합은 수록하지 않고, 어휘적 연어(lexical collocation: LC)를 문장 성분 및 그 위치에 따라 <표 4-5>와 같이 LC1~LC7까지 7종류로 하위 분류했는데 각각의 유형과 대표적인 예를 보면 아래와 같다.

〈표 4-5〉 어휘적 연어의 하위 유형(Benson et al., 1997)

연어 유형	예
LC1: 동사+명사/대명사/전치사구(V+N/PRON/PP)	set a record, come to an arrangement, make an impression, reach a verdict, inflict a wound, establish a principle, carry out an operation...
LC2: 동사+명사(V+N)	reject an appeal, quench one's thirst, ease tension, suspend martial law, revoke a license, squander a fortunate, annul a marriage...
LC3: 형용사+명사(ADJ+N)	strong tea, a rough estimate, a chronic alcoholic, a sweeping generation, a formidable challenge...
LC4: 명사+동사(N+V)	bees buzz/sting/swarm, blood circulatesclots/congeals/flows/runs, bombs explode/go off...
LC5: 명사+of+명사(N of N)	a pack of dogs, a school of whales, a bouquet of flower, a swarm of bees, a head of buffalo...
LC6: 부사+형용사(ADV+ADJ)	deeply absorbed, closely acquainted, strictly accurate, hopelessly addicted, keenly aware...
LC7: 동사+부사(V+ADV)	affect deeply, appreciate sincerely, amuse thoroughly, apologize humly, argue heatedly...

또한, Hill(2000)은 연어적 강도(collocational strength)에 따라 네 가지 유형으로 제시했는데, 유일한 연어(unique collocation), 강 연어(strong collocation), 약 연어(weak collocation), 중강도 연어(medium-strength collocation)이다. 그에 따르면, <표 4-6>과 같이 연어를 분류하면서 강 연어는 'commit suicide'와 같이 마치 단일 요소처럼 쓰이는 단단한 결합을 일컫는 반면, 약 연어는 'a nice day', 'a good chance'와 같이 연어를 구성하는 각각의 개별 단어들이 다른 단어들과도 공기하여 쓰일 수 있는 느슨한 결합을 일컫는다. 유일한 연어로는 'foot the bill', 'shrug your shoulders'에서의 'foot'과 'shrug'처럼 다른 명사와는 결합하지 않는 연어를 말한다. 강 연어로는 'trenchant criticism', 'rancid butter' 등이며 'trenchant'와 'rancid'는 다른 단어와 결합할 수 있으나 그 수는 극히 적은 연어를 말한다.

위 네 가지 연어들 중 유일한 연어는 가장 제약적이고 고정적인 가장 강한 연어 관계이며, 약 연어는 단어들 사이의 연어 관계가 비교적 약하며 다른 단어들과 비교적 자유롭게 결합할 수 있는 연어 관계이며, 중강도 연어는 강 연어와 약 연어의 중간 단계에 위치한 연어이다. Hill(2000)은 교실 수업에 있어서 중강도 연어가 가장 중요하다고 지적하고 그 중강도 연어 속에 평소 우리가 말하고 쓰기에 있어서 큰 부분을 차지하는 수 천 개의 많은 연어들이 있다고 주장했다. 또한, 그는 모든 연어는 관용어적이고 모든 구동사와 관용어는 연어이거나 연어를 포함하고 있다고 언급하면서, 교사는 학습자에게 모든 연어를 설명하기 보다는 아래 <표 4-6>과 같이 몇 가지로 간단히 범주화하여 제시함으로써 학습자가 예측 가능한 규칙을 구조화하는 데 도움을 주어야 한다는 점을 강조했다.

〈표 4-6〉 연어의 유형(Hill, 2000, p. 51)

연어 유형	예
1. 형용사+명사	a huge profit
2. 명사+명사	a pocket calculator
3. 동사+형용사+명사	learn a foreign language
4. 동사+부사	live dangerously
5. 부사+동사	half understand
6. 부사+형용사	completely soaked
7. 동사+전치사+명사	speak through an interpreter

어휘적 연어 유형과 관련하여 한 가지 특별한 경우로서 Sinclair(1991)의 견해와는 달리 McCarthy(1990)는 형용사+명사 연어의 경우, 'big shame' 같은 예는 영어에서 의심스러운 연어이지만 'great big shame'은 보다 받아들일 수 있는 것 같다고 말하면서, 연어는 흔히 낱말 짝들이 함께 일어날 수 있는지에 대한 것보다 더 많은 것을 의미하며, 더욱 긴 언어 연결체를 관할할 수 있는 가능성을 주장하여 연어의 개념을 확대시켰다.

4.4.3 문법적 연어

문법적 연어는 일반적으로 협의의 문법으로 통사론에서 말하는 문법적 구조만을 지칭하는 것은 아니다. BBI에서는 지배어(명사, 형용사, 동사)가 전치사나 문법적 구조(부정사, 절)와 결합되어 있는 구를 문법적 연어로 처리하고 있다(Benson et al., 1997). 예를 들어, BBI는 Chomsky (1965)의 저서 *Aspects of the Theory of Syntax*에서 지적하고 있는 'decide on'을 다음과 같이 분석하고 있다. 'decide on a boat'의 경우 동사+전치사처럼 보이는 'decide on'을 두 가지로 해석할 수 있다. 하나는 '보트(를 사는 것으)로 결정하다'라는 의미일 경우 연어(연접 구조)를 이루고 있으나, '배 위에서 결정하다'라는 의미일 경우에는 자유 결합(임의 구조)을 이루고 있다고 본다.

BBI에서는 어휘적 연어에서와 마찬가지로 영어 통사론의 일반적 규칙에 따라 결합되고 자유롭게 대치될 수 있는 요소로 구성된 자유 결합은 일부 다의성을 가진 표제어의 경우를 제외하고는 일반적으로 사전에 수록하지 않고 있다. 예를 들어, 영어의 동사는 시간, 장소, 양태 부사(구)와 결합되는 경우가 많다. 이 경우, 결합되어 생성될 수 있는 문장은 무한하다. 'They decided'의 경우를 보면 'after lunch', 'at three o'clock', 'during recess', 'immediately', 'in the library', 'on a boat', 'quickly', 'reluctantly', 'unhesitatingly', 'with a heavy heart' 등, 'They decided'는 앞에 언급한 어떤 부사와도 결합된다(Benson et al., 1997).

또한, 문법적 연어(grammatical collocation: GC)와 관련하여 BBI는 GC1~GC8까지 8개의 하위 부류로 나누어 설명하고 있는데 각각의 유형과 대표적인 예를 보면 <표 4-7>과 같다. <표 4-7>에서 보는 바와 같이 문법적 연어는 상당 부분 기존의 문법 구조를 다루고 있다. 그러나 다른 한편으로 문법적 연어를 살펴보면 대부분 개별 단어나 어휘적 특성에 기반을 둔 결합 관계임을 알 수 있다. 따라서 여기서 우리는 문법과 어휘를 분리하여 취급해온 전통적인 인식을 거

〈표 4-7〉 문법적 연어의 하위 유형(Benson et al., 1997)

연어 유형	예
GC1: 명사+전치사 결합(N+PREP)	blockade against, apathy towards
GC2: 명사+to 부정사(N+to INF)	a pleasure/problem/struggle to do sth an attempt/effort/need to do sth
GC3: that 절을 동반할 수 있는 명사 (N+that+CLAUSE)	an agreement that... an oath that...
GC4: 전치사+명사 결합(PREP+N)	by accident, in advance, on (the) alert
GC5: 형용사+전치사 결합 (ADJ+PREP)	be angry at, be fond of, be afraid/ashamed/confident/critical of
GC6: 서술적 형용사+to 부정사 (ADJ+to INF)	be necessary to do something be ready to do something
GC7: that 절을 동반하는 형용사 (ADJ+that CLAUSE)	be afraid that... be imperative that...
GC8: 19개의 동사 유형에 따른 구성 (A~S로 표시)	A형: SVO to O↔SVOO; he sent the book to his brother ↔ he sent his brother the book. B형: SVO to O; they described the book to her ↮ *they described her the book. ⋮ S형: 자동사+서술명사/서술형용사; she became an engineer, she looks fine.

부하면서, 문법과 어휘의 상호관계와 통합적 접근방식에 대한 연구가 필요하다.

한편, Lewis(2000a)는 연어를 어휘가 함께 결합하여 나타내는 것으로 정의한다면 그 정의는 매우 넓을 것이라고 주장하면서, <표 4-8>에서 보여주는 바와 같이 많은 다른 유형의 항목을 포함하는 20종류의 연어 유형을 제시하고 있다. <표 4-8>에서 제시된 20개의 다양한 종류의 연어는 우리가 영어를 접하면서 자주 보고, 듣고, 많이 사용하는 유형임을 알 수 있다. 그러나 이 모든 것을 한꺼번에 투입하는 것은 교실학습 상황과 학습자 수준을 고려할 때 역효과가 있을 수 있기 때문에, 교사는 학습자와 교육과정의 전개에 따라 필요한 연어 유형이 무엇인지 선정하는

〈표 4-8〉 여러 다른 종류의 연어 예(Lewis, 2000a)

유형	예
1. 형용사+명사(adjective+noun)	a difficult decision
2. 동사+명사(verb+noun)	submit a report
3. 명사+명사(noun+noun)	radio station
4. 동사+부사(verb+adverb)	examine thoroughly
5. 부사+형용사(adverb+adjective)	extremely inconvenient
6. 동사+형용사+명사(verb+adjective+noun)	revise the original plan
7. 명사+동사(noun+verb)	the fog closed in
8. 담화 표지(discourse marker)	To put it another way
9. 다단어 전치사구(multi-word prepositional phrase)	a few years ago
10. 구동사(phrasal verb)	turn in
11. 형용사+전치사(adjective+preposition)	aware of
12. 복합 명사(compound noun)	fire escape
13. 두 쌍의 단어 결합-2항 어(binomial)	backwards and forwards
14. 세 쌍의 단어 결합-3항 어(trinomial)	hook, line, and sinker
15. 고정구(fixed phrase)	on the other hand
16. 불완전 고정구(incomplete fixed phrase)	A sort of...
17. 고정 표현(fixed expression)	Not half?
18. 반 고정 표현(semi-fixed expression)	See you later/tomorrow/on Monday
19. 속담의 일부(part of a proverb)	Too many cooks...
20. 인용의 일부(part of a quotation)	To be or not to be...

것이 바람직하다고 본다. 또한, Hunston, Francis와 Manning(1997)은 전통적으로 문법과 어휘를 언어 교수에서 분리된 영역으로 생각해왔지만, 어휘 패턴에 대한 새로운 연구는 그 두 영역을 의미 있게 결합할 수 있는 분야라고 제안하고 있다.

따라서 어휘 학습 전략에서 무엇보다 중요한 것은 학습자로 하여금 언어의 순환과정이 다양한 어휘 결합 관계로 이루어져 있음을 관찰하고 익힐 수 있도록 장려함으로써 어휘에 대한 의식을 고양시키는 일이다. 그렇게 함으로써 영어의 상당 부분이 어휘가 결합된 다단어 뭉칫말로 구성되어 있다는 점을 관찰하고, 그에 대한 가설의 정립과 실험을 통해, 학습자 스스로 학습 능력을 생산적으로 키우고 학습자의 전반적인 언어 사용 기술 능력을 신장시킬 수 있으며, 이점이 바로 어휘 접근방식의 핵심인 연어 중심 학습법이 지향하는 바이다.

4.5 연어 교육의 중요성

연어를 왜 학습하는가? Chomsky(1965)의 언어능력(competence)과 언어수행(performance)의 이분법적 개념과 Hymes(1972)의 의사소통능력(communicative competence)의 개념을 추상적인 이상적 모형으로 사용한 이후, 언어 능력의 본질과 구성요소에 대한 논의가 다양하고 보다 구체적으로 제시되었다(Ki-Wan Sung, 1999). Canale과 Swain(1980), Bachman(1990)은 의사소통능력의 하위 범주로 어휘를 포함하여 어휘의 중요성을 명시적으로 규정했다. 이처럼 세부적인 언어능력에 대한 여러 논의를 통해 어휘의 중요성이 널리 인정되었음에도 불구하고, 외국어 교육 분야에서 어휘는 오랫동안 문법 구조(structure)와 언어기능(function)의 그늘에 가려 도외시되었고 학습자들이 풍부한 어휘를 익히는데 도움을 줄 수 있는 방법론과 기법에 대한 언어 교사들의 관심은 적었다(Allen, 1983). 문법적 지식이 있으면 다양한 문장을 만들어 낼 수 있고, 기능적 표현을 알고 있으면 의사소통 과정에서 요구되는 여러 가지 기능 예를 들어, 길 묻기, 물건 사기, 전화 걸기 등을 효과적으로 수행할 수 있다(김영숙, 2002).

그러나 이 경우에도 어휘력이 뒷받침되지 않으면 문법적 지식이나 의사소통적 기능도 상황과 관계의 변화에 따라 의사소통을 적절하게 지속하는 것은 한계가 있을 것이다. 따라서 외국어를 학습하는데 어휘 지식은 문법적 지식이나 기능적 표현에 비해 더욱 중요하다고 할 수 있다. 왜냐하면 문법적 지식이나 기능적 표현에 대한 지식이 없어도 어휘력이 풍부하다면 어느 정도 의사소통이 가능하기 때문이다. 더욱 중요한 것은 많은 문법적, 기능적 표현도 어휘적 특성에 의한 접근방식으로 설명될 수 있다는 점이다. 추상적이고 언어 사용 경험과 먼 문법 규칙보다, 학습자의 일상 생활 경험과 직결되고 접근 가능하며 더 가까운 일련의 어휘적 영역에 자주 노출시키는 것이 언어 학습 활동에 효율적이다. 따라서 어휘 지식은 한 단어의 정의적 의미를 아는 능력 이상이며 독립적인 개별 단어 사용을 넘어 문법화된 어휘(grammaticalized lexis) 관점에서 어휘의 조합을 통한 의미단위 중심의 어휘력이 중요하다(Carter, 1987; Christina, 1999; Lewis, 1993; McCarthy, 1984; Nation, 1990; Nesselhauf, 2005; Sinclair, 1991)

한편, 개별 단어 학습은 지루함과 비효율성으로 학습자들의 영어 학습을 촉진시키는 데 한계가 있다. 더욱이 우리나라 상황에서 어휘는 학습자가 언어의 네 기술, 즉, 듣기, 읽기, 말하기 그리고 쓰기를 효과적으로 학습하기 위한 기본적인 틀을 제공해주는 언어 숙달의 핵심 요소임에도 불구하고(Richards & Renandya, 2002) 어휘에 대한 논의는 심도 있게 전개되지 못했다. 따라서 어휘 학습에서 연어 정보는 필수적이므로 개별 단어 의미를 넘어 연어 프로필을 함께 알아야 한다. Martin(1984)은 연어 습득의 중요성을 다음과 같이 주장하고 있다.

> Collocational information is a vital component in the learning of new vocabulary in a second language: One does not really "know" a word until one knows its collocational profile. (p. 131)

Walter와 Woodford(2010)는 연어를 학습하는 이유를 유창하고 자연스러운 의사소통을 위하여 단어의 결합원리를 학습해야 한다고 다음과 같이 제시하고 있다.

> Collocations are the key to fluent English. Learning words on their own may enable students to communicate, but to sound natural, students must learn what words typically go together. Using Collocations for natural English helps students improve the way they use the words they already know. (p. 4)

또한, 연어 학습과 연구에 새 장을 열어 연어 사전(collocation dictionary)의 선구자 역할을 한 *Oxford Collocations Dictionary*(2009, p. V)는 아래와 같이 예를 통해 연어의 중요성을 설명하고 있다. 아래 두 문장은 문법이나 어휘 면에서 완벽한 문장들이다. 그러나 의사소통적인 면에서 두 번째 문장이 독자에게 보다 더 나은 표현법일 가능성이 높다는 것이다.

> A student who chooses the best collocation will express himself or herself much more

clearly and be able to convey not just a general meaning, but something more precise. Compare, for example, the following two sentences:

1) *This is a good book and contains a lot of interesting details.*

2) *This is a fascinating book and contains a wealth of historical detail.*

많은 언어 자료가 어휘 항목과 어휘구로 구성되어 있으며 의사소통을 향상시키기 위해서는 이와 같은 실제 자료에서 사용되는 어휘 항목에 익숙하고 이것을 활용할 수 있는 능력을 신장시키는 것이 무엇보다도 중요하다. 학습자가 실제 텍스트에서 사용되는 연어 규칙을 내재화하는 것은 제2언어학습에서 매우 중요한 일이며(Nesselhauf, 2003; Shei & Pain, 2000), 언어 교사는 학습자들에게 그 중요성과 필요성에 대한 의식 고양(consciousness-raising)을 해주어야 한다. Hill(2000)에 따르면, 2,000개의 개별 단어를 알고 있는 학습자는 매우 제한적인 의사소통을 할 뿐이지만, 2,000개의 개별 단어에 대한 연어적 능력이 있는 학습자는 더 나은 의사소통능력을 가지게 될 것이라고 하여 연어 능력의 중요성을 피력했다. 또한, 일찍이 연어의 중요성을 주창한 Hornby(1974)는 그의 *Oxford Advanced Learners' Dictionary*에 'Collocation'을 포함하였으며, Brown(1974)는 학습자의 연어 지식이 구두 언어뿐 아니라 듣기이해나 읽기 속도의 향상을 가져온다고 설파하였다. McCarthy(1984)는 언어학습에서 학습자가 학습한 단어의 연어 인식도 제고가 가장 중요한 문제라고 여겼다. 따라서 EFL 상황에서의 언어 능력에서 어휘 항목의 주된 요소를 차지하고 있는 연어의 위치가 보다 확보되어야 한다. 왜냐하면 어휘 항목(lexical items)의 핵심은 다양한 유형의 연어이기 때문이다.

연어의 교육적 가치는 다음과 같이 정리할 수 있다. 첫째, 학습 효율성 제고와 장기 기억에 도움이 된다. 단어는 대개 홀로 사용되지 않으며, 실제 언어 사용에서 강하고 빈번한 연어와 같은 뭉칫말 유형으로 사용되며, 부분적으로 학습하는 것보다 전체로 학습하고 분류하는 것이 더 효율적이다(Lewis, 1997a). 즉 연어 지식은 학습자들이 원어민 화자 같은 자연스러운 어휘 선택 능력을 갖출 수 있도록 돕는다(Shin, Dongkwang & Nation, 2008). 개별 단어 학습은 기계적인 암기를 통한 비효율적인 방법으로 시간과 노력에 비해 언어 사용 능력을 향상시키지 못하였다. 또한, 연어적 접근 방식으로 어휘를 기억하면 장기 기억에도 도움이 된다. 즉, A+B결합 형태로 기억하면 인지적으로 상호 연쇄되어 연상 훈련과 연계 처리과정을 자극하여 이해 가능한 입력과 출력을 통한 기억력에도 도움이 될 것이다.

둘째, 정확성과 유창성 신장이다. 많은 문법 구조나 언어 기능이 상당부분 연어적 관계로 구성되어 있다는 점도 연어의 중요성을 입증해준다. 연어가 언어 구성의 핵심이라는 증거는 자연스러운 코퍼스 자료에서 매우 흔하게 나타나는 언어 현상으로 의사소통의 유창성과 정확성을 높이는데 필수적이다. McCarthy(1990)가 주장한 바와 같이 언어는 강한 연어 쌍으로 가득 차 있기 때문에 연어가 마땅히 어휘 연구의 중심적인 면을 차지하며, 연어 관계의 적절성(collocational appropriacy)에 대한 지식은 모국어화자 능력의 일부이다. 즉, 연어 학습은 학습자의 정확성은 물론 유창성 발달에 긍정적인 영향을 미친다. 반복하여 사용되거나 예측가능한 어휘 항목을 하나로 결합된 어휘구로 학습함으로써 인지적으로도 처리 속도가 더 빠르며 기억과 재생이 용이하다. 다시 말해, input-intake-output의 언어 습득 과정을 통해 이해 가능한 입력 자료가 이해 가능한 출력물로 재생하는 데 시간도 적게 들고 어휘-문법 패턴으로 인식함으로써 사용 오류도 줄일 수 있다.

셋째, 즉시적이고 실제적인 언어 표현 능력 향상이다. 말하기 및 쓰기와 같은 표현적인 의사소통능력이 매우 중요한 요즘 원자적인 단어를 넘어 연어성의 원리와 결합 관계를 이해한다면 실제적으로 언어 사용 능력이 향상될 것이다. 따라서 연어 지식의 중요성이 여기에 있다고 할 수 있다. 다시 말해, 연어 교육의 필요성과 중요성은 학습자에게 의사소통 언어 자료와 실제 발화 상황에서의 연어 관계에 대한 관찰과 이해를 통해 귀납적으로 언어 규칙과 사용에 대한 의식을 환기시켜 언어의 말뭉칫화를 촉진시킬 수 있다는 측면에 있다. 특히, EFL 학습자들은 연어 능력 부족으로 말하기와 쓰기와 같은 산출활동에서 많은 오류를 범하게 된다. 따라서 유창한 연어 표현력 증진을 위해서는 무엇보다 연어 지식 향상을 위한 교육활동으로 학습자에게 공기 관계와 연어성에 대한 이해를 높일 필요가 있다.

넷째, 연어 교육은 동의어나 유사어의 차이를 분별하도록 도와준다. 연어 지식은 사실상 모국어 화자와 제2언어 학습자를 구별하는 중요한 기준이 되기도 한다(Shei & Pain, 2000). 즉, 우리말로 '말하다'의 의미를 가진 talk, speak, tell, say 동사의 차이를 개별 단어로 설명하면 어렵고 혼동이 많지만 'talk to Mr. Kim', 'speak languages', 'tell the truth', 'say a huge thank you'처럼 이 동사들과 빈번히 함께 공기하는 뭉칫말로 제시하고 기억하면 더 빠르고 쉽고 정확하게 그 차이를 이해할 수 있으며, 즉각 사용할 수 있어 유창성도 배가시킬 수 있다. 또한, 사전 상에 영어 유의어 단어 temporary, tentative 그리고 provisional의 정의가 모두 우리말로 '임시의'로 제시되어 학습자들은 이 세 형용사를 혼동하여 사용할 가능성이 있다. 그러나 실제로 사용되는 명사와의 연어 관계를 살펴보면, '임시 근로자'는 temporary worker, '임시 과정'은 tentative course '임시 정부'는 provisional government로 이 세 유의어 형용사들은 형용사+명사 연어로 공기성을 인식하면 서로 구분되어 사용할 수 있다.

마지막으로, EFL 학습자가 어려움을 겪고 있는 부분인 하나의 단어가 둘 이상의 의미를 갖고 있는 다의어의 쓰임을 구별해주는 데 도움을 준다. 예를 들어, 영어 'win' 등과 같은 동사는 기반어인 명사와 결합하여 한국어로 다양한 의미로 표현되기 때문에 학생들이 이러한 단어의 의미 확장을 이해하는데 어려움을 겪는다. 이 경우 동사+명사의 연어로 뭉칫말 학습을 하게 한다면 의미의 확산성을 지닌 다의어(polysemy)의 혼란을 상당 부분 해소할 수 있을 것이다. 예컨대, 'win a lottery', 'win a game/an election', 'win a prize', 'win a gold medal', 'win a seat', 'win a contract' 등과 같이 연어 항목(collocation items)으로 학생들에게 제시·활용할 수 있다.

또 다른 예를 살펴보면, 개별 단어로 학습한 기존의 학습자가 명사 'exam(ination)'[2]이라는 단어를 알고 있다면 단순히 '시험'이라고 알고 있는 것보다, 그것과 명사와 결합한 'bar exam', 'entrance exam', 'employment exam', 'exam results', 'exam paper(sheet)', 'exam questions', 'exam grades', 'exam room(hall)', 'exam technique', 'exam fee'; 동사와 결합된 'take an exam', 'fail an exam', 'pass/succeed in an exam', 'retake an exam', 'conduct/administer an exam', 'cancel an exam', 'prepare/study/cram for an exam', 'postpone an exam'; 형용사와 결합된 'final exam', 'midterm exam', 'difficult exam', 'easy exam', 'written exam', 'oral exam', 'medical exam'; 더 나아가 부사와 결합한 'pass the exam comfortably', 'pass the exam easily', 'barely pass the exam' 등과 같이 결합 원리를 익히도록 가르쳐 줌으로써 의사소통 상황에서 적절히 '시험'과 관련하여 읽고, 말하고, 듣고, 쓸 수 있을 것이다(김낙복, 2008, p. 33). 이를 정리하면 <표 4-9>와 같다.

---

2) 'exam'과 'test'는 둘 다 '시험'이라는 의미로 사용되는데, 'exam'이 좀 더 공식적이고 정규적인 시험을 뜻하며 '고사'의 의미로도 사용한다. 학교에서 수업 중에 사용하는 '형성평가'는 'formative test'를 사용하는 데, 중간고사나 기말고사는 'mid-term exam', 'final exam'을 사용한다. 졸업시험(고사)이나 국가시험(고사)도 'graduation exam' 'state(national) exam'을 사용한다. 그렇치만 공식적인 시험에 'test'를 사용하기도 한다. 우리의 '대학수학능력시험'을 'College Scholastic Ability Test (CSAT)', 미국의 SAT는 'Scholastic Aptitude(Assessment) Test'를 사용한다. 또한, 'test'는 병원이나 의학용어로 '검사'라는 의미로도 많이 사용된다. 피검사는 'blood test', 소변검사는 'urine test', '혈청검사' 는 'serum test'를 사용한다.

〈표 4-9〉 명사 "exam"의 연어 유형과 그 예들

유형(Types)	예시(Examples)
N + N	entrance exam, employment exam, bar exam, exam paper (sheet), exam questions, exam type, exam room (hall), exam technique, exam fee, exam anxiety, exam results, eye exam, etc.
V + N	take an exam, succeed in/pass an exam, retake an exam, conduct/administer/proctor an exam, cancel an exam, prepare/study/cram for an exam, postpone an exam, fail/flunk an exam, mess up an exam, cheat on an exam, etc.
A + N	midterm exam, final exam, physical exam, competitive exam, professional exam, preliminary exam, difficult exam, easy exam, written exam, oral exam, etc.
V + Adv	pass the exam comfortably, pass the exam easily, barely pass the exam, luckily pass the exam, unluckily fail the exam dismally, etc.

이와 같은 어휘 접근방식은 그동안 많은 경우 개별 단어의 뜻만 외우는 정도로 어휘 학습이 끝남으로써 생기는 자연스럽지 못한 영어 표현의 오류를 막고 기존에 알고 있는 낱말 단어와 결합하여 담화 중심으로 전환할 수 있다는 장점이 있다. 또한, 언어의 형태와 기능 및 의미를 통합적으로 접근할 수 있어 문법과 어휘를 구분하여 학습하는 기존의 관점을 바꿀 수 있다고 본다. 물론, 처음 단계에서는 어휘에 대한 다양한 정보를 준비해야 하는 교사나 한꺼번에 더 많은 정보를 소화해야 하는 학습자에게 부담이 있을 수 있다. 그러나 무엇보다 중요한 점은 언어 학습 활동이 단기간에 이루어질 수 없다는 점을 인식하고, 중·장기적으로 어휘 학습과 문법 학습이 통합적으로 동시에 이루어지도록 어휘 항목을 제공함으로써 어휘의 활용 방법과 사용 능력을 높여 작문이나 발화에서 자연스럽게 어휘망이 담화 중심으로 구축되도록 하는 것이 영어 학습의 효율성을 높이는 길이 될 것이다. 이와 같은 어휘 뭉칫말에 대한 노출은 학습 초기 입력단계부터 시작하는 것이 중요하며, 학습자의 학습자료 관찰 정도와 지적 수준 및 어휘 항목 발달 정도에 따라 적절하게 상승하여 적용하여야 효과가 클 것이다.

실제로 영어를 모국어로 사용하는 사람은 언어의 이해와 생성에 있어, 어휘의 결합적 특성을 알고 사용하는데 직관적이고 체계적이다. 반면에, EFL 상황의 학습자들은 낱개의 어휘력은 풍부할지라도 풍부한 연어 지식이 없어 머릿속 어휘사전(mental lexicon)에서 어휘 항목들을 제대로 연결하고 회생하여 사용하지 못하는 경우가 많다. Hill(2000)이 지적한 바와 같이 원어민은 능동적 어휘 사용자로서 연어적 능력을 가지고 개별 단어를 뭉칫말로 결합하여 언어기술을 사

용할 것이다. 반면에, 비원어민은 2천 단어에 대한 낱개의 의미는 이해할 수 있다 하더라도 그 개별 단어를 결합하여 사용할 수 있는 연어 능력은 매우 제한적이라고 주장한다. 이처럼 많은 언어 연구자들이 언어 지식은 연어 지식(collocational knowledge)이라고 강조하고 있다. 그 이유는 저장된 단어들의 연속체가 언어 학습, 지식, 사용의 기본이기 때문에 연어 지식이 중요하며 많은 언어 학습은 연속적으로 관찰된 언어 항목 사이의 결합으로 설명할 수 있다는 점을 지적하고 있다(Ellis, 1997; Lewis, 1997a; McCarthy, 1990; Willis, 1990). 따라서 영어 어휘교육에서 연어적 접근 방식을 통해 전통적으로 서로 분리된 영역으로 여겨왔던 문법과 어휘의 유용한 통합적 접근이 가능하다고 생각하며, 언어교사는 이 방식을 언어 교육의 네 가지 중요한 측면(이해, 정확성, 유창성, 유연성)을 장려하는 교수 전략으로 삼을만하다고 본다. 즉 언어 능력 항목에 연어 능력을 반드시 포함시켜야 한다.

V. 연어분석 및 어휘묶음의 이해

연어분석(collocation analysis)은 다양한 온라인 웹사이트를 활용하여 사용하거나 교육용 코퍼스(pedagogic corpus)를 제작하여 데이터기반 연어 분석과 연어 학습을 촉진할 수 있다. 대표적인 온라인 코퍼스는 COCA(Corpus of Contemporary of American English, https://corpus.byu.edu/coca/)와 BNC(British National Corpus, http://www.natcorp.ox.ac.uk/)가 있다. 요즘에는 뭉칫말을 'chunks' 이외에 'multi-word units' 'lexical bundles', 'clusters', 'n-gram', 'formulaic language/sequences' 등 다양한 용어로 일컬어진다. N-gram 분석을 통해 구어나 문어의 어휘 결합관계와 구조적 특성과 차이점 등을 알아보거나, 학습자가 사용한 언어

Created by Mark Davies, BYU (Google Scholar). **Overview**, search types, looking at variation, corpus-based resources.
The most widely used online corpora -- more than 130,000 distinct researchers, teachers, and students each month.

English	#words	language/dialect	time period	
iWeb: The intelligent Web-based Corpus	**14 billion**	US/CA/UK/IE/AU/NZ	2017	
News on the Web (NOW)	7.1 **billion+**	20 countries / Web	2010-last month	
Global Web-Based English (GloWbE)	1.9 **billion**	20 countries / Web	2012-13	
Wikipedia Corpus	1.9 **billion**	English	2014	
Hansard Corpus	1.6 **billion**	British (parliament)	1803-2005	
Early English Books Online	755 million	British	1470s-1690s	
Corpus of Contemporary American English (COCA)	**560** million	American	1990-2017	*****
Corpus of Historical American English (COHA)	400 million	American	1810-2009	**
Corpus of US Supreme Court Opinions	130 million	American (law)	1790s-present	
TIME Magazine Corpus	100 million	American	1923-2006	
Corpus of American Soap Operas	100 million	American	2001-2012	*
British National Corpus (BYU-BNC) *	100 million	British	1980s-1993	**
Strathy Corpus (Canada)	50 million	Canadian	1970s-2000s	
CORE Corpus	50 million	Web registers	2014	
Other languages				
Corpus del Español (see also...)	2.1 **billion**	Spanish	1200s-1900s	*
Corpus do Português (see also...)	1.1 billion	Portuguese	1300s-1900s	
N-grams				
Google Books: American English	155 billion	American	1500s-2000s	*
Google Books: British English	34 billion	British	1500s-2000s	
Google Books: Spanish	45 billion	Spanish	1500s-2000s	

〈그림 5-1〉 http://corpus.byu.edu/초기화면

총체를 학습자 코퍼스(learner corpus)로 분석하여 활용하기도 하고, 다양한 국가의 교과서를 비교 분석하는 비교 코퍼스는 물론, 소설, 영화, 드라마, 동화, 에세이, 신문, 뉴스, 학술논문 등 영어 코퍼스에 나타난 3-gram, 4-gram등을 추출하여 어휘학습 활동 자료로 활용하고 있다. 즉, 키워드(node)를 입력하여 빈도나 좌우에 나타나는 연어소(collocate)를 포함한 콘코던스를 검색하거나 'N-gram'의 패턴을 주로 분석하여 교수 학습 자료로 활용한다. <그림 5-1>은 코퍼스의 다양한 종류와 기능을 살펴볼 수 있으며 영어와 기타 언어의 코퍼스를 제공해준다.

민덕기(2016)는 다음과 같이 n-gram 연구 도구와 방법을 유익하게 제시해주고 있다.

> 영어 코퍼스에서 n-gram을 찾아내기 위해 사용한 도구는 Wordsmith 6.0, Collocates와 kfNGram으로 WorthSmith는 콘코던스 프로그램으로 텍스트 안에 사용된 모든 어휘와 어휘묶음(word-cluster)을 빈도순 또는 알파벳순으로 보여주는 WordList 기능, 특정 어휘나 구가 문맥 안에서 사용된 것을 콘코던싱해 주어 연어(collocation)를 분석하기 용이하게 해주는 Concord tool 기능 그리고 빈도수가 높은 키워드를 분석할 수가 있게 해주는 KeyWord 등 세 가지 주요 기능이 있다. Collocate는 Barlow(2004)가 개발한 것으로 뭉칫말들의 n-gram과 함께 'measure of association'값을 log-likelihood, MI(Mutual Information)지수 등 통계학적으로 유의미한 값을 제시해주는 장점이 있다. KfNGram은 Fletcher(2002-2007)에 의해 개발된 것으로 다른 길이의 n-gram을 생성시켜 준다. (p. 33)

연어 관계 구성 자료는 프로그램으로는 바로 분석될 수 없었기 때문에 각 어구 색인에서 필요한 자료를 추출하여 사용한다. 예시로 보여주는 연어 분석은 연어 학습 활동을 위한 일환으로 네 가지 유형의 연어관계 자료를 추출한 것이다. 여기에서 연어 분석은 고등학교에서 사용되고 있는 영어 교과서를 다음과 같은 과정을 통해 진행되었다. 먼저, 12종의 교과서 코퍼스에서 품사별 고빈도 단어를 추출했다. 다음으로, 어휘적 연어를 알아보고자 내용어인 명사, 동사, 형용사의 고빈도 단어를 추출하고 내용어 간의 결합을 통해 연어 관계를 구성하는 경우를 어구색인 작업을 통해 표로 제시했다.

지금까지 교육 현장에서 사용하는 교과서의 연어 분석은 초등학교와 중등학교용 교과서에 관한 연구가 있었다(권인숙, 2001, 2004; 이동주, 김진언, 2018; Nahk-Bohk Kim, 2004; Sung-Sig Kim, 2002). 이와 같은 연구물들은 코퍼스 언어학적 방법으로 교과서에 나오는 어휘의 수량적, 어휘적 특성을 밝혀 교과서 개발자, 교사, 학습자에게 유익한 자료를 제공해 주었다. 따라서 초중등학교에서 사용하는 영어 교과서들을 코퍼스로 구축하여 교육적인 코퍼스로 활용한다면 일반적 코퍼스의 문제점을 해결하면서 어휘 접근방식과 어구색인 분석을 이용한 어휘 교육의 효과를 충분히 기대할 수 있을 것으로 본다. 여기에서는 기존의 개별 어휘 특성에 대한 다양한 분석적 비교보다는 핵심 단어를 추출하여 고등학교 영어 교과서의 코퍼스 기반 어구색인 분석을 통해 어휘적 연어 반영 정도를 알아보고 교육적 활용 방안을 찾아보고자 한다.

교과서 연어 분석 대상으로 7차 교육과정에서 사용했던 *HIGH SCHOOL ENGLISH*라는 제목의 10학년용 15개 교과서 중 <표 5-1>에 제시한 12종의 교과서 본문 텍스트만을 선택했다. 각 교과서는 출판사마다 다소 다른 소제목을 사용하고 있지만 크게 본 단원(lesson)과 부록 두 부분으로 구성되어 있다.

분석 절차는 먼저 고등학교 12종 영어 교과서의 본문 내용을 컴퓨터에 입력했다. 이 경우 각 과의 본문 내용 중 기호로 쓰인 알파벳, 지문 밑이나 옆에 있는 출현 단어 목록과 어휘 주석, 발음 기호, 부록 등은 제외하였다. 다음에 오자를 수정하고 텍스트 형식으로 저장했다. 그런 다음 분석을 위해 각 단어 앞에 품사별 표찰(tagging)을 달았다. 이 경우 대개 품사의 머리글자(예: 명사인 경우 N)를 사용했다. 마지막으로 연어 분석과 어구색인 작업(concordancing)을 위해 MonoConc Pro 프로그램을 이용하여 분석 대상어의 어구 색인을 통해 출력된 자료 중에서 본 연구에 부합하는 내용을 수작업하여 명사+명사, 동사+명사, 형용사+명사, 동사+부사와 부사

〈표 5-1〉 10학년용 영어 교과서의 저자와 출판사

구분*	저자명	출판사
1	이병민 외 4인	(주)천재교육
2	김덕기 외 8인	(주)금성출판사
3	이찬승 외 4인	(주)능률출판사
4	임병빈 외 4인	(주)장원출판사
5	박영식 외 3인	(주)범문사
6	신정형 외 3인	(주)시사영어사
7	김충배 외 3인	(주)중앙교육진흥연구소
8	강홍립 외 4인	(주)대한교과서
9	이기동 외 3인	(주)능률출판사
10	이홍수 외 5인	한국미디어(주)
11	이맹성 외 6인	(주)지학사
12	김임득 외 4인	(주)현대영어사

* 교과서 순위는 임의적임

+형용사의 연어 관계를 살펴보았다. 최근에는 다양한 교육용 코퍼스 구축 작업을 통해 보다 정확하고 용이하게 분석을 할 수 있는 프로그램들이 있다. 이러한 분석 툴을 이용하여 교과서뿐만 아니라 각종 신문자료, 뉴스, 소설 등 자료 분석을 통한 연어 정보를 알아보는 것도 중요하지만, 더욱 중요한 것은 분석 자료를 기반하여 어떻게 학습자들에게 연어 능력을 배양시킬 효과적인 교수 방안을 구축하여 실행하느냐이다.

5.1 연어 유형별 분석(collocation analysis)

연어 분석는 개별 단어 분석을 넘어 단어의 결합 관계를 파악하는데 있기 때문에 여기에서는 12종의 코퍼스에서 명사+명사(N+N), 동사+명사(V+N), 형용사+명사(A+N), (부사)+동사+부사와 부사+형용사(V+Adv/Adv+A) 네 종류의 연어 유형을 살펴보고자 한다. 표에 제시한 예시는 모든 연어를 보여주는 것은 아니며, 분석 자료를 통해 교육적 함의를 부여할 수 있는 몇 가지만을 고빈도 단어를 활용하여 선정했다.

5.1.1 명사+명사(N+N) 연어 유형

N+N 유형의 연어는 한국어의 A+N과 혼동이 되어 연어 오류 가능성이 높은 유형이기 때문에 연어 지도시 유의해야 한다. 학생들이 자주 사용하고 쉽게 이해할 수 있는 결합어인 school의 예를 가지고 살펴본다. 분석 결과 school과 결합한 어휘가 전체 151개가 추출되었다. 그러나 school과 결합된 모든 쌍이 유의미한 연어 구성은 아니다. <표 5-2>는 본 연구에 교육적 함의를 줄 수 있고 연어 학습에 필요한 몇 가지 예를 든 것이다. <표 5-2>에서 볼 수 있듯이 다양한 어휘가 결합하여 N+N 연어 유형을 구성하고 있음을 알 수 있다. 이와 같은 N+N 유형의 한쪽 부분(여기에서는 school)은 서로 다른 많은 N+N의 복합명사의 기초를 형성한다. 따라서 개별 단어보다는 다양한 N+N 유형의 연어를 하나의 뭉칫말로 이해하고 기억할 수 있도록 교과서 제작 및 어휘 지도에 유의해야 한다.

〈표 5-2〉 명사+명사 연어의 예

명사	명사
school	student(s)/life/breaks/year/club/girl/picnic/day/freshmen/ hallway/uniform(s)/library/computer/center/cafeteria/English/ orchestra...

아래 <그림 5-2>은 COCA에서 'school'을 중심으로 한 KWIC(Key Word in Context)를 보여주고 있다.

" (p. 8) . # The similarities between empowerment-oriented	school	interventions like ASIP and YPAR projects like YES ! are
realize how special it was . " # Phenom ! High	school	kid Sherman " Scotty " Safford poses as an up-and-coming pitcher
is-but I 'm on this bus with a bunch of Bible	school	kids from South Carolina so they 're all dumb as dumb .
sexual frenzy that started when Kayley got drunk the afternoon	school	let out . Indian summer had come before she even realized she
" continue to do well once they have reached the high	school	level and are members of high school orchestras ? # For the
: are educational services adequately provided at the primary	school	level of the education system ? This study sought to investigate
2009 , p . A17) . He called the charter	school	movement a sacred cow that is now a part of the nations
public relations director for the school district , to the high	school	newspaper staff , and to the other communication outlets
A Policy Response to Global Warming , " John F. Kennedy	School	of Government working paper (Cambridge , Mass. : Harvard
conscription . # By men superintendent of die Artillery	School	of Practice at Fortress Monroe , Va. , the nation 's only
minds for the future . Boston , MA : Harvard Business	School	Press.Gruenhagen, , M. (2007) . Investigating professional
quite a stretch to find these risks in a Palestinian high	school	principal 's refusal to close her school during occupation , to
of assessment to our profession is the extent to which	school	psychologists are involved in assessment activities . Recent
the present study was to determine how similarly male and female	school	psychologists view social power when consulting with teachers
, families , and schools is vitally important to effective	school	psychology in the 21st century " (Dawson et al. , 2004
of treatment integrity : Introduction to the special series .	School	Psychology Review , 38 , 445-459 . # Saul , J. ,
wife , Michelle , share a tender moment at a high	school	rally in Des Moines. // Roxanne Clayton participated in her
: The financial crisis here is an impediment to	school	reform , " I think it will really hit us the following year
to know them was like going to someone else 's high	school	reunion . Because it was n't mine , I could enjoy it
is very important , " says 17-year-old Harris , a high	school	senior and A student , though no genius like Doogie . "
school policies . # People # Relationships with people in the	school	setting communicate the value and necessity of those persons (
, 2006 ; Umbreit , 1995) and students in high	school	settings (e.g. , Turton et al. , 2007 ; Turton et
the rubric of sex education . Surveys of those teaching high	school	sex education courses in 1978 and of superintendents of large
since the fourth grade . He first arrived at Borba 's	school	shortly after it opened in 2001 . # " The first time
teacher respondents indicated that they were surprised middle	school	students would be so receptive to the P.R.I.D.E . cards . #
with ; a coach he played for ; especially the stern-faced	school	superintendent who invited him into his home for pep talks .
set up some measures . # " I mind that the	school	system seems to be playing along , and then they keep getting
This study is limited to a population of pre-service and public	school	teachers in a non-urban setting . The participants volunteered
incentive for students who take out loans to pay for medical	school	that can top $50,000 a year . # Other programs aim to

〈그림 5-2〉 COCA에서 "school"을 중심으로 한 명사+명사 연어 KWIC사례

5.1.2 동사+명사(V+N) 연어 유형

V+N 연어 유형에서는 고빈도 단어에 포함되어 있는 make, take, have 동사와 한국어의 '-하다'에 해당하는 do 동사를 포함한 네 가지 동사와 결합하는 연어 구성을 살펴보았다. 이와 같은 동사를 탈어휘 동사(delexicalized verbs/delexical verbs)라고 한다(Lewis, 1997a). 다시 말해, 특정 사용 문맥 밖에서는 거의 의미를 지니지 못하면서 많은 다단어 표현의 구성요소를 이루고 있는 동사로, 어휘부(lexicon)의 단어라기보다 어휘-문법의 일부로 생각되는 동사를 말하는데, 주요 동사로는 'do', 'get', 'give', 'have', 'keep', 'look', 'make', 'put', 'take' 등이 있다.

> Most words even isolated from context carry definite meaning-*dog, accidental, produce*. This is as true of most verbs as other word classes. There are, however, a group of verbs in English which have little or no meaning outside the context of particular use: *to **have** nothing to do, to **take** your time, to **put** someone at their ease*. These verbs are components in a large number of multi-word expressions. Because of the wide range of patterns into which they enter, it is often more appropriate to think of these words as part of the grammar of English, rather than just as words in the lexicon. The main de-lexicalised verbs are: *do, get, give, have, keep, look, make, put, take*. (Lewis, 1997a, p. 216)

Lewis(2000a)는 학습자가 탈어휘 동사의 적절한 결합어를 알지 못하면 그것을 과용할(overuse) 가능성이 크다고 지적하고 있다. 또한, 탈어휘 동사는 영어 문장에서 빈번하게 출현할 뿐만 아니라 한국어의 '-하다'로 번역되는 경우가 많기 때문에 과다사용(overuse)하거나 과잉 일반화(overgeneralization)할 가능성이 높다는 점에서 교수-학습 상황에서 이들 동사의 활용에 각별한 유의가 필요하다.

<표 5-3>는 12종의 교과서 텍스트에 나타난 네 개의 탈어휘 동사가 명사와 결합한 예이다. <표 5-3>에서 보듯이 네 개의 탈어휘 동사의 연어 구성은 만족스럽지 못하다. 즉 7차 고등학교 교과서에서 사용하고 있는 본문 텍스트의 분석 결과, 결합한 어휘가 'do'는 344개, 'make'는 180개, 'have'는 478개, 'take'는 96개가 추출되었다. 그 중에서 연어적 결합은 <표 5-3>에서 보여주는 것이 전부이다. 물론 <표 5-3>에 나와 있는 연어 관계를 확장하여 이해할 수도 있다. 그러나 학습자들은 어휘 출현 빈도가 여러 번 되어야 인지할 수 있다는 점을 생각할 때 교과서 내용 구성 시 이와 같은 점도 고려되어야 한다.

〈표 5-3〉 동사+명사 연어의 예

동사	명사
do	one's best/research/one's homework/taegwondo/the dishes / ~ good/ voluntary service
make	mistakes/guesses/a step/the change/friends/sure/decisions/schedules/ noises/a phone call/resolutions/a promise/a difference/a living/contribution
have	fun/dinner/babies
take	courses/a shower/care/steps/action/the train/the (shuttle) bus/first place/medicine/painkiller/efforts

5.1.3 형용사+명사(A+N) 연어 유형

A+N 연어 유형은 N+N 유형과 종종 혼동이 있을 수 있다. 또한, 가장 흔한 'good', 'bad', 'big', 'small', 'old', 'new'와 같은 형용사는 거의 어느 명사와도 결합이 가능하다. 다시 말해, 자유 결합으로 쓰이는 경우가 많다. 그러나 자유 결합의 예도 교수·학습상 학습자의 어휘 결합에 대한 의식을 고양시키기에 충분하기 때문에 그 가치는 적지 않다. 형용사의 A+N 결합이 모두 다 자유 결합은 아니며, 강한 연어적 쌍을 이루는 경우도 있다. 그 예가 'good/bad luck'과 같은 결합이다. 어구색인 작업으로 얻은 185개의 결합구성 중에서 몇 가지의 연어적 쌍의 예를 들면 <표 5-4>와 같다.

<표 5-4>에서 보는 바와 같이 많은 경우는 거의 굳어져 쓰이는 예들이다. 학습자가 'good night'를 이해하고 있다면, 위와 같은 예에 대해 어휘 수의 증가에 따라 연어적 결합 원리를 지도 받음으로써 어렵지 않게 형용사를 많은 기반어인 명사와 결합하여 활용할 수 있을 것이다.

〈표 5-4〉 형용사+명사 연어의 예

형용사	명사
good	driver/college/deal/time/grades/idea/speech/speaker/preparation/prese ntation/night/student/way/manners/point/start/nutrition/medicine...

아래 <그림 5-3>는 COCA에서 'good'을 중심으로 형용사+명사 연어 형태의 KWIC(Key Word in Context)를 보여주고 있다.

the hell ? You want to see if we 're on	good	behavior ? Yeah , we 've been pretty good . Sign us
among certain near-extinct American dinosaurs-good lineage ,	good	bones good if shabby antiques , good schools , fish forks
Sitting by the hearth with a glass of wine and a	good	book saw it all evaporating . And Marcia gets the
So Daddy is away being punished . When I 'm a	good	boy 'll be able to see you and Brianna .
often spells lower efficiencies , idling reduction stands a	good	chance of lowering both fuel usage and emissions , Gaines said .
if you beat Tiger , you 're going to have a	good	chance to win , " said Colin Montgomerie . # Montgomerie meant
as you do yourself . An unopened beer is always a	good	choice # 3) You are never too old to come
said at the time : " Not only was he a	good	coach I think he was a mentor to a lot of
So , yeah , our lives depend on good communication .	Good	communication helps personal relationships , it helps bosses
Gibbons 68-66 ; d . Baltimore Southwestern 89-64. 10 , Wheaton	Good	Counsel (14-3) d . Alexandria (Va .) Bishop
loans to consumers and small-business owners with relatively	good	credit but might not otherwise have gotten the needed attention
, trying to more accurately predict which borrowers will be	good	credit risks and which ones wo n't , are increasingly turning to
is , but it 's like a narcotic . " A	good	day for him is one spent with art . On this day
even the best mind in p131 the Federation -- had a	good	enough grasp of subspace phenomena to use one in setting a trap
. " Somewhat dull and without interest -- but I suppose	good	enough .... See how Cluktaba 's rings with hints of passion
. Now , here 's Larry King . LARRY KING :	Good	evening from Washington . He once said marriage was the death of
, hello . 14th CALLER : Cleveland , Ohio Yes ,	good	evening Larry . Hi , Sandy and Durk . I think
239504 MR-LEHRER :	Good	evening . Leading the news this Wednesday , thousands of people
Model , while limited to the Medicare context , is a	good	example of how this vision might be realized more broadly
have a dry wedding in the South you better have a	good	excuse like an alcoholic father or a devout grandmother . My
have a tip for today 's cooks ? " Just buy	good	fresh ingredients There seems to be a trend toward prepared and
you enjoyed together , or a place you visited . Pretty	good	gift-giving : The giver buys something the recipient at least
at the wooden flooring . General Early fanned himself . #	Good	God Kendlehart said . # Pardon ? said the general .
lness outside your common practice . # THE DIAGNOSTIC SIEVE #	Good	history-taking rules out some options and allows you to test the
to see reason , but not so a machine . "	Good	horses make more good horses , and they eat hay . The
her relations here , because she did so with grace and	good	humor " Democratic lawmakers said they believe the
's a little ridiculous . PERINO# Honestly . I mean ,	good	idea though . All right , Greg . GUTFELD# These are
a lot of reasons people did n't think it was a	good	idea . Some said it would just- they would find a way
extremism . " I do n't think extremism is wanting a	good	Islamic education within the maintained sector , " said
our teams getting exposure ? We think they 're doing a	good	job reporting and exposing the game , " Adamo said . #

〈그림 5-3〉 COCA에서 "good"을 중심으로 형용사+명사 연어 KWIC사례

5.1.4 동사+부사/부사+형용사(V+Adv/Adv+A) 연어 유형

마지막 유형으로 동사+부사나 부사+형용사 연어의 반영 정도를 확인하고자 한다. 부사가 문장부사로 쓰이는 경우를 제외하고 동사나 형용사를 수식하여 특정한 세부적인 사고를 표현하는 경우의 예를 어구색인 작업으로 알아보았으나 12종 코퍼스에서 사용된 부사는 극히 제한적이었다. 가장 빈출도가 높은 부사는 really이었고(빈도 70회: 0.072%), 다음으로 usually(빈도 62회: 0.064%), 그 다음으로 finally(빈도 37회: 0.038%)이었다. 물론 여기에서는 형용사에 접사 '-ly'를 붙여 부사로 사용된 경우만으로 제한했다. 고등학교 기본 어휘 관련 지침에 나와 있는 바와 같이 형용사를 알고 있다고 해서 그 형용사에 접사 '-ly'를 붙여 부사로 활용하고 있는지에 대해

서는 의문이었다. 또한, 교과서에서는 이와 같은 지침이 어느 정도 반영되고 있는지 궁금했다. 그러나 대부분의 교과서에서는 부사의 역할과 사용에 대해 대단히 소홀히 다루고 있음을 알 수 있었다. 코퍼스 분석 결과 접사 '-ly'를 붙이지 않고 부사를 구성하는 부사 중 고빈출 단어로는 so, very 등이 있었다. 일찍이 Greenbaum(1970)은 의미적으로 부사는 동사의 강도에 현저한 영향을 준다는 공통점을 가지고 있다고 하여 부사를 동사 강조어(verb-intensifiers)로 보았다.

따라서 많은 경우에 부사가 동사나 형용사를 수식하여 고유한 의미 영역을 담당하고 있는 점을 감안하면, 교과서 제작 시 이러한 측면도 고려되어야 할 것이다. <표 5-5>는 12종 교과서 코퍼스에서 가장 많이 사용된 부사인 really와 결합된 동사와 형용사의 연어를 보여주고 있다.

〈표 5-5〉 동사+부사와 부사+형용사 연어의 예

부사	동사/형용사
really	enjoy, increase, want, like/surprised, good, full, beautiful, afraid, old, great, special, exciting, amazing...

지금까지 12종의 교과서 코퍼스 분석을 통한 어휘적 연어의 예를 간단하게 살펴보았다. 이와 같은 연어의 예가 있는 예문을 적절히 제시한다면, 교사에게는 수업을 준비하는데 있어서 많은 부담이 줄어들 것이며, 또한 학습자들에게는 수준에 맞는 다양한 예문을 제공할 수 있는 유익한 자료로 활용될 수 있을 것이다. 그러기 위해서 교과서 개발자는 단어의 수뿐만 아니라 단어가 구현되는 연어적 결합 관계의 이해와 함께 진정성있는 예문이 빈도가 높게 반영될 수 있도록 교과서 제작과 구성에 신경을 써야 할 것이다. 교사는 교과서뿐 아니라 코퍼스 자료가 반영된 사전이나 앞에서 언급한 COCA나 BNC와 같은 전문 코퍼스 프로그램을 통해 다양한 연어 관계 자료를 구축하여 제공할 필요가 있다.

5.2 어구색인(콘코던스)의 분석(concordance analysis)

언어 활동의 특정 목적을 위해 필요한 언어 자료를 모아 사용자 코퍼스를 구축하여 이러한 코퍼스 개발과 사용에 관련하여 특정 목적을 위해 코퍼스를 설계하는 일이 중요하며 해당 코퍼스 자료를 재정리하고 필요한 자료를 추출하기 위해서는 콘코던스 프로그램(concordance program)인 소프트웨어의 활용이 필요하다. 어구색인은 특정 텍스트에서 사용되는 모든 단어와, 각각의 단어가 나타나는 맥락이 함께 정리되어 있는 목록을 지칭하는데, 학습자가 지정된 단어의 어휘 항목의 용법을 알게 하는 데 도움을 주며, 단어들이 넓은 범위의 맥락에서 어떻게 사용되는지에 대한 사전 편찬학자들의 연구를 가능하게 하기 때문에 사전을 만드는 데 자주 이용된다.

Sinclair(1991)에 따르면 어구색인을 통해 제시되는 한 단어가 문맥에서 사용되는 패턴을 관찰하는 것은 어휘와 문법을 모두 관찰하는 것이기 때문에 어휘와 문법을 별개로 보는 전통적인 방식의 관점을 바꿀 수 있다고 주장한다. 이선(2003)도 문맥 없이 주어지는 낱 단어의 반복적인 패턴 연습을 지양하기 위해 어구색인 분석을 통한 예문을 제시하여 짝 활동이나 그룹 활동을 통해 빈칸 채우기 연습을 시킨다면 좀 더 지정된 어휘가 사용되는 문맥이나 어휘의 문법적 연어와 어휘적 연어에 대한 이해도를 높일 수 있다고 설명하고 있다.

<그림 5-4>는 12종 교과서의 코퍼스 어구색인 작업을 통해 'wear'를 중심으로 결합되는 전후 어구색인 목록 21개를 보여주고 있다. 앞에서 연어의 일반적 특성 중 언어적·집단적 의존성에서 살펴본 바와 같이, 영어 단어 'wear'의 경우 확산성을 보여준다. 즉 기반어인 명사에 결합되어 동사+명사 연어 형태를 이루는 결합어인 동사 wear는 확산적 특징을 가지고 있다. 다시 말해, 우리말로는 '-입다', '-쓰다', '-바르다', '-끼다', '-매다' 등으로 다르게 표현되는 반면 영어에서는 몸에 부착되는 경우 상당 부분에서 동사 'wear'를 사용하고 있다. 충분하지는 않지만 12종 교과서에서 추출된 'wear'의 어구색인에서도 동사+명사 연어형태로 확산성을 보여주는 예를 확인할 수 있다. 이와 같은 자료를 학습자에게 제시해 주고 짝 활동이나 집단 활동을 통해 'wear'의 쓰임이 같은 문장끼리 모으게 하는 활동을 통해 연어 구성 능력을 기를 수 있다. 그러나 상위 학생의 경우 이와 같이 교과서 코퍼스에 나타나지 않은 연어는 연어 사전 등을 통해 추가적으로 'wear'의 용례를 확인하여 활용할 수 있도록 지도할 필요가 있다.

... you're pretty strict in general. We don't	*wear*	uniforms, though. Most American schools ...
... e from the car in front, and they don't	*wear*	seat belts. What is reaction time? ...
... happen to the stopping time when you	*wear*	a seat belt? In Korea, wearing seat b ...
... seat belts! It is simply foolish not to	*wear*	one. Lesson 7. Teen Worries Readi ...
... ater. Or it is a shirt you might rarely	*wear.*	Perhaps it is a comic book you will be ...
... may be a little strange, but I like to	*wear*	all the same color. One day I wear all ...
... e to wear all the same color. One day I	*wear*	all green clothes, another day all blac ...
... others, another day all black. I usually	*wear*	blue on Monday. After I get dressed, I ...
... t. First, when you are in a car, always	*wear*	a seat belt. Even if you are sitting in ...
... re sitting in the back seat, you should	*wear*	your seat. In addition, whether yo ...
... top. Sometimes he says, "Why do you	*wear*	make-up? You look so much prettier with ...
... She looked everywhere for something to	*wear,*	but the only thing site could find tha ...
... owever, most high school students don't	*wear*	a custom to school. After dark, young...
... ring wet suits. What do the haenyeo	*wear?*	How long can haenyeo the stay under wa ...
... their used cellular phones? He doesn't	*wear*	leather shoe or belts or even wool swea ...
... e aims to convince people that they can	*wear*	beautiful clothes, eat great food an en ...
... ture. Why do you think Danny doesn't	*wear*	leather products? Lesson 10 The Wa ...
... ll-known abroad. Ondol We do not	*wear*	shoes in our homes. We want to keep our ...
... ts. DARK UNIFORMS Teams often	*wear*	dark uniforms for road games. Do you kn ...
... an around 1890. Baseball teams chose to	*wear*	gray, blue, or dark red uniforms during ...
... at school just before 8 O'clock. We all	*wear*	our school uniforms which are white and ...

〈그림 5-4〉 12종 교과서 코퍼스에서 wear가 포함된 어구색인

<그림 5-5>는 COCA(Corpus of Contemporary American English) 코퍼스에서 'wear'를 검색한 결과이다. <그림 5-4>의 교과서 콘코던스와 비교해보면 보다 풍부하고 다양한 연어 항목을 찾아볼 수 있다. 특히, 연어 사전에는 'wear a freshman's helmet', 'wear a protective shell', 'wear a three-piece suit', 'wear beautifully woven raffia cloth', 'wear insulated boots'와 같이 동사+명사 연어 형태를 동사+형용사+명사 연어 형태로 확장된 연어(extended collocation) 형태를 보여주고 있다. 또한, 'wear and tear'와 같이 'wear'가 명사로 쓰이고 있음도 보여주고 있다. 이처럼 교과서에서의 연어 사용은 제한된 부분이 있는 데 이와 같이 전문 코퍼스를 활용하여 비교할 수도 있고 학습자가 스스로 참여하여 검색활동을 통해 자기주도적 학습 자원으로 활용할 수 있다.

controversial , however . " What kind of guy wants to	wear	a 20-pound belt of bullets , clubs , cuffs , and mace
new year . Good to see you HORROW I decided to	wear	a bright tie today because I wanted to make sure that we
money .. Years ! I knew what it was like to	wear	a collar . and I did n't like it . Now I
escapes from the rigors of court life . You may not	wear	a crown of gold and jade or need daily escapes to a
so pained and anguished ? No sir . We would always	wear	a divine smile and the grimace of pain would be complete
and was quiet . She did n't complain about having to	wear	a dress THE PATRON SAINT OF LIARS 199 ar her stiff shoe
clothing-wise , for Sophie starts with , ' I want to	wear	a dress today . ' ' No , Soph , the weather
my son wants to . **29;807;TOOLONG If my son wants to	wear	a dress . I 'll let him wear a dress . ACTOR-1MALE2-#
of a release . They got officials to force him to	wear	a GPS monitor 24 hours a day , even though he was
mouth and eyes . How many times must you frown to	wear	a groove in something as soft and pliant as skin ? #
the countryside . When you go there , of course you	wear	a hat . It 's just a nice thing to do .
the line , he whispered that he would never have to	wear	a jacket and tie again . He told her he was about
tall and I am the same size , so I still	wear	a lot of those clothes . # Growing up in Princeton ,
a latex-allergic person with a safe surgical environment . #	Wear	a medical-alert bracelet Emergency medical technicians a
special treatment ? Isnt it true theyre not even making him	wear	a prison uniform because they do nt want to denigrate hi
comes here every year . " I usually do n't even	wear	a scarf or coat . " If you do feel a chill
of women and declared , " He does n't have to	wear	a skirt to prove who he is . " # Mr. Dingell
ARNOLD : Okay . But see , it 's free to	wear	a stupid Hawaiian shirt . I mean , you have the right
but my mother wore her innocence as proudly as she 'd	wear	a suit of bright armor ; if she thought well of everyone
Mr-ESTES : Arms and all . APPLEGATE : Sure , you	wear	a sweater on this show . Mr-ESTES : Yeah . APPLEGATE :
control and more power . For additional safety , the Scouts	wear	a thick glove on the hand not holding the tool , just
daughter does n't like wearing uniforms . Does she have to	wear	a uniform ? We let them choose between a sash and a
Drug addicts , as well as drug pushers and manufacturers ,	wear	a variety of symbols : needles for shooting up ; gin pourin
nt like jewelry and thats the reason that they do nt	wear	a wedding ring. So maybe should you rethink that. (CROS
# A People have preconceived notions . They usually imagine I	wear	a white wig , scowl , and have no sense of humor
first because she was willing , if need be , to	wear	a wire against Mr. Feaver , prior to that . " Trying
. That 's why you pressed that kid so hard to	wear	a wire . Yeah I heard about that . You want to
had worked undercover , getting Murphy 's girlfriend to flip and	wear	a wire . It had taken a year , but Deidre had
. Younger White House staffers had observed that he seemed to	wear	alertness like a mask , as if some hard-bitten mentor fron
me to tell others and tell everyone about how her family	wear	all killed about the massacre in Japan to save other dolph

〈그림 5-5〉 COCA에서 'Wear'를 중심으로 한 KWIC사례

지금까지 교과서의 본문 텍스트에서 추출한 네 가지 유형의 연어적 분석 결과, 명사+명사와 형용사+명사인 경우는 다양한 연어 구성을 발견했으나, 동사+명사, 동사+부사/부사+형용사 연어 유형에서는 다양한 연어 구성을 발견하지 못했다. 특히, 동사+명사의 연어에서 탈어휘 동사의 경우 다양한 결합 형태의 노출이 필요하다는 점을 강조한다. 특히 동사 연어는 영어 학습 초기부터 체계적이고 다양한 노출을 통해 어휘 결합의 공기관계와 연어성에 대한 이해도를 높이고 실제 사용할 수 있는 연어 표현 능력을 향상시켜야 한다. 이와 같은 결과를 바탕으로 차후 교과서 개발과 선정 때에는 어휘 사용에 관한 구체적인 지침 및 연어 목록 제시와 함께 연어/어휘 교수 요목(collocation/lexical syllabus)이 마련되어야 할 필요성을 제기한다. 아울러 교과서 선정 시 어휘의 다양한 실현 유무에 대한 코퍼스 분석과 어구색인 분석을 반드시 거치도록 해야 할 것이다.

5.3 정형어구(formulaic sequences)와 어휘묶음(lexical bundles)

연어를 학습하는 본질적인 이유는 보다 유창하고 자연스럽게 원어민처럼 언어를 구사하기 위해서다. 그렇다면 앞에서 살펴본 연어 학습의 중요성, 특성 등을 통해 연어 습득으로 영어를 자연스럽게 구사할 수 있도록 도와주어야 한다. 이 경우 단어의 결합인 개별 연어를 넘어 확장된 연어(extended collocation)과 같은 다중연어(multiple collocations)인 연어군(collocation family)에 관한 논의가 필요하다. 이를 통해 영어의 네 기술인 읽기, 듣기, 쓰기 그리고 말하기에 실제로 적용, 활용할 수 있는 방법을 찾아야 한다.

어휘의 개념도 원자적인 개별 단어뿐 아니라 두 단어 이상이 결합된 다단어 뭉칫말(multi-word chunks)의 형태까지 확장을 주장한다(Richards와 Renandya (2002). 또한 어휘 지도에 있어 연어나 확장된 연어와 같은 어휘 뭉칫말(lexical chunks)을 지도하는 것이 영어 의사소통 능력 향상을 위해 효율적이다(김낙복, 2005a, 김부자, 2006, Lewis, 1997a). 더욱이 오늘날 코퍼스 언어학의 발달로 인해 언어의 상당 부분이 다단어 조립식 뭉칫말(multi-word prefabricated chunks)의 형태로 구성되어 있다는 점을 확인하게 되었다. 영어 학습 전략을 촉진하기 위하여 영어의 상당 부분은 조립식 어휘 뭉칫말(prefabricated lexical chunks)로 구성되어 있다는 점을 인식하고 관찰하도록 하면서, 언어의 정확성(accuracy) 뿐만 아니라 유창성(fluency)을 동시에 향상시킬 수 있는 전략으로 연어와 함께 확장된 연어 형태인 어휘묶음을 지도하고 활용하도록 한다.

영어의 구어(spoken language)와 문어(written language)에는 정형화된 어휘묶음(lexical bundles)들이 많다. 이와 같은 고정어/상투어(fixed or formulaic language)는 특정 상황에 쓰도록 고정적으로 정해진 표현, 암기해야 되는 표현들이 정형화되어 사용되기에 영어 학습 초기부터 반복하여 사용함으로써 자연스럽게 하나의 뭉칫말로 발화하는 듯이 표현되어야 한다. 예컨대, 'I have an appointment with my eye doctor.', 'Shall we sing?', 'I love it, how much is it?', 'What's your name?', 'How are you?', 'Good luck', 'You have never heard of me?', 'I would like to propose a toast' 등은 고정 또는 반고정된 표현으로 문법요소도 포함되어 있어 그 자체로 훌륭한 어휘묶음이면서 동시에 문법적 형태의 결합어다. 또 한 가지 이점은 이와 같은 표현을 활용하여 다양한 표현을 산출해 낼 수 있다. 어휘묶음이란 주로 3-5개의 단어가 하나의 단위처럼 고정(반고정)으로 묶여 흔하게 함께 쓰이는 다단어 어휘 뭉칫말(lexical chunks)의 한 형태이다. 일찍이 Widdowson(1989, p. 135)는 의사소통능력의 핵심은 문장 규칙을 얼마나 알고 있는냐가 아니라 이미 조립된 정형화된 뭉칫말의 원리와 실제상황에 적절하게 적용하는데 있다고 지적하였다.

> ...communicative competence is not a matter of knowing rules for the composition of sentences and being able to employ such rules to assemble expressions from scratch as and when occasion requires. It is much more a matter of knowing a stock of partially pre-assembled patterns, formulaic frameworks, and a kit of rules, so to speak, and being able to apply the rules to make whatever adjustments are necessary according to contextual demands. Communicative competence in this view is essentially a matter of adaptation, and rules are not generative but regulative and subservient.

따라서 이러한 뭉칫말과 어휘묶음에 대한 인식과 활용은 어휘학습뿐만 아니라 문법이해에도 큰 도움이 된다. 그럼에도 불구하고 지금까지 학습자들은 이와 같은 표현을 원리이해보다는 암기식으로만 익혀왔고 활용도는 크게 생각하지 못하였다. 즉 문법과 어휘를 각각 분리하여 접근한 나머지 그 두 요소간의 통합적 접근방식을 소홀히 해왔다. 그 동안 어휘묶음은 소위 multi-word units/phrases/expressions로 학자마다 정의와 그 범위를 다양하게 지칭한다. 즉, holophrases(Corder, 1973), prefabricated routines and patterns(Hakuta, 1974), formulaic speech(Wong-Fillmore, 1976), memorized sentences and lexicalized stems(Pawley & Syder, 1983), lexical chunks(Lewis, 1993), formulas(Ellis, 1994), and phraseology(Howarth, 1998), multiword chunks (Cowie, 1988), prefabricated chunks or lexical bundles(Biber & Conrad, 1999), formulaic sequences(Boers, Eyckmans, Kappel, Stengers, & Demecheleer, 2006; Wray, 2002) 등의 유사한 용어를 다양하게 사용해 오고 있다.

어휘묶음을 좀 더 광범위하게 연결하면 소위 자유 결합(free combinations)으로 특정 대화 상황에서 단어 간의 자유로운 결합으로 문법으로 처리하는 언어형태라 말할 수 있다. 물론 다단어 단위들(multi-word units)은 주로 굳어진 형태로 반복적인 암기학습이 필요하지만 구조상 고정되어 있으며 상황적으로 한 뭉치로 사용되는 정형화된 조립식 언어 형태이다(Peters, 1983, 2009). 그러나 두 형태 모두 기본적으로 두 개 이상의 단어가 뭉쳐 표현되는 뭉칫말(어휘묶음)이며, 그 내부를 살펴보면 문법적 결합이 작용한다. 어휘 접근방식을 종합하여 설파한 Lewis(1993, 1997a)가 말하는 "언어는 어휘화된 문법으로 구성되어 있지 않고 문법화된 어휘로 구성되어 있다(Language consisted of grammaticalized lexis, not lexicalized grammar)"는 언어의 핵심 원리를 파악하여야 할 것이다. 즉, 어휘 접근방식에서는 words, collocations, fixed expressions 그리고 semi-fixed expressions를 언어의 어휘(lexis)로 보고 “언어는 전통적인 문법과 어휘로 구성되어 있는 것이 아니라 다단어 조립식 뭉칫말(multi-word prefabricated chunks)로 구성되어 있다”고 제안한다. 연구자마다 다양한 용어를 사용하고 있으나 기본적으로 조립식 뭉칫말로 표현할 수 있다. Wray와 Perkins(2000, p. 3)가 문헌에서 사용한 정형이구와 정형성을 표현하기 위한 용어(terms used in the literature to describe formulaic sequences and formulaicity)를 목록화하였는 데 저자가 연어 교육론과 관련하여 그 일부를 추가하여 <그림 5-6>과 같이 제시한다.

Amalgams Automatic Chunks Clichés Co-ordinate constructions Collocations (Gledhill, 2000; Sinclair, 1991) Composites (Cowie, 1981) Conversationalized forms FELs: Fixed Expressions including Idiom (Moon, 1998) Fixed expressions (Gledhill, 2000) Formulaic language (Corrigan et al., 2009; Weinert, 1995; Howarth, 1998) Formulaic sequences (Boer et al., 2006; Schmitt, 2004; Wray, 2002) Formulaic speech Formulas/formulae Fossilized forms Frozen phrases Lexical bundles (Biber et al., 1999; Cortes, 2004)	Lexical chunks (Lewis, 1993) Gambits Gestalt Holistic Holophrases Idiomatic Idioms Irregular Lexical(ised) phrases (Nattinger & DeCarrico, 1992) Lexicalized sentence stems (Pawley & Syder, 1983) Multiword units (Cowie, 1998) Non-compositional Non-computational Non-productive Phraseology (Cowie, 1998; Howarth, 1998 Polywords (Sinclair, 1991; Gledhill, 2000)) Petrifications Praxons Preassembled speech	Prefabricated routines and patterns (Hakuta, 1974) Prefabricated chunks (Conklin & Schmitt, 2006) Ready-made expressions Ready-made utterances Routine formulae (Yorio, 1980) Schemata Semi-preconstructed phrases that constitute single choices Sentence builder Stable and familiar expressions with specialized subsenses Stereotyped phrases Stereotypes Stock utterances Synthetic Unanalysed chunks of speech

〈그림 5-6〉 문헌에서 사용한 조립식 뭉칫말 용어들

Wray와 Perkins(2000)는 그동안 다양한 용어와 다소 의미 차이가 있게 논의되어온 조립식 뭉칫말(prefabricated chunks)을 ‘formulaic sequence’라는 용어로 아래와 같이 정의를 내리면서 연속적이든 불연속적이든 어휘묶음의 핵심적인 특징은 조립식 뭉칫말로 나타나고, 저장되며 사용할 때 기억으로부터 전체로 재생된다는 점을 강조하였다.

> A sequence, continuous or discontinuous, of words or other meaning elements, which is, or appears to be, prefabricated: that is, stored and retrieved whole at the time of use, rather than being subject to generation or analysis by the language grammar. (Wray & Perkins, 2000, p. 1)

위와 같은 용어와 정의에 대한 비판과 함께 어휘묶음에 대한 범위를 유연한 관점에서 연구 목적에 따라 보다 다양하게 보고자 하는 학자들도 있다(Kuiper, 2004; Read & Nation, 2004). 일찍이 Pawley와 Syder(1983)는 lexical chunks를 lexicalized sentence stems로 정의하고 뭉칫말과 유창성 간의 밀접한 관련이 있다고 설파하였다. 이들은 인간의 기억과 집중의 관점에서 자연스러운 발화는 문법과 같은 복잡한 언어 작동이 아닌 정형화된 일상 표현을 통해 소통한다는 점을 강조하였다. 바로 이런 점에서 비원어민 화자들은 문법규칙에 의한 비상용적인 단어들의 결합체로 의미를 표현하는 경향이 있다는 것이다. Wood(2010) 역시 정형화된 어구 표현의 반복적인 노출과 경험에 의해 장기기억 속에 저장되고 발화로 이루어진다고 강조하면서, 인지적 처리과정에서 정형어구와 발화시 유창성 간에 밀접한 관련이 있다고 주장한다. 우리의 실제 일상 대화에서 그동안 묵시적으로 학습한 지식이 명시적으로 반복적인 회상과 사용을 통해 의사소통이 이루어 진다는 점을 강조한 것이다.

Nari Lee(2010)는 한국어 화자들의 정형어구에 대한 이해도를 알아보기 위해 274명의 대학생들을 대상으로 실험연구를 한 결과, 상위학생들의 정형어구 지식이 유의한 차이를 보여주었으며, 인터뷰한 113명 대부분이 별도의 시간을 마련하여 정형어구를 배우기를 희망하였다고 보고하고 있다. 이은지와 윤현숙(2014)은 두 개 이상의 단어가 공기한 일련의 단어 연속체인 정형어구(formulaic language/sequences)의 명시적 학습 활동이 중학생들의 어휘 뭉칫말(lexical chunks) 지식에 영향을 끼쳐 학습자의 영어 말하기 유창성에 기여하였다고 말한다. 한국 교사들이 사용하는 교실영어 코퍼스를 조사한 Ye-Eun Kwon과 Eun-Joo Lee(2014)는 비원어민 교사는 견지(stance)을 나타내거나 지시적인(referential) 기능 표현에 과잉의존하며, EFL상황의 teacher talk corpus가 제한된 범위의 기능 범주의 어휘묶음을 반복적으로 사용하는 경향이 있다는 점을 지적하였다. 또한, 어휘묶음의 과도한 사용과 원어민 코퍼스에서 관찰되지 않는 범위의 사용도 보인다면서 교사 교육에서 어휘묶음에 대한 교육의 필요성을 제기하였다.

PART III

연어 중심 교수 학습의 실제

VI. 연어 교수 전략과 교수 방법

6.1 연어 교수 전략

연어 교수 전략은 기본적으로 개별 단어의 단어 목록화보다 유의미한 뭉칫말에 초점을 둔 수업 전략이다. 이를 위해 언어 자료 입력은 Krashen(1981, 1982, 1985)의 이해 가능한 입력(comprehensible input)과 같은 단순화시킨 입력보다 Harmer(1983, 1991)가 제안한 조정된 입력(tuned input)을 지향하는 것이 보다 언어교육 활동에 적합할 것이다. 이는 학습자 자신이 이용 가능한 자료에서 규칙화된 체계를 형성하도록 하여 수용력을 높이고 생산적인 출력을 하도록 하기 위함이다.

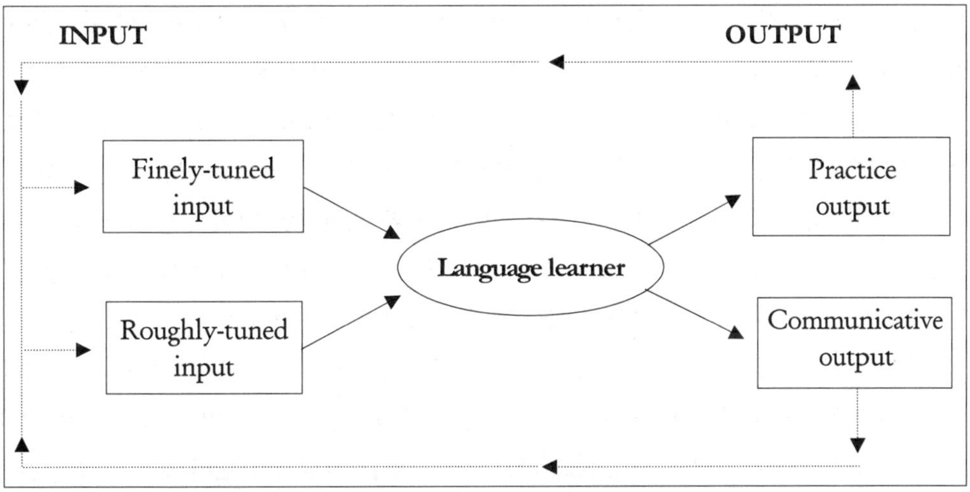

〈그림 6-1〉 외국어 학습에서 입력과 출력과의 관계

Harmer(1991, p. 41)는 언어 학습과 교수의 모형을 제시하면서 외국어 학습에서 언어 입력과 출력의 관계를 <그림 6-1>과 같이 보여주고 있다. 그림에서 보는 바와 같이 외국어 학습에서는 언어 입력이나 상호작용과 함께 학습자의 출력 언어도 중요하다. 구체적인 설명은 입력의 조정 원리에서 설명한다. 이 장에서는 먼저 영어 어휘 교수 학습 전략을 일변한 후 연어 교수 전략을 살펴보고, 연어 학습 활동을 위해 현장 적용 가능한 교수 방법을 살펴보고자 한다.

전통적으로 많은 교재나 인어 프로그램에서 어휘학습은 부수적인 관심만을 받아왔다. 읽기,

듣기와 같은 언어 기술에 관해서는 매우 구체적으로 연구되어 있지만 어휘에 관한 연구는 그리 많지 않다(Richards & Renandya, 2002). 그러나 EFL/ESL 전문가들은 외국어 습득에서 읽기나 듣기의 향상을 위해 어휘 습득이 중요한 요소라고 주장한다(Huckin, Haynes, & Coady, 1993; Nation, 1990, 2001; Nunan, 1999). 그럼에도 불구하고 교사들이나 교과서 개발자들은 어휘 학습이 읽기나 듣기를 하는 동안 텍스트 속에서 자연스럽게 이루어진다는 믿음에 근거해서 직접적인 교수(direct instruction)의 필요성은 거의 혹은 전혀 느끼지 못해왔다고 지적한다(Coady, 1993; Zimmerman, 1993). 그 결과, 교실에서 어휘 지도를 위한 교수 활동은 소홀히 여겨졌다(Nunan, 1999).

그러나 최근 들어 원어민과의 직접적인 접촉 기회가 많아지고 컴퓨터를 활용한 이메일 사용, 메신저 대화, 더 나아가 화상 대화, 웹캠 등 SNS대화의 발달로 인해 의사소통을 할 수 있는 기회가 많아지면서 표현 기술인 말하기, 쓰기의 비중이 점차 커지고 있다. 특히, 실시간 대화(real-time/on-line communication) 상황에서의 즉각적인 응답을 위해서는 대화의 지속성과 유창성이 요구된다. 이 경우 의사소통에서 문법보다 어휘가 더 도움이 된다고 주장한다(Nunan, 1999). Harmer(1991, 2001)도 문법 구조의 조작 능력은 어휘가 사용되지 않는 경우 의미를 표현할 어떠한 힘도 없다고 주장하면서 특정 상황에서의 세심한 어휘 선택의 중요성을 강조했다.

Nation(1990)은 어휘에 대한 체계적이고 원리적인 접근방식이 필요한 이유로 언어 학습에서 어휘가 매우 중요하며, 학습자들이 수용적인 언어 사용과 표현적인 언어 사용에서 느끼는 많은 어려움은 불충분한 어휘에서 비롯된다는 점을 지적했다. 또한, 대부분의 언어 학습 과정에 적합한 어휘 교수 방법으로 가장 간접적인 것에서 가장 직접적인 것까지 모두 네 가지를 제시했다.

첫째, 가장 흔한 예로 언어 자료를 참고하여 어휘 학습을 할 수 있도록 준비하는 경우이다. 이 경우 학습 과정을 시작하기 전에 어휘 선택과 등급 분류에 많은 주의를 기울인다. 둘째, 많은 어휘 교수가 이 방식으로 이루어지는데, 독해 지문에서 모르는 어휘가 있으면 교사는 그 순간 잠시 주의를 기울여 그 단어를 설명해 주는 방식이다. 이 경우 교사는 주어진 단어의 저변에 있는 개념에 대해 학생들의 주의를 끌며, 다른 어휘 학습에 도움이 될 수 있도록 철자와 문법의 특징들을 지적한다. 셋째, 어휘를 다른 언어활동과 연계하여 가르치는 경우이다. 즉, 교사는 학습자가 독해 자료를 읽기 전에 독해 지문의 어휘를 다루어 준다. 이와 같은 직접적인 교수학습을 통해 학습자는 다음에 공식적인 말하기 활동에서 그 단어를 사용하기 전에 주제 어휘(topic vocabulary)에 익숙하게 된다. 마지막으로, 다른 언어활동과 직접적인 연관을 짓지 않고 수업 중이든 교실 밖에서든 어휘 공부에 시간을 할애하는 경우이다. 이 방식에는 철자 규칙 학습, 사전 사용 활동, 어휘 추측, 어휘 목록 학습 등이 해당된다. 이는 장차 언어 사용을 잘하기 위하여 어휘력을 향상시키거나 사전 학습을 구성할 목적으로, 전체 학습, 짝 활동, 집단 학습 등을 통해 이루어진다.

Taylor(1990)는 단어를 설명하는 방법으로 선행 숙지(pre-familiarization)와 후행 숙지(post-familiarization)를 제시했는데, 선행 숙지는 학생들에게 주제에 주목하게 하는 방법으로 의미(sense)를 알게 한 다음 단어의 항목(items)을 알게 하는 방법이고, 후행 숙지는 선행 숙지와 반대로 항목을 주고 이 항목의 뜻을 알게 하는 방법이다.

예1)

T: What do you call the special big shoes that come up to here for… em…
When it's snowing?

S: Er

T: Not shoes, but…

S: *Boots*

예2)

T: In fact. Do you know what that means?

S: In fact.

T: In fact. Really. (Taylor, 1990, p. 4)

예1)은 선행 숙지의 예이고, 예2)는 후행 숙지의 예이다. 우리는 예2)에서와 같이 새로운 단어를 접할 때 이것을 제시하는 방법으로 대부분 후행숙지를 사용하고 있다. 어휘 학습 문맥과 관련하여 어휘 습득이라는 정의는 하나의 단어가 어떻게 기억되며 얼마 동안 기억에 보존되어 있느냐에 따라 크게 좌우된다(Carter, 2001; Nunan, 1999).

언어외적 측면에서, Dong-Ho Kang(2003)과 Rivers(1984)는 어휘 학습 연구에서 인지적인 측면만을 강조해왔고 정의적인 측면인 동기를 소홀히 취급했다고 말한다. 어휘 학습과 동기와의 관계와 관련하여 직접 어휘 학습 상황과 간접 어휘 학습 상황에서 수준이 낮은 학습자의 경우 직접 어휘 학습 지도보다 형태 중심의 간접 지도가 어휘 향상에 더 많은 영향을 미쳤고 장기 기억에 더 도움이 되었다는 결론을 내렸다. 또한, Nunan(1999)은 다른 언어 측면과는 달리 어휘 학습은 나이에 의해 방해받지 않는 것 같다고 주장한다. 더 나아가 Rivers(1983)는 오히려 나이가 들면서 새로운 어휘 학습이 쉬워지는 것 같다고 말한다. 이는 세상 경험과 모국어를 통한 구체적인 어휘 학습은 물론 추상적 사고까지 상당한 인지적·경험적 측면이 목표어의 어휘 학습에 도움이 되기 때문일 것이다.

이화자(1996)는 외국어 학습의 성패가 단어 지식에 달려 있다고 해도 과언이 아니라고 하면서, 단어를 배운다는 것은 일정한 양의 단어를 암기하는 것뿐만 아니라, 특정 어휘의 폭넓은 개념을 알고 그 어휘의 통사적 특성까지를 아는 것이라고 주장한다. 이와 같이 한 단어의 쓰임은 문맥 속에서 주로 연어 관계에 의해 역동적으로 다양하게 실현된다는 점에 주목할 필요가 있다.

한편, 어휘의 기억과 사용을 테스트하기 위해 서로 다른 유형의 단어를 제시하거나 다른 단어 목록 형태를 제시하여 그 효과성을 검증한 연구가 있어 왔다. Cheongsook Chin(2002)은 학습자의 어휘 증가의 효과성을 알아보기 위해 낮은 수준의 대학생 116명을 대상으로 10개의 단어를 세 가지 유형의 어휘 활동 자료로 처치한 후 2주 후에 a) 정의 시험(definition test), b) 선다형 시험(multiple choice test), c) 빈칸 채우기 시험(fill-in test)의 세 가지 유형에 대한 연구 결과를 발표했다. 세 가지 활동 자료는 문맥(context), 의미망(semantic mapping), 단어 목록(word lists)이었다. 정의 시험에 있어서 3가지 처치 결과는 유의한 차이가 없었지만, 선다형 시험에서는 문맥 처치를 받은 피험자가 단어 목록으로 처치받은 학습자보다 상당히 우수했으며, 빈칸 채우기 시험에서도 문맥 처치 학습자가 단어 목록 처치 학습자나 의미망 학습자보다 성적이 상당히 우수했다는 결과를 얻었다. 또한, 기억력 시험에서는 문맥 처치를 받은 학습자가 단어 목록 처치를 받은 학습자보다 상당히 우수했고, 의미망 처치를 받은 학습자보다는 다소 높은 성적을 받았다고 보고하고 있다.

송미정(2003)은 세 가지 다른 유형의 단어 목록 제시 형태 — a) 영한 사전식 단어 목록(bilingual word list), b) 영영 사전식 단어 목록(monolingual word list), c) 영영한 사전식 단어 목록(bilingualized word list) —가 새로운 어휘의 기억과 사용에 미치는 영향을 연구했다. 연구 결과, 영영한 사전식의 단어 목록을 사용하여 어휘를 학습하는 것이 그 어휘의 정의적인 의미를 단기적으로 기억하고, 실제로 사용하는데 가장 효과적이라고 보고하고 있다. 또한, 영영한 단어 목록과 함께 영한 단어 목록이 제시된 경우 어휘의 정의적인 의미를 장기적으로 기억하고 사용하게 하는데 효과적이었다고 밝히고 있다. 따라서 그는 단순히 단어의 정의적인 의미를 모국어로 번역해 놓은 영한 사전식의 단어 목록보다는 그 어휘와 관련된 다양한 정보를 모국어와 목표어로 동시에 제공하는 영영한 사전식의 단어 목록이 목표어의 어휘 체계를 제대로 익히는데 효과적일 것이라고 제안했다.

어휘 지도에 관한 교실 연구에서 송희심(2000)과 이소영(2001)은 고등학교 읽기 지도에서 문법 연습은 크게 줄었으나 단어는 여전히 강조되고 있다고 보고하고 있다. 그러나 대부분의 경우전 시간에 차시 과제로 부과된 단어를 간단한 퀴즈나 쪽지 시험 형식으로 확인하거나, 읽기 전 학습할 과제와 관련된 새로운 단어를 우리말로 설명해 주거나 질의응답 식으로 확인하고, 읽기 중 단어나 표현 설명을 통한 문장별 해석을 할 때 낯선 단어나 표현이 나왔을 경우 그 의미를 우리말로 설명하는 식이 대부분이라고 보고하고 있다. 이 경우 대부분이 영어-한국어, 경우에 따라 한국어-영어의 일대일 대응방식이 사용된다.

이소영(2001)도 고등학교 교사들의 수업 관찰을 통해, 쪽지 시험을 치르게 하는 경우 교사가 단어와 숙어를 불러주면 학생들이 한국말 뜻을 종이에 써서 제출했다는 보고를 하고 있다. 또한 중학교 교사들 중 77%가 맥락을 제공하지 않은 채 새로운 단어를 설명하고 있다고 교사들의 응답 결과를 분석하고 있다(이소영, 2001; Jeongsoon Joh & Seonghee Choi, 2001). 이와 같은 분석 결과를 토대로 이소영(2001)은 교사들이 특정 단어를 가르칠 때 그와 관련된 배경 지식을 제공하거나 그 단어가 사용된 문장이나 지문 속에서 단어의 의미를 추측해 보는 읽기 전략을 통해 이루어져야 한다는 관점에서 단어 학습을 강조하고 있지만, 효과적인 지도는 아니라고 지적하고 있다. 물론, 요즘에는 수업 현장에서 영어를 통한 영어 수업(teaching English through English: TETE)의 권장으로 개별 단어의 의미를 영어를 사용하여 정의적으로 설명하는 기회가 증가하고 있다. 이 경우에는 문맥이 어느 정도 제공되기 때문에 정의적 의미 이상의 효과를 가져올 수도 있다(Willis & Willis, 2001).

어휘 학습의 효과를 유발하는 다양한 요인들에 대한 학자들의 연구를 살펴보면, Nagy(1988)는 단어의 개념을 일단 이해한 후 반드시 반복이 필요하기 때문에 교사는 학생들이 새 단어에 여러 번 노출될 수 있도록 배려해야 한다고 주장하면서, 단어의 출현 빈도수(frequency of occurrence)가 어휘 습득에 큰 영향이 미친다는 것을 시사하고 있다. Brown(1993)에 따르면, 대부분의 ESL 학자들이 어휘의 중요성을 인식하고 있지만 단어를 학습하는 요인에 대해서는 거의 알지 못한다고 주장하면서, 단어 학습에서 중요한 요소로 빈도수(frequency)와 현저성(saliency)을 들고 있다. 특히, 그는 단어의 현저성을 'the importance of a word'(p. 265)라고 정의하여 어휘 학습에 영향을 주는 한 요인으로 보고 있다. 이는 학습자의 욕구를 증대시켜 문맥에서 중요한 새 단어를 현저하게 하여 학습자가 새 단어의 의미를 이해하기 위한 정보 처리 과정을 심화시키고자 하는 것을 의미한다.

다음으로, 추상적 단어와 구체적 단어를 이해하는데 있어 영상성(imageability)과 맥락성(contextuality)를 들고 있다. 이화자(1996)는 어휘 습득에 있어 학습 전략과 교수 방법이 중요하다고 말했다. 그런 차원에서 그는 세 가지 지도법 ― a) 정의 중심 접근방식(definitional approach), b) 문맥 중심 접근방식(contextual approach), c) 시각 자료(visual aids) 동시 제시

방식—을 통해 중·고등학생 각각 3개 학급을 대상으로 지도한 결과, 시각 자료 교수 방식이 가장 효과적이었다고 보고했다. 그래서 단어의 종류에 관계없이 영상성과 맥락성은 단어의 의미 이해와 기억 보유를 용이하게 하는데 중요한 역할을 하므로 다양한 연령층에 있는 EFL/ESL 학습자들의 어휘 학습을 크게 좌우하는 요인이 될 수 있다고 주장한다. 하지만 실제 현장에서는 모든 단어를 시각 자료를 통해 지도를 할 수 없는 상황이고, 또한 인지적 수준과 학교급별, 그리고 학년에 따라 그 효용성의 차이가 있을 수 있다고 본다.

Schmitt(1997)는 지금까지 어휘 학습 연구가 단편적이고 부분적으로 이루어지는 등 소홀히 다루어진 측면을 지적하면서 어휘에 초점을 둔 전략(lexically-focused strategies)을 분류할 필요성을 인식하고, Oxford(1990)의 언어 학습 전략을 응용하여 어휘 학습 전략을 58개 문항으로 개발했다. 또한 국내에서는 Schmitt(1997)의 어휘 학습 전략에 기초하여 Jun-Eon Park(2001)이 한국 학생들의 어휘 학습 전략을 조사·분석했다. <표 6-1>의 어휘 학습 전략 분류표는 Schmitt(1997)와 Jun-Eon Park(2001)의 어휘 학습 전략표를 일부 수정하여 제시한 것이다. 두 연구자들의 전략 분석표에 제시된 플래시 전략 사용은 0.6% 정도로 미미하기에 중등학교 학생들에게는 이 문항 대신에 연어 학습 전략으로 대체할 수 있을 것이다. 구체적으로 <표 6-1>에서 보듯이 의미 발견 전략 12문항과 의미 통합 전략 32문항의 총 44문항으로 구성되었다.

어휘 학습 전략에 있어 Oxford(1990)의 분류 체계에 기초하여 L2 어휘 습득과 관련한 의미 발견 전략 14개와 의미 통합 전략 44개의 총 58개 항목의 전략을 개발한 Schmitt(1997)는 영어를 학습하는 일본 학습자들을 대상으로 어휘 학습 전략을 연구한 결과, 학습자의 나이에 따라 선호하는 학습 전략에 차이가 있음을 발견했다. 즉 인지능력이 발달함에 따라 인지능력에 상응하는 어휘 학습 전략을 선호하는 것을 발견하고, 어휘 학습 지도도 이러한 인지발달 단계를 감안하여 융통성 있게 이루어져야 함을 강조하고 있다. 국내에서는 Jun-Eon Park(2001)이 Schmitt(1997)의 어휘 습득 전략 중 의미 통합 전략 13개를 제외한 45개의 어휘 전략 항목으로 초, 중, 고, 대학생들을 대상으로 영어 어휘 학습전략을 연구한 결과, 모든 연령의 학습자들은 이중언어사전(bilingual dictionary)의 활용과 문맥을 통한 의미 추론을 가장 선호하는 어휘 학습 전략이라고 설명했다. 이 결과는 일본인 학습자들을 대상으로 어휘 학습 전략을 연구한 Schmitt(1997)의 연구 결과와 일치하는 것으로, Jun-Eon Park(2001)은 이 두 가지 학습 전략이 아시아 학습자들에게 보편적인 어휘 학습 전략임을 보여주는 것이라고 추정하고 있다.

언어 학습 전략과 관련하여, 자기 관찰(introspection)을 기초로 10가지의 전략을 제안한 Stern(1975) 이후 여러 학자들이 그 정의를 설명하고 있으나 학자마다 다소 차이가 있다. Rubin(1987, p. 29)은 "학습자가 정보를 얻고(obtained), 저장하고(stored), 재생하고(retrieved)

〈표 6-1〉 어휘 학습 전략 분류표

전략 종류		세부 전략
발견 전략 (Discovery Strategies)	결정 전략(DET) (Determination Strategies	1. 품사를 분석(활용)한다. 2. 어근과 접사(접두사, 접미사)를 분석(활용)한다. 3. 사용 가능한 그림이나 제스처를 분석(활용)한다. 4. 문맥에서 의미를 추측한다. 5. 영한 사전을 사용한다. 6. 영영 사전을 사용한다. 7. 단어 목록(word lists)을 사용한다.
	사회적 전략(SOC) (Social Strategies)	8. 교사에게 의미를 물어본다. 9. 교사에게 동의어나 반의어를 물어본다. 10. 교사에게 해당 단어가 포함된 문장을 물어본다. 11. 급우나 친구에게 의미를 물어본다. 12. 그룹 활동을 통해 의미를 발견한다.
통합 전략 (Consolidation Strategies)	사회적 전략(SOC) (Social Strategies)	13. 그룹으로 의미를 공부하고 연습한다. 14. 원어민과 상호교류(의사소통)한다.
	기억 전략(MEM) (Memory Strategies)	15. 그 단어의 그림 표현(상)을 사용하여 단어를 공부한다 16. 단어의 의미를 그려본다(상상한다). 17. 단어의 의미를 개인 경험과 연결시킨다. 18. 해당 단어를 동의어와 반의어와 연결시킨다. 19. 의미망을 사용하여 단어를 공부한다. 20. 단어들을 그룹으로(주제별, 철자별 등) 만들어 공부한다 21. 문장에서 새로운 단어를 사용한다. 22. 단어의 철자를 공부한다. 23. 단어의 음을 공부한다. 24. 공부할 때 새로운 단어를 큰소리로 말한다. 25. 단어의 형태(모양)를 그려본다(상상한다). 26. 단어의 첫 글자에 밑줄을 친다. 27. 핵심어(key word)를 사용하여 단어를 연습한다. 28. 단어의 접사(접두사, 접미사)와 어근을 기억한다. 29. 단어의 품사를 기억한다. 30. 단어의 의미를 다른 말로 바꾸어 말한다. 31. 숙어(관용어법)의 단어들을 함께 학습한다. 32. 신체 행위를 통해 단어를 연습한다.
	인지전략(COG) (Cognitive Strategies)	33. 구두 반복을 통해 단어를 연습한다. 34. 단어를 반복하여 쓴다. 35. 단어 목록(word lists)을 활용하여 단어를 연습한다. 36. 수업 중 메모를 하여 단어를 공부한다. 37. 교과서의 어휘 부분을 활용한다. 38. 물건(해당 물체)에 라벨(label)을 붙여 단어를 연습한다. 39. 해당 단어와 결합하는 단어를 함께 공부한다. 40. 어휘 노트를 활용한다.
	초인지 전략(MET) (Metacognitive Strategies)	41. 영어 매체(노래, 영화, 뉴스방송 등)를 활용한다. 42. 어휘 지식을 스스로 평가한다. 43. 모르는 단어는 건너뛰고 넘어간다. 44. 단어를 여러 번 계속하여 공부한다.

그리고 활용(used)하는 과정"이라고 정의했고, Oxford(1990, p. 1, p. 8)는 "학생들이 자신의 학습을 향상시키기 위해 취하는 조치"로, "학습을 보다 더 쉽고, 더 빠르며, 더 즐겁고, 더 자기주도적이고, 더 효과적이며, 새로운 상황에 더 잘 전이하기 위해 취하는 구체적인 행동"으로, Oxford와 Cohen(1992, p. 1)은 "학습자들이 언어 기술의 발달을 향상시키기 위해 그들이 취하는 조치나 행동"이라고 정의했다.

한편, 어휘 전략 사용과 관련하여 한국의 학습자를 대상으로 한 Jun-Eon Park(2001)과 일본 학습자들을 대상으로 한 Schmitt(1997)의 어휘 학습 전략 분석에 의하면, 시각 자료의 하나인 그림 표상을 사용할 때 어휘 학습에 효과가 있다고 한 응답자는 7.0~7.3%에 불과했다. 따라서 지적 수준이 어느 정도 있고 영상 매체에 많이 노출되어 있는 중등학생의 경우 일부를 제외하고는 새로운 단어를 소개하기 위해 일부러 영상과 상황을 이용해 그림형식으로 제시하기보다 머릿속에서 그려볼 수 있도록 언어로 설명하는 것이 더욱 바람직한 방법이라고 여겨진다. 또한, 영어 학습 스타일은 영어 학습 전략과 밀접한 관련이 있으며, 학습자들은 자연스럽게 본인의 선호도와 어울리는 전략을 주로 선택하고 그렇지 않는 전략은 시도도 하지 않는 경향이 있으므로 교사가 효과적일 수 있는 다른 전략 유형을 지도하여 학생들의 학습전략 유용성을 확장시켜 줄 필요가 있다(Oxford, 2003a, 2003b)

또한, 어휘를 학습할 때 모국어→외국어의 방향과 외국어→모국어의 방향 중 어떤 방법이 더 효과적일까? 이찬승(2003)은 어휘를 학습할 때 모국어→외국어의 방향, 외국어→모국어의 방향에 대한 연구에서 이해(decoding/ understanding: 읽기, 듣기)를 위한 어휘는 외국어→모국어의 방향으로, 표현(encoding/production: 말하기, 쓰기)을 위한 어휘는 모국어→외국어의 방향으로 학습하는 것이 더 효과적이라고 주장하고 있다.

하지만 이와 같은 어휘 학습 이론과 지도 방법은 대부분 개별 단어습득에 관한 것으로 실제 의사소통 과정에서의 단어의 구현은 개별 단어가 아니라 다른 단어와 결합한 뭉칫말로 나타나기 때문에 이에 대한 연구가 필요하다. 최근 들어 국내에서도 이에 대한 다양한 연구와 논의가 시작되고 있다.

Duk-Ki Kim(2003)에 따르면, 오랫동안 언어 사용 능력은 언어 구조에 대한 지식에 기반을 둔 것으로 여겨져 왔으나, '뭉칫말(chunks)'의 형태로 문법화된 어휘가 언어의 기본이라는 어휘론자들(lexicologists)의 입장을 지지하고 있다. 또한, 그는 단어, 어구, 더 나아가 짧은 문장을 뭉칫말로 표현하는 것은 노래의 의미 있는 부분을 한숨에 부르는 것과 같다고 설명한다. 이와 같이 틀에 박힌 정형적인 뭉칫말(formulaic chunks)은 언어 습득 초기에도 일어나지만 숙달된 성인 언어 사용자도 의사소통에서 문법화된 뭉칫말(grammaticalized chunks)을 저장하고 필요한 때

검색하여 사용하기 때문에, 교실 언어 교수는 습득 초기부터 뭉칫말화(chunking)를 통한 어휘 발달에 초점을 두어야 한다고 주장한다. Ellis(2002)도 L2를 배우는 학습자는 매우 초기부터 뭉칫말을 배우며 언어 입력을 보다 빠르고 쉽게 처리하기 위해 모든 언어계층(글자, 음, 형태소, 단어, 구, 절)에서 함께 발생하는 언어 조각들의 규칙성에 맞추어져 있다고 주장했다.

이와 같은 주장들은 어휘의 지위 변화와 함께 어휘의 개념이 어휘구나 틀에 박힌 어구를 포함하여 넓혀져 왔으며, 이는 의사소통이나 습득에서 초기 학습자들에게 중요한 역할을 한다고 제안한 Richards와 Renandya(2002)의 주장과 그 맥락을 같이 하고 있다. 김성식(2004)은 초등학생들을 대상으로 연어 단위로 어휘를 학습한 학급이 낱말 단위로 학습한 학급에 비해 어휘를 더 효과적으로 학습했고, 학생들의 문장에 대한 이해도가 그 문장에 포함된 낱말에 대한 이해도보다 높았다는 연구 결과를 발표했다.

Lewis(1997a)는 '어휘(lexis)란 무엇인가'라는 질문에 대해서 '어휘(vocabulary)'는 낱말들(words) 이상이다'라고 주장하면서, 'lexis'를 낱말들(words) 연어(collocations), 고정 표현(fixed expression), 반고정 표현(semi-fixed expression)으로 분류하고 이와 같은 어휘는 언어 학습 자료에 자주 등장하는 특징이 있다고 설명했다.

> The standard view divides language into grammar (structure) and vocabulary (words); the Lexical Approach challenges this fundamental view of language. Instead, the Lexical Approach argues that language consists of chunks which, when combined, produce continuous coherent text. The chunks are of different kinds and four different basic types are identified. One of these consists of single words while all the others (collocations, fixed expressions, and semi-fixed expressions) are multi-word items. (Lewis, 1997a, p. 7)

따라서 사교적인 인사 표현으로 'Good morning'이나 'Happy New Year' 등과 같은 고정 표현은 하나의 단어, 즉, 강한 연어와 같은 방식으로 전체로 습득되어야 하며, 'Could you pass..., please?'나 'Nice to see you'와 같은 반고정 표현은 표현이라는 비형식적인 말로 다루어질 수 없는 어휘 항목으로 매우 짧은 것에서 매우 긴 것까지, 거의 고정된 것에서 매우 자유로운 것까지의 스펙트럼을 포함한다고 말하고 있다. 특히, Lewis는 *Implementing the Lexical Approach*(1997a)와 *Teaching Collocation*(2000a)에서 자신과 동료들은 단어 결합(combinations of words)을 통한 연어 학습이 영어의 네 기술을 향상시키는데 효과적인 방법이라고 제안하고 있다. 따라서 어휘 교수 전략은 연어와 같은 어휘 항목에 익숙하도록 의식을 제고해야 한다고 주장한다.

한편, 국내에서 대학수학능력시험 체제가 시작된 1994년 이후 중등학교에서 독해의 비중이 커지면서 교실 현장에서 다양한 읽기 전략들이 활용되고 있다. Mi-Jeong Song(1999)은 읽기 전략 사용이 문법이나 어휘와 같은 언어적 요소보다도 훨씬 더 읽기 능력에 미치는 영향이 크다고 주장한다. 그러나 이는 어휘 기반이 갖추어져 있는 중상위 학생들에게 해당될 수 있을지 모르나, 당장 어휘력이 부족하여 문장이나 전체 지문의 대의를 이해하지 못하는 낮은 수준의 학생들에게는 적용되지 않을 것이다(Lee & Schallert, 1997).

영어 모국어 화자는 사용된 표현에 바탕을 두고 어떤 말이 나올지 직관적으로 예상할 수 있기 때문에 영어 학습자가 연어를 적절히 사용한다면 영어 모국어 화자와 좀 더 원활한 의사소통을 할 수 있을 것이다. 바꾸어 말하면, 유창한 언어를 구사하기 위해서는 연어지식과 사용능력이 필수적이라고 할 수 있다. 따라서 언어능력이나 의사소통 능력뿐만 아니라 연어를 이해하고 사용할 줄 아는 연어능력(collocational competence)에 대한 인식이 필요하며(Hill, 2000), 기존의 연역적 수업방식과 코퍼스를 활용하여 실제적인 데이터를 바탕으로 하는 귀납적 발견 학습이 교실 현장에서 적절히 조화를 이룬다면 학습효과는 증대될 것이다.

지금까지 많은 경우에 있어 학습자나 교사들은 영어를 잘하기 위해서는 어휘력을 기르고 문법에 관한 지식이 많아야 한다고 생각해왔다. 그러한 교수-학습 상황에서 어휘와 문법은 별개로 취급되어 왔으며 각기 별개의 영역에 걸쳐 많은 시간을 소모해왔다. 또한, 학습자들은 개별 단어에 친숙한 활동을 해온 결과, 각 단어의 결합을 통해 생각을 표현하고 말뭉치를 이해하는데 어려움을 겪고 있다(Nahk-Bohk Kim, 2003). 어휘를 학습한다고 하는 것은 그 어휘의 전후 패턴을 익히는 것이고 그에 따라 문법 구조도 함께 학습하는 것이다(이화자, 1996; Hunston, 2002). 따라서 연어 학습 지도는 학습자의 어휘량에 따라 실시할 필요가 있으며, 개별 단어 중심의 어휘 지도보다는 연어 능력을 키워주는 것이 궁극적으로 의사소통능력 향상을 위해 중요하다.

이런 측면에서, 어휘 학습에 연어 방식을 도입하는 것은 문법과 어휘를 이분법으로 나누는 기존의 방식을 지양하고 어휘-문법을 통합적으로 다루며, 전통적인 제시-연습-생성의 패러다임에서 관찰-가설-실험의 새로운 패러다임으로 전환함으로써 학습자로 하여금 목표어에 대한 의식을 고양시키고 언어의 입력은 물론 수용과 출력의 극대화를 통해 영어의 유창성과 정확성을 동시에 추구할 수 있게 해줄 것이다.

그동안 어휘목록을 선정하여 개별 단어의 의미를 파악하는 것을 위주로 어휘를 학습해왔기 때문에 많은 학습자가 개별 어휘 목록으로 학습한 단어들을 실제담화에서 적절하게 사용하지 못해 의사소통에 어려움을 겪기도 했다. 그러므로 효과적인 언어 학습을 위해 어휘를 개별적으로 학습하는 것보다는 어휘가 결합된 형태로 즉, 뭉칫말 형태로 어휘를 학습해야 할 것이다.

여기에서 우리는 외국어로서 영어를 배우는 주목적이 의사소통에 있다고 볼 때, 언어 사용과 운용 능력을 기르기 위해서는 원자적인 낱말 단위의 어휘 학습에서 탈피하여 어휘 접근방식에 의한 연어적 어휘 학습을 통해 유창성은 물론 정확성을 함께 향상시켜야 한다는 당위성을 찾을 수 있다. 왜냐하면 연어는 자연스럽게 발생하는 텍스트와 대화에서 언어를 이해하고 창조하는 데 가장 강력한 힘을 가진 개념이기 때문이다(Lewis, 1993, 1997a, 1997b; McCarthy, 1990).

6.2 연어 교수 전략 원리

연어 교수의 중심요소는 학생들에게 언어의 '뭉칫말'을 인식하게 하고, 언어의 성공적인 '뭉칫말화' 능력을 발달시키는 것이다(Lewis, 1993). 따라서 연어 교수 전략 원리는 기본적으로 학습자들에게 언어 자료를 관찰하고 뭉칫말화를 촉진시켜 언어 생산성을 제고하기 위한 방법론적 원리이다. 다음에 제시하는 연어 교수 활동을 수행할 때 고려해야 할 8가지의 교수 전략 원리는 연어 유형별 수업 활동을 전개하기 위한 핵심 원칙을 의미한다. 여기에서의 교수는 학습과 분리된 것이 아니라 상호 의존성과 상호 작용성을 전제로 한다. 외국어 교수에서 교사의 교수 전략 사용은 학습자의 학습 전략과 마찬가지로 학습자로 하여금 학습 활동에 능동적으로 참여하게 하고 언어에 관한 정보를 조직화하여 교실 안에서뿐만 아니라 교실 밖에서도 언어를 연습할 기회를 촉진시켜 줄 수 있다.

1. 접근성(accessibility)과 용이성(easiness)

이는 자료의 활용성과 관계가 있다. 연어 교수 활동은 설명이 복잡하지 않고 쉬워야 하며 언어 자료 제작에 많은 노력과 시간이 투자되지 않아야 한다. 또한, 연어는 어디에나 있기도 하다(collocation is everywhere). 따라서 교사가 일단 연어의 개념을 인식한 후 연어 활동 자료를 구하는 일은 문어체에서든 구어체에서든 어렵지 않다. 왜냐하면 McCarthy(1990)가 말한 바와 같이 언어 자료에는 연어 짝들로 가득 차 있기 때문이다. 교사에게 자료를 구하거나 교수 자료를 제작할 때 쉬워야 한다는 것은 매우 실질적인 문제로 아무리 좋은 방법이라 하더라도 실제로 교사가 쉽게 사용할 수 없는 것이라면 교실에서 사용될 수 없으므로 활용성이 떨어진다. 따라서 교사는 주위에서 쉽게 발견할 수 있는 자료를 사용하여 손쉽게 활용할 수 있어야 한다. 이는 학습자 측면에서도 마찬가지이다.

2. 입력의 조정(negotiation of input)

언어 습득이 일어나기 위해서는 일정한 종류의 입력 언어가 필요하다는 것은 당연하다. 즉, 입력 언어는 학습의 출발점을 형성하는 투입 자료이다. 따라서 입력의 적절성을 확보하는 것은 교사의 교수 전략의 첫 번째 관건인 셈이다. L2 습득에서 입력이라는 용어는 Corder(1967)가 입력과 수용을 구분한 이래 다양하게 사용되고 있다. 먼저, Krashen(1981, 1982, 1985)은 언어 습득에 있어서 '이해 가능한 입력(comprehensible input)'이 필수조건임을 주장했다. Krashen (1981, 1982, 1985)의 입력 가설(Input Hypothesis)에 따르면, 입력이 학습자에게 수용되기 위해서는 그 입력이 이해 가능한 것이어야 한다고 한다. 다시 말해, 언어 습득이 일어나는 중요한 조건은 습득자가 자신의 현 언어 능력 수준을 다소 초과한 구조를 포함한 언어 입력을 이해하는 것이다. 즉, 습득자가 i단계에 와있다면 습득자가 이해하는 입력에는 i+1이 포함되어야 한다. 그러나 언어를 이해할 수 있는 입력이라는 말은 정의상 그럴듯하게 들리지만 이론적인 추론에 의지한 막연한 개념으로 설명하기에 너무도 복잡한 면이 있다. 그의 입력 가설은 여러 면에서 뜨거운 논쟁의 대상이 되었으나, 이후 입력 연구에 대한 기본 토대와 새로운 도전을 갖게 해주는 계기를 제공해 주었다. Gass(1988)는 입력에서 출력으로의 전환과 관련하여 다섯 단계로 구분했는데, 그 중에서 입력 언어를 지각된 입력(apperceived input), 이해된 입력(comprehended input) 그리고 수용(intake)의 3단계로 나누었다. 또한 그는 입력의 조정을 위해 상호작용의 역할을 강조했다.

Harmer(1983, 1991)는 학습자의 수준에 따라 입력을 '대강 조정된 입력'(roughly-tuned input)과 '세밀히 조정된 입력'(finely-tuned input)으로 구분하는데, 학습자가 어느 정도 이해할 수 있거나 사용할 수 있는 수준보다 약간 높은 입력이 대강 조정된 입력이고, 학습자의 수준에 맞도록 조정된 입력이 세밀히 조정된 입력이다. 외국어 습득의 초기 단계에는 학생들의 읽기나 듣기 능력을 훈련시키기 위하여 대강 조정된 입력이 필요하며, 새로운 언어 자료를 제시할 때에는 세밀히 조정된 입력이 필요하다. 결국, 언어자료의 이해와 사용은 학습자에 의해 통제되기 때문에 교수 원리는 학습자의 제반 측면을 고려하고 요구를 반영하여 수준에 따라 조정된 언어 입력이 이루어져야 한다.

3. 진정성(authenticity)

언어 교수의 궁극적 원리는 학습자가 언어를 사용하여 일정한 활동을 할 수 있게 하는 것과 수업 시간에 유의미한 연습의 기회를 갖도록 하는 것이다. 그러기 위해서 연어 활동은 기본적이며 학습자가 이미 알고 있는 표현을 이끌어 내고 제시하여 각 유형에 대한 인식을 상승시키도록 하는 것이 중요하다. 예컨대, 학습자들이 이미 알고 있는 흔하며 강한 결합의 연어를 활용한다. 명+명 유형은 'love letter', 'bus stop', 'credit card' 등; 형+명 유형은 'quick service', 'happy birthday', 'Merry Christmas' 등; 동+명 유형은 'open the door', 'take the bus/subway', 'do your homework' 등; (부사)+동사+부사 유형은 'listen carefully', 'speak loudly', 'write correctly', 'exercise regularly' 등을 통해 연어에 익숙하게 한다. 진정성은 언어 자료뿐만 아니라 활동과 평가에 이르기까지 실생활과 가능한 한 가까워야 함을 의미한다. 따라서 전통적인 PPP 방식에서 벗어나 OHE 원리를 적용하는 것은 인간관계의 형성 과정과도 유사하기 때문에 진정성을 높일 수 있다. 이 과정에서 학습자들은 교과서에서 주어진 맥락보다 그들 주위에서 자연스럽게 발생하는 맥락에서 목표어의 언어 항목을 익힐 수 있다.

4. 순환성(recursiveness)

순환성은 창의성(creativity)과 재생성(reproductivity)과 직결된다. 즉, 연어 교수 활동은 학습자에게 입력 언어에 대한 이해로부터 표현에 이르기까지 순환적이도록 촉진되어야 한다. 많은 면에서 순환성의 원리는 연속성(continuity)의 원리와도 상통한다. 따라서 학습자로 하여금 이전에 학습한 내용이나 과업이 하나의 모델이 되어 다음 단계 혹은 과정에서 친숙한 언어 요소들을 새로운 요소들과 새로운 방법으로 재조합(recombining)하도록 해야 한다.

이와 같은 학습 과정은 응집성을 갖고 순환적으로(recursively) 연속되어 축적된다. 즉, 연어 교수는 한 두 번의 활동으로 마무리되는 것이 아니며, 가르치는 교사와 마찬가지로 학습자도 일단 연어 구성 원리를 이해한 후에는 입력 언어 관찰에서 실험에 이르는 활동이 많아지면서 나선형으로 무한한 적용 능력을 갖게 된다. 학습자들의 언어 발달이 반드시 직선형으로 진행하는 것은 아니다.

5. 상호작용성(interaction)

문어(글말)든 구이(입말)든 인어습득은 의사소통의 필요를 충족시키기 위해 수행된다. 따라서 교수 수행 전략도 상호작용에 기반을 두어야 한다. 교사와 학습자의 관계는 상호작용자 관계(interactant relationship)와 상호작용 목표(interactional goal)의 관계에 있다. 이와 같은 관계는 언어 교사나 언어 학습자 모두가 정보를 소유하고 있으며 상대방에게 정보를 요청하고 제공할 수 있는 관계로서, 수업 활동에 참여하는 참여자 모두는 상호작용이 양방향적이고 의무적인 관계이다.

따라서 교사의 교수 전략은 학습자의 수업 목표 달성을 위한 것뿐만 아니라 교사의 교수의 질 제고를 위한 방향이기도 하다. 상호작용은 의사소통의 모습을 나타내는 것으로 이러한 상호작용이 오랫동안 지속된다면 교실 내에서 학생들의 참여를 극대화하고 수용과 출력을 최대로 발휘하도록 하여 결국 의사소통능력을 신장시키는 효과를 가져올 수 있다. 따라서 교사는 가능한한 상호작용이 오랫동안 지속되도록 과업을 고안하여야 한다(김정렬, 2003). 또한, 그러한 과업을 상호작용적으로 수행할 수 있도록 교실 조직과 관리를 위한 교사의 수업 전략이 필요하다. Gass(1997)와 Susan(1997)에 따르면, 상호작용을 통해 학습자에게 잘 조정된 입력은 언어 발달의 기초를 형성한다고 말한다.

이런 맥락에서, 교실 내에서의 연어 학습 활동은 개인별보다는 현행 7차 교육과정에서 지향하는 짝 활동이나 집단 활동, 토론과 발표 등을 통해 보다 활성화될 수 있다. 즉, 교사는 언어 습득 과정에서 언어 환경의 중요성을 인식하고, 교실의 언어적 구조화를 위한 교수 전략이 필요하다. 왜냐하면, 실제적인 의사소통 언어 환경에서 언어 정보 노출의 양과 질이 중요하기 때문이다. 또한, 어떠한 교수 전략이라 하더라도 학습자의 적극적인 참여와 활동이 전제되지 않고서는 소기의 목적을 달성할 수 없다.

교실 환경 구성과 운용 면에서도 기존의 일렬로 교사를 바라보는 학급 전체에 대한 단방향적(one-way) 일제식 수업보다, 다양한 형태로 학습자 간에 서로 바라보는 집단 학습(group work)이 학습자나 교사에게 양방향적(interactive) 상호작용 환경을 제공하여 의사소통능력을 발전시키는데 필요한 정보 교류와 처리(information sharing and processing)를 촉진시킬 수 있다. 따라서 교사는 협동학습(cooperative learning)에 근거한 소집단 과제 학습 활동을 통해 소집단 구성원들이 주어진 과제나 학습 목표를 공동으로 노력하여 성취하고 공유하는 학습 방법을 장려하여야 한다. 이는 전통적인 일제식 경쟁 학습에 비해 교수·학습 과정을 통해서 긍정적인 자아 개념에 근거한 자아 존중심을 길러줄 뿐만 아니라 인지적·정의적 영역에서도 그 우수성이 여러 연구를 통해 입증되었다(Cohen, 1994; Johnson, Johnson, & Holubec, 1990; Johnson, Johnson, & Smith, 1995; Oxford, 1997).

6. 기록과 재활용(recording and recycling)

언어 자료의 코퍼스 분석 결과, 일상 대화나 글에서 많은 어휘가 사용되는 것이 아니라 고빈도 어휘 2,000개 내외가 활용된다는 사실을 기본 어휘 선정 부분에서 살펴보았다. 이는 교사에게 많은 교수법적 시사점을 주며 연어 교수 전략의 핵심 원리로 삼을 만하다. 연어 수업 활동의 궁극적인 목표 중 하나는 학습자로 하여금 담화나 텍스트 내에서 연어를 확인하고 인식할 수 있는 능력을 키워주고 의사소통 시 사용할 수 있게 하는 것이다. 문장이나 텍스트 내에서 유형별 연어적 구성 요소에 밑줄을 치게 하는 것은 대표적인 연어 연습이 될 수 있다. 그러나 부분적 활동이나 일시적 연습으로 학습자에게 연어 구성 능력을 언어 학습의 핵심요소로 자리잡게 하기는 어렵다. 따라서 연어 학습 노트(collocation notebook)나 학습장(workbook)을 통해 꾸준하게 기록하고 재활용할 수 있도록 하여야 한다. 이러한 활동은 학습자들의 언어 수용력을 높이고 언어 사용 시 오류를 줄일 수 있으며 머릿속 어휘사전(mental lexicon)을 발달시키고 산출력을 강화시킨다.

> It is important for both teachers and students to recognise that learning vocabulary is an ongoing and organic process. Items in the notebook are not just listed and left. They are revisited and extended in the light of the learners' increased exposure to the language...As their proficiency increases, their personal records incorporate more of the collocates listed... In a very real sense, a lexical notebook mirrors an individual's uniquely developing mental lexicon. More importantly, the notebook is not just a decoding tool, but a resource which individuals can use as an encoding instrument to guide their own production of language. (Woolard, 2000, pp. 43-44)

이를 위해서는 학습자들에게 일단 듣기나 읽기를 통해 어느 정도 이해하고 학습 활동이 끝난 텍스트에 대해 의미 단위의 연어적 표현에 주목하고 관찰하게 하여 연어 유형별로 지속적으로 기록하고 재사용(reusing)할 수 있도록 함으로써 뭉칫말화(chunking) 작업을 계속하도록 해야 한다. 이와 같이 기록하고 재활용할 수 있는 목록을 계속 추가해서 기록한 뭉칫말 어휘 항목들은 특히 낮은 수준의 학습자에게 같은 것을 다르게 반복할 수 있어 유용하다. 특히 요즘 신세대 학생들은 스마트폰을 활용한 기록과 녹음 등을 통해 다양하게 재활용하면서 반복학습을 용이하게 활용할 수 있을 것이다.

이와 같은 연어적 피드백(collocational feedback)은 학습자가 말하기나 쓰기와 같은 산출활동에서도 그대로 반복해서 사용할 수 있고, 연어 능력이 신장되면서 변형하고 수정해서 활용할 수 있어서, 보다 숙달된 의사소통능력을 기르는데 도움이 될 것이다. 이것은 언어 항목에 대한 작동 기억(working memory) 뿐만 아니라 장기 기억(long-term memory)을 도와주어 이해 가능한 출력(comprehensible output)을 촉진시킨다. 교사 또한 연어적 표현을 기록하여 교수 활동에서 확장된 교실 영어(extended classroom English)로 재활용할 수 있어 teacher talk를 다양하고 풍부하게 할 수 있다.

7. 어휘와 문법의 통합(incorporating vocabulary and grammar)

연어 활동에서 어휘는 문법과 분리될 수 없다(Hill, 2000). 다만 언어는 어휘화된 문법이 아니라 문법화된 어휘로 구성되며, 구조로서의 문법은 어휘에 종속된다(Lewis, 1993). 다시 말해, 언어 학습에서 문법 의존성보다 어휘적 특성과 어휘적 관계(lexical relations)에 대한 이해를 증대시키고 어휘가 언어 교수에 잠재적으로 기여한다는 점을 인식해야 한다.

> Collocations, too, cannot be divorced from the grammatical context in which they occur...... It is clear that the acquisition of generalisable grammar rules must be partly related to the acquisition of lexical chunks containing the grammar in question. (Hill, 2000, p. 52)

Nunan(1999)이 지적한 바와 같이, 이제까지 상당 부분 어휘는 문법의 단역 역할을 해왔다. 그러나 어휘 접근방식에서 어휘의 지위는 적어도 다른 어떤 언어적 요소와 마찬가지로 같다. 따라서 Hunston 외(1997)가 주장한 바와 같이 전통적으로 언어 교육에서는 문법과 어휘를 분리된 영역으로 여겨왔지만 두 영역을 유용하게 통합할 수 있다. 즉, 어휘-문법적 통합(lexicogrammatical integration) 전략은 학습자로 하여금 어휘 항목에 대한 인식을 높여 언어자료에서 조립식 다단어 뭉칫말(prefabricated multi-word chunks)을 관찰하고 저장하여 재생(observing-storing-retrieving)할 수 있도록 언어 학습 전략을 바꿔줄 수 있을 것이다. 이와 같은 전략은 가르치는 교사가 의도적으로 교수요목이나 학습 지도안 편성 원리로서 통합적 전략 중요성을 인식할 필요가 있음을 제기한다.

의사소통 향상을 위한 어휘 학습과정에서 원자적인 개별 단어 중심 학습으로는 의사소통능력을 향상시키는데 한계가 있고, 그렇다고 소위 하나의 통 문장 학습은 학습자의 인지적으로 학습 부담이 너무 크고 시간의 소모도 커서 역효과를 가져올 수 있다. 따라서 함께 어울려 어휘 궁합을 이루는 뭉칫말, 즉 공기 관계와 연어성(collocability)에 대한 연구와 함께 어휘적 연어와 문법적 연어의 통합적 방안을 '연어의 연속선상'과 함께 모색할 필요가 있다. 이는 최근에 논의가 활발한 어휘-문법 연속체(lexico-grammatical continuum) 상에서 어휘-문법 통합적 접근방식을 보다 더 연구하여 실용화하여야 할 과제를 던져 준다.

8. 반복가능성(replicability)과 전이가능성(transferability)

어휘력은 영어 학습에서 필수적이며, 종합적인 의사소통능력을 향상시키는 데 강력한 예측자(predictor)이다(김낙복, 2003). 즉, 어휘력이 언어 학습에 중요한 역할을 한다(McCarthy, 1990; Rivers, 1983; Zimmerman, 1997b). 그렇기 때문에 영어 학습에서 어휘는 항상 접할 수밖에 없으며 일단 학습한 내용과 전략은 반복이 되고 다른 언어활동에 전이(transfer)될 수밖에 없다. 특히 EFL 상황에서 연어적 어휘 학습(collocational vocabulary learning)을 실시하는 것이 학습자가 언어의 입력(input)은 물론 수용(intake)과 출력(output)을 극대화시킬 수 있게 하고, 영어에 대한 지식(knowledge)뿐만 아니라 영어를 실제 의사소통을 위해 사용할 수 있는 기술(skill)을 향상시키는데 보다 효과적이라고 본다(김낙복, 2010b).

어휘 학습 지도를 하는 경우, 개별 단어 중심 학습 활동에 익숙한 학생들에게 연어 지식 능력을 키워주는 데에는 시간이 다소 걸릴 것이다. 그러나 기본 원리, 즉 두 단어 이상이 결합한 어휘 뭉칫말을 통해 의사소통이 가능하다는 실증적인 내용(연어 짝, 어휘 뭉칫말 등의 코퍼스 분석 자료)을 통해 학습한 내용을 바로 연어적 접근 방식으로 사용할 수 있도록 하는 것은 대단히 중요하다. 두 단어 이상의 결합어인 연어는 전통적인 상향식 처리 과정(bottom-up processing)과 하향식 처리 과정(top-down processing)을 적절히 절충하여 처리하는 방식이라 말할 수 있다. 즉 이 방식은 학습자가 특정 어휘와 결합하는 패턴까지 알 수 있어 언어 수행의 예측성(predictability), 반복가능성(replicability), 적용가능성(applicability)을 높일 수 있을 뿐만 아니라 전이가능성(transferability)을 상승시켜 언어의 이해 가능한 출력(comprehensible output)을 배가시킬 수 있다(김낙복, 2010b). 즉 어휘학습에서 연어적 접근 방식은 오늘날에 강조하고 있는 영어 말하기나 쓰기와 같은 출력활동에도 매우 긍정적인 영향을 미친다.

결론적으로, 연어 학습 활동을 위한 교수 방법을 현장에 적용하여 학습자에게 이미 알고 있거나, 더 나아가 새로운 어휘 학습에 있어서도 주로 함께 쓰이는 단어들을 연어적 접근 연어적 접근 방식(collocational approach)으로 다양한 뭉칫말 학습을 지도한다면, 영어 학습 활동을 보다 능동적이고 생산적으로 할 수 있을 것이라고 생각한다. 이와 같은 제 교수 전략 원리는 분리되어 있는 것이 아니며 전략 원리 간 상호작용과 상호보완적으로 운용됨으로써 연어 활동을 보다 효과적이고 실제적으로 학습자의 학습 전략을 촉진시키는 역할을 할 것이다.

6.3 연어 학습 활동을 위한 교수 방법

다음은 연어 교수 전략 원리를 핵심 원칙으로 하고, 연어 학습 활동에서 활용한 주된 연어 교수 방법 15가지를 살펴보고자 한다. Lewis(1997a)는 어휘 접근방식은 혁명적인 것이 아니며, 우리에게 이미 익숙한 여러 가지 활동들을 다시 생각해보고 그 내용들에 대한 새로운 방법들의 원리들을 제공해 준다고 하였다. 다음의 활동들은 학습자가 연어 규칙과 제약(restrictions)을 스스로 세워가면서 연어/어휘 노트(collocation/lexical notebook) 등을 활용한 연어 기억법(collocation plemanism)으로 연어 유형과 사용을 주목하고 연어 의식 강화를 위해 필요하다.

15가지의 교수 방법은 1) 연어 스파게티(collocation spaghetti), 2) 연어 상자(collocation boxes) 활용하기, 3) 연어 짝 맞추기(matching collocational pairs), 4) 연어 의미망 구축(collocation semantic mapping), 5) 빈칸 채우기 활동으로 연어 완성하기(gap-filling), 6) 연어 퍼즐이나 빙고 게임(collocation puzzle or bingo game), 7) 언어 전환하기(code-switching), 8) 연어 격자(collocation grid), 9) 틀린 부분 수정하기(correction game), 10) 짝이 어울리지 않는 동사(단어) 제거하기(odd verb out), 11) (연어)사전 활용하기(collocation dictionary use), 12) 주제어를 통한 연어 연습(topic-specific collocation practice), 13) 연어 유형 네트워킹(collocation type networking), 14) 뭉칫말 창문화(windowing)로 문장 확장하기, 15) 텍스트 내에서 연어 확인하기(identifying collocation in a text)이다. 이와 같은 교수 방법은 연어 워크북을 만들면서 다양한 자료와 강의를 통해 아이디어를 얻어 실제 활용할 수 있도록 구안·제시한 것이며, 마지막 15번째 예시 1은 Lewis(1997a)에서 인용한 것이다. 이와 같은 활동은 교수학습 방법이면서 동시에 연어 평가의 방법이기도 하다. 또한, 이와 같은 교수 방법들을 응용하고 변형하여 다양한 수준과 학습 환경 속에서 적용할 수 있을 것이다.

1. 연어 스파게티

목적: 연어의 초보 학습자에게 연어의 개념이해를 증진하고 그들이 스스로 자신의 퍼즐을 만들어 볼 수 있도록 하여 학습의 흥미와 효과를 배가시킨다. 언어 수준: 초보/기초 수준 준비물과 자료: 칠판, 언어 연상할 수 있는 그림 등 프린트물, 어휘 목록이나 사전 지도사항: 임의로 배열되어 있는 두 낱말들을 스파게티와 같은 줄로 연어 단위로 연결하는 활동이다.

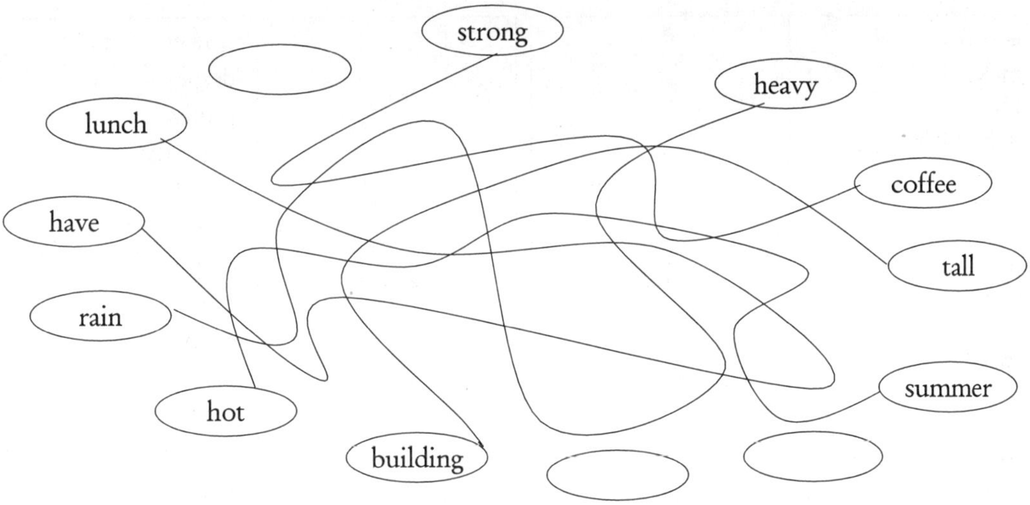

• 방법 및 선택 활동: 이 활동은 Lewis(1997a, p. 115)의 연어 쌍을 찾아 선을 그어 연결하는 활동을 응용하여 적용한 것이다. 임의로 배열되어 있는 두 낱말들을 스파게티와 같은 줄로 이어 연어 단위로 연결하는 활동이다. 이것은 매우 간단하고 초보적인 연어 연결 연습이지만, 연어의 초보 학습자에게 연어의 개념이해를 도울 수 있고 시각적인 흥미를 주며 학습자들이 스스로 자신의 퍼즐을 만들어 볼 수 있어 학습의 흥미와 효과를 높일 수 있다. 이 활동에서는 연어의 여러 유형을 A+B결합 형태로 함께 활용할 수 있다. 즉, 동사+명사, 명사+동사, 형용사+명사, 동사+부사, 전치사+명사, 명사+전치사 등 다양한 연어 형태에 익숙할 수 있도록 퍼즐형으로 구성하여 활용할 수 있다. 이 활동은 처음에는 한두 개 예시를 제시해주고(주제별 활동 가능) 개념이해를 시킨 후 제한시간을 정하여 개인별 또는 그룹별로 활동하도록 하고 발표하는 과정을 통해 연어 오류를 찾을 수 있고 유형별 연어 활용도도 높일 수 있다.

2. 연어 상자 활용하기

목적: 유형별로 다양한 어휘적 특성을 활용한 연어 활동을 통해 뭉칫말화 학습을 제공한다. 언어 수준: 모든 수준 준비물과 자료: 칠판, 언어 상자가 있는 프린트물, 어휘 목록이나 사전 지도사항: 기반어를 보고 그것과 결합할 수 있는 결합어를 찾고 뭉칫말로 말해본다.

smash kick hit (re)bounce catch drop miss pass play roll snatch throw pitch toss turn stroke...	**a ball**

breathe	slowly deeply gently quickkly rapidly regularly deeply evenly easily heavily softly comfortably steadily normally/properly...

• 방법 및 선택 활동: 연어 상자를 활용하여 연어적 표현을 수집하고 활용한다. 오른쪽에 핵심어인 기반어를 정해주고 왼쪽에 결합어를 쓰도록 한다(반대로 할 수도 있음). 한두 개의 예를 먼저 들어준 다음 5개 이상씩 채우도록 지시한다. 가장 활용도가 높으며 여러 가지로 변형하여 활용할 수 있다. 학습자들은 특정 어휘의 특성과 용례를 찾아볼 수 있고 뭉칫말화 연습을 통해 연어 능력을 키울 수 있다. 또한, 소집단을 통해 친근하고 일상화된 주제(예: 컴퓨터, 통신, 음식류, 스포츠, 의류, 교통 등)를 선정한다. 구성원간의 브레인스토밍(brainstorming)을 활용하면 모든 학습자들이 참여할 수 있고 학습 부담을 덜 수 있다. 학습자 수준과 준비도와 참여도에 따라 개개인은 물론 각 집단별 연어 상자에 채운 연어 짝(collocational pairs)의 수가 달라질 것이다. 이와 같은 결과물을 발표하게 하고 공유하도록 하여 연어 구성 의식을 고양시킨다.

3. 연어 짝 맞추기

목적: 유형별 연어 말뭉치 짝 찾기 활동을 통해 뭉칫말화 학습을 활성화한다. 언어 수준: 모든 수준 준비물과 자료: 연어 짝을 각 난에 써넣은 인쇄물이나 연어노트, 어휘 목록이나 사전 지도사항: 오른쪽 난에 있는 기반어 명사와 결합할 수 있는 결합어 동사를 왼쪽 난에서 찾아보고 그 말뭉치의 의미를 말해 본다. 각 단어는 한 번씩만 사용한다.

• 활동 자료:

1. light	a. a car
2. paint	b. a cigarette
3. park	c. a team
4. write	d. a phone
5. join	e. a letter
6. answer	f. a picture
7.	
8.	
9.	
10.	

1.	
2.	
3.	
4.	
5.	
6.	
7.	
8.	
9.	
10.	

• 방법 및 선택 활동: 연어 노트를 활용하여 함께 결합하여 사용되는 단어를 두 난에서 찾아 쓰고, 오른쪽 난의 핵심어 기반어인 명사와 왼쪽 난의 동사를 결합하여 뭉칫말을 만들도록 한다. 먼저 개인별이나 팀별로 개별 단어의 의미를 찾게 하고 기반어와 결합어의 의미 결합을 유도한다. 이때, 같은 단어를 한 번씩만 사용하도록 한다. 학생들로 하여금 이와 같은 연어적 표현의 어휘 항목을 관찰하고 뭉칫말 학습을 유도한다. 즉, 뭉칫말화에 입각한 다단어 조립식 뭉칫말을 전략적으로 경험하도록 한다. 이와 같은 과정을 통해 언어의 기초는 단어 이상의 어휘이며 그 핵심이 단어 결합인 연어라는 인식을 갖도록 한다. 또한, 연어 유형별로도 다양한 활동이 가능하다.

4. 연어 의미망 구축

목적: 핵심어인 기반어의 연어 말뭉치 찾기 활동을 통해 연어 관계 학습을 활성화한다. 언어 수준: 모든 수준 준비물과 자료: 연어 짝을 각 난에 써넣은 인쇄물이나 연어노트, 어휘 목록이나 사전 지도사항: 중심에 핵심어인 기반어 명사와 결합할 수 있는 결합어 동사를 의미망 구축을 통해 가능한 많이 찾아보고 그 뭉칫말의 의미를 말해 본다.

• 활동 자료:

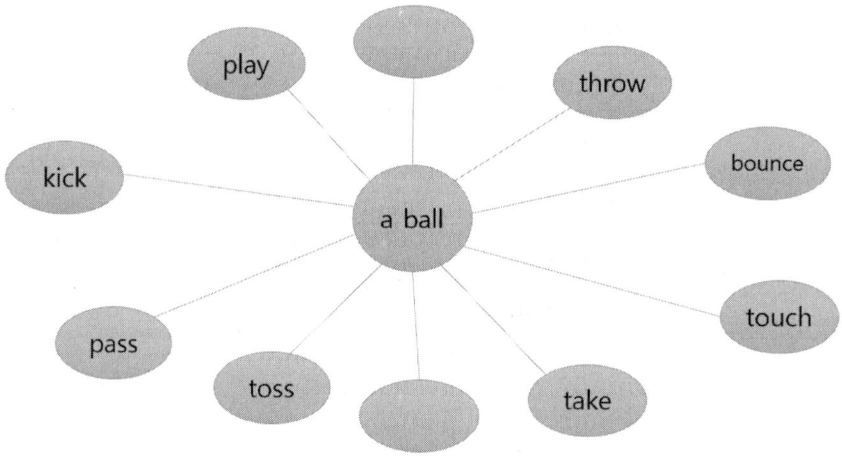

이 활동에서는 학습자들이 고빈도 동사인 get, have, take, give, make 등과 결합하는 명사들을 찾게 하는 연습을 한다. 이러한 동사들은 그 자체의 독립된 의미로 사용되기 보다는 탈어휘 동사(delexicalized verbs)로 명사 등과 어휘 결합을 이루지 못하면 그 의미의 확장 표현을 할 수가 없다. 예를 들면, get some sleep, have a headache, take a shower, give him a piece of advice, make a compromise과 같은 연어 형태로 노출된다. 아래 예시는 Thornbury(2002, p. 120)가 제시한 have 동사의 의미망이다. 탈어휘 동사 'have'의 의미 범주를 크게 'do'와 'possess'로 정리하여 연어 관계를 보여주고 있다. 학습자들은 사전을 사용하여 각자 자신의 지도를 만들거나 그룹별로 활동하면서 다양하게 적용할 수 있다.

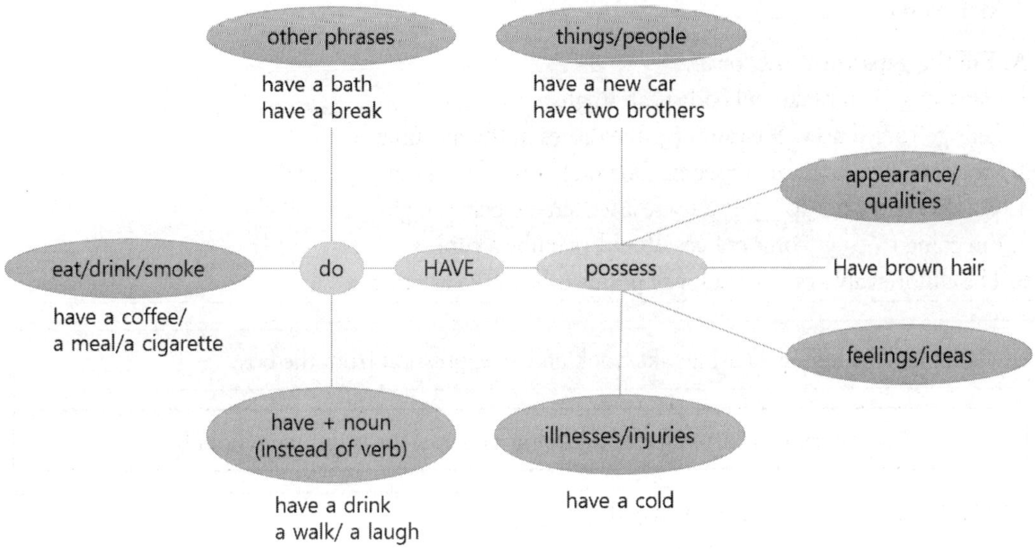

- 방법 및 선택 활동: 학습자들이 이미 알고 있는 단어들을 활용하여 연어 관계를 구성해 봄으로써 연어로써 사용되는 것과 알맞지 않는 표현들을 스스로 구축하여 핵심어에 연결되어 연어 쌍으로 사용될 수 있는 많은 표현들을 배울 수 있는 활동이다. 교사는 학습한 단어 중에서 핵심어를 제시하고 학습자로 하여금 그 핵심어와 어울려 사용되는 연어 쌍을 넣어 보도록 하게 한다. 학습자들이 알고 있는 어휘들을 모두 넣어 보도록 하고 그것을 서로 보면서 연어로서 어울려 사용될 수 있는 표현과 사용되지 않는 표현들을 구분해 보도록 하여 연어 관계는 물론 그 어휘의 정확한 쓰임을 이해하기에 효과적인 방법이다.

5. 빈칸 채우기 활동으로 연어 완성하기

목적: 문맥 속에서 연어 인식을/지수를 높여 의사소통능력을 기른다.
언어 수준: 모든 수준
준비물과 자료: 빈 칸에 연어 표현을 넣을 수 있는 문장이나 문단, 사전 등
지도사항: 특정 동사를 주고 문맥에서 빈 칸에 알맞은 동사를 넣어 문장을 완성하도록 하거나 명사를 주고 알맞은 동사와 함께 결합하여 빈칸을 채우도록 한다.

• 활동 자료:

A: Fill the gaps with *make* or *do*.
1. I always ____ mistakes when I speak English.
2. Let's go to bed now. We can ____ the dishes in the morning.
3. I want to ____ an exam in French. Do you know where I can ____ one?
4. We always try not to ____ a noise after ten o'clock at night.
5. I'm going to ____ some coffee. Would you like a cup?
6. The children always ____ a lot of phone calls in the evening.

B: Complete the sentences using take/took and an expression from the box.

a course, your driving test, an exam/a course, the train, the school bus

1. At the end of the course, you have to ___________.
2. I wanted to speak French, so I ___________.
3. You want to learn Russian? Why don't you ___________ ?
4. In Seoul, when you are 17, you can ___________.
5. How does Lisa go to work? She __________.
6. How does Simon go to school? He takes __________.

• 방법 및 선택 활동: 학생들이 이미 알고 있는 동사(알지 못하고 있는 경우 확인시켜 준다)를 선택하고(특히, 탈어휘 동사나 고빈도 동사), 해당 동사와 연어 짝을 이루는 명사가 들어간 문장을 수집한다. 문장은 자연스러운 구어체와 문어체에서 고루 선별한다. 수집된 문장에서 동사를 삭제하고 빈 칸으로 제시한다. 또는 중상위 학생들에게는 여러 명사만을 제공하고 주어진 동사와 결합하여 빈칸에 동사+명사 유형의 연어를 구성하여 문장을 완성하도록 한다. 이와 같은 활동은 개별화 학습(또는 짝 활동) 후 집단 학습으로 확인하고 발표하게 하고 모든 학습 활동 정보를 공유하여 자연스럽게 연어 피드백하는 데 유용하다.

6. 연어 게임(Collocation game)

목적: 명사+명사 유형의 연어를 흥미 있게 익히고, 품사의 어형 인식과 연어 항목에 익숙하게 한다.
언어 수준: 중·상위 수준
준비물과 자료: 명사+명사 유형의 연어 항목, 사전
지도사항: 특정 명사+명사 유형의 연어를 제시해주고, 끝말 잇듯이 마지막 명사를 활용하여 복합 명사를 구성하도록 한다.

• 활동 자료:

blank cheque→cheque book→book club→club sandwich→sandwich board→board room→room service→service charge→charge card→card game→game point→point score→score card→card table→table wine→wine seller→seller name→name game→game point→point man→man child→child prodigy→...

• 방법 및 선택 활동: 명사+명사 유형의 연어를 찾아 의미 있게 나열한다. 학생들에게 처음 한두 개를 제시하고 잇도록 한다. 다소 쉽지 않은 도미노 게임이기 때문에 사전에 과업을 부과하여 활용하면 효과적이다. 이때, 생각하고 정리할 일정 시간을 주고 팀별로 게임을 하면 더욱 생생한 언어 체험이 된다. 학생들에게 가장 단어 수가 많은 명사에 친숙해지도록 하고 품사 어형에 익숙하게 한다. 예컨대, 명사+명사 유형의 연어를 제시해주고, 끝말을 잇듯이 마지막 명사에 이어서 연관되는 명사를 연결해 복합 명사를 구성하도록 한다. 이 경우 빙고 게임이나 퍼즐 게임 등으로 활용할 수도 있다.

7. 언어 전환하기

목적: 친숙한 L1을 통해 연어 활동에 친숙하게 하고, 부정적 전이를 긍정적 전이로 전환하며 긍정적 전이를 규칙화한다.
언어 수준: 모든 수준
준비물과 자료: 연어적 표현이 풍부한 L1 자료, 사전
지도사항: 밑줄 친 L1 연어 표현을 관찰하고 L2로 표현하도록 한다.

• 활동 자료: L1 연어를 L2 연어로 말해보자.

정상적인 **혈압**은 **좋은 건강**에 중요하다. 사람과 사람이 말을 할 때 흔히 **혈압이 올라간다**고 의사들은 말하고 있다. 애완 동물은 **좋은 친구**가 될 수 있다. 혼자서 **많은 시간을 보내는** 사람들은 애완동물을 **가장 절친한 친구**로 갖고 있다. 많은 어린이들도 애완 동물을 **최고의 친구**로 느낀다. 동물들은 사람을 도울 수 있는 **마력**을 갖고 있는가? 과학자들은 그런 마력이 단순히 **사랑과 신뢰**라고 생각한다. 애완 동물들은 대개 사람들을 기쁘게 맞이하고, 그들에게 **사랑을 보여준다**. 연구는 동물들이 **훌륭한 약**이라는 것을 보여주는 것 같다. 동물들은 **사람을 돕기** 위해 훈련될 수 있다. 개는 **폭탄이나 마약**을 찾는데 사용된다. **경찰견**은 명령을 받으면 공격을 한다. 개는 **좁은 장소**를 기어가고, **담을 뛰어넘고**, **사다리를 올라가는** 방법을 배운다. 그들은 복종하는 법을 배운다. 새는 **우편물을 전달하기** 위해 교육을 받을 수 있다.

-HIGH SCHOOL ENGLISH (주)장원교육, 7과 본문 중에서-

• 활동 자료 2: L2 연어를 L1 연어로 말해보자. 본 대화 자료는 McCarthy와 O'Dell(2017, p. 66)에서 발췌하였다. 볼드체 부분을 우리말로 말해보자.

Interviewer: When did you first **go into business**?
Jeffries: I **set up** a small **business** selling office equipment in 2001. Then in 2003, I **went into partnership** with my old friend, Ethan Smith. We **made a loss** for the first two years, but then things got better and we've **made a profit** for most years ever since. But there have been bad times too.
Interviewer: In What way?
Jeffries: Well, during the **economic recession**, a lot of small **businesses were going under**, and I thought our **business would fold**, All around us, small firms were **going bankrupt**. But in 2010 we **won a contract**, despite **stiff competition**, to supply the local government offices. That was an **important moment** for us. We **took on staff** and expanded. We were proud that we had **created jobs** for local people at a time when unemployment was high. Our **sales figures** improved steadily, and soon we had an **annual turnover** of more than eighteen million pounds.
Interviewer: So what's the **secret of your success**?
Jeffries: Well we're quite cautious. For instance, we always **carry out market research** before **launching** a new **product**. But we also firmly believe in **customer service**, especially **after-sales service**. But at the end of the day, **running** a successful **business** is a combination of hard work, luck and intuition.
Interviewer: Finally, there are rumours that you may **float the company** on the **stock market**.
Jeffries: At the moment we have no intention of **going public**. People shouldn't believe everything they read online!

• 방법 및 선택 활동: 동사적 표현은 끝말을 '-다'로 제시한다(예, 시간을 보내다). 가능한 한 연어 표현이 풍부한 우리말 문단(또는 텍스트)을 준비하여 L1의 연어적 표현에 볼드체나 밑줄을 그어 표시해준 다음 나누어주고 개인별, 짝 활동, 집단 활동을 통해 L2의 연어로 표현하도록 한다. 이 경우, 교사는 학습자가 배우고 있는 교과서를 훑어보고 유의미한 정보가 있는 자료를 활용할 수도 있고 이미 학습한 영어교과서나 참고자료를 번역하여 제시해주면 더욱 생생한 언어 체험을 할 수 있다. 학습 정도에 따라 이항어, 삼항어로 된 연어적 표현을 부가하거나 학습자의 연어적 표현에 대한 친숙도가 높아지고 어휘력이 증가함에 따라 L1 표현을 확대한다. 또는 '활동 자료 2'처럼 L2 연어를 L1 연어 표현으로 말해보도록 한다. 대화의 핵심 명사 중 하나인 'business'는 'go into business', 'business were going under', ''business would fold', 'run a business'처럼 명사+동사 연어나 동사+명사 연어 형태를 구성하고 있음을 알 수 있다.

이와 같은 연어 학습 활동 교수 방법은 Burling(1968)이 제안한 이중어 독서법(Diglot Reader Method)과 유사한 것으로, 한국어가 교재의 몸통으로 사용되고 문맥 중간 중간에 연어적 표현을 영어로 소개함으로써, 학습자에게 교재 내용에 대한 이해에 손상을 주지 않으면서 독서에 대한 흥미를 갖게 해준다. 뿐만 아니라, L1의 연어는 접근성이 용이하기 때문에 영어로만 쓰여진 교재로부터 오는 심적 긴장과 부담을 줄여줄 수 있어 영어 학습을 친숙해지도록 할 수 있다.

8. 연어 격자

목적: 학습자가 혼동하기 쉬운 단어들이나 여러 단어를 함께 결합하는 원리를 연어 짝 활동(유의어, 반의어 포함)으로 익혀 혼동을 감소시키도록 한다. 언어 수준: 모든 수준 준비물과 자료: 혼동하기 쉬운 연어 짝 목록, 사전 지도사항: 결합 가능한 경우와 그렇지 못한 경우를 구분하도록 실험하게 한다.

• 활동 자료: 격자에서 +는 일반적인 연어이고, ?는 애매하거나 불확실한 연어이며, x는 연어 형태가 아니다.

	a laugh	a smoke	an experience	a trip
take	×	?	×	√
make	×	×	×	√
have	√	√	√	?
do	×	×	×	?

√ = collocates ? = questionable × = does not collocate

	problem	amount	shame	man
large	?	√	×	√
great	√	√	√	√
big	√	√	×	√
major	√	?	×	×

√ = collocates ? = questionable × = does not collocate

	event	furniture	history	ideas	movies
old	×	+	×	+	+
antique	×	+	×	×	×
ancient	?	×	+	?	×
new	×	+	×	+	+
recent	+	×	+	+	+
current	+	×	×	+	×
modern	?	+	+	+	+

연어 격자 만들기(Conzett, 2000, p. 78)

- 방법 및 선택 활동: 원활한 상호작용을 이루기 위해서 소집단 학습이 필요하다. 학습자에게 우리말로 유사하게 쓰는 단어를 주고 연어 짝 활동을 통해 결합 가능한 경우와 그렇지 못한 경우를 구분해 보도록 한다. 활동을 혼자 수행하기 힘들 경우 집단 활동을 통해 해결하도록 권장한다. 학생들은 이 단어 저 단어를 결합하는 실험 과정을 통해 연어 인식을 높이고 학습 결과물에 대한 파지력을 높일 수 있다.

연어 격자(collocation grid) 활동은 학습자들에게 단어의 특성이 상황에 따라 반의어가 다를 수 있음을 보여주는 활동으로 활용할 수 있다. 같은 단어라도 뒤따르는 단어가 무엇인지에 따라 반의어가 다르다. light와 rough 같은 단어를 의미가 반대되는 문맥에서 다음과 같이 학습할 수 있다(Thornbury 2002: p. 11).이러한 활동을 활용할 경우에는 빈도수가 높고 결합성의 정도가 큰 연어 항목(collocation items)을 선정하여 학습자의 인지와 선행 학습을 활동한 다음 필요하면 직접 연어사전이나 코퍼스로 확인해보도록 함으로써 학습자 자율성을 높일 수 있다.각각의 예문들을 완성 후 피드백 과정을 통해 반의어를 다시 인식시킨다.

light bag	heavy bag
light wind	strong wind
light colours	dark colours
rough area	quiet area
rough person	gentle person
rough texture	smooth texture
rough calculation	precise calculation
deep water	shallow water
deep blue	faint blue

9. 틀린 부분 수정하기

목적: 문장 내 연어 구성이 잘못된 부분을 확인하고 교정하여 하나의 뭉칫말로 기억하도록 하여 연어 사용 능력을 기른다. 언어 수준: 모든 수준 준비물과 자료: 연어적 표현이 포함된 구어체와 문어체 문장 또는 문단, 사전 지도사항: 연어 구성이 틀린 부분을 찾아 올바르게 고치도록 한다.

• 활동 자료:

1. I have to **make** my homework. → I have to **do** my homework. 2. Can I make a photo of you? → 3. I do mistakes when I speak English. → 4. What do you think, yes or no? We must do a decision today. → 5. Are you **doing** an exam tomorrow? →

Can I say...?	*Yes/No*	*Correction*
I **made** a mistake in my exercise.	**Y**	
I have to **make** my homework.	**N**	I have to **do** my homework.
I have to **make** an exam next week.		
When I get up I **make** my bed.		
I want to **make** an appointment with the doctor. (=fix a time to see him/her)		
I'd like to **make** a photo of you.		
After dinner, I'll **make** the dishes.		
They **made** an ineffective attempt to get the rules changed.		

Correct the nine collocation errors in this paragraph.

Last year I got a new job and started ~~gaining~~ making/earning a lot more money. I realised I could afford to use more money on my holiday than I usually do and decided to pass a month in Australia. I knew it would be hot there and so I wouldn't need to carry warm clothes with me. In fact, I used a t-shirt and jeans all the time I was there. I carried a hat all the time, too, of course, to protect me from the sun. It was fantastic there. I passed a week sightseeing in Sydney and then stayed the rest of the time travelling round the country. I even did my lifelong ambition of stroking a koala. (McCarthy & O'Dell, 2005, p. 27)

- 방법 및 선택 활동: 개별 단어의 연결이 아니라 뭉칫말로 구성된 문장 구성 원리를 연어 구성 원리로 이해하도록 한다. 특히, L1의 간섭으로 학습자가 남용하거나 과잉 일반화하기 쉬운 부분을 확인하고 교정하여 하나의 의미 뭉칫말로 기억하도록 한다. 이 경우, 필요하면 연어 오류(collocation errors)로 틀린 부분의 연어 유형을 발견하도록 하고 오류의 단서를 찾아보도록 한다. 숙달도에 따라 교재뿐 아니라 신문 등의 기사 자료를 활용하여 틀린 부분을 수정하는 활동을 통해 독해력은 물론 쓰기 능력도 향상시킬 수 있다. 소집단 활동을 통해 관찰-가설-실험의 순환으로 문제를 해결하도록 유도한다. 또한 학습자의 수준에 따라 그 문장에서 틀리지 않은 부분은 어휘 수를 조정하거나 쉬운 단어로 바꾸어 제시할 수 있다.

10. 짝이 맞지 않은 동사(단어) 제거하기

목적: 동사+명사의 연어 유형에 익숙하도록 결합어를 찾는 능동적 방식과 함께 주어진 단어 간의 결합 관계를 명확하게 하도록 하여 연어 사용 능력을 기른다.
언어 수준: 상 수준
준비물과 자료: 연어 유형에 따른 연어 쌍 모음 자료
지도사항: 연어 쌍이 맞지 않은 단어를 제거하기를 통해 연어 지수를 높인다.

- 활동자료:

* 다음 중 주어진 명사와 함께 연어 구성을 할 수 없는 동사(구)를 골라 보세요.
1. accept, act on, disregard, follow, ignore, make, take ADVICE
2. come up with, do, expect, get, require, supply AN ANSWER
3. build up, close down, set up, put off, take over, wind up A BUSINESS
4. deal with, do, examine ignore, reject, respond to A COMPLAINT

5. accept, answer, come in for, give rise to, make, reject CRITICISM (Lewis, 2000a, p. 113)

• 방법 및 선택 활동:

이 방법은 Lewis(2000a)가 소개한 연어 연습 유형 중 하나로 '짝이 어울리지 않는 동사 찾기(odd verb out)'로 활동 자료 예시에서 보듯이 여러 동사 어휘 중 주어진 명사와 결합할 수 없는 동사를 찾아 제거하는 활동이다. 이러한 연어 학습 활동은 연어 지식향상을 위한 연어 유형 학습뿐만 아니라 다른 어휘 학습에서도 다양하게 활용될 수 있으며, 학습자 스스로 유사한 의미의 어휘를 자연스럽게 분별하여 습득할 수 있다는 장점이 있다. 특히 많은 연구자들이 지적한 바처럼 L1의 영향을 받아 잘못 예측하여 선택하는 경우나, 유의어를 분별하는 경우 또는 L1≠L2 일치하지 않는 연어(incongruent collocations)를 확인하기 위한 학습 전략 일환으로도 활용할 수 있다. 하지만 어휘들 간의 미묘한 차이를 충분히 설명하지 못하며 상황에 따른 어휘 선택을 어렵게 할 수 있다는 단점도 있으므로 여러 다양한 교수 방법과 병행하여 지도해야 한다. 상위 학습자들에게는 주어진 명사와 결합할 수 있는 동사나 형용사를 추가하는 활동을 하게 함으로써 연어 지식을 향상을 통한 언어 숙달도를 향상시킨다. 결합 정도가 낮은 연어 쌍의 예들을 연습시키면 학습자들이 어려움을 느끼게 되어 학습효과가 떨어지므로 교사는 난이도를 조절하면서 선행학습 활동을 충분히 하면서 지도할 필요가 있다.

11. 연어 사전 활용하기

목적: 연어 사전의 종류별로 올바른 활용 방법을 알려주고 활용도를 높여, 사전을 활용한 뭉칫말 영어 학습을 장려한다. 언어 수준: 중 수준 이상 준비물과 자료: 연어 사전, 이중어화된 사전, 영한 사전, 한영 사전, 영영 사전, 전자 사전 등 지도사항: 사전의 구성과 단어(어휘)의 용례를 살피면서, 연어적 표현에 의식적으로 주목하게 한다.

• 활동 사례 자료: 'go' 뒤에 이어질 수 있는 말을 찾아 뭉칫말 만들어 보기. 여기에서는 연어적 표현도 있으나 자유 결합 표현도 있다. 연어 학습의 궁극적인 목적은 어휘 항목을 의식적으로 주목하고 언어의 뭉칫말화를 강조하여 언어 사용 능력을 기르는데 있다는 점을 생각할 때, 학습자에게 사전을 활용하여 뭉칫말을 확장하는 방법을 가르쳐주는 것이 필요하다.

학습자들이 알고 있는 경우	학습자들이 모르고 있는 경우
·go back 돌아가다 ·go to school 학교에 가다 ·go to work 출근하다 ·go home 집에 가다 ·go fishing 낚시질 가다 ▶ 대부분의 학생들이 동사 'go'를 '-가다'정도로 알고 있고 뒤에 함께 따라올 수 있는 단어들과 결합을 하여 다양한 말뭉치를 만들지 못하고 있었다.	go wrong 잘못되다, go bad 썩다/상하다 go away 가 버려라, 여길 떠나라 go sour 시어지다(상하다), go wild 난폭해지다, 격노하다 go mad 미치다, go broke 빈털터리가 되다 go bald 대머리가 되다, go too far 너무하다 go blind 장님이 되다, 맹목적으로 되다 go deaf 귀머거리가 되다 go extinct 멸종되다(become extinct) go to Mass 미사에 참례하다 go-ing: go fishing/hiking/camping/boating/go house hunting 등 go bring/get something to eat 가서 좀 먹을 것을 가져와라 go on foot/go by bus go on a hot air balloon ride/tour 열기구 타러 가다/열기구 투어가다 (go on a trip/a tour/a journey/a cruise...) go for a walk/drive/swim/run 산책/드라이브/수영/달리기를 하러가다 go out (for lunch) (점심 먹으로) 나가다 go out with somebody -와 데이트하다 go to drink 마시러 가다 go ahead, go on= continue to happen, proceed, persist, last go bankrupt 파산하다 to see how it goes 어떻게 되가나 보자 What's going on? 무슨 일이예요? ...

지도방향 추출: 알고 있는 단어를 활용하여 뭉칫말 확장하기

▶ go 뒤에 따라와서 뭉칫말을 만드는 방법 제시

(to)장소
(to) + V
형용사(특히 부정의 뜻을 포함한 형용사)
전치사
~ing
부사

• 방법 및 선택 활동: 사전을 활용하여 특히 고빈도 단어를 선정하고 학습자가 어느 정도 이해하고 있는지 확인해 본다. 개별 단어에 익숙하거나 그와 같은 방식으로 학습한 학생은 그 표현에 있어 제한적일 것이다. 각 사전의 종류별 장단점이 있기 때문에 사용 목적에 따라 선택하도록 한다. 한 학생이 모든 종류의 사전을 지참하고 활용하기는 힘들기 때문에 종류별 하나씩 집단별로 준비하도록 한다(인터넷 사전을 활용할 수도 있다). 사전에서 단어가 개별적으로 쓰이지 않고 다양하게 결합하여 연어적 표현을 이루고 있는 사례를 관찰해 보도록 한다. 이와 같이 기본 단어의 용례를 통해 학습자의 궁금증을 촉진시키고 연어 활동이 활성화되도록 할

수 있다. 학습자가 알고 있는 쉬운 단어 'go', 'make', 'do', 'take', 'havc' 등의 탈이휘 동사(delexical verbs)를 통해 뭉칫말 만들기 활동을 한다. 여기에서는 학습자들이 '-가다'로 알고 있는 'go'를 사전을 활용하여 말뭉치를 찾아본다. 이와 같은 활동은 학습 과제로 제시하여 차시에 그룹원들과 함께 공유하면서 자연스럽게 연어 관계 활동을 촉진시킬 수 있다.

최근에 활용할 수 있는 연어 사전으로는 *BBI Dictionary of English Word Combinations Dictionary*(1986, 1997), *LTP Dictionary of Selected Collocations*(1997), *Oxford Collocations Dictionary for Students of English*(2002, 2009), *Macmillan Collocations Dictionary*(2010), *Collocations Dictionary and Thesaurus*(2013) 등이 있으며, 그 외에 최근에 출간된 사전인 *Collins COBUILD English Dictionary*, *Cambridge International Dictionary of English*, *Cambridge Advanced Learner's Dictionary*등도 코퍼스를 활용한 연어 표현이 포함되어 있어 활용하기에 유용한 사전들이다. 그 중 *Cambridge Advanced Learner's Dictionary*는 사전에 부록된 CD-ROM을 활용할 수 있어 수업시간에 학습자들에게 연어를 제시할 때 유용하다. 또한 인터넷을 사용하여 코퍼스 콘코던서(corpus concordancers) 웹 사이트 BE(Bank of English)나 BNC(British National Corpus), COCA(Corpus of Contemporary American English)에 접속하여 연어 학습에 유익한 정보를 활용할 수 있다. 인터넷 세대인 요즘 학습자들이 스스로 스마트폰을 활용하여 연어 관계 찾기 활동을 수행한다면 연어 학습의 중요성을 인식하게 하는 데 매우 효과적일 것이다. 예를 들면, 학습자가 알고 있는 쉬운 단어 'make, do, take, get, have' 등의 탈어휘 동사(delexical verbs)를 통해 덩어리 뭉칫말 만들기 활동을 하게 해서 단어의 용례를 확인하면서, 연어적 표현에 의식적으로 주목하게 한다. 이러한 사전 활용 방법은 단순하고 전통적인 어휘 학습 방법처럼 여겨지지만, 학습자 스스로 사전을 활용할 수 있는 방법을 배우며 익숙해져서 나아가 자율적인 어휘 습득과 어휘 사용 능력을 향상시킬 수 있다.

12. 주제어를 통한 연어 연습

목적: 주제어에 연상되는 단어를 품사별로 쓰고 유형별 연어 구성을 통해 다양한 뭉칫말을 익히도록 한다.
언어 수준: 모든 수준
준비물과 자료: 주제어와 관련된 단어 목록
지도사항: 주제어의 의미를 파악하고 가능한 관련된 단어를 많이 추출하도록 한 후 품사별로 그 단어를 적은 다음 유형별로 연어 구성을 하도록 한다.

- 활동 자료: 주제어-school life

명사	동사	형용사	부사
friendship, activities, volunteer, festival, field, student, teacher, learning, role, lunch, friend, exam, knowledge, regulations...	love, hate, fight, struggle, forget, learn, play, break encourage, eat, succeed, think, respect, hope, repeat, talk, exchange...	excited, excellent, bad, average, nice, good, happy, proud, famous, funny, polite, easy, interesting, difficult, possible, conscious...	(un)consciously, luckily, carefully, carelessly, correctly, repeatedly, cautiously, quickly, , regularly, cheerfully, (un)comfortably, totally...
명사+명사	동사+명사	형용사+명사	(부사)+동사+부사/ 부사+형용사
volunteer work, school excursion(trip), field trip, entrance exam, schoolwork, schoolyard, dress code, school regulations/age/board/ library/master/record/ spirit/ties/uniform, academic clique, law/business school, achievement test...	observe/break school regulations, establish academic traditions, attend schoo1, enter a school, go to school, leave/stop school, graduate from school, start/begin school, review the lessons, reach school age...	extracurricular activities, educational institution, scholastic ability, academic background, academic degree, academic achievement, regular/ formal education (schooling), white lie, true lie, medical school...	study hard, listen carefully, speak loudly, learn quickly, write correctly, exercise regularly, highly motivated highly educated increasingly popular...
유용한 어휘 항목이나 문장 만들기/찾기 in class, at school, go to school, before/after school, drop out of school... Practice makes perfect. Students start school at 8:30. All work and no play makes Jack a dull boy. Never too old to learn. I graduated from HR middle school in 2018.			

- 방법 및 선택 활동: 주어진 주제어의 의미를 파악하고 그것과 관련된 어휘를 찾아 각 품사 난에 적는다. 이 경우 가능하면 많은 단어를 추출할 수 있는 집단 학습을 권장한다. 수업 활동을 보다 원활히 하기 위해서는 주제어를 먼저 제시하고 매시간 한 주제씩 다룬다. 이 경우 기존에 알고 있는 단어와 새로 찾은 단어를 결합하여 연어 구성을 한 후에 유용한 어휘 항목이나 문장을 찾아보거나 만들어 보도록 한다.

이런 과정을 통해 학습자들이 접하는 언어에서 연어를 인식하고 유형별로 찾아 기록 정리를 하면서 연어 인식도를 높인다. 이 경우 학습자에게 흥미를 유발할 수 있는 팝송이나 신문, 다양한 인터넷 자료 등에는 고정구나 연어가 많으므로 이를 잘 활용하면 실용적이고 진정성 있는 학습이 될 수 있다. 이러한 텍스트를 이용하여 텍스트 내의 연어 표현들을 찾아내고 이해하여 소집단들이 협동하여 다양한 활동을 할 수 있다. 학습자들은 지문을 읽으며 밑줄을 그으면서 맥락을 통해 의미를 유추할 수 있으며 연어를 덩어리 뭉칫말로 인식하며 활용할 수 있다.

13. 연어 유형 네트워킹(collocation type networking)

목적: 특정 핵심 단어와 관련하여 다양한 연어 유형과 결합하는 공기현상과 연어성을 경험하게 하여 즉시 적용하여 실용적인 연어 활용 능력을 향상시킨다.
언어 수준: 중급 수준 이상-상급 수준 권장
준비물과 자료: 연어 네크워킹 작성이 가능한 모든 형태의 연어 관계 자료, 연어 사전 등
지도사항: 먼저 자주 사용할 수 있는 핵심어와 연관된 연어 형태의 기본 용례를 익히도록 한다. 다양한 연어 유형으로 네트워킹하여 뭉칫말(chunks) 산출에 주목하게 함으로써 말하기와 쓰기활동으로 확산하도록 한다.

- 활동 자료: 먼저 핵심어 economy의 형용사 "economic"과 결합하는 명사를 찾아 정리하고,

A+N: economic ~
growth/development/policy/reform/sanction/crisis/activity/conditions/system/downturn/recession/issues/recovery/reduction/boom/slump/ties/distress/problem/turmoil/revival/yields/woes/strength/power/chance/opportunity/help/decline/malady/rebound/data/information/upheaval/gloom/indicators/history/alliance/uncertainty/future/viability/concerns/danger/signal/collapse/stagnation/expansion/partnership/measures/retaliation/fortunes…

economical ~
way/alternative/choice/method/solution/use/option...

다음에는 형용사 economic과 결합하는 명사 중에서 하나(예, recession)를 선정하고 그 명사와 결합하는 동사(동사+명사 연어), 형용사(형용사+명사 연어), 전치사(전치사+명사 연어), 기타 자주 사용하는 정형구 등을 아래와 같이 어휘 노트에 지도를 그리듯이 정리하여 필요할 때 분석하거나 재사용한다. 열두 번째 연어 사전 활동과 병행하여 활용할 수 있으며 연어 노트 사용을 활성화할 수 있다.

-형용사+recession:
bad, deep, major, serious, severe, sharp, steep, mild, shallow, long, prolonged, short, short-lived, impending, looming, deepening, global, international, national, world, worldwide, economic, industrial...

-동사+recession:
cause, induce, trigger, enter, go into, move into, fall into, plunge (sth) into, push sth into, sink into, slide into, slip into, throw sth into, tip (sth) into, experience, suffer, suffer from, deepen, prolong, combat, fight, avoid, beat, prevent, climb out of, come out of, emerge from, get (sth) out of, lead sth out of, move out of, pull (sth) out of, end, escape, escape from, ride out, survive, weather, worsen

-전치사+recession:
in (a/the) deep recession

-formulaic phrases 정형구:
the depth of the ~ | the effects of the ~, the impact of the ~ | in the depths of a ~, in times of ~ | recovery from (the) ~, a way out of the ~

- 방법 및 선택 활동: 이 활동은 앞에서 제시한 네 번째의 "연어 의미망 구축" 활동을 적용한 연어 유형별 뭉칫말 잇기 활동이라고 말할 수 있다. 이는 Hill과 Lewis가 편저한 *LTP Dictionary of Selected Collocations*(1997) 사전의 구성 형태와 유사한 것으로 한 단어와 관련된 다양한 연어 유형과 사용 예를 연어 노트에 네트워킹하여 정리하면서 확장한다. 이는 특정한 연구 분야나 학문에서 자주 사용하는 어휘의 쓰임을 다양하게 할 수 있으며 공통적으로 자주 반복하여 사용하는 다양한 용례를 모아 필요할 때 적절하게 사용할 수가 있다. 또한, 마인드 맵핑처럼 다이어그램형태의 나선형으로 그림을 그리 듯 활용할 수도 있다. 다른 예로 'price'와 관련한 연어 유형별 네트워킹을 살펴보자(Hill & Lewis, 1997, p. 149)

PRICE
V: accept, adjust, agree on/to, arrive at, ask, booost, bring down, control, cut, determine, drop, establish, fix, force down, freeze, get, guarantee, haggle over, hold down, increase, lower, maintain, mark up, match, name, negotiate, obtain, offer, pay, push down/up, put up, quote, raise, reduce, set, settle, slash, work out ~

V: ~ collapsed, declined, dropped, drifted down, escalated, fell, fluctuated, held, is tied to sth, jumped, kept/remained steady, outstripped..., plummeted, plunged, ranged from...to..., rose, rocketed, shot up, slumped, soared, spiralled, stands at (320p), rumbled, varied, went down/up,

went through the floor/roof
A: advantageous, attractive, average, bargain, competitive, cost, excessive, exorbitant, extravagant, fair, fantastic, good, high, huge inflated, keen, knock-down, list, recommended, regular, respectable, retail, ridiculous, right, selling, special, stable, static, steady, top, wholesale, word~

P, drop in, fall in , reduction in, rise in, fetch the asking~; boom in, curb on, cut in, jump in, range of, reduction in prices, house/food/hotel prices

14. 뭉칫말 창문화(windowing)로 문장 확장하기

목적: 연어적 뭉칫말을 문장 단위를 넘어 점점 긴 문장을 만들기 위해 다양한 연어 형태를 생각해내고 더 나아가 다양한 문장 형태로 뭉칫말화함으로써 영어 사용 능력을 향상시킨다.
언어 수준: 중상급이상 수준
준비물과 자료: 연어적 표현이 풍부한 텍스트, 사전, 연어 노트
지도사항: 주제어를 제시하고 연상되는 개별어휘를 나열한 후 연어 뭉칫말 용례를 익히도록 한 후 추가적인 아이디어를 이어가며 다양한 유형의 연어 뭉칫말을 확산하는 연습을 한다. 이 경우 연어 노트에 기록하여 필요할 때 재활용하도록 한다.

• 활동 자료:

·We are sharing our ideas/ about chunking and shadowing.//

→We are sharing our ideas/ about chunking and shadowing/ in an international workshop/ about English education.//

→We are sharing our ideas/ about chunking and shadowing/ in an international workshop/ about English education/ with the theme/ of more effective integrated skills.//

→We are sharing our ideas/ about chunking and shadowing/ in an international workshop/ about English education/ with the theme/ of more effective integrated skills/ and looking for ways.//

→We are sharing our ideas/ about chunking and shadowing/ in an international workshop/ about English education/ with the theme/ of more effective integrated skills/ and looking for ways/ to improve the current learning methods and strategies/ at school.//

• 방법 및 선택 활동: 처음에 상황을 설정하여 몇 개의 뭉칫말(chunks)을 기본으로 하여 문장을 구성하고, 다양한 연어 형태의 뭉칫말화(chunking)와 그런 뭉칫말이 연결하여 창문이

하나씩 열리 듯 구성하는 창문화(windowing)을 통해 영어 문장 산출력을 강화함으로써 영어 사용능력을 자연스럽게 향상시킨다. 또한 처음에는 3~4개의 뭉칫말로 구성된 문장 생성 훈련을 하다가 점차 그 뭉칫말 수를 늘려 10개 정도까지 확장해본다. 이런 과정을 통해 학습자는 점차 어휘와 문법의 통합 과정을 자연스럽게 거칠 것이다. 이렇게 문장을 점차 확대하다보면 하나의 문단형태까지 늘릴 수 있어 영어의 말하기와 쓰기는 물론 자연스럽게 문법과 어휘력 향상과 함께 종합적인 의사소통능력까지 향상을 도모할 수 있다. 이와 같은 뭉칫말의 창문화를 통해 영어 발화에 대한 흥미 유발 및 토익 등 실용영어 테스트에도 적용할 수 있으며, 국내외 신문, 잡지, 광고에서 다양한 뭉칫말을 찾아 활용할 수 있고 원어민과의 프리토킹을 통해 재사용하면서 재확인할 수 있다.

이 활동은 상위 그룹인 경우 개인별로도 할 수 있지만 팀별로 활동하게 하면 훨씬 효과적이고 다양하게 활용할 수가 있다. 학습자들이 협동적으로 과제를 수행할 경우 상위 학습자와 하위 학습자를 각 집단에 골고루 배치하여 텍스트에서 연어를 찾게 한 후 찾은 연어 표현들을 활용하여 간단한 문장들을 만들게 한다. 각 조별로 발표하게 하고 교사는 틀린 연어 표현들을 피드백해주고 중요한 표현들을 다시 정리해 준다. 연어 학습 활동을 중점으로 하는 경우 덩어리 뭉칫말을 계속 연결하는 창문화 활동을 통해 긴 문장으로 확장하는 활동으로 말하기나 쓰기와 같은 산출적 연어 활동을 촉진하여 연어 사용 능력을 향상시킬 수 있다.

15. 텍스트 내에서 연어 확인하기

목적: 연어적 표현이 풍부한 텍스트를 관찰하고 주목하게 하여 뭉칫말화를 통해 문맥과 전체 내용을 파악한다.
언어 수준: 모든 수준
준비물과 자료: 연어적 표현이 풍부한 텍스트, 사전
지도사항: 텍스트의 내용 파악 후 연어적 표현을 관찰하고 그 용례를 익히도록 한다. 필요한 경우 연어/어휘 학습장에 기록하여 재활용하도록 한다.

- 활동 자료:

여기에서는 Lewis(1997a, p. 151)가 제시한 'Scott's Terrible Life'를 예시한다.

> One day he found that his girlfriend **got pregnant.** His wife discovered this and then they **got divorced.** He **got lonely.** His girlfriend also left him, so he **got stressed out.** He **got nervous,** so one day he decide to drink. He **got drunk** and on the way to his house he **got sleepy** so he **got careless** and **got into a car accident.** He tried to **get away** but there was a witness who saw the car accident and then he **got fired.** So he **got poor** and **got into debt.** He **got behind** on his rent and then he **got evicted.** So he **got depressed,** and because of this depression, he **got addicted** to drugs. He wanted drugs so he **got in trouble** to get drugs. He **got involved in crime,** but he was able to **get away.** After that he committed crimes many times but he was able to **get away** every time. So he **got too confident.** He spent a few years in this life of crime. So he **got old** and **got sick.** Nobody didn't care about him. He **got hungry.** Everything **got worse.** He **got desperate.** One day his friend Ron insulted him saying: "Oh no! How did you **get so fat?"** He **got very angry.** They **got into a fight,** he **got caught, got shot** and **got killed.**

• 방법 및 선택 활동: 동사 'get'은 문어체보다는 구어체에서 많이 쓰이는데, 의미가 여러 가지로 쓰인다. 위에서 'get'은 역동성, 실현성을 강조한다고 볼 수 있다. 다시 말해 'be'동사를 사용하여 'was pregnant'라고 표현하는 것보다 'got pregnant'로 표현하는 것이 더 역동적이라고 말할 수 있다. 여기에서 더욱 중요한 것은 영어의 유용한 어휘 패턴에 익숙해지고, 뭉칫말 의식을 고양시킬 수 있다는 점이다. 볼드체 부분을 잘 관찰하면서 전체 내용을 먼저 파악하게 한 후, 볼드체의 의미 파악과 동사 'get'의 결합어에 유의하게 한다. 이런 텍스트내 연어(collocations in text) 습득 과정을 통해 학습자는 연어 구성 능력이 신장될 것이며 나아가 단순한 개별 단어가 아니라 문맥 속에서 연어를 파악하는 능력을 향상시킴으로써 의미 단위로 빠른 독해를 통해 텍스트의 이해와 언어 사용 능력을 향상시킬 수 있을 것이다.

지금까지 15가지의 연어 교수 방법을 살펴보았다. 물론, 이 방법 외에도 다양한 방법이 현장에서 변형 또는 응용될 수 있을 것이다. Widdowson(1993)이 말한 바와 같이 언어에서 가능한 적격의(well-formed) 단순한 문장을 단순하게 예시하기보다는 의사소통 행위를 수행하는데 사용되는 언어에 관심을 두어야 한다. 이와 같은 교수 방법은 기존의 '형태들에 대한 집중'(focus on forms), 언어학습에서 '이해 가능한 입력'과 '이해 가능한 출력'이 중요하다고 주장하는 언어 '형태에 대한 집중(focus on form)'으로 전환하여 유의적이고 기능적인 학습 중심 교육(learning-centered instruction)을 추구하고, 궁극적으로 학습자의 중간언어(interlanguage)를 발달시키도록 유도하는 접근방식이라고 할 수 있다. 중간언어란 "목표언어(target language) 체계에 도달하기 위해, 자신이 가지고 있는 다양한 지식에 근거하여 목표언어에 대한 가설을 세우고 검증해 가는 과정 중에 있는 외국어 학습자의 임시적인 언어체계를 말한다"(김은주 외, 1999, pp. 68-69).

따라서 모든 연어 활동은 결국 열세 번째 교수 방법인 '연어 유형 네트워킹'과 열네 번 째 '뭉칫말 창문화(windowing)을 통한 문장 확장하기'를 넘어, 열다섯 번째 교수 방법인 '텍스트 내에서 연어 확인하기'로 귀결될 것이다. 언어 학습의 궁극적인 목표는 학습자의 종합적인 의사소통능력을 기르는 일이다. 따라서 무엇보다도 이와 같은 연어 입력 언어가 출력되는 과정에서 보다 생산적이고 효율적인 방법으로 적용한다. 교사는 과거와 같이 제시하며 설명하고 반복 연습을 통해 발표하게 하는 패러다임을 지양하고 스스로 규칙을 세워가도록 관찰을 중시하고 가설을 권장하며 실험을 촉진시켜야 할 것이다.

무엇보다도 원어민 코퍼스 분석을 토대로 활용도가 높은 연어 표현과 유형들을 학습 교재에 반영하고, EFL 학습자가 이러한 연어 표현 숙달도를 높일 수 있도록 체계적인 교수 학습 방법을 개발하여야 할 필요가 있다. 또한, 처음에는 간단한 예시를 통해 학습자가 학습 활동을 하는데 두려움과 불안감을 감소시키고 소통 모험심을 길러주고 자신감을 불어넣어 주어야 한다. 그러기 위해서는 개별 과업 부여를 통한 집단 학습을 권장해야 한다. 또한, 학습자들이 구성한 연어 표현을 교실 영어로 재활용해 보는 것도 중요하다. 다시 말해, 교실에서 활용하는 영어 사용에서 의식적이고 의도적으로 연어적 관계를 주목하여 가르치고 그 내용을 확장된 교실 영어로 활용해 보는 것이 교사 발전은 물론 학습자의 언어 의식 환기에도 긍정적인 영향을 미칠 것이다. 이를 위한 수업 설계가 중요한데 아래에서 살펴보고자 한다.

VII. 연어 교수 학습 활동을 위한 수업 설계

수업 설계는 학습자들이 효율적으로 수업 목표를 성취하게 하기 위해 수행되어야 할 제반 활동과 요소를 계획하는 활동이다. 연어 중심 어휘 학습에서는 교수-학습 활동 과정의 활성화와 학생 중심 학습 활동을 촉진시키는 방향으로 수업 설계를 하고자 했다.

단어 목록 중심 어휘 학습은 기존의 언어수업에서 주로 사용되는 방식인 PPP 패러다임을 적용하여, 교사가 먼저 배울 내용을 제시하고, 그 내용을 연습하고, 연습한 것을 기초로 한 생성으로 이루어지도록 하였다. 반면에, 연어 중심 어휘 학습은 코퍼스와 어휘 접근방식을 도입하는 영어 수업에서는 Lewis(1993)가 제안한 바대로 먼저 학습자들에게 다양한 언어적 자료를 코퍼스를 통하여 제시하고, 그 자료의 분석적 관찰을 통해 잠정적 설명이나 진술인 가설을 설정하고, 그 가설이 맞는지 틀리는지에 대한 실험을 수행하는 관찰(Observation)-가설(Hypothesis)-실험(Experiment)의 OHE 패러다임을 적용하여 학습자 중심 교수를 실현할 필요가 있다. 이 경우 학습자들이 직접 코퍼스 작업 활동에 참여하여 귀납적으로 연어 규칙과 제약 요소를 발견해 나갈 수 있다.

그동안 학생들은 '어휘'하면 단어 목록 중심 어휘 학습을 생각해 왔다. 그래서 소위 깜깜이, 빡빡이 등으로 일컬으면 '영어-한국어', '한국어-영어'식으로 암기하여온 것이 사실이다. 또한, 기존의 연역적 언어 규칙 학습을 위한 제시-연습-생성의 PPP 패러다임을 통해 개별 단어 목록을 중심으로 어휘를 학습해왔다. 그 결과 언어의 생성원리보다는 어휘 수적 학습에 치중한 면이 많았다. 이제 이와 같은 전통적인 방식의 어휘학습에서 단어와 단어가 결합하여 의미단위의 뭉칫말이 되는 연어의 원리와 특징을 익혀 생성적이고 재활용적인 학습방식으로의 전환이 시급하다.

외국의 경우 1990년 이후 많은 연구자들에 의해 언어학습의 기본은 어휘이며 어휘학습의 핵심은 연어와 같은 뭉칫말이라는 연구물들이 꾸준히 나왔다. 국내에서는 2000년대 이후에서야 그동안의 단어목록 중심의 어휘 학습에 대한 반성과 문제점을 제기하면서 코퍼스 기반의 연어 중심 어휘 학습의 필요성과 중요성에 대한 논의를 이어가고 있다. 이는 교수학습의 과정과 방법에 있어서도 변화를 가져오고 있다. 기존의 연역적인 제시-연습-생성의 패러다임에서 귀납적 언어 규칙 습득을 위한 관찰-가설-실험의 새로운 패러다임을 통해 다양한 연어 중심 학습 방법을 모색하고 보다 산출적인 활동을 활성화할 필요가 있다.

7.1 연어 학습 과정

어휘 접근방식에서 주장하는 언어 학습 과정을 반영한 수업 모형을 개발하기 위해서는 최근에 강조되고 있는 실제적인 학습자 중심 교육을 실현시키는 방법을 모색하여야 한다. 다시 말해, 연어 학습 과정은 연역적인 교사 중심 교수 활동에서 귀납적인 학습자 중심 학습 활동으로 변화시키는 것으로, 외국어 학습자에게 능동적인 역할을 부여하여 궁극적으로 학습자 스스로 규칙을 발견하고 실제 언어 사용 능력을 신장시킬 수 있는 방향으로 그 목표를 삼는 방식이다. 이는 학습자 자율성(learner autonomy)을 높여 자기주도적 학습을 진정성있게 신장시킬 수 있다고 본다.

따라서 이와 같은 학습 과정은 학습자의 잠재력을 활용하면서, 또한 요구 분석이 가능하기 때문에, 학습 활동에 소극적인 학생들에게도 강한 동기를 부여할 수 있다고 본다. 이를 위해 어휘 접근방식의 언어학적 · 철학적 배경, 학습 원리, 교수요목, 수업 절차 등에 관한 연구를 고찰하였다(Nation, 2001; Read, 2000; Richards & Rodgers, 2001; Sinclair & Renouf, 1988; Willis, 1990). 전체적으로 연어 학습이 이루어지는 과정을 도식화하면 <그림 7-1>과 같다. 이 연어 학습 과정안 구조도는 김성식(2004)이 제시한 것에 기초하여 조정된 것인데, 그의 구조도에서는 낮은 수준에 있는 학습자가 실제로 언어 학습 활동 중에 활용하는 인지적 과정을 너무 단순화시킨 측면이 있기 때문에 여기에서 구안한 구조도는 이를 감안하여 좀 더 구체적으로 명세화하여 다음과 같이 도식화했다.

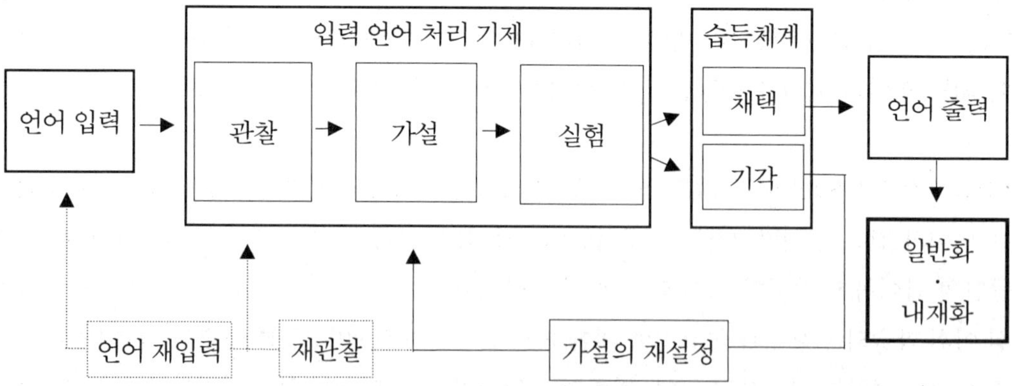

〈그림 7-1〉 연어 학습 과정안 구조도

<그림 7-1>에서 보듯이 학습자는 언어 내적 처리 기제를 작동하기에 앞서 교사가 제시한

언어 자료나 학습자 자신이 준비한 학습 자료를 입력 언어로 제공받는다. 이 경우 이해 가능한 입력의 유용성 여부가 L2 언어 습득의 성패를 좌우한다는 입력 가설(input hypothesis)이 제시되었다(Krashen, 1982, 1985; Krashen & Terrell, 1983). 입력 언어는 여러 과정의 처리 기제(processing mechanism)를 통해 중간언어화 과정을 밟는다. 학습자는 유의미한 언어적 학습 정보를 찾기 위하여 제공받은 언어 자료를 관찰하고 잠정적 결론인 가설을 설정하게 된다. 설정된 가설은 여러 가지 능동적인 학습 활동의 실험 과정을 통해 언어적 규칙을 찾게 된다. 이 경우 채택된 가설은 습득 체계를 통해 언어 출력으로 일반화 과정을 밟게 되고, 기각된 가설은 재설정을 통해 수정·보완되어 다시 실험 과정을 통해 검증된다. 이때 필요에 의해 언어 관찰이 불충분한 경우 가설의 오류를 찾고자 언어 자료를 재관찰할 수도 있다. 학습자의 수준과 학습 내용에 따라 학습 과정은 나선적이고 순환적으로 일어난다.

그러므로 경우에 따라서는 추가적인 언어가 재입력되고 재관찰을 통해 가설의 재설정 과정을 밟을 수도 있다. 이와 같은 과정을 통해 학습자는 귀납적으로 언어 규칙을 습득하고 언어 출력을 통해 언어 규칙을 일반화하여 자신의 내재된 언어 원리를 바탕으로 언어 처리 능력과 운용 능력을 향상시키게 된다. 여기서 일반화는 인간 학습에 있어서 극히 중요하고 광범위하게 사용되는 전략으로, 보통 어떤 특정한 예의 관찰로부터 법칙, 규칙 또는 결론을 추리하거나 도출해내는 과정을 뜻한다. 이와 같은 일반화 과정은 종종 과잉일반화(overgeneralization)로 나타나기도 하는데, 그러한 과정을 통해 학습자는 규칙에 특별한 제약이 있다는 사실을 인식하면서 다시 일반화의 과정을 밟아 언어 지식을 내재화하여 머릿속 어휘사전(mental lexicon)에 축적하고 필요한 때 입력 정보에 기반하여 출력시킨다.

7.2 수업 모형

수업 모형을 구안함에 있어 학습자들이 자연스럽고 능동적인 귀납적 규칙 형성을 통해 영어 어휘 학습이 이루어지도록 하기 위한 세심한 배려가 필요하다. 학습의 원리를 아는 것은 관찰과 가설을 통해 어휘 항목에 익숙해지고, 가설의 실험과 검증을 통해 입력(input)이 수용(intake)으로 극대화되며 이해 가능한 출력(comprehensible output)으로 생성되어 일반화된다.

언어 습득 과정에서 학습자는 특정 언어 항목을 인식하면서, 이를 언어 처리 장치를 통해 그 항목의 여러 면모를 살피는 관찰의 과정을 겪게 되며, 그 후 자신의 배경 지식, 준비한 언어 자료, 교사와 혹은 학습자 간의 상호작용을 통해 자신의 기억 장치 내에 그 항목을 내재화시키기 위해 나름대로 잠정적인 결론을 내린다. 이 과정이 추리적인 가정인 가설이라 말할 수 있다. 그런 다음 실제 자신의 가설이 맞는지에 대해 검증하기 위해 실험 단계에 들어간다. 이 단계에서는 자신의 잠정적인 결론이 맞는지 틀리는지 알아보기 위하여 조사·분석 등의 실험으로 특정 언어 항목에 대한 수집된 자료를 검증하거나 추가로 관련 자료를 수집하고 검토한다. 그 결과 잠정적인 결론(가설)이 맞았다든지(긍정), 틀렸다든지(기각) 하는 결론을 형성하게 된다. 물론, 이 단계들이 명확하게 구분되지 않고 중첩되어 작용하는 경우도 있을 것이다.

연어 중심 수업 모형의 기본 구조를 그림으로 나타내면 <그림 7-2>와 같다. 각 단계별로 구체적인 언어 활동과 교사와 학생의 역할을 살펴보고자 한다.

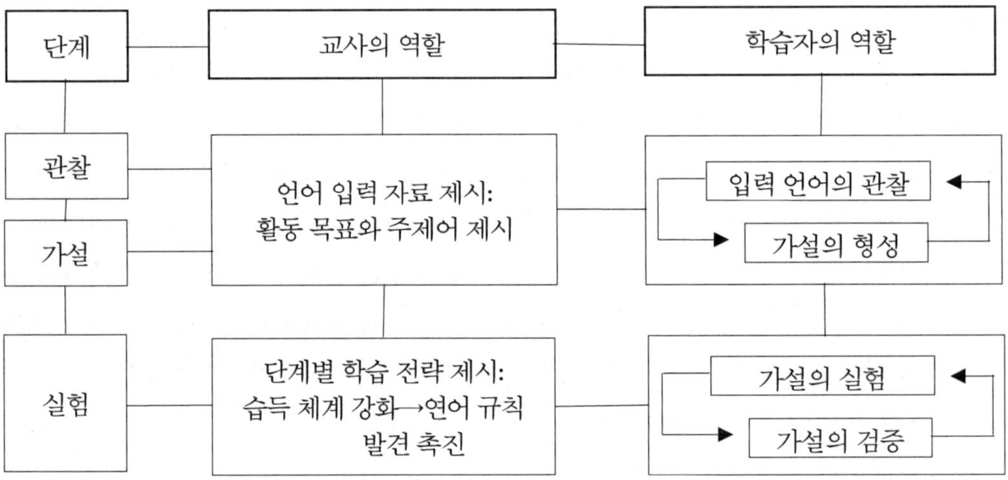

<그림 7-2> 연어 중심 수업 모형의 기본 구조

7.2.1 관찰 단계

교사가 제시해준 언어 자료나 학습자가 선택한 학습 자료에서 필요한 정보를 찾기 위한 관찰이 이루어진다. 이 경우 어휘적인 자료에서는 기본적으로 목표어와 대상 언어 간의 의미 파악을 위한 관찰이 이루어지고, 시험 문제인 경우에는 질문 유형과 문제 유형에 따른 지문과 선택지 내용에 대한 관찰이 이루어진다. 실제로 교실상황에서의 언어 학습 활동은 많은 관찰을 통해 이루어진다. 즉, 대화상 관계, 상황 등 여러 조건에 대한 관찰과 추리적인 가정에 따른 잠정적인 결론 및 실험 분석을 통해 결론에 도달한다. 어휘 접근방식에서 언어 관찰은 학습자의 능동적이고 자율적인 태도를 기초로 처음에는 소수의 어휘 항목으로 시작하여 점차 다양한 종류의 어휘를 포함해서 이를 바탕으로 가설을 형성한다.

7.2.2 가설 단계

지식이란 계속적인 검증과 재검증의 과정을 거치는 가설적인 것으로, 교사는 학습자가 가설 형성에 필요한 자료를 수집하고 수정하는 과정을 거치는 검증 단계를 토대로 교실 분위기를 조성해야 한다. 또한, 이 단계에서는 예측된 결과를 언급하기 위해 학습하고자 하는 특정한 언어 항목의 관찰을 통해 예상되는 결과를 추론한다. 즉, 주어진 문제에 대한 잠정적인 설명 혹은 가능성을 진술하는 단계이다. 이것은 고려 중인 문제에 적용할 수 있는 선후 관계, 설명, 기술 등을 가급적 분명하게 표현함으로써 수용 운용 능력(intake operation ability)을 높이는 단계이다.

학습 주제 항목에 대한 가설은 실제적으로 많은 언어적 관찰에 의해 형성되는 경우가 많다. 다시 말해, 가설은 교실 활동에서 주어진 과업을 수행하기 전에 관찰하는 사실이나 조건을 설명하고, 앞으로의 과업 수행 활동을 이끌기 위해 형성되는 예리한 짐작이나 추리라고 할 수 있다. 학습자의 입장에서 볼 때, 가설이 없으면 학습의 초점을 맞출 수 없다. 명백한 가설이 있어야 가설을 중심으로 자료를 수집하고 분석하는 등의 집중적인 노력을 기울일 수 있기 때문이다. 이는 가르치는 교사의 입장에서도 마찬가지이다.

어휘 접근방식에서의 가설은 처음에 매우 불안정한 것에서 시작해서 계속하여 입력 언어를 관찰하면서 그리고 학습 전략 훈련이 이루어지면서 점차적으로 안정적인 가설로 바뀌게 된다. Gass와 Selinker(1994)에 따르면 가설은 언어 재료를 동화시키는(assimilating) 과정인 수용의 구성요소로서, 가설 형성(hypothesis formation), 가설 검증(hypothesis testing), 가설 기각(hypothesis rejection), 가설 조정(hypothesis modification), 가설 확증(hypothesis confirmation)으로 구분된다.

7.2.3 실험 단계

가설을 지지하고 증명하기 위해 경험적 자료를 참작해 보는 과정으로 이 단계는 탐색과 연결된다. 잠정적인 결론인 가설이 맞은 경우(긍정)에는 채택하고 틀린 경우(부정)에는 기각시킨다. 채택된 언어 정보는 학습자 자신의 언어 능력을 통해 일반화되어 후속 학습을 촉진하는 역할을 하게 된다. 또한, 기각된 정보는 오류 수정을 거쳐 형성된 재가설에 대한 재실험을 통해 올바른 정보로 출력되어 일반화 과정을 밟는다. 일반화 가능성의 개념은 '한 과업 수행 결과가 다른 표본에도 적용될 수 있는가' 하는 적용가능성(applicability), '한 과업 수행 결과가 다른 상황에서도 유효한가' 하는 전이가능성(transferability), '실행한 과업 수행 결과와 유사한 상황이 주어진 경우 그 수행 결과가 선행 결과와 어느 정도 유사한가'하는 반복가능성(replicability)을 높일 수 있는 과정이 필요하다.

이와 같은 실험 단계에서는 학습자 모국어의 영향을 받아 긍정적 혹은 부정적 전이를 통해 심리적 기제가 작동되어 복잡한 학습 과정이 발생한다. 따라서 학습자가 언어 입력 단계에서 최종적으로 형성한 가설은 여러 가지 학습 활동을 통한 실험 과정에서 만나게 되는 긍정적 증거에 기초해서 강화되거나 부정적 증거에 의해 기각된다. 입력(input)의 개념에 대한 구분은 Corder (1967)에 의해 처음 시도되었다. Corder는 학습자에게 노출되는 모든 종류의 언어를 입력 언어로 규정하고, 이 중에서 학습자의 마음에 내재화되어(taken in) 목표어 체계의 일부로 동화된 것을 수용(intake)으로 구분했다. 이와 같은 과정은 학습 활동이 진행되면서 순환적으로 이루어진다. 즉, 부정적 증거에 의해 기각된 가설은 다시 똑같은 과정을 통해 재설정될 수 있으며, 가설의 확인과 부정이 여러 차례 반복되면서 언어 출력으로 나오게 되어 일반화에 이르게 된다. 이런 과정을 통해 연역적 언어 규칙을 확립하여 내재화됨으로써 의사소통능력 향상에 기여하게 된다.

7.3 어휘 교수 학습 과정안 모형

어휘(연어) 교수 학습 과정안은 한 시간의 전체 수업에 적용될 수도 있고, 가령 50분 한 시간 수업 중에서 연어 중심 활동을 하는 20분 내외를 할애하여 지도할 수 있는 과정에 대한 것이다. 따라서 <그림 7-3>과 같이 G1은 전통적인 단어 목록 중심의 어휘 학습 활동이고, G2는 연어 중심 어휘 학습 활동 과정으로 구성되었다. <그림 7-3>에서처럼 교사의 연어 인식도를 높여 G2의 연어 중심 어휘 지도의 활성화를 위해서도 G1의 전통적인 단어 목록 중심 어휘 지도의 수업 절차, 활동 내용과 방법을 이해할 필요가 있기에 함께 제시하였다.

<table>
<tr><th colspan="2">단계</th><th rowspan="2">수업절차</th><th colspan="3">활동 내용 및 방법</th></tr>
<tr><th>G1</th><th>G2</th><th></th><th>G1*</th><th>G2**</th></tr>
<tr><td rowspan="3">제시</td><td rowspan="3">관찰 및 가설 설정</td><td rowspan="3">▶ 도입
· 1차 언어 자료 입력
-수업(활동)목표 제시: 주제어 제시
-필수 어휘 목록 제시
-언어자료 제시</td><td rowspan="2">교사</td><td>· 활동 과제 제시: 주제어에 따라 연상되는 단어 항목 작성 방법과 언어 자료를 예시하고 단계별 언어 활동 제시</td><td>· 활동 과제 제시: 주제어에 따라 연상되는 단어 및 어휘 항목 작성 방법과 언어 자료를 예시하고 단계별 학습 전략 제시</td></tr>
<tr><td colspan="2">· 고려사항: 교사와 학습자 간, 학습자간 상호작용 활성화
· 장려사항: 활동 자료 준비-각종 사전, 어휘노트, 코퍼스 등</td></tr>
<tr><td>학습자</td><td>· 어휘 학습활동 학습장(워크북) 작성하기
- 단어 목록 작성하기
· 단어별 의미 파악하기
- 주어진 영어 단어 의미를 한국어로 적기(영어: 한국어)
- 집단 토론</td><td>· 어휘 학습활동 학습장(워크북) 작성하기-연어 노트 등
- 품사별 단어 목록 작성하기
· 단어 목록을 관찰하고 이를 바탕으로 가설 설정하기
- 언어 자료에서 어휘 항목 관찰하기: 의미, 형태, 품사별 결합관계 등
- 여러 개의 어휘 항목에서 규칙성 발견하기
- 집단 토론</td></tr>
<tr><td rowspan="3">연습 및 생성</td><td rowspan="3">가설 실험 및 가설 검증</td><td rowspan="3">▶ 전개 및 정리
· 2차 언어 자료 입력
· 언어 수용 및 출력
-학습활동 전략 제시
-언어 연습 제시
-발표를 통한 정보 공유</td><td rowspan="2">교사</td><td>· 어휘 학습장의 단어에 대한 정의적 의미 제시</td><td>· 설정된 가설을 실험해 보고 검증할 수 있는 학습 활동, 게임, 전략 제시</td></tr>
<tr><td colspan="2">· 고려사항: 학습 부진학생과 활동이 부진한 집단에 대한 관심 집중
· 장려사항: 조장/팀장을 중심으로 소집단 모둠 활동 권장</td></tr>
<tr><td>학습자</td><td>· 개별 단어 의미 익히기
- 단어 목록의 의미를 기억하고 영어와 한국어의 대응어 익히기
· 추출한 어휘로 문장 완성해보기
- 사전 활용, 집단 구성원 간 상호작용 권장
· 질의 응답하기 활동
- 학습장의 Q & R란에 적기
· 학습 중 발견사항 EUREKA!란에 적기
· 학습활동 평가하기: 자기 평가, 집단 평가-발표를 통한 정보 공유</td><td>· 가설을 실험하고 확인 및 수정하기
- 품사별 단어 결합하고 확인하기
- 해당 단어와 결합 가능한 단어를 찾아보기-이전에 배운 어휘 항목 활용 권장
· 결합어의 의미가 맞는지 실험하기
- 사전 활용, 동료피드백 권장
· 결합어를 중심으로 문장을 완성해보기-실험하기 전략 활용
· 질의 응답하기 활동
- 학습장의 Q & R란에 적기
· 학습 중 발견사항 EUREKA!란에 적기
· 학습활동 평가하기: 자기 평가, 집단 평가-발표를 통한 정보 공유</td></tr>
<tr><td colspan="6">*G1: 단어 목록 중심의 전통적인 어휘 학습 집단 **G2: 연어 중심의 어휘 학습 집단</td></tr>
</table>

〈그림 7-3〉 어휘 교수-학습 과정안 모형

7.3.1 교사의 역할

어휘 접근방식에서 교사는 일차적으로 학습자가 언어 입력으로부터 뭉칫말을 알아차리고 이를 내면화하도록 학습자의 수준에 적합한 뭉칫말을 충분히 제시하는 안내자이자 수업의 전략가 위치에 있어야 한다. 이 과정에서 교사는 자신이 알고 있는 지식을 전달해주는 지식 전달자이거나 학습자의 학습 과정을 직접적으로 통제하는 수업 통제자가 되어서는 안 된다. 교사는 학습자가 자율적으로 어휘 항목을 관찰하고 나름의 가설을 세우며 이를 실험하고 검증하는데 필요한 언어 입력 자료와 학습 전략을 제시해주는 것이 주된 역할이다.

또한, 언어는 상호작용을 통해 발전하기 때문에 교사와 학습자 간, 학습자 상호 간 언어 활동이 활성화될 수 있도록 교실 관리에 있어 풍부한 식견이 필요하다. 따라서 교사는 학습자의 심리적 경향을 파악하고, 언어 학습 목표를 명확히 제시하여야 하며, 학습 활동 내용과 방법에 있어 학습자와의 공동 전략을 구안하도록 해야한다. 수업 활동은 교사 혼자서만 이루어낼 수 없다. 어느 면에서 고등학교 1학년 정도의 학습자는 학교 내외적으로 언어 활동이 풍부하며 모국어에 대한 지식도 축적되어 있다.

따라서 교사는 그들의 내적인 언어 지식을 촉발시키고 끌어낼 수 있는 교수 전략을 바탕으로 수업 모형을 구안·적용해야 한다. 교사 주도의 전통적인 수업 활동에서는 교사가 끊임없이 언어 자료를 제시할 뿐, 학습자의 수용적 전략과 언어 출력을 다루는데 있어서는 소홀했다. 그 결과 수없이 전달된 수많은 언어 입력은 출력으로 생성되지 못하고 교사와 학습자 간의 수업 활동은 효율적이지 못한 부분이 많았다.

이와 같은 교실 내의 문제점을 극복하는데 있어 연어 중심 수업 모형 기본 구조(그림 7-2)와 어휘 교수 학습 과정안 모형(그림 7-3)에서 교사의 역할은 상당히 제한적이지만 학습자의 요구를 충족시키면서 영어 학습에서 촉매 역할을 담당할 수 있다. 수업 모형은 전통적인 수업에서 교사의 설명식/강의식 제시와 그것을 바탕으로 연습하고 표현하는 패러다임으로는 학습자의 실질적인 언어 발달에 큰 도움을 주지 못한다는 전제에서 출발한다. 특히, 많은 학습자들은 어휘력이 부족하여 직접적으로 다른 종합적인 언어 기술을 위한 활동을 효과적으로 수행할 수 없는 상황인지도 점검할 필요가 있다.

따라서 어휘력을 향상시키는 방법이 긴요하다고 판단하여 본 수업 모형을 구안하고 적용할 필요가 있다. 각 집단별 수업 과정과 내용은 같을지라도 그 방법에 있어 차이를 두어 어휘 습득 전개 과정 및 그 효과성을 알아보고 과정별로 재검토할 필요가 있다. 지도 과정안 모형에서의 언어 자료 입력은 1차와 2차 두 단계로 제시되는데, 1차 언어 입력 단계에서 G1에게는 주제어에 대한 어휘 항목 자료와 정보를 제공하며, G2에게는 가설 설정의 자료가 되는 여러 어휘 항목이 포함된 언어 자료를 제공한다. 또한, 학습자의 학습 진척 상황에 따라 G1에게는 추가적인 어휘 항목 자료와 정보를 제공하며, G2에게는 가설 검증에 근거가 되는 긍정적, 부정적 증거가 포함된 언어 자료를 접하게 한다.

제2언어 습득에서 학습자들이 정확한 언어 형태와 부정확한 언어 형태에 대한 가설을 세울 때, 그들이 활용할 수 있는 증거로는 긍정적 증거(positive evidence)와 부정적 증거(negative evidence)가 있다. 전자는 학습자가 듣는/읽는 발화에서 얻어지며, 따라서 그들이 학습하는 적격문의(well-formed) 발화에서 제한된 조합으로 구성된다. 학습자가 하나의 특정한 문장 유형을 들은 적이 없을 때, 그 문장이 그 언어에서 불가능하기 때문에 들은 적이 없는지, 아니면 우연히 그렇게 된 것인지를 알 수 없을 것이다. 학습자에게 입력을 제공하는 언어의 문장들이 긍정적 증거라고 알려져 있는 것은 바로 이러한 점에서이다. 언어적 가설은 긍정적 증거의 기반에서 세워질 수 있다. 반면에, 부정적 증거는 학습자가 학습하는 언어의 규범에서 볼 때 그의 발화가 그 규범에서 벗어났다는 것을 학습자에게 제공하는 정보로 구성된다. 이러한 증거로는 'That's not right' 같은 직접적인 교정이나 'What did you say?' 같은 간접적인 질문을 포함해서 많은 형태를 취할 수 있다(Gass & Selinker, 1994).

2차 언어 자료 입력에서 교사는 피드백 제공자로서 학습자의 학습 활동을 더욱 촉진시키고 학습자의 반응에 대한 교사와 학습자간의 피드백을 활성화하여, 언어 오류 수정을 통한 발전적이고 창조적인 언어 습득 과정이 이루어지게 함으로써 언어 수용력을 극대화시키고 이해 가능한 출력(comprehensible output)을 유도한다. 이 과정에서 교사는 학습자에게 어휘 습득 전략을 제시해주어 규칙화·내재화하도록 하여 언어 발전에 기여하고 촉진시켜야 한다.

7.3.2 학습자의 역할

교사 주도의 수업환경이 학습자 중심의 학습 과정 중심 수업으로 바뀜에 따라 학습자의 역할 또한 기존의 관점과 달라졌다. 본 수업 모형에서 학습자는 주어진 언어 자료나, 혹은 스스로 선정하고 준비한 학습 자료로부터 규칙을 인지하고 가설을 세운 후 적용해 보는 과정을 통해 규칙을 세워나가는 발견자로서의 역할을 수행한다. 기존의 제시-연습-생성의 수업 절차 방식에서는 교사 주도의 설명식 강의를 통한 언어 입력 제시에 초점을 두고 그 제시된 입력 자료를 표현해낼 수 있는 연습에 강조를 두었다면, 어휘 접근방식에서는 언어에 대한 관찰적 의식의 고양을 통해 교사가 제공하는 언어 자료나 자신이 준비한 언어 자료에서 어휘 항목을 알아차리고 스스로 규칙화하여 언어 습득의 일반화 과정을 밟아간다.

따라서 이 수업 모형에서는 교수와 학습의 관계를 직접적인 대응관계로 보지 않고 상호작용적인 것으로 본다. 학습자를 '무엇인가를 할 수 있는 힘이나 능력'을 가진 자율적인 존재로 보며 학습자 스스로 학습 목표를 설정할 수 있고, 적절한 학습 전략을 선별하여 활용할 수 있으며, 자신들이 활용하는 학습 전략을 성찰해보고 자신의 학습을 스스로 평가하거나 모니터할 수 있다. 그런 면에서 요즘에 더욱 강조되고 있는 학습자 자율성 제고와 자기주도적 학습 촉진에 초점을 둔다.

무엇보다도, 이 수업 모형에서 학습자는 자율 언어 학습(autonomous language learning)을 할 수 있는 사람으로서, 의사소통의 주체자의 역할을 한다. 이를 위해서 학습자는 외부로부터 주어지는 다양한 언어 입력에 대해 적극적인 관찰과 가설을 통해 자신이 익혀야 할 어휘 항목을 스스로 발견해야 하며, 자신의 가설이나 규칙을 정립하기 위해 이용 가능한 주변의 자료들을 적극적으로 관찰하고 가치 있는 언어 정보를 활용하려는 태도가 중요하다. 다시 말해, 학습자는 학습자이면서 자체 평가자라고 할 수 있다.

7.4 연어 유형 선정과 연어 인식도 평가

연어 유형에 있어서 BBI 사전은 연어를 문법적 연어와 어휘적 연어로 분류하고 있다. 교사가 지도하고 관찰할 중점적인 연어 유형으로 Benson 외(1997)가 제시한 어휘적 연어 7가지와 Lewis(2000a)가 제시한 연어 유형 중에서 명사+명사 유형을 포함하여 학습 목표와 학습 자료 및 학습자의 필요 등을 고려하여 선정할 필요가 있다. 명사+명사 연어 유형을 포함시킨 이유는 품사 중에서 명사가 가장 많으며 어휘 결합 원리에서도 명사가 가장 중요하다는 점을 강조하고자 하기 때문이다(Lewis, 1997a).

어휘적 연어(lexical collocation: LC)뿐 아니라 필요에 따라서는 문법적 연어(grammatical collocations: GC)를 선정하여 학습자들이 전통적인 문법 학습 방법과 연어적 접근 방식과의 차이점도 살펴볼 것을 권한다. 여기서는 <표 7-1>과 같이 뭉칫말로 주로 많이 사용하는 어휘적 뭉칫말 네 유형에 학습과정에서 많이 접하는 하나의 문법적 연어 유형을 더하여 총 다섯 유형만을 제시해 본다. 동사+명사 유형은 명사+동사 유형과 함께 제시하였고, 동사+부사 유형은 경우에 따라 부사+동사 형태로 나타나기도 하는데 두 경우를 모두 동사+부사 유형으로 처리했다. 부사+형용사는 학교 교육 과정에서 그 빈도가 높지 않지만 부사의 이해를 위해서 필요하다고 판단되어 최근에 세부적이고 강조하는 언어 사용 습관을 반영하여 동사+부사의 유형과 함께 한 유형으로 처리했다. 뒤에 연어 유형 지도에서는 분리하여 설명하고자 한다. 자세한 유형별 연어 학습 활동은 8장에서 살펴보기로 한다. '텍스트 내의 연어'는 <표 7-1>에서 제시된 개별적인 연어 유형을 넘어 그 연어들이 실제로 텍스트 내에서 어떻게 구현되고 있는지와 학습자가 텍스트 내에서 그와 같은 연어를 얼마나 인식하고 있는지도 알아볼 필요가 있다.

〈표 7-1〉 선정된 연어의 하위 유형

연어 유형	예
LC1: 복합명사(N+N)	cable car, swimming pool, phone number shoelace, a surge of anger, sex education, a sense of accomplishment, coffee pot...
LC2: 동사+명사(V+N) 명사+동사(N+V)	do one's homework, make a decision take precautions, hold a second meeting, meet the requirements, The spring wind blows, lion roar...
LC3: 형용사+명사(A+N)	rough estimate, compelling evidence small world, heavy rain, powerful engine, soft drink...
LC4: 동사+부사(V+ADV), 부사+형용사(ADV+A)	really appreciate, successfully complete, cordially invite, closely acquainted, meet regularly with someone, incredibly delicious, terribly sorry...
GC1: 전치사+명사(P+N)+(명사), 명사+전치사(N+P)	in a concrete manner/way/fashion in the writing process, in cooperation with, comment on, interest in, research/comment on...

이와 같은 다섯 유형의 결합 관계는 다소 크게 분류한 것으로 영어 문장이나 담화 및 텍스트에서 뭉칫말로 가장 빈번하게 나타나고 이해는 물론 산출 문장의 지배적인 역할을 한다. 또한 동사+전치사인 동사구는 동사로 처리하였다. 이와 같이 어휘적 연어의 네 가지 유형과 하나의 문법적 연어 유형은 개별 단어와 결합한 어휘 항목을 구성하여 종합적인 언어 기능을 학습하는데 도움을 줄 것이다.

연어 인식도를 알아보기 위한 연어 평가(collocation test) 시 유형별 문항은 현행 학습자의 학습 내용(문어/구어, 네 기능 등)과 수준을 반영하여 구성할 필요가 있다. 또한, 학습자가 막연히 숙어식으로 암기하여 고르는 것을 방지하고 연어 항목의 완전한 지식을 평가하기 위하여 다양한 형태의 동사 활용과 문장 구조를 포함한다. 예를 들어, 'make an effort' 보다는 'make a great effort', 'make an all-out effort', 'made an earnest effort to pass the test'로 특별히 주의를 기울여서, 현재와 과거 시제, 능동태와 수동태, 긍정과 부정 등을 적절히 사용하여 평가 후 피드백 활용도를 높인다. 그리고 복수의 언어관련 전공 원어민의 감수를 통해 수정 보완하여 엄선하여야 한다.

평가 방법에 있어서는 5장 '연어 교수 전략 원리'와 '연어 학습 활동을 위한 교수 방법'에 기반하여, 유형별로 객관식 또는 주관식으로 다양하게 구성할 수 있다. 또한, 문항별로 정답을 고르는 과정을 알아보기 위해 해당 문항을 푼 직후 각 문항 바로 다음에 '언어 보고(verbal reports)' 기법을 이용하여 '완전히 알고 고른 경우(full comprehension)', '정답이라 생각하는 2-3개 중에서 고른 경우(educated guess)', '전혀/거의 알지 못하고 고른 경우(random guess)' 중에 표시하도록 하여 학습자가 문제를 풀면서 사용한 인지적 사고 과정(cognitive thinking process)에 대해 간단히 살펴보면서 평가 후 피드백 자료로 활용한다. 이와 같은 언어 보고 과정은 읽기 과정의 다양한 측면을 평가하고 수험자의 의식을 고양시킴으로써 독해(읽기) 평가에서 수험자가 문항처리 과정에서 사용한 전략을 알아보는데 유용한데, 이를 위해 실행 가능한 측정 도구로 전략 대조표(strategy checklist)를 사용하지 않고 언어 보고를 하게 할 경우 언어 보고 과정으로 인해 수험자가 시험 수행 시 주의가 산만해질 수 있으며(Jeong-Won Lee, 2002b), 그 결과, 언어 보고를 요구받지 않았을 때만큼 주어진 테스트를 수행하지 못하게 될 것이라고 지적한다(Cohen, 2000).

따라서 Cohen(2000)과 Jeong-Won Lee(2002b)가 지적하고 제안한 바에 기초하여 시험 수행 자체에 미치는 부정적 영향을 최소화하기 위해 수험자가 해당 문항을 풀고 난 직후에 주어진 연어 평가 각 문항에서 자신이 사용한 시험 수행 전략(test-taking strategies)을 간단하게 전략 대조표(상기한 세 가지 방식)에 표시하도록 한다. 즉, 아래에서 예시한 바와 같은 조치를 통해 언어 보고 과정에 따른 혼란을 최소화하면서 학습자의 인지적 영역에서 이루어지는 정신적 과정을 간단하게나마 알아봄으로써 평가 차시별 어휘 인식도의 변화를 개인별, 또는 집단 간 비교해볼 수 있다.

연어 인식도 평가를 위한 동사+명사 연어 평가 문제 예시

1. I forgot to ____ my English homework last night.

① do ② have ③ make ④ take ⑤ give

ⓐ 완전히 알고 풀었다 (full comprehension) ⓑ 정답이라 생각하는 2-3개 중에서 골랐다 (educated guess) ⓒ 전혀/거의 알지 못하고 골랐다 (random guess)

2. If you were in the same situation, what decision would you ____?

① give ② make ③ have ④ do ⑤ put

ⓐ 완전히 알고 풀었다 (full comprehension) ⓑ 정답이라 생각하는 2-3개 중에서 골랐다 (educated guess) ⓒ 전혀/거의 알지 못하고 골랐다 (random guess)

3. The students in high school ____ a great effort to enter a good college.

① do ② have ③ put ④ make ⑤ give

ⓐ 완전히 알고 풀었다 (full comprehension) ⓑ 정답이라 생각하는 2-3개 중에서 골랐다 (educated guess) ⓒ 전혀/거의 알지 못하고 골랐다 (random guess)

4. Appropriate actions were ____ to secure the students' safety.

① put ② had ③ gave ④ taken ⑤ did

ⓐ 완전히 알고 풀었다 (full comprehension) ⓑ 정답이라 생각하는 2-3개 중에서 골랐다 (educated guess) ⓒ 전혀/거의 알지 못하고 골랐다 (random guess)

5. He ____ thanks to his friends for helping his project.

① gave ② took ③ had ④ did ⑤ made

ⓐ 완전히 알고 풀었다 (full comprehension) ⓑ 정답이라 생각하는 2-3개 중에서 골랐다 (educated guess) ⓒ 전혀/거의 알지 못하고 골랐다 (random guess)

평가 유형의 다양성과 학습자 수준을 고려하여 어휘적 연어와 문법적 연어가 문장과 문맥 속에서 어떻게 구현되고 작동하는지를 알아보기 위한 평가도 필요하다. 아래 예시를 통해 평가 유형 구안 시 세심한 고려를 통해 평가에 따른 교수 학습 방법에 영향을 미치는 역영향 효과(washback effect)를 기대해 본다.

On the first day of the new school year, I was 1 *largely/ terribly/ perfectly* upset for being late. I told the teacher that I was worried about my dad but to no avail. The teacher scolded me 2 *happily/ especially/ severely* for 3 *doing/ making/ planning* poor excuses. She was giving a lecture on the 4 *generating/ generated/ generation* gap. When I walked in, she said, "The young don't seem to respect promptness." The fact is that I got up in time to catch the 5 *different/ right/ perfect* bus, but took the wrong one. In addition, there was a 6 *traffic/ bumper/ street* jam on the road that morning.

The story starts on a snowy night. My father was still at work, and I was waiting for him to get home. He runs a small 7 *delivering/ delivery/ delivered* company of about 20 employees. He is always thinking about improving the 8 *lived/ live/ living* conditions of the family. About 10 years ago, he 9 *made/ had/ did* a heart attack from overwork. I knew that he 10 *usually/ hardly/ properly* finished work by 9 o'clock. It must be that he felt a 11 *many/ hard/ heavy* responsibility to his brothers. They hadn't worked in over a year, and he sent them money to help out. I was worried and drank many cups of 12 *powerful/ strong/ light* coffee waiting up for him. I thought about the family get together last year. It was so much fun to gather and have a really big 13 *farewell/ garden/ search* party. Dad is 14 *really/ clearly/ faithfully* outgoing. He has such a 15 *double/ pleasant/ wise* personality. There would be no party this year. Money was too 16 *tight/ economical/ much*. Maybe, I wouldn't even have a dad. I understood, but it was 17 *successfully/ generally/ totally* unacceptable.

Although the stress was getting to me, I continued to wait up for my dad. I played 18 *computer/ computing/ computed* games and wandered about the house. Around 2:00 a.m., I 19 *took/ gave/ had* a headache, so I 20 *took/ made/ ate* an aspirin and went to bed. I got up late and Dad still wasn't home. I hurried to the bus stop. Because I was worried about my dad, I didn't pay attention to the bus I was boarding. As soon as the bus rounded the corner, I saw that cars were stopped bumper-to-bumper in the city center and realized that I had taken the wrong bus. That is why I am late for school.

또한, 연어 인식도 검사의 또 다른 하나는 학습한 교재의 텍스트를 활용한 평가로 본문 내용 전부 또는 일부를 조정된 규칙 빈칸 채우기 검사(modified cloze test)를 통해 실시해본다. 아래와 같이 추론적 규칙 빈칸 채우기 검사(rational cloze test)는 텍스트 하단에 각 빈 칸에서 삭제된 단어와 함께 학습자의 수준을 감안하여 추가로 20% 내외의 오답 선택지(distractors)를 무작위 순으로 배열해서 텍스트 하단에 제시한다. 이와 같이 조정된 유형은 학습자에게 본래의 규칙 빈칸 채우기 검사보다 두려움을 덜 주면서 테스트의 본질적인 필요사항을 충족시킬 수 있다(Jeong-Won Lee, 2002a). 이 때 연어 평가에 부합하기 위해 몇 단어마다 엄격하게 빈 칸을 채우도록 할 수도 있지만 가능하면 단어나 뭉칫말을 임의로 삭제하지 않고 내용어만을 선택하여 삭제하고 평가한다. 이와 같은 '추론적 규칙 빈칸 채우기 테스트'로 불리며, 주로 연어 또는 어휘묶음(lexical bundles)을 찾는 능력을 측정하기 위해 시행할 수 있다.

Your Actions Can Change the World

Can you think of some things you can do to help the earth? There are many things you can do in order to **1**______ the earth. For example, use less paper. Since most paper **2**______ from trees, using less paper can help **3**_____ the rain forests. Use **4**______ paper whenever possible. It's better to use tree-free paper. Tree-free paper uses no trees; it is made from plants like corn stalks and wheat straw. Remember to **5**______ paper by writing on both sides of the sheet and by using half-sheets whenever you can. And remember to recycle all the time.

Another way to use less paper is to use a lunch **6**____ or canvas bag for your school lunches, and take a canvas bag to the grocery **7**____ instead of using a paper or **8**___ bag. Use cloth napkins at home and at school instead of paper napkins, and use cloth **9**_____ to dry your hands instead of paper **10**____.

Use less gasoline and plastic. Gasoline and plastic are two things that are made from petroleum or oil. A lot of oil **11**____ from the rain **12**_____. Using less oil **13**______ can help save the rain **14**____. Instead of using gasoline to drive somewhere in a car, **15**_____ your bike, walk, carpool, or **16**_____ the bus whenever possible. Also **17**_____ sure your family's car tires have enough air since low air in tires uses more gas than necessary.

Reduce the amount of plastic you use by choosing glass **18**______ and containers whenever possible and by reusing the plastic containers and bottles that you already have. If you have plastic water **19**_____, do not throw it out and buy a new one. Instead, wash it and **20**_____ it again and again.

ride protect have save towels make forests comes refill canned plastic store bottle(s) recycled take box products bow

하지만, 위와 같은 연어평가처럼 학교 시험이나 성적을 위한 연어 테스트로 머물러서는 학습자의 연어지수(Collocational Quotient: CQ)와 연어이상의 학습력을 높여주는 데 한계가 있다. 예컨대, 강의 시간에 학생들에게 쉬운 동사 'meet'의 의미를 질문하면 대부분이 '만나다'라고 응답했고 간혹 어휘력이 높은 학습자는 '충족하다/충족시키다' 정도로 답했다. 그러나 실제로 meet를 사용하도록 하면 대다수가 'meet somebody'나 관습화된 발화(institutionalized utterances) 형태로 'nice/glad/happy to meet you' 정도의 범위를 말하였다. 또는 토익과 같은 시험 경험이 있는 학생들은 'meet the deadline'이나 'meet the demand'를 말하였다. 저자의 연어노트에는 그 외에도 'meet the requirements', 'meet new standards', 'meet the strict demands', 'meet the needs', 'meet the quality', 'meet the expectations', 'meet specifications', 'meet these conditions', 'meet the/their obligations', 'meet someone halfway', 'meet the criteria for assessment', 'meet the directions' 등이 있었다. 학생들에게

COCA와 같은 코퍼스 프로그램이나 연어사전 등을 활용하여 'meet'와 결합하는 명사를 찾아보도록 하면서 귀납적으로 'meet'의 사용 용례를 다양하게 접해보도록 지도할 필요가 있다. 또한, 학습 과정 중에 마주치는 연어정보를 연어노트/어휘노트에 가능한 문장 단위로 체계적이고 다양한 방식으로 기록하도록 하면 연어지수 CQ를 높이는 데 도움이 될 것이다.

7.5 기타 자료 활용

7.5.1 사전 활용과 코퍼스 기반의 연어사전[3)]

어휘 학습을 바르게 하기 위한 사전 사용의 필요성은 많은 학자들이 주장하였을 뿐만 아니라 EFL상황인 학습자들이 체험적으로 익히 알고 있다. 그런데 어휘 학습을 어떻게 하는 것이 효과적일까에 대한 의견은 학자마다 다르다. Harmer(2001)는 어휘를 안다는 것은 단순히 단어를 아는 것(knowing a word)으로 그치지 않고 해당 단어를 맥락에 맞게 적절하게 사용하는 능력까지 포함하는 것이라 주장한다. 즉, 의미(meaning)뿐 아니라 용법(word use) 그리고 품사나 접사와 같은 어휘 정보(word information) 그리고 더 나아가 어휘 문법(word grammar)을 아는 것까지를 포함하는 개념이라고 강조하였다. Nesi(2000)도 단어의 '의미'를 아는 것은 이해 활동을 위해서 충분한 경우가 많지만 표현 활동을 위해서는 단어의 '사용'을 아는 것이 중요하다고 강조하였다. 더욱이 실시간 의사소통시대인 오늘날에는 듣거나 읽기 시 요구되는 이해 어휘와 발화나 작문에서 사용하는 표현 어휘를 향상시키기 위한 학습활동이 더욱 중요해졌다(이정원, 김낙복, 2005).

Hartmann과 James(1999)는 영국 엑스터 대학생들의 사전 사용 연구를 한 결과, 응답자의 69.6%가 사전 사용 교육이 중요하다고 응답하였으나 34.6%의 학생들은 사전 사용 교육을 전혀 받아본 경험이 없다고 응답하였다고 보고하였다. 하지만 많은 응답자들이 쓰기와 읽기 활동에서 사전을 사용하고 사전 사용이 그들의 학습에 유용하다고 응답하였다. 한국과 외국 대학생들을 대상으로 한 조사에서도 사전 참조 교육을 대부분이 받아보지 못했으며 체계적인 사전 사용 교육을 받을 필요가 있다고 보고하고 있다(정영국, 조미옥, 2012; Chi, 2003; Myong Hee Ko, 2011; Jesun Ryu, 2006; Sánchez, 2005).

---

3) 본 자료는 [김낙복 (2015), 연어 사전 분석과 활용 방안: "Wind"의 어휘적 연어를 중심으로. *영어교과교육, 14*(3), 71-77]을 수정 보완한 내용임.

<표 7-2>에서 보는 바와 같이 모든 사전에는 그 나름의 독특한 특징과 장점을 갖고 있으며 상보적인 관계에 있다. 따라서 학습자의 필요나 수준과 상황에 따라 선택 사용할 수가 있다. 특히, 최근에 출판된 코퍼스 기반 연어 사전은 영어의 수용적 기능보다 표현적 기능을 학습하고자 할 때 원어민의 자연스러운 표현과 용법 예를 찾아볼 수가 있어 한국과 같은 EFL 학습자들에게 매우 유익하다.

〈표 7-2〉 언어활동별 영어 사전 활용의 예(정영국, 배연경, 2009 수정)

언어활동	한영 사전	동의어 사전	영한 사전	영영 사전	구동사 사전	연어 사전
영어 단어의 철자나 정의를 확인할 때			✔	✔		
한국어에 대한 영어 대응어를 모를 때	✔					
가장 정확한 표현을 고르고 싶을 때		✔		✔		
동어 반복을 피하고 싶을 때		✔				
어떤 개념에 대한 우리말 단어가 생각나지 않을 때		✔				
우리말 속담이나 관용어에 해당하는 영어 표현을 찾을 때	✔					
영어 관용어의 의미를 알고 싶을 때			✔	✔		
영어 구동사로 바꾸거나 그 의미를 알고 싶을 때				✔	✔	
문형이나 용법을 확인하고 싶을 때			✔	✔		✔
연어나 복합어 용례를 알고 싶을 때	✔			✔		✔
상황에 적절한 표현인지 확인해야 할 때				✔		✔
생각해낸 영어 단어가 실제로 있는지, 그 의미가 맞는지를 확인할 때			✔	✔		

Bogaards(1996)는 이해를 위한 활동에서 학생들이 사전 사용 방법을 잘 알지 못하며 사전 사용을 좋아하지 않는다고 보고하였다. 이는 학습자들에게 사전 사용의 필요성 및 중요성을 설명하기에 앞서 사전에 들어있는 언어적 요소와 특징 및 학습 요령을 안내하고 지도해 줌으로써 그 필요성과 중요성에 대한 인식을 높일 것을 시사해 주고 있다. Wingate(2004)는 사전 사용 교육을 통해 사전에서 필요한 정보를 찾고 이해하는 데 도움을 줄 수 있다고 강조하고 있다. Battenburg(1991)도 언어학습에서 사전 사용 교육을 통해 사전 사용 기술을 익히고 언어에 대한 정보도 지도하여야 한다고 강조한다. 오늘날 시공간 관계없이 인터넷을 사용할 수 있는 모바일 세대인 학습자들은 스마트폰으로 어휘/연어 앱을 활용하거나 인터넷 사전을 손쉽게 사용할 수 있다.

한편, 학습자들은 일상생활 속에서 고정되었거나(fixed expressions), 반고정된 표현들(semi-fixed expressions)을 매일 반복하여 사용하고 있음을 인식하고 있다. 언어를 불문하고 이와 같은 언어적 특성을 아주 오래전부터 언어학자들은 언어의 공통된 기본 현상으로 여기고 단어와 단어의 결합인 연어 관계와 어휘 뭉칫말(lexical chunks)에 관심을 갖고 연구해왔다. 단어 간의 결합관계와 연어에 대한 연구 및 코퍼스 기반 연어 사전 편찬은 컴퓨터 기술의 발전에 따른 언어 자료 수집 및 분석 방법과 함께 진화, 발전해왔다. 1980년 후반부터 영어사전은 소위 말뭉치에 기반한 사전 편찬이 이루어졌으며, 2000년대에 들어와서는 출판사 간 앞다투기를 하며 코퍼스를 반영한 사전이 경쟁적으로 편찬되었다. 이와 같은 사전의 표제어 단어에 대한 표제항에는 어휘적 요소뿐 아니라 통사적인 정보까지 포함되어 있기 때문에, 사전만 가지고도 영어 학습을 하는데 부족함이 없을 정도가 되었다. 하지만 중·고등학교 현장에서 학생들은 물론 교사들도 영어사전 사용 교육과 훈련이 제대로 되어 있지 않아 코퍼스를 반영한 영어 자원의 보고인 사전을 유용하게 사용하지 못하고 있다(배연경, 2013; Myong Hee Ko, 2011; Jesun Ryu, 2006).

사전은 일반 영어책 몇 권 이상의 다양한 정보와 용례 등이 있기에 올바른 사전 사용 방법을 알고 고르면 도움을 훨씬 많이 받을 수 있다. 자신의 수준과 필요에 따라 맞는 사전을 고르는 것은 활용도를 높이고 보다 정확한 영어 사용을 위해서도 필요하다. 즉, 학습자 사전에서 용례가 풍부하고 실제적이어야 한다. 특히 다품사나 다의어 단어의 연어 빈도 등 활용도 높은 용례가 들어있으면 좋은 사전이다. 예를 들어 단어 'umbrella'를 보면 동사+명사 연어로 'put up my umbrella', 명사+명사 연어로 'beach umbrella', 여기에 형용사 colorful을 더하여 'colorful beach umbrella'를 사용하면 여기에는 형용사+명사와 명사+명사 연어가 결합한 확장된 다중 연어(extended multiple collocation)가 된다. 확장된 다중 연어 사용을 통해 점차 길고 복잡한 표현을 창문화 훈련을 통해 언어 사용 숙달도를 높일 수 있다. 이와 같은 연어적 접근은 주로 개별 단어의 의미만을 위해 찾았던 이해용 사전에서 의미 단위의 표현용 사전으로 발전해 왔음을 의미하기도 한다. 따라서 연어 사전의 구성과 내용, 특징 및 용례 등을 비교함으로써 보다 효율적이고 효과적인 영어 학습 방법과 지도방안을 찾을 필요가 있다.

언어학습에서 사전의 구성 요소와 활용이 대단히 중요하다는 점은 여러 학자들에 의해 강조되어 왔다(Carter, 1998; Harmer, 1991, 2001; Landau, 2001; McCarthy & O'Dell, 2001a, 2001b). 정영국(2003)은 국내외에서 많이 사용하고 있는 다섯 종류의 영영 전자사전(CD-ROM)을 다양한 분류 항목을 통해 비교·분석하고 학습자의 필요와 요구에 따라 적절한 사전을 선택하여 활용하는 것이 중요하다고 지적하고 있다. Harmer(1991)는 사전이 어휘 수를 늘리는데 가장 좋은 자원이며, 텍스트와 대화 중에 부딪히는 어휘의 의미를 파악하기 위해 대부분의 학생들이 이중 언어 사전을 사용하는데, 대개 이러한 사전은 학생들이 사용할 수 있는 충분한 정보를 제공해 주지 못해 심각한 번역의 오류를 가져올 수 있다는 점을 지적했다. 그 근거로 첫째, L1 목록에 해당하는 L2의 다의성 때문이며, 둘째, 학습자들이 L1의 여러 상당어(equivalents) 중 어떤 것이 관련된 것인지 구별하지 못하며, 마지막으로 단어의 형식성의 정도나 문법적 형태, 숙어의 출현 등에 대한 정보가 적다는 것이다.

어휘 학습 전략에 관한 연구인 Schmitt(1997)와 Jun-Eon Park(2001)의 사전 활용 실태 분석에서 대부분의 학생들이 이중어 사전((bilingual dictionary)인 영한사전을 사용하고 있었다. 학습자들에게 유용한 사전 중 하나는 단일어 사전(monolingual dictionary)과 이중어 사전을 합친 하이브리드 사전인 이중어화된 사전(bilingualized dictionary)이다. 이 사전의 유용성은, 첫째, Laufer와 Hadar(1997)는 영한사전, 영영사전 그리고 이중어화된 사전 중에서 어떤 사전이 학습자들이 모르는 단어를 찾았을 경우에 그 단어의 의미를 더 잘 이해하고 사용할 수 있게 하는지에 관한 연구에서, 이중어화된 사전식으로 목록을 작성한 단어를 가지고 학습한 학습자의 평균 점수가 가장 높았다고 보고하고 있다. 이와 같은 결과를 송미정(2003)의 연구에서도 입증했다. 둘째, Hunt와 Beglar(2002)에 따르면, 이중어화된 사전이 전통적인 이중어 사전이나 단일어 사전보다 L1으로 된 정의와 예문이 포함되어 있고 모든 수준의 학습자가 사용할 수 있는 장점이 있다고 주장한다. 즉, 우수한 학습자는 표제어의 영어 부분을 볼 수 있고, 초보자는 L1으로 번역된 부분을 사용할 수 있으며, 중급자는 그 두 부분을 활용할 수 있다. 따라서 사전 활용에 있어서도 훈련이 필수적이며 교육과정상 초기에 시작하여야 한다. 그러나 아쉽게도 대부분의 경우 사전 활용은 학습자에게 맡겨져 있고, 종종 가장 잘 활용할 수 있는 방법을 교사들은 훈련시키지 않는다고 지적하고 있다(Summers, 1988). 사실 요즘에는 다양한 사전활용 앱이 발달하여 학습자들이 무겁게 사전을 들고 다니지 않아도 온라인 사전을 많이 활용한다. 즉, 온라인 세대라고 할 수 있는 학습자들은 어휘 정보 제공원으로서 컴퓨터를 활용하여 그들의 단어 학습 욕구를 일정부분 충족시킬 수 있다.

한편, 연어 사전 측면에서, 영어 학습자를 위한 영어 연어사전은 BBI로 알려진 *The BBI Combinatory Dictionary of English*(1986)가 처음 출판되면서 부터이다. 연어의 구성은 중심이 되는 기반어(기저어, base 또는 central node)와 이것과 어울려 쓰이는 결합어(collocate)로 이루어진다. BBI사전을 뒤이어 선별된 연어사전(Selected Collocation Dictionary)을 편찬한 Hill과 Lewis(1997)는 전통적인 사전의 문제점을 지적하고, 훌륭한 사전의 요소와 교수에 대한 어휘 접근방식과 언어에 대한 어휘적 관점은 그 언어의 단어 항목보다 어휘구와 숙어 및 심지어 완전한 표현까지 포함된 것으로 간단하면서도 두드러진 차이가 있다는 점을 강조했다. 최근에 연어에 대한 정보를 포함시킨 영영사전에서 연어 표시는 볼드체나 이태릭체로 되어 있다. 연어 사전으로는 앞에서 살펴본 BBI, LTP와 OXFORD 등이 있는데 이들 사전의 특징은 기존의 사전과는 다르게 함께 어울려 쓰이는 어휘를 품사별로 소개하고 있어서 EFL 학습자가 원어민의 어휘 사용 용례를 쉽게 알 수 있도록 다양한 정보를 제공하고 있다는 점이다. 특히 *Oxford Phrasebuilder Genie*(2003)는 4,000여 개의 연어 관계 예문을 제시하고 있는 가장 방대한 사전으로 교사나 어휘 연구자에게 매우 유익한 정보를 제공해 준다.

이와 같은 특화된 연어사전은 주로 표현 활동용 사전으로 학습자들의 표현기능을 높이기 위한 것을 기본 목적으로 한다. 이와 같은 연어사전은 표현 활동이 부족한 학습자에게는 사전 사용 방법 및 용례 등을 익혀 기존의 영영사전이 제공하지 못했던 부분을 채워줄 수 있을 것이다. <표 7-3>은 그동안 출간된 연어 사전 5종의 구성 및 특징을 간략히 보여주고 있다. 각각의 사전들은 나름의 특징과 장점을 갖고 있으며 사용 대상층이 다를 수 있다. 특히, EFL학습자 측면에서 인상평가를 하면, 최근에 발간된 사전일수록 사용자 친화적으로 편집하고 필요한 정보를 수록하려고 노력한 흔적이 보인다. 기본적으로 이들 사전들은 다양한 소스에서 내용적으로도 방대한 구어체, 문어체 자료의 집합체인 영어 말뭉치를 컴퓨터를 이용하고 전산언어학의 도움으로 실제 언어 현상의 본질에 다가갈 수 있는 균형성과 다양성을 갖추고 있다.

〈표 7-3〉 분석 대상의 특화된 연어 사전 비교

사전명	출판 연도	쪽수	사전의 구성 및 특징
BBI	초판 1986 2판 1993 3판 1997	462	BBI는 세 저자들의 성 첫 글자를 따서 지은 이름이며, BNC(British National Corpus)를 기반하여 중고급 수준의 학습자들을 위한 어휘적 연어와 문법적 연어 제공
LTP	1997	287	Lexical Approach를 주창한 Lewis와 Hill이 원어민 수준의 학습자들을 위해 명사 섹션과 부사 섹션으로 나눈 독특한 구성의 포켓용 연어 사전
OCDSE	초판 2002 2판 2009	963	250,000개 이상의 방대한 연어를 수록하고 있으며, 75,000개 이상의 예문과 명사, 동사, 형용사, 부사, 전치사 주요 단어들의 활용 예를 수록한 사전
MCD	2010	911	약 20억 단어의 코퍼스를 기반으로 하여 엄선된 4,500개 이상의 핵심 단어를 중심으로 표제어에 따른 실제적인 용례를 수록
LCDT	2013	1463	75,000개 연어 및 8,000개의 코퍼스 기반한 예문과 7,000개 이상의 통합 유의어와 반의어, 학술 연어 리스트 수록

〈표 7-4〉 연어 사전별 특성 비교

특성 \ 사전종류		BBI	LTP	OCDSE	MCD	LCDT
표제어와 표제항	명사	○	○	○	○	○
	동사	○		○		
표제어 정의		△			○	○
연어 예문		△		△	○	○
어휘적 연어	명+명			○		○
	명+동	○	○	○	○	○
	동+명	○		○		
	형+명	○	○	○	○	○
	동+부			○		
문법적 연어	전+명	○	○	○		○
어휘구						○
기타정보		복합명사		복합명사	형+부	시소로스

<표 7-4>는 연어 유형별 분류로 어휘적 연어에 있어 BBI, OCDSE와 LCDT사전이 가장 다양한 연어 유형을 보여주고 있으며, BBI와 OCDSE만이 동사와 명사의 연어 모두를 제시하고 있다. LTP는 정의나 연어 예문이 제시되어 있지 않으며 많이 사용되는 연어 유형 3가지의 품사와 결합어만을 리스트로 나열하고 있다. 이는 기본적으로 원어민용이기 때문이다. 문법적 연어 중 전치사+명사 유형은 맥밀란의 MCD를 제외한 모든 사전에서 제시하고 있다. MCD 사전은 기타 정보로 다른 사전에는 없는 형용사 windy를 별도의 표제어로 하여 부사+형용사(extremely windy 등) 연어를 제시하고 있다. 롱맨의 LCDT는 다른 사전에는 없는 유의어 사전 시소러스(thesaurus)를 제공해주어 특히, 한국의 EFL학습자들에게는 유사어 사용에 많은 도움을 줄 수 있다. 옥스퍼드 OCDSE 사전은 MCD 사전과 함께 복합명사를 별도의 표제어로 제시하고 있다.

7.5.2 어휘 학습장 활용

어휘 학습장은 어휘적 교수요목(lexical syllabus)에 바탕을 두며, 언어 학습 활동을 구체화하고 집단 간 활동 비교를 하는데 중요한 활동 자료이다. 구체적으로, 어휘적 교수요목은 원래 1983년부터 시작된 COBUILD(Collins-Birmingham University International Language

Database) Project로 알려진 대용량의 컴퓨터화된 데이터베이스와 관련되는데, 이와 같은 대용량의 코퍼스 분석 결과를 사전과 어휘 빈도에 근거한 교수 자료를 만드는데 사용되었다. 이 교수요목은 기존의 단순한 개별적인 단어 목록이 아니라 실제적인 의사소통을 이끌 수 있는 의미 단위를 하나의 어휘 항목으로 처리하여 다단어 뭉칫말이나 그 뭉칫말의 핵심 부분을 뭉칫말화함으로써 학습자가 상황에 맞게 단어나 어휘 항목을 채워 넣어 의사소통 시 바로 활용할 수 있도록 구안되었다. 이 교수요목은 Lewis(1993, 1997a), Sinclair와 Renouf(1988), Willis(1990) 등이 제안하였는데, 이들은 어휘적 관점에서 개별 단어를 넘어 습관적이고 반복적으로 쓰이는 어휘적 특성(lexical features)과 결합 요소(combining elements) 및 문법적 패턴(grammatical patterns)을 어휘 항목화하여 어휘가 교수요목 성분과 언어 교수에 기여하도록 하였다. 교수요목은 교수 프로그램의 내용으로, 무엇을 학습하는가와 관련된다. 그 활용 방법은 교수를 어떻게 수행하는가이다. 교수 방법은 교수요목을 바꾸지 않고도 변화를 꾀할 수 있지만, 교수요목의 변화는 교수 방법의 변화에 상당한 영향을 미친다. 많은 경우에 있어 교수요목과 방법의 양상은 상호 밀접하게 관련 되어 있기 때문에 양자의 조화가 언어 학습의 효과를 가늠한다.

어휘 학습장은 <그림 7-3>의 어휘 교수학습 과정안 모형을 반영하여 G1용, G2용으로 나누어 <표 7-6>과 <표 7-7>과 같이 구안·적용될 수 있다. G1용은 기존의 어휘 학습 방법을 반영하여 구성되었고, G2용은 어휘 접근방식의 원리를 반영하여 구성되었다. 그 구체적인 단계별 활동 내용은 <표 7-5>와 같다. 여기서 주목할 점은 언어 입력 자료에 대한 집단간 활용 방법의 차이이다.

〈표 7-5〉 집단별 어휘 학습장 활동 단계

단계 \ 집단	G1	G2
1	본시 어휘 학습 주제 선정과 목표 제시	본시 어휘 학습 주제 선정과 목표 제시
2	주제와 관련된 단어를 찾아 무작위로 적기	주제와 관련된 단어를 찾아 품사별로 명사, 동사, 형용사, 부사 난에 적기
3	찾은 영어 단어에 대응하는 우리말의 의미 적기	찾은 단어를 연어적으로 결합시키고[N+N, A+N, V+N, V+Adv/Adv+A] 의미 적기
4	찾은 단어를 활용하여 어휘 항목이나 문장을 완성해보기	연어 항목을 활용하여 어휘 항목이나 문장을 완성해보기
5	질문과 응답하기 활동	질문과 응답하기 활동
6	발견사항 적기와 정보 공유 활동	발견 사항 적기와 정보 공유 활동
7	자기 평가 및 집단 평가	자기 평가 및 집단 평가

G1용과 G2용 어휘 학습장의 큰 차이점은 단계 2와 3인데, 전통적으로 단어 목록 중심으로 어휘 학습을 하는 G1의 학습자에게는 주제어에 따른 가능한 영어 단어를 찾아 무작위로 적고, 그것의 우리말 의미를 쓰고 암기하게 한다. 반면에, 연어 중심으로 어휘 학습을 하는 G2의 경우에는 주제어에 따른 가능한 단어를 찾아 품사별로 분류하여 해당란에 쓰고, 연어 활동을 통해 네 종류의 연어 유형란에 해당되는 연어를 적고 그 의미를 파악하도록 한다.

연어 학습 활동은 습관은 모방을 통해 형성되며 반복을 통해 강화된다는 행동주의 학습 모형에 입각한 제시-연습-생성의 패러다임에서 탈피하여, 기본적으로 구성주의 학습에 기반한 관찰-가설-실험 모형에 근거하여 학습 활동이 이루어진다. 그러기 위해 먼저 문형이나 언어 형식을 제시하지 않고 학습자들의 적극적인 참여와 활동을 통해 사전 등 학습 자료를 활용하여 규칙 발견 활동을 유도한다.

Harmer(1991)는 발견 활동(discovery activities)의 중요성을 강조하면서 발견 기법의 과정으로 학습자에게 발견 활동을 위한 학습 자료를 제시하고 언어가 어떻게 작용하는지 발견하도록 요구하고 발견한 패턴을 적게 하여 학습자가 활동에 더 참여할 수 있도록 제안한다. 이와 같은 활동은 귀납적 규칙 발견을 위한 추론 과정을 불러일으키도록 하여 교육적, 방법론적으로 유익하다고 설명한다. 또한, 학습 활동 과정에서 제기될 수 있는 집단 간 어휘 학습장 상호 교류를 방지하기 위하여, 학습장에 학번과 실명을 쓰고 각 주제별 활동 일시와 활동 결과에 대해 학습장 하단에 자필 서명을 하도록 한다.

〈표 7-6〉 G1용 어휘 학습장

<table>
<tr><td colspan="3">활동 일시: 20 . . . 교시</td><td colspan="2">반(팀/팀명), 팀원</td><td colspan="2"></td></tr>
<tr><td colspan="7">활동 과업(주제):</td></tr>
<tr><td colspan="7">활동 목표:</td></tr>
<tr><td colspan="7" align="center">활동 내용</td></tr>
<tr><td colspan="7" align="center">단어 목록</td></tr>
<tr><td colspan="2">English: Korean</td><td>English: Korean</td><td colspan="3">English: Korean</td><td>English: Korean</td></tr>
<tr><td colspan="2"></td><td></td><td colspan="3"></td><td></td></tr>
<tr><td colspan="7">Find vocabulary items & make sentences.

1.
2.
3.
4.</td></tr>
<tr><td colspan="3">Questions:</td><td colspan="4">Responses:</td></tr>
<tr><td colspan="7">EUREKA!</td></tr>
<tr><td rowspan="4">평가</td><td colspan="2">자기 평가(self-assessment)</td><td colspan="4">집단 평가(group-assessment)</td></tr>
<tr><td>1.과업준비</td><td>①적극적 ②보통 ③소극적</td><td colspan="2">1.상호작용정도</td><td colspan="2">①적극적 ②보통 ③소극적</td></tr>
<tr><td>2.참여도</td><td>①적극적 ②보통 ③소극적</td><td colspan="2">2.과업수행정도</td><td colspan="2">①상 ②중 ③하</td></tr>
<tr><td>3.만족도</td><td>①만족 ②보통 ③불만족</td><td colspan="2">3.만족도</td><td colspan="2">①만족 ②보통 ③불만족</td></tr>
</table>

▶ A wordlist-based approach to learning vocabulary(15-20 minutes)

Procedures	Activities
1	Select the topic and present the goals of the lesson
2	Find and write as many words related to the topic as possible from the vocab-workbook, looking up unknown words in your dictionaries
3	Understand/Grasp the meaning of the words found
4	Make as many sentences as possible using the words found
5	Ask questions and respond
6	Write the discoveries
7	Self & group assessment

Example:

찾은 영어 단어	우리말 의미
swimming world small lace	수영 세계 작은 끈
decision rough manner really	결정 거친, 대강의 방법 실제로, 정말로
pool break process closely	물웅덩이 깨뜨리다, 휴식 과정 가까이, 밀접하게
relate estimate comment regularly	관계(관련)짓다 견적(서), 평가, 판단 코멘트/논평 규칙적으로

〈표 7-7〉 G2용 어휘 학습장

<table>
<tr><td colspan="3">활동 일시: 20 . . . 교시</td><td>반(팀/팀명), 팀원</td><td></td></tr>
<tr><td colspan="5">활동 과업(주제):</td></tr>
<tr><td colspan="5">활동 목표:</td></tr>
<tr><td colspan="5">활동 내용</td></tr>
<tr><td colspan="5">품사별 단어 목록</td></tr>
<tr><td colspan="2">명사</td><td>동사</td><td>형용사</td><td>부사</td></tr>
<tr><td colspan="2"></td><td></td><td></td><td></td></tr>
<tr><td colspan="2">N+N: Korean</td><td>V+N: Korean</td><td>A+N: Korean</td><td>V+Adv/Adv+A: Korean</td></tr>
<tr><td colspan="2"></td><td></td><td></td><td></td></tr>
<tr><td colspan="5">Find vocabulary items & make sentences.
1.
2.
3.
4.</td></tr>
<tr><td colspan="3">Questions:</td><td colspan="2">Responses:</td></tr>
<tr><td colspan="5">EUREKA!</td></tr>
<tr><td rowspan="4">평가</td><td colspan="2">자기 평가(self-assessment)</td><td colspan="2">집단 평가(group-assessment)</td></tr>
<tr><td>1.과업준비</td><td>①적극적 ②보통 ③소극적</td><td>1.상호작용정도</td><td>①적극적 ②보통 ③소극적</td></tr>
<tr><td>2.참여도</td><td>①적극적 ②보통 ③소극적</td><td>2.과업수행정도</td><td>①상 ②중 ③하</td></tr>
<tr><td>3.만족도</td><td>①만족 ②보통 ③불만족</td><td>3.만족도</td><td>①만족 ②보통 ③불만족</td></tr>
</table>

▶ A collocation-based approach to learning vocabulary(15-20 minutes)

Procedures	Activities
1	Select the topic and present the goals for the lesson
2	Find and write as many words related to the topic as possible in the vocab-workbook in a separate part-of-speech column, looking up unknown words in your dictionaries
3	Include previously-known words, combining a word with other words in an N+N, V+N, A+N, V+Adv/Adv+A way using the words found.
4	Look for lexical items and make as many sentences as possible using the phrases found. Determine the understanding of the phrase meanings.
5	Ask questions and respond
6	Write the discoveries
7	Self & group assessment

Example:

Collocation type	Examples
LC1: 복합명사 (N+N)	cable car, swimming pool shoelace, phone number...
LC2: 동사+명사 (V+N) 명사+동사 (N+V)	make a decision take a break, The spring wind blows...
LC2: 형용사+명사 (ADJ+N)	rough estimate small world soft drink...
LC4: 동사+부사 (V+ADV), 부사+형용사 (ADV+ADJ)	really appreciate meet regularly with someone closely acquainted terribly sorry...
GC1: 전치사+명사(P+N), 명사+전치사(N+P)	in a concrete manner/way/fashion in the writing process comment on...

7.5.3 동영상과 인터넷 활용

〈표 7-8〉 연어와 어휘 접근방식 관련 유용한 동영상과 웹사이트 주소

● **The Lexical Approach**
https://www.youtube.com/watch?v=-wf4yr4S4hk
https://www.youtube.com/watch?v=kD7cDnHEtH0
https://www.youtube.com/watch?v=_BvdcGkQlxs
http://www.youtube.com/watch?v=iBu4-mzap30
http://www.youtube.com/watch?v=Qy-P3zOmjR8&feature=relmfu

● **Collocations**
https://www.youtube.com/watch?v=nh8r9SDmHn4
https://www.youtube.com/watch?v=dss_hlqmMGM&feature=related
http://www.youtube.com/watch?v=jRi-a78NBWg&feature=related
https://www.youtube.com/watch?v=4YuBS3F0XGc
https://www.youtube.com/watch?v=CqRloBkyqQs
https://www.youtube.com/watch?v=CEVo5lSDsqw
https://www.youtube.com/watch?v=iyZgZhHMovI
https://www.youtube.com/watch?v=Grj96ia_HTU&feature=related
http://www.eslflow.com/collocationsandphrasalvebs.html
http://www.eslprintables.com/printable.asp?id=226516
http://www.english-test.net/esl/learn/english/grammar/ii184/esl-test.php
http://wiki.answers.com/Q/What_is_Lexical_Collocation

● **Chunks & Chunking**
http://www.youtube.com/watch?v=i5nhuBoMNG8&feature=related
https://www.youtube.com/watch?v=hydCdGLAh00
https://www.youtube.com/watch?v=KhZrQQeZ0WA
https://www.youtube.com/watch?v=i5Qcc0Y1SK4
https://www.youtube.com/watch?v=PxLHWgQ0cHk
https://www.youtube.com/watch?v=G3NBl9i949E

● **Concordance**
https://www.youtube.com/watch?v=LfzcMbnG-WM
https://www.youtube.com/watch?v=FzI6tbO5EvQ

시간과 장소의 제약없이 네트워크 접속이 가능한 온라인 유비쿼터스(online ubiquitous) 시

대인 오늘날, 학생들은 한시도 스마트폰을 손에서 떼고는 생활하지 못한다. 즉, 오늘날 학습자들은 일상생활 도구로 스마트폰을 사용할 뿐만 아니라 학습과 비즈니스업무까지 모바일 기기를 이용하여 손쉽게 처리하고 있다. 교육과 학습 환경도 기존의 E-learning (electronic-learning)에서 M-learning (mobile-learning)으로 급속히 바뀌어 가고 있는 추세다. 학생들은 가정에서 뿐만 아니라 학교에서도 각종 학업활동과 과제 등을 스마트폰으로 온라인 처리하고 있다. 이러한 상황에서 영어 연어학습과 관련하여 기본적인 학습을 할 수 있는 동영상 YouTube와 웹사이트 주소 목록을 <표 7-8>과 같이 정리해 보았다. 위에 제시한 목록이외에 많은 관련 동영상과 웹사이트를 학습에 활용할 수 있을 것이다. 또한 학생들에게 온라인 사전뿐 아니라 연어/어휘 사전(English collocation dictionary) 앱(Apps)을 활용하여 연어 지수(CQ)를 높일 수 있는 활동을 다양하게 할 수 있다. 교사는 기본 자료와 활용 정보를 제공하고 학생들이 스스로 학습할 수 있도록 도와주면 될 것이다. 특히, 좀 더 전문적인 연어 검색 및 코퍼스 활용을 위해서는 앞에서 언급한 COCA와 BNC 및 ANC(American National Corpus)와 같은 코퍼스, Complete Lexical Tutor(http://www.lextutor.ca), BYU-BNC(http://corpus. byu.edu/bnc)와 같은 온라인 콘코던스(Online Concordancers)와 AntConc(http://www.laurenceanthony.net/software/antconc/), MonoConc Pro(http://www.monoconc.com) 그리고 WordSmith (https://lexically.net/ wordsmith/index.html)와 같은 오프라인 콘코던서를 사용하여 학습자들에게 기본적인 사용 방법을 설명해주면 컴퓨터 기기에 능숙한 그들이 더 잘 활용하는 것을 보게 될 것이다.

7.6 연어 교수 학습 지도안 작성

연어 교수-학습 지도안은 초등과 중등교육에 걸쳐 사용할 수 있도록 활용 예를 제시하였고, <표 7-9>와 <표 7-10>은 김경자와 김낙복(2012)이 제시한 단원별 연어 지도 목록 및 연어 학습 활동 내용으로 학습자 수준과 교육 내용에 따라 다양하게 적용할 수 있다.

〈표 7-9〉 단원별 연어 지도 목록

단원명	연어 목록
1. What Grade Are You In?	□ What grade are you in? □ I'm in the sixth grade.

<table>
<tr><td rowspan="9"></td><td colspan="2">□ How's it going?
□ I'm ok.
□ How about you?
□ I like soccer.
□ What's your favorite (sports/ food/ subject/ actor)?
□ My favorite (sports/ food/ subject/ actor) is ---.</td></tr>
<tr><td>□ 연어인식(낱말)</td><td>play / join/ club/ soccer/ violin/</td></tr>
<tr><td>□ 의미망 짜기</td><td>play/ join/</td></tr>
<tr><td>□ 연어 스파게티</td><td>go camping...</td></tr>
<tr><td>□ Kim's Game</td><td>play soccer/ play the violin/ play computer games/ join the band/</td></tr>
<tr><td>□ 말짝꿍 놀이</td><td>play/ join/</td></tr>
<tr><td>□ 고정표현 익히기</td><td>How's it going?
-I'm good./ Not bad.
How about you?</td></tr>
<tr><td>□ 연어노트 쓰기(V+N)</td><td>play soccer/ play the violin/ play computer games/ join the band/</td></tr>
<tr><td colspan="2" style="display:none"></td></tr>
<tr><td rowspan="8">2. I'll Play the Guitar.</td><td colspan="2">□ What will you do for the talent show?
□ I will do Taekwondo.
□ I will play the guitar.
□ sing a song
□ ride a bike
□ do my homework
□ read a poem
□ Let's make a band.
□ That's a good idea.</td></tr>
<tr><td>□ 연어인식(낱말)</td><td>will/ play/ sing/ ride/ do/ read/ make/ have</td></tr>
<tr><td>□ 의미망 짜기</td><td>play/ sing/ ride/ do/ read/ make/ have</td></tr>
<tr><td>□ 연어 스파게티</td><td>do/ ride/ read/ make</td></tr>
<tr><td>□ Kim's Game</td><td>do Taekwondo/ play the guitar/ sing a song/ ride a bike/ do homework/ read a poem/ make a band/</td></tr>
<tr><td>□ 말짝꿍 놀이</td><td>do/ ride/ read/ make</td></tr>
<tr><td>□ 고정표현 익히기</td><td>What will you do?
I'll do--
Let's do--
That's a good idea.</td></tr>
<tr><td>□ 연어노트 쓰기(V+N)</td><td>do/ ride/ read/ make + □</td></tr>
</table>

3. I Have a Fever.	□ What's the matter? □ I have a fever. □ I have a runny nose. □ I have a headache. □ I have a toothache. □ I have a stomachache. □ I have a cold. □ You look sick. □ That's too bad.	
	□ 연어인식(낱말)	have/ look
	□ 의미망 짜기	have
	□ 연어 스파게티	have/ look
	□ Kim's Game	have a fever. have a runny nose. have a headache. have a toothache. have a stomachache. have a cold.
	□ 말짝꿍 놀이	have/ look
	□ 고정표현 익히기	What's the matter? That's too bad.
	□ 연어노트 쓰기(V+N)	have/ look + □
4. When is Your Birthday?	□ When is your birthday? □ It's June 17th. □ No problem. □ How about you? □ That's right. □ make cookies □ have a soccer game □ have a special plan □ Can I join you? □ have a party	
	□ 연어인식(낱말)	make/ party-birthday party/
	□ 의미망 짜기	have/ join/ make
	□ 연어 스파게티	have/ join/ make
	□ Kim's Game	make cookies have a soccer game have a special plan join friends

		have a party
	□ 말짝꿍 놀이	make
	□ 고정표현 익히기	How about you? No problem. That's right.
	□ 연어노트 쓰기(V+N)	make + □
5. Who's Calling, Please?	□ May I speak to Bora? □ Who's calling, please? □ watch a movie □ hang up the phone □ hold on □ It's for you.	
	□ 연어인식(낱말)	watch/ hang up/ hold on
	□ 의미망 짜기	watch
	□ 연어 스파게티	watch
	□ Kim's Game	watch a movie/ hang up the phone/ talking on the phone.
	□ 말짝꿍 놀이	watch
	□ 고정표현 익히기	May I speak to Bora? Who's calling, please? hang up the phone / hold on It's for you.
	□ 연어노트 쓰기(V+N)	watch + □

〈표 7-10〉 단원별 연어 학습 활동 유형

단원명	차시	G2	G1
1. What Grade Are You In?	1	새로운 어휘 소개 -연어 인식	새로운 어휘 소개 -낱말 인식
	2	의미망 짜기 활동	서수 철자 익히기
	3	연어 스파게티	노래 부르기 (What grade are you in?)
	4	Kim's game	그림-낱말 연결하기
	5	말짝꿍 놀이	빈칸 채워 문장완성하기
	6	고정 표현(fixed expressions) 익히기	주요 표현 넣어 이메일 완성하기
	7	연어 노트 만들기	철자 복습하기

2. I'll Play the Guitar.	1	새로운 어휘 소개 -연어 인식	새로운 어휘 소개 -낱말 인식
	2	의미망 짜기 활동	주요 낱말 철자 익히기
	3	연어 스파게티	노래 부르기 (What will you do?)
	4	Kim's game	그림-문장 연결하기
	5	말짝꿍 놀이	주요 표현 읽고 쓰기
	6	고정 표현(fixed expressions) 익히기	문장 완성하기
	7	연어 노트 만들기	철자 복습하기
3. I Have a Fever.	1	새로운 어휘 소개 -연어 인식	새로운 어휘 소개 -낱말 인식
	2	의미망 짜기 활동	회전판 돌려 읽기
	3	연어 스파게티	노래 부르기 (What's the matter?)
	4	Kim's game	그림보고 문장 완성하기
	5	말짝꿍 놀이	그림 순서 맞추고 문장 쓰기
	6	고정 표현(fixed expressions) 익히기	틀린 곳 고쳐 쓰기
	7	연어 노트 만들기	철자 복습하기
4. When is Your Birthday?	1	새로운 어휘 소개 -연어 인식	새로운 어휘 소개 -낱말 인식
	2	의미망 짜기 활동	카드 보고 순서 짓기
	3	연어 스파게티	노래 부르기 (January, February, March)
	4	Kim's game	그림보고 문장 완성하기
	5	말짝꿍 놀이	문장 그림 연결하기
	6	고정 표현(fixed expressions) 익히기	메모 완성하기
	7	연어 노트 만들기	철자 복습하기
5. Who's Calling, Please?	1	새로운 어휘 소개 -연어 인식	새로운 어휘 소개 -낱말 인식
	2	의미망 짜기 활동	철자 익히기
	3	연어 스파게티	노래 부르기 (Who's Calling, Please?)
	4	Kim's game	퍼즐 푼 후 문장 완성하기
	5	말짝꿍 놀이	주요 표현 읽고 쓰기
	6	고정 표현(fixed expressions) 익히기	그림-낱말 넣어 완성하기
	7	연어 노트 만들기	철자 복습하기

아래 <표 7-11>과 <표 7-12>의 교수-학습 과정안은 이영도(2016, pp. 38-41)의 어휘 중심 접근법을 활용한 쓰기 수업 지도안을 제시한다. 주로 동사+명사 연어 유형 활동이 이루어지고 있는데 학생들의 수준과 학습 과정에 따라 다양한 연어 유형 및 교수 방법을 선택할 수 있다.

〈표 7-11〉 어휘 중심 접근법을 활용한 1차시 교수-학습 과정안

Lesson	2. I have a headache.(1/2)		
Objectives	아픈 곳을 묻고 말하는 문장을 쓸 수 있다.		
Vocabulary (Words)	carry, cloudy, drink, feel, fever, headache, matter, sick, rest.		
Collocations	take medicine, go to, too much food, runny/bloody/stuffy nose		
Stage	Teaching- Learning Activities	Time	Aids
Introduction	■ Greetings -인사하기, 날짜, 요일, 날씨 등 묻고 답하기 ■ Motivation T: (미리 약속하고 감기 걸린 척 연기하는 학생에게) S1: (기침하며) 감기 걸렸어요. T: Do you have a cold? Oh that's too bad.	5'	
	Today's Objective ☞ 아픈 곳을 묻고 답하는 표현 연습하고 질병과 관련된 어휘뭉치를 익혀봅시다.		
Development	■ Look and Say(어휘뭉치 제시 및 관찰) T: 새로운 단어 어휘뭉치 형태로 제시 Ss: have a cold, take medicine, runny nose	5'	Flash Card
	■ Read and Connect(가설 설정) T: 개별단어들을 제시하고 연결하도록 유도 Ss: 개별단어들을 어휘뭉치 형태로 연결하기	5'	
	■ Domino Game(가설 설정) T: 언어도미노 게임 설명하기 Ss: 어휘 카드를 2장 뒤집어 연결되는 어휘 쌍찾기 ■ 언어 짝 찾기 게임설명 Ss: 본인이 가지고 있는 개별낱말카드와 짝을 이루는 친구찾기, 찾은 후 선생님에게 가서 어휘뭉치 말하기	10'	Word Card
Consolidation	■ 배움정리 및 차시예고 T: When you feel pain in your head, what do you say? Ss: I have a headache. T: Please write one sentence you learned today. Ss: Write a sentence about today's lesson. T: That's right. We'll write sentences we've learnt today.	5'	

〈표 7-12〉 어휘 중심 접근법을 활용한 2차시 교수-학습 과정안

<table>
<tr><td>Lesson</td><td colspan="3">2. I have a headache.(2/2)</td></tr>
<tr><td>Objectives</td><td colspan="3">아픈 곳을 묻고 말하는 문장을 쓸 수 있다.</td></tr>
<tr><td>Vocabulary
(Words)</td><td colspan="3">carry, cloudy, drink, feel, fever, headache, matter, sick, rest.</td></tr>
<tr><td>Collocations</td><td colspan="3">take medicine, go to, too much food, runny/bloody/stuffy nose</td></tr>
<tr><td>Stage</td><td>Teaching- Learning Activities</td><td>Time</td><td>Aids</td></tr>
<tr><td rowspan="2">Introduction</td><td>■Greetings
-인사하기, 날짜, 요일, 날씨 등 묻고 답하기
■ Review
T: Let's review the last lesson, Please look at my action and say the sentence.
Ss: I have a stomachache.
I have a runny nose.</td><td rowspan="2">5'</td><td rowspan="2"></td></tr>
<tr><td>Today's Objective
☞ 아픈 곳이나 질병과 관련된 어휘뭉치가 들어간 문장을 써 봅시다.</td></tr>
<tr><td rowspan="3">Development</td><td>■ 어휘 빙고 게임(가설 실험)
T: 어휘 빙고 게임 설명하기
Ss: 학습한 어휘뭉치를 빙고판의 빈칸에 쓰고 빙고 게임하기</td><td>5'</td><td>빙고판</td></tr>
<tr><td>■어휘 보드 게임(가설 실험)
T: 어휘보드 게임 규칙 설명하기
Ss: 주사위를 굴려 게임하고 문장 말하고 쓰기</td><td>10'</td><td>학습지</td></tr>
<tr><td>■ Unscramble the sentence(가설 검증)
T: 학습지 배부 및 설명하기
Ss: 섞여있는 단어들을 재배열하여 문장 완성하고 쓰기</td><td>5'</td><td rowspan="2"></td></tr>
<tr><td></td><td>■ 어휘 마인드맵 만들기(가설 일반화)
Ss: 어휘 마인드맵 만들며 문장 만들고 쓰기</td><td>10'</td></tr>
<tr><td>Consolidation</td><td>■ 배움정리
T: Can you write three sentences with the word 'have' in this lesson?
Ss: I have a headache. I have a stomachache. I have a backache...etc
T: Excellent. Now, please fill-in the self-evaluation form
Ss: Fill-in the self-evaluation form.</td><td>5'</td><td></td></tr>
</table>

아래 제시된 자료는 Tanju Deveci가 개발한 연어 학습 지도안으로 (http://www.developingteachers.com/plans/collpf_tanju.htm 2009. 1. 15일 검색) 우리 학습 상황과 다소

다른 면이 있지만 지도안을 구안하는 데 도움을 받을 수 있을 것이다.

Lesson plan sample 1

Collocation - a lesson plan 1

Level: Pre-Intermediate

Length of Lesson: 50 minutes

Type of Lesson: Lexis-Collocations

Objectives:
Main Objectives:

By the end of the lesson students will have
a - been encouraged to notice some collocational usages of the words 'make', 'do' and 'have' in a written (in the form of a letter seeking advice)and recorded dialogue by listening to the conversation first and then reading the typescript.
b - recorded these collocations on a worksheet provided by the teacher.
c - practiced using these collocations in context by writing sentences about themselves or their family members.

Subsidiary Objectives:
By the end of the lesson students will have had some practice listening for specific information.

Assumptions: Students aren't familiar with the word 'collocation', therefore, I will use the word 'phrase' in class. They have also done work on different kinds of collocations, such as 'to make friends', 'to make money', 'to do homework' etc. However, they have not had the chance to work on the infinitive forms of these collocations or written different sentences using them. That is, they easily recognize these collocations. They have been introduced to different ways of recording vocabulary items in their vocabulary journal and the importance of this has been made clear to them. Therefore, I do not expect them to have problems using the vocabulary sheet that I will provide them with. I also assume that they will be familiar with most grammatical structures covered in the materials.

Anticipated Problems:
a - Some of the students might want to understand every single word in the text. If this happens, ask them not to worry about all of the words that they do not know and encourage them to get the gist of the text first of all. If they have problems with target collocations or any other important vocabulary items, use one or more of the strategies below:
- Supply context
- Give explanations
- Mime
- **Let peers-help**

- Use equivalents in students' L1
- Compare with the students' mother tongue

b - Some of the grammatical structures in the text may be new for the students, and they might want to understand them fully by asking for clarification from the teacher. If such a thing happens, tell them that as long as they can understand what it means from the text, they should not worry about grammatical explanations since they will be learning them in a later lesson.

c - Since dictionaries do not contain all the infinitive forms of the target collocations, they might have problems trying to figure out the infinitive forms. Therefore, work with the whole class to extract infinitive forms.

For example: I made a new friend to make new friends

d - There might be a power-cut in the building, which would impede the listening. If this happens, read the dialogue changing your voice.

e - The bell might go off in the middle of the last stage where they are supposed to produce their own sentences using target collocations. Since this part is important, let the students know that they might need to stay in class 5 minutes extra and take their break after. Also, their friends might want to come for their friends while they are still on task. To avoid this, put a 'PLEASE DO NOT DISTURB' sign on the door.

Materials:
- A reading text in the form of a letter.
- A text in the form of listening.
- Pictures representing the people in the story.
- A tape-recorder.
- OHP / Computer /Websites
- Hand-out for recording collocations.
- The typescript of the dialogue.

Procedure:

Stage 1:
Aim: To establish the aim of the lesson (5 minutes).

A: T – Ss : Write the following sentence on the board:
(Ss – T)
I am ………………… a coffee.
Elicit what could be put in the blank. Expected answers: drinking, make, making, having.

B: T ——— Ss: After underlining the collocations, try to reach a consensus that these phrases have different meanings, and we need to learn them as phrases. Also, let them see that direct translation from L1 would not help them. To do this, ask them to translate the phrases into their L1

a) to make a coffee: Kahve yapmak/kahve hazirlamak (as in Turkish)

(they might say that kahve yapmak is a direct translation. Therefore, ask them if we can do a coffee. Do and make are translated the same in Turkish (yapmak)

b) to have a coffee: Kahve içmek -içmek in Turkish meaning to drink. Point out that we can say to drink coffee in English, but to have a coffee is more natural.

C: T – Ss: Tell them that in this lesson they will be dealing with such words including do, make and have. Make the importance of the lesson clear for them.

Stage 2:
Aim: To help students notice some collocational usages of the words 'make', 'do' and 'have' (15 minutes).

A: Ss – Ss: Remind students of the letter that they had read in the previous lesson. Tell them that this letter contains some phrases with make, do and have. Ask them to read the letter again to underline phrases in which the words make, do and have are used. (Display the instructions on Beam Projector)

First do one example with the class on Beam Projector.

B: Ss – T: When they are finished, ask in what lines they have found the phrases. And check if they have the meanings correct. Do this as follows:
- Ask them to translate the phrases into Turkish.
- Ask concept questions.
- Get them to reflect on the tenses used
- Mime (if possible)

C: T – Ss: While the meaning of each phrase is discussed, ask them to note the forms of the phrases on the worksheet that you provide them with.

Stage 3:
Aim: To have students listen to a dialogue for the gist meaning (5 minutes).

A: T – Ss: Ask them why Güllü's boyfriend could be behaving the way he is doing. This will give them a chance to predict first.

B: T – Ss: Show them a picture of the boyfriend Hulusi and explain that he is in a pub talking to one of his friends. Make it clear that they will be talking about Hulusi. Their task is to listen and see what he thinks about Güllü, and what kind of people his parents are.

C: Ss – T: Have open-class feedback.

Stage 4:
Aim: To give students a chance to make guesses about the correct choice of word (make, do and have)

to fill in the blanks in the collocational phrases in the typescript of the dialogue they have just listened to (10 minutes).

A: T – Ss: Tell them that working in pairs, they will read the typescript of the dialogue, but they need to provide the correct word (make, do, or have) in the collocational phrases in the correct tense.

Do one or two example with the class.

B: Ss - Ss: Get them to do the task in pairs.

C: Ss : When they are finished with the task, play the dialogue for a second time to check their answers. When the conversation is over, have open class feedback. If time does not seem to be enough for the following stages, only have oral feedback.

D: T – Ss: Elicit the infinitive forms of these collocations and ask them to record them on their worksheets while teacher writes on OHT.

Stage 5:
Aim: To give the students' the chance to personalize the target phrases by writing sentences about themselves or their family members (15 minutes).

A: Ss– Ss: Ask them to write some sentences about themselves or their family members using the target phrases. Give one example about yourself first.

Yesterday I had a fight with my wife, but I bought her some flowers and she forgave me.

B: Ss – Ss: When they have written their sentences, ask them to write their sentences on the board so that the other can also read.
If time does not allow all the students to write their sentences on the board, have only early finishers write on the board after you check their sentences. This will guide the other students as well. After students have read each other's sentences for peer-correction, ask some of them to read out their sentences to class for feedback.
If the bell goes off in the middle of the activity, keep the student in class for another five minutes, telling them that the next lesson will start five minutes late.

Contingency Plan:

Aim: To have student revise the phrases they have learnt in the lesson (10 minutes).

Ss – Ss: Get them to play hot-seat using the target phrases, where the students are put into two groups and with the help of the group member one person from each group tries to come up with the correct co-occuring word for the word given by the teacher. Each time he/she gets it correct the group gets a point. The group with most points is the winner!

Collocation lesson plan 2

Dear Jill,
How is everything? I am sorry about not writing to you for a long time. I am very busy these days.

I want to tell you that I am having a difficult time. I want to have your opinion about what to do. First, let me explain what's going on. I made a new friend a few months ago. We became very close. Actually, we became more than friends. We are lovers now! He is a nice boy, and I like him a lot, but we have some problems. Maybe this is because our personalities are different. He is a student like me. His name is Hulusi. His hobby is watching TV or doing nothing. He always talks about making money. I can't understand why he behaves like this. I wanted to speak to him about this many times. But he never agrees to talk to me about it. He says I should forgive him when he makes a mistake. Yes, I want to help our relationship, but I am not making any progress. Believe me, I am doing my best to save our relationship. However, I should say that I am losing hope.

Please give me some ideas.

Write to me soon.
With love

Your unhappy friend Güllü.

Answer Key:
Dear Jill,
How is everything? I am sorry about not writing to you for a long time. I am very busy these days.

I want to tell you that I am having a difficult time. I want to have your opinion about what to do. First, let me explain what's going on.
I made a new friend a few months ago. We became very close. Actually, we became more than friends. We are lovers now! He is a nice boy, and I like him a lot, but we have some problems. Maybe this is because our personalities are different. He is a student like me. His name is Hulusi. His favourite hobby is watching TV or doing nothing. He always talks about making money. I can't understand why he behaves like this.
I wanted to speak to him about this many times. But he never agrees to talk to me about it. He says I should forgive him if he has made a mistake. Yes, I want to help our relationship, but I am not making any progress. Believe me, I am doing my best to save our relationship. However, I should say that I am losing hope.

Please give me some ideas.
Write me soon.
With love

Your unhappy friend Güllü.

Fill in the blanks with the correct word 'make', 'do' or 'have'. You might need to make changes to these words.
Suzan : Did you 1)………..a good day then?
Hulusi : It was OK. A bit tiring and boring.
Suzan : Why is that?
Hulusi : You know about the homework I had to do. I hate 2)……… homework. And after school I met Güllü and we 3)…………a fight.
Suzan : Oh yes. I think you argue a lot. I wonder why?
Hulusi : She asks too many questions.
Suzan : I see.
Hulusi : Yeah.
Suzan : What do your parents say about this?
Hulusi : They don't know about Güllü and me.
Suzan : Why not?
Hulusi : They are busy people and I don't want to worry them.
Suzan : What does your father do?
Hulusi : He 4)………… business with Istanbul's most dangerous mafia-men, and rarely comes home. But he 5) …………… a lot of money!
Suzan : Really? What about your mother?
Hulusi : After my mother 6)……….her second child, my younger brother Selos, she got very busy doing housework and looking after the baby.
Suzan : That must be difficult for you.
Hulusi : Not really. I am happy.
Suzan : But Güllü is not!

The Answer Key:
Suzan : Did you 1) HAVE a good day then?
Hulusi : It was OK. A bit tiring and boring.
Suzan : Why is that?
Hulusi : You know about the homework I had to do. I hate 2) DOING homework. And after school I met Güllü and we 3) HAD a fight.
Suzan : Oh yes. I think you argue a lot. I wonder why?
Hulusi : She asks too many questions.
Suzan : I see.
Hulusi : Yeah.
Suzan : What do your parents say about this?
Hulusi : They don't know about Güllü and me.
Suzan : Why not?
Hulusi : They are busy people and I don't want to worry them.
Suzan : What does your father do?
Hulusi : He 4) DOES business with Istanbul's most dangerous mafia-men, and rarely comes home. But he 5) MAKES a lot of money.
Suzan : Really? What about your mother?
Hulusi : After my mother 6) HAD her second child, my younger brother Selos, she got very busy

doing housework and looking after the baby.
Suzan : That must be difficult for you.
Hulusi : Not really. I am happy.
Suzan : But Güllü is not!
Phrases with 'have', 'make' and 'do'

(to) have
(to) make
(to) do

The Answer Key:
Phrases with 'have', 'make' and 'do'

(to) have
a difficult time
someone's opinion about something
problems
a good day
a fight
have a child

(to) make
friends
money
a mistake
progress

(to) do
nothing
one's best
homework
business with someone

http://www.developingteachers.com/plans/collpf_tanju.htm 2009. 9. 15일 검색

아래 샘플 2는 저자가 중등학교에서 사용할 수 있도록 구안한 교수-학습 지도안이다. 학생들에게 유행하는 팝송이나 연설문 등을 통해 연어 쌍에 익숙하게 하고 과업중심 학습 자료를 통해 영어 연어에 자연스럽게 노출시킬 수 있도록 한다.

Lesson Plan Sample 2

English Teaching·Learning Plan

Instructor	0 0 0
Class	The 1st class of the first grade
Date	Wednesday, April 26th, 20...
Textbook	High School English published by 00

○○ High school

CONTENTS

I. Needs Analysis
II. Master Plan
A. Class Description
B. Basic Directions of Teaching Approaches
C. Instructional Considerations
D. General Aims
III. Sub Plan
A. Instructor
B. Date
C. Class
D. Text
E. Number of students
F. Teaching materials and Aids
G. Specific objectives of this lesson
H. Teaching Aids
I. Teaching-Learning Flow
J. Teaching-Learning Design

I. Needs Analysis of the Students

1. The target students: 1-1, 00 High School (29 students; male 15, female 14)

2. The date of the survey: April 26th. 20...
3. The method of the Survey: Questionnaire
4. The results of the survey

(1) Are the students satisfied with their English class?
① interested: 20(67%) ② Average: 10(33%) ③ not interested: 0(0%)

(2) Do they preview or review the class?
① Neither preview nor review: 20(67%)
② Only review: 8(27%)
③ Both preview and review: 1(3%)
④ Only preview: 1(3%)

(3) How much do they understand the English class?
① They can understand all the class. 2(6%)
② They can understand most of the class. 20(67%)
③ They have some difficulty to understand the class. 8(27%)
④ They cannot understand the class at all.

(4) In which four skills-reading, writing, listening, and speaking-are the students interested?
① Speaking: 7(24%) ② Listening: 5(16%)
③ Reading: 17(57%) ④ Writing: 1(3%)

(5) Which skills should be focused on in the English class?
① Speaking: 8(27%) ② Listening: 1(3%)
③ Reading: 21(70%) ④ Writing: 0(0%)

(6) What kind of class do they prefer?
① teacher-centered class. 1(3%) ② learner-centered class 29(97%)

5. English Proficiency level

	class average	school average	national average
Mid-term exam			
Mock-test(March)			

6. Analysis and discussion

Most of the students are not interested in studying English. Also they are not satisfied with their present English class. About 70% of the students were interested in their English class. Over 70% of students understand the English class well, and the others have some difficulties in understanding the class. Only a few students both preview and review and many of them neither preview nor review what they will learn or what they learned. After all, even though they are interested in English class, they don't study English hard. So their English levels are very low compared with the national average in trial exam. I suggest that the English teacher try to encourage them to have a habit of studying for themselves.

They think reading should be focused in English. This is because they need a good reading abilities to get a good grade in university entrance exam. some of students want to improve their speaking abilities most. This is because nowadays, speaking ability is regarded as a essential means in globalization.

They also prefer learner-centered class to teacher-centered class. So, to maximize the educational effect in class, teacher should adopt several methods to make them participate in class actively.

II. Master Plan

A. Class Description

The target class is one of the classes in the first grade of the 00 High School. The 29 students in the first class range in English proficiency level from beginning to intermediate. Their goals are academically oriented. But their interests in English is very low. Thus, first of all, they must be encouraged. Also they need to be divided into small group to promote their learning English according to their English proficiency.

B. Basic Directions of Teaching Approaches:

Learning to appropriately use what is learned is one of the greatest challenges for Korean learners of English. Traditionally, we, students as well as teachers, haven't paid much attention to productive skills such as speaking and writing. However, in a real-time communication era, we need to focus on the productive language skills as well as receptive ones like reading and listening. That is, with the development of computer technology, it is easier for us to access the native speakers through on-line communication or written dialogues. Thus, we need to have a good command of English to cope with such an accessible situation successfully.

One of the useful ways to improve speaking skills is a role play. When students assume a 'role', they play a part (either their own or somebody else's) in a specific situation. 'Play' means that the role is taken on in a safe environment in which students are as inventive and playful as possible. A group of students carrying out a successful role play in a classroom has much in common with a group of learners playing school, cooks, doctors and nurses. These are unselfconsciously creating their own reality and, by doing so, are experimenting with their knowledge of the real world and developing their ability to interact with other people. In this situation many other pair work activities, including ordinary conversation, provide an opportunity to do this, and are also dynamic and fun to use in the classroom.

Role play belongs to that category of language learning techniques sometimes referred to as low input-high output. This means that the teachers-centered presentation phase of the lesson is very short and not at all the same as it wouldn't be for a controlled practice drill. After a brief introduction, the students plunge into an activity in which accomplishing the task is more important than using the exact word and fluency predominates over accuracy. Here are some main reasons for using role play.

1. A very wide variety of experience can be brought into the classroom through role play. The range of functions and structures, and the areas of vocabulary that can be introduced, go far beyond the limits of other pair or group activities, such as conversation, communication games, or humanistic exercises. Through role play we can train our students in speaking skills in any situation.

2. Role play puts students in situation where they are required to use and develop those phatic forms of language which are so necessary in fostering the works of social relationships, but which are so often neglected by our language teaching syllabus. It is possible to build up these social skills from a very low level through role play.

3. It helps many shy students by providing them with a mask. Some more reticent members of a group may have a great deal of difficulty participating in conversations about themselves, and in other activities based on their direct experience.

4. It is fun. Once students understand what is expected of them, they thoroughly enjoy letting their imagination rip. Enjoyment automatically leads to better learning.

5. It is one of a whole gamut of communicative techniques which develops fluency in language students, which promotes interaction in the classroom, and which increases motivation. Not only is peer learning encouraged by it, but also the sharing between teacher and student of the responsibility for the learning process.

C. Instructional Considerations:

1. In order to facilitate students' communication activities, teachers should ignore the minor errors and mistakes which don't interfere with the general stream of communication.

2. According to students' proficiency levels, partial or almost whole use of their mother tongue is allowed, so that their knowledge of their mother tongue can be transferred to the target language learning positively.

3. The teacher should provide an environment where students are not afraid of making mistakes and can be engaged in communication activities with a low level of anxiety. To do so, reciprocal teaching and questioning is extremely encouraged.

4. In order to give students the opportunity to experience the authentic target language expressions, pronunciation, and culture, teachers should make the most use of a native speaker's voice (sound), using YouTube, etc.

5. In order to lessen students' anxieties and promote their communication skills, cooperative group

work or team learning such as role-play, discussion, and group presentation should be encouraged in behalf of task-based small group studying. And considerate measures should be taken in terms of 'sucker effect' and 'free-rider effect'.

6. The teacher helps immerse the students in the language that they are learning (that is, how their language is working.). Students have the opportunity to use their understanding and/or knowledge of English by creating original and personal ideas or feelings in the target language.

D. General Aims:

1. Students are able to think of words, expressions, phrases and structures and to use them in terms of the "lexical approach" in a wide variety of useful ways.

2. They express their ideas and opinions about the given topic in a simple form of oral /written English form by means of working alone, pair work or group work.

3. This is done in order to connect the content of the given dialogue to their interests and experiences, and expand it to other skills and to encourage the learners to improve their problem-solving ability through expanded learning strategies.

4. Self-assessment & group-assessment on what they are leaning are used in order to encourage and promote self-directed learning (SDL), learner autonomy, and further reinforce the new materials.

Ⅲ. Sub Plan

A. Instructor: 0 0 0
B. Date: April, 26. 20...; the 6th period.
C. Class: The first class of the 1st grade
D. Text: Recomposed materials: speaking scripts for role paly
E. Number of students: 29 (15 boys and 14 girls)
F. Main materials: speaking scripts for role play
G. Specific objectives of this class
Students are able to
- understand and express their ideas and opinions with the target expressions relevant to the topic and materials in pairs or small groups;
- speak/use what they learned in terms of the 'role play' in a small work by doing task-based learning activities;
- improve their speaking and listening skills through real and interactive communication.

H. Teaching Aids
computer, projection TV, YouTube, speaking scripts, etc.

I. Teaching-learning Flow

Small talk & Brainstorming	1. Introduction-greetings & roll-calling 2. Motivational activities-sing a song
	↓
Pre-task	1. Propose the task-doing role play 2. Task-based vocabulary learning
	↓
While-task	1. Role-play 2. Group Presentation 3. Task-based small group speaking activities 4. Confirmation of the result of group activities
	↓
Post-task	1. Reenforcement activities 2. Feedback and making a conclusion
	↓
Consolidation & Task-giving	1. Comments & remarks 2. Culmination: Saying good-bye

J. Teaching-learning Design

Steps	Procedures (Time)	Teaching-Learning Activities	Aids & Remarks
INTRODUCTION (7')	Greeting & Small talk (2')	T: Hi everyone? Well, is everyday here? Ss: Good afternoon, sir. T: (Presenting some current affairs in order to stimulate interests in the topic to be presented) How do you feel today? Are you happy? Ss: I am happy. T: If not, I will make you all happy.	► Let students lessen their anxiety
	Motivational activities (5')	T: Now, let's review the last lesson. What did you learn? Ss: (Putting what they learned briefly) T: Now. Let us check what was learned; chunking some sentences -John went to school with his friends to meet his English teacher on Thanksgiving Day. T: Now, I will give a pop quiz. If you know the answer to the question. raise your right hand. The one who answers correctly first will be given a book on English learning. After that, let's sing a song together. Question: What is the name of the small island in East Sea, which is the object of the conflict between Korea and Japan. What is it?	► Remind students of the learning points they learned

Steps	Procedures (Time)	Teaching-Learning Activities	Aids & Remarks
		Ss: Try to answer the question. This song is about our 주권 sovereignty. We never forget being invaded by Japan.	► Check the computer
		■ **recite and sing a song** ■ 울릉도 동남쪽 뱃길 따라 이 백리 **Ullung Isle to the south 90 clicks give or take a few** 외로운 섬 하나 새들의 고향 **A lone island a rocky place a refuge for some birds** 그 누가 아무리 자기네 땅이라고 우겨도 **No matter who puts a claim on that gem in the Eastern Sea** 독도는 우리 땅 우리 땅! **DokDo is our island, it's our land!**	► Sing a song together
D V L O P M E N T (37')	Pre-task Presenting the objectives (3')	T: Before getting started today's lesson, let's check today's task (assignment). Did you think of the vocabulary related to today's lesson. Ss: Yes, Sir. T: Name that, please. Ss: make a reservation, make a call, place an order, delicious food, have an appointment, T: Then what is today's topic? Let me help and understand the contents related to the topic and guide you to make a conversation. Now let me introduce the outline of what you are learning in this period. Ss: (Listen to me carefully) (Explain the studying objectives)	► Take a good example ► If applicable, let students do collocation activities
	While-task Presentation -role lay (30')	T: While you do role play with your team members, you try to do your best and encourage your members to present his or her role in a successful way. Are you with me? And I also tell you the importance of this class. This is part of your performance test. So do your best! OK? Ss: Yes, sir. Then can we use some useful props for our conversation?	► Let students speak loudly. ► Inform students of the stream of time
D V L O P M E N T (37')	While-task Presentation -role lay (30')	T: Of course, but you don't have to prepare too many materials. What is more important is that you can have a conversation with a chosen topic through role play. Did you get it? Ss: Yes, I got it! T: First, each team leader comes up here! We have to make an order by a draw. You can pick up one piece of paper. On the paper you can see the number. According to the number you can do role play. This is designed to improve your speaking ability. So you have to speak loudly so that other team	► Let students know the evaluation criteria ► Let other students not

Steps	Procedures (Time)	Teaching-Learning Activities	Aids & Remarks
		members can hear you clearly. Do you understand what I mean? Ss: Yes, sir T: Then, let's start with No. 6. I gave you the evaluation criteria(교육과정 확인). You can do it yourself and group check activities. T: I hope you can have a conversation in a more dynamic and interactive fashion. Ss: We will do our best and help us continue to make a conversation. T: I will do that. Last but not least, I will give each team about 5 minutes. So you have to finish your presentation within 6 minutes. Are you all ready? Ts: Yes. If you have any questions about your presentation. Ask me now. It is not easy to ask questions in the middle. Ok? Ss: I see. T: Let's start with No. 6. And next team is waiting a little bit. Ss: (Each team does a role play in an orderly manner) T: What's next team? Ss:	talk to their partners ► Present the time limit ► Make sure each team presents smoothly
D V L O P M E N T (37')	Post-task: Reenforcement & Feedback (4')	T: Above all, I am so proud of you today. You all did your utmost to play your own role. Now you noticed this activity need to cooperate together. If one of you don't participate in the activity. The team can't continue to have a conversation. While turn-taking, you can negotiate the dialogue a little bit, according to the time limit. Any questions about presentation. Ss:	► Give some useful positive feedback ► Stress the importance and role of the cooperative learning
C U L M I N A T I O N (6')	Comments & Remarks (5') Task-giving & Saying good-bye (1')	T: I am so impressed by your activities. First of all, I give you a round of applause and compliment. Ss: Thank you. I really appreciate your compliment! T: You all tried to play an leading role in the conversation. That's very important to improve your speaking skills. Once you try to speak about something to somebody, that's the first great step. So I hope you can recommend this method; you can spare 20 or 30 minutes. You choose easy stories or texts from textbooks so that you can read them without much difficulty. Then you can read them on your own, if you have a recorded tape, you can follow the native speakers' voice; which is called 'Shadowing Method'. This is a popular learning method in China. However, it applied to anyone, give it a try? Ss: Yes, sir. T: Then I present the winner team. Today's winner team is No. 4. Congratulations! I will give you reference books in order to	► Make comments on their conversation -good or not good points ► Give a specific task to the students ► Suggest a good method: shadowing ► Let each group assign a role

Steps	Procedures (Time)	Teaching-Learning Activities	Aids & Remarks
		encourage you to study English harder. Give them a big hand! T: Now I will give an assignment.	respectively

어휘 학습 활동 방법은 <표 7-13>과 같이 G1과 G2로 나누어 어휘 학습장을 통해 G1은 기존의 제시-연습-생성 방식으로, G2에게는 관찰-가설-실험의 패러다임을 적용한다. 주제별로 G1은 단어 목록에 의한 어휘 학습 활동을 하고, G2는 단어 목록을 넘어 어휘 항목을 통해 연어 활동을 한다. 연어 활동을 하는 학습자는 주제별 어휘를 품사별로 분류하고 언어 자료의 관찰을 통해 연어 구성 활동을 한다. 이때 연어 구성이 될 수 있는 연어의 유형별 결합을 시도한다. 그리고 사전과 교과서, 기타 언어 자료를 활용하여 연어 관계와 연어성(collocability)을 관찰한다. 또한, 두 집단 모두 학습 활동의 활성화를 위해 주제별 핵심어를 제공함으로써 학습자 중심 학습 활동을 이끈다. 이와 같은 어휘 학습 활동 방법을 표로 정리하면 다음과 같다.

〈표 7-13〉 어휘 학습 활동 방법

단계	학습 활동 과정		활동 방법	
	G1	G2	G1	G2
1	제시	관찰	주제별 단어 목록을 제시한다	제시된 주제별 단어를 품사별로 관찰한다
2	연습	가설	영어 단어별 의미를 우리말로 익힌다	주어진 단어를 조합하면서 연어 유형별로 가설을 세운다(유형별 가설 설정과 수정 활동)
3	생성	실험	찾은 단어를 활용하여 어휘 항목이나 문장을 만들어 보고 논의한다	유형별 연어를 활용하여 어휘항목이나 문장을 만들어 보고 논의한다(연어 유형을 문장 속에서 실험)

주제어 선정은 Gough(2001)가 제시한 100개 주제를 중심으로 50개로 통합하여 핵심 주제어를 선정하여 제시하였다. 학습자의 주제 관심(topic interest)이 어휘 학습에 영향을 미치기 때문에(Seongwon Lee, 2002; Nagy, 1988), 주제 중심 어휘 학습은 학습자의 어휘력을 향상시키는 데 유용하다. 또한, Nagy(1988)가 지적한 바와 같이 그 단어가 지닌 주제나 내용과 관련된 일련의 어휘를 함께 익힐 수 있고, 또한 기존의 방식에서 크게 벗어나지 않고 학습자가 어느 정도 익숙한 방법을 택해 학습 효과를 높이고자 하는 의도에서 주제별 학습을 권장할 필요가 있다.

Celce-Murcia와 Olshtain(2000)도 독해 지문이나 구두 토의가 어느 특정 주제(예: 'Art

Museums')를 다루고 있다면, 담화의 일부로서 나타날 수 있는 단어로는 painting(s), artist(s), sculpture(s)/sculptor(s), curator, exhibit(s) 등을 기대할 수 있다는 점을 지적했다. 이는 어휘 지식을 하향식 전략(top-down strategies) 측면으로 접근하여 그 주제나 화제 상황에 대한 학습자의 배경지식 및 대화자와 공유한 지식을 포함할 수 있다는 것을 의미한다. 따라서 주제나 발화 활동과 연관된 어휘나 굳어진 어휘구를 안다는 것은 목표어에서 발화 행위를 수행하고 주제에 관한 글을 쓰거나 말을 할 때 인지적 도상적 순서(iconic sequencing)[4]를 통해 많은 이점을 제공해 준다. 또한, 어휘적 연어도 상당 부분 특정 주제와 관련되어 어울리는 짝을 연상하여 분류할 수 있다고 본다. 문장을 만드는 경우에는 맥락화(contextualized)되지 않은 단순히 문장으로서 유의미할 수 있으나 발화로서는 무의미할 수 있다. 문장은 학습자와 직접 관련되는 부분이 있는 것을 찾도록 한다.

수업 과정 절차에서 주제와 상황에 의한 어휘 학습은 많은 연구에서 그 효과성이 입증되었고(김현진, 2000; Seongwon Lee, 2002), 학습자 요구 분석에서도 선호하는 경향이 많았다. 따라서 학습자에게 주제어에 따른 연상된 어휘를 소집단 협동 학습을 통해 집단 내, 집단 간 협동과 격려를 통해 어휘 학습을 촉진한다. 특히, G2 학습자들에게는 주제어에 연상되는 뭉칫말이 풍부한 입력이 필요하다는 점을 고려하여 상호 작용을 통해 수용력을 극대화하도록 해본다.

Harmer(2001)도 언어 학습에서 주제 선정은 학습 효과를 좌우할 수 있다고 주장했다. 대부분의 많은 언어 기능도 주제에 따라 전개되는 경우가 많고 교과서의 부족한 부분을 보완할 수 있기 때문이다. 그러나 5-6명의 집단 내에서 각 학습자의 관심과 흥미는 서로 다를 수 있으며, 모든 언어 자료를 흥미만을 고려하여 선택할 수는 없기 때문에, 의미 있는 자료나 활동이라면 학습자의 관심을 끌 수 있을 것으로 보고, <표 7-14>와 같이 50개의 주제를 학습자와 공통으로 논의하여 선정할 수 있고 그 순서 선정도 무작위로 매시간 하나의 주제를 가지고 학습 활동을 전개하면 될 것이다.

---

4) 인지언어학에서 사용되는 용어로 언어적 요소들의 배열에 관해 통사적 순서에 대응하는 용어이다. 아래 예문에서 b문장은 통사적 규칙으로는 아무런 문제가 없지만 실제 사물과 유기체의 도상(이미지)상 자연스런 시간적 순서를 따르지 않았다.

a. He opened the bottle and poured himself a glass of wine.
*b. He poured himself a glass of wine and opened the bottle.

이와 같은 도상적 순서는 예문에서 두 가지 유형의 연어 관계로 구성되어 있다. 'open the door'와 'a glass of wine'이 그것인데, 연어 학습의 궁극적 목적이 의사소통을 자연스럽게 하는 것이라고 볼 때, 이와 같은 연어 연습과 훈련을 통해 영어의 자연스런 순서를 익힐 수 있다.

〈표 7-14〉 어휘 학습 활동을 위한 주제별 목록

Month/Period		Topics		Month/Period		Topics	
-월	1	People	Family	-월	26	Sports & Media	Ball Sports
	2		Health & Hygiene		27		Other Sports
	3		Character & Appearance		28		The Media
	4		Feelings & Emotions		29	Nation & Society	Countries & Nationalities
	5		The Human Body		30		Cultures & History
	6		Life & Death		31		Politics
	7	School	Education		32		Religion & Belief
	8		Subject & Classroom Activities		33		War & Peace
	9		Languages		34		Crimes & Punishment
	10		School Life	-월	35		Social/Current Issues
	11	Food & House	Fruit & Vegetables		36	Our World	Seasons & Weather
	12		Meat, Fish & Groceries		37		Natural Phenomena
	13		Cooking & Eating		38		Ocean & Sea
-월	14		Houses & Homes		39		Animals & Birds
	15		Around the House		40		Plants & Insects
	16	Work & Daily Life	Jobs & Careers		41		Towns & Cities
	17		Economy & Business		42		The Environment
	18		Working Life		43	Science & Technology	Household Appliances
	19		Working Places		44		Machines & Equipment
	20		Time & Calendar		45		Space & Science
	21		Daily Routines		46		Computers & Communications
	22		Books & Literature		47	Travel & Leisure Time	Travel & Transportation
	23		Holidays		48		Music & Art
	24		Shops & Shopping		49		Entertainment (Hobbies & Interests)
	25		Clothing & Colors		50	Others	Measurement, Size & Shapes, etc

VIII. 유형별 연어 학습 활동 지도

여기에서 예시로 제공된 연어 유형별 활동들은 5장에서 설명한 '연어 교수 전략과 교수 방법'을 실천한 것으로 교수방법에서 언급한 15가지의 연어 활동을 다양한 변형으로 활용할 수 있을 것이다. 앞에서 살펴본 바와 같이 전체적으로 학생들의 연어 지식이 부족하다는 연구 결과는 많았다. 언어 지식은 연어 지식인 경우가 많기에 학습자들의 수준과 어려워하는 부분을 확인하고 다양한 형태의 지도 방안을 구안하여 활용할 필요가 있다. 연어 학습 활동을 하는 데 있어서 품사의 인식은 영어의 구조 파악, 문장 배열, 발화 등에 있어 중요하다. 품사 중에서 동사, 명사, 형용사, 부사를 문장의 주요 기능을 담당하는 내용어(content words)라고 하는데, Ooi와 Lee (1996)는 교사가 학습자에게 어휘 항목의 유용성을 인식하도록 하기 위해서는 개별 단어를 가르치지 말고, 동사는 명사와 함께, 명사는 형용사와 함께, 부사는 형용사나 동사와 함께, 또한 동사는 전치사와 함께 뭉칫말 형태로 가르칠 것을 제안했다. 이는 하나의 의미 단위를 나타내는 단일어처럼 어휘 항목(lexical items)에 대한 학습자의 관심을 끌면서 어휘 지도를 하는 것이 학습의 유용성을 가져온다는 것이다. 개별 단어의 의미를 알고 있더라도 제대로 자기 생각을 표현할 수가 없다. 어휘 결합관계와 연어성(collocability)을 알아야만 된다는 점을 강조한 것이다.

> ...by teaching a verb with a noun, an adjective with a noun, an adverb with a verb or adjective, and a verb with a preposition, directing the learner's attention to the lexical items with a word-like object representing a single sense selection. (Ooi & Lee, 1996, p. 56)

품사 중에서 Aitchison(1988)은 동사가 문장을 지배하며 문장의 구조를 이끈다는 점을 강조했다. 다시 말해, 문장 전체에서 동사가 핵심이며, 이는 전통적인 주어+동사, 동사+목적어에 대한 연어 인식을 높이는데 동사가 상당히 중요하다는 점을 강조하고 있다. 예를 들어, 'A volcano erupted'라는 문장과 'My alarm clock didn't go off', 'A memory rose' 라는 문장에서 동사와 주어의 관계는 거의 고정된 연어 관계(N+V 연어)를 맺고 있음을 알 수 있다. Lewis(1997a)는 문장의 주요 기능을 하는 내용어 네 가지 품사와 관련하여 명사, 동사, 형용사, 부사 순으로 결합력이 강하다는 점을 설명하고 있다.

> Intuitively, the noun is usually 'what the sentence is about', the verb tells us 'what happened' to the noun, and the other elements are optional, adding details. We shall see the power of the sequence: noun 〉 verb 〉 adjective 〉 adverbial when we consider translation in L1 and collocation. (p. 28)

교사들은 학생들의 품사 인식도가 매우 낮다는 점을 경험한다. 왜냐하면 학생들은 모르는 단어를 만나면 일차적으로 철자(발음)와 의미를 알고 나면 다음으로 넘어가기 때문이다. 그렇기 때문에 뭉칫말 구성을 활성화하기 위해서는 Ooi와 Lee(1996)가 지적한 바와 같이 교사는 어휘 궁합을 이루는 공기관계를 통해 연어와 같은 뭉칫말을 산출하는 원리와 방법을 체계적으로 준비하여 가르쳐야 한다. 아래에서는 명사+명사, 동사+명사, 형용사+명사, 형용사+부사, 동사+부사와 같은 어휘적 연어와 전치사+명사, 명사+전치사와 같은 문법적 연어에 관해 살펴보고자 한다. 이와 같은 뭉칫말을 하나의 덩어리로 익히고 사용할 수 있는 연어 능력은 학습자의 유창성을 향상시킬 뿐만 아니라(Hill, 2000; Lewis, 1997a), 읽기 및 쓰기 능력에도 긍정적인 영향을 미친다(Conzett, 2000). 무엇보다도 원자적인 개별 단어 중심의 단순 암기 학습보다 연어와 같이 두 단어 이상의 결합어인 뭉칫말 학습은 장기 기억에도 도움이 된다.

8.1 명사+명사(N+N) 유형

영어에서 명사와 명사가 결합하여 N+N 유형이 하나의 뭉칫말로 사용하는 경우는 매우 많다. N+N유형은 대개 관사를 동반하여 사용한다. 예를 들어, My father is running a big department store like a Macy's in New York. 이 경우 'run a big department store'는 크게 보아 V+N 연어 'run a store'에서 A+N유형의 'a big store'와 N+N유형 'a department store'이 복합적으로 확장된 연어(extended collocation) 형태를 지니고 있다. 이 경우 N+N유형에서 관사를 생략하여 사용할 수도 있다. 왜냐하면 명사는 주로 복수형으로 사용하기 때문이다.

전에 월드컵 경기에서 한 선수가 골을 넣고 기쁨에 차서 하는 행위를 아나운서가 "아! 의미 있는 'goal ceremony'군요" 라고 말했다. 그러나 이와 같은 단어의 결합에는 오류가 있다. 왜냐하면 'ceremony'는 'opening ceremony', 'closing ceremony', 'inauguration ceremony', 'wedding ceremony', 'awards ceremony' 'graduation ceremony' 'commencement ceremony' 'ribbon-cutting ceremony', 'commission ceremony' 등과 같이 'a formal event, when people say or do special or traditional things' 상황에 쓰이기 때문이다. 따라서 'goal ceremony'는 'goal celebration'으로 표현해야 한다. 또 다른 예로 우리말의 '물불을 가리지 않는다'에서 '물불'을 그대로 직역한 'water fire'가 받아들일 수 있는 영어가 될까?

다음은 강의 시간에 이루어진 학생들과의 질의 응답식 수업 과정의 일부이다. 이와 같은 활동은 수업 과정을 개별 단어를 넘어 다단어 뭉칫말(multi-word chunks)로 전환하고자 가벼운 어휘를 입문으로 시작해본다.

T: '교실'을 영어로 뭐라고 할까?

S: classroom

T: (칠판에 단어를 쓰고) 그럼 이 단어를 잘 관찰해 보자.

S: (별 반응을 보이지 않는다)

T: 그렇다면 '눈사람'을 영어로 뭐라고 하지?

S: snowman

T: 이번에는 'classroom', 'snowman', 'school bag', 'computer error'와 같이 결합되어 쓰이는 영어를 교실 내에서 찾아보자.

S: keyboard, classmate, pencil case, table cloth, flower vase...

T: 다음으로 좀 더 주제 범위를 확장하여 다양한 N+N연어 유형을 찾아보자.

S: will power, customer satisfaction, boxing ring, golf course, a sense of humor, a tug of war, impulse buy, man and woman...

이와 같은 여러 형태의 N+N유형의 연어적 활동에서, 학생들이 쉽게 활용할 수 있을 것 같지만 실제로 활동하다 보면 그렇지 않은 경우가 많을 것이다. 이때 쉬운 예로 개념이해를 하도록 한 후 짝 활동이나 팀 활동을 하게 하면 친숙한 일상의 주제에서 많은 예를 찾아 활용할 수 있다. 하지만, 교실 내에 있는 실물(realia)을 가리키고 힌트를 주면서 대답을 유도해도 10여 개의 연어 쌍을 모으는 데 어려움을 겪을 수 있다. 이처럼 실제로 학생들은 이미 개별 단어의 의미를 알고 있지만 연어 구성 원리와 그 예를 다양하게 알지 못해 뭉칫말로 활용하지 못하는 경우를 많이 본다.

여기에서 문제는 형태상 N+N에서 앞 명사는 형용사 역할을 하기 때문에 McCarthy(1990)는 N+N으로 Lewis(1997a)는 A+N으로 취급하고 있다. 이 책에서는 복합 명사(compound noun)에는 A+N과 N+N을 모두 포함하는데 비해, 개별 어휘적 입장에서는 McCarthy의 N+N 형태를 취하는 것이 연어 연구나 학습 활동의 목적과 더 부합한다고 본다. 실질적으로 명사+명사 연어와 형용사+명사 연어 유형을 함께 다루고 있기 때문에 명사+명사 유형이 기능적으로 형용사+명사 유형처럼 활용되더라도, 편의점을 N+N 유형인 'convenience store'인데도 A+N 유형인 'convenient store'로 말하는 경우가 많기 때문에 교수-학습 활동상 두 연어 유형을 구분할 필요가 있다.

Activity 1

A				
baby	birth	contact	effect	grass
greenhouse	holiday	hostel	control	lens
mark	opener	package	roots	sitter
fever	tin	trade	hay	youth

B
baby-sitter, contact lens, youth hostel, birth control/birthmark, grass roots, greenhouse effect, trademark, tin opener

교수 전략의 일환으로 위와 같은 활동을 할 수 있다. 언어 상자 안에 다양한 연어 짝이 가능한 명사를 A란에 무작위로 주고 B란에 가능한 많은 수의 N+N 연어 쌍을 구성하도록 한다. 학습자들은 이런 과업에 대해 처음에 무척 당황할 수도 있다. 그러나 사전을 찾아보고 친구와 의논하면서 N+N 연어 유형에 익숙해지면서 나름대로 규칙을 발견하여 일반화 과정을 밟는다.

Activity 2

L1과 L2의 유사점과 차이점에 있어 L1과 L2가 똑같이 쓰이는 경우는 큰 문제가 없지만 번역상 꼭 그렇지 않은 경우가 있어 학습자의 혼동을 유발한다. EFL학습자에게는 L1≠L2인 불일치 연어(incongruent collocations)를 L1=L2인 일치된 연어(congruent collocations)보다 어렵게 받아들이기 때문에 연어 오류(collocation error)를 많이 일으킨다. 교통 신호등(traffic light), 성 교육(gender/sex education) 등은 우리말의 경우와 같지만 편의점(department store)나 생활

비(cost of living)처럼 우리말의 복합명사는 영어의 경우 A of B형태로 우리말과 다르게 나타난다. 물론 이 경우 'living cost'라고 쓸 수도 있다. 또한 주주총회와 같이 'shareholder's meeting' 처럼 소유의 개념으로 소유격 부호(apostrophe)가 붙는 경우가 있다. <표 8-1>은 L1과 L2의 유사점과 차이점을 보여주고 있다.

〈표 8-1〉 N+N 연어 유형에서 L1과 L2의 유사점과 차이점

유형 \ 언어		L1	L2
L1=L2	NN	신발 끈, 목걸이 민요 복사기 쓰레기통	shoelace, necklace folklore photocopier(copying machine) trash can/garbage bin
	N+N	고깃배 수영장 식중독 산불	fishing boat swimming pool food poisoning forest fire
L1≠L2	N of N	생활비 수면 부족 상다리 사직서 유머감각	cost of living/living cost lack of sleep leg of the table a letter of resignation a sense of humor
	N's N (N'N)	주주 총회 운전 면허증 오늘 신문 여행자 수표 오늘밤 공연 여성복	shareholder's meeting driver's license today's paper traveler's cheque tonight's performance women's clothing

<표 8-1>에서 NN인 경우 각각의 명사가 개별로 쓰이는 경우도 있지만 두 명사가 결합된 형태로 한 단어처럼 사용하는 경우가 많아 학습자들은 다른 유형에 비해 어려움은 적을 수 있다. 그러나 N+N인 경우에는 별도의 연습을 통해 뭉칫말로 기억하고 표현할 수 있도록 지도해야 한다. 한편, L1≠L2인 경우의 한 예로 앞서 Kellerman(1986)의 예에서처럼 모국어로는 복합 명사처럼 쓰이는 경우에도 영어에서는 소유격을 사용해서 쓰이는 경우가 많기 때문에 어려움을 겪고 있다. 이와 관련하여 인지적 관점에서 설명할 수 있고, 언어 고유의 문화적인 면으로도 설명할 수 있다. 물론, 'World Trade Organization(WTO)', 'traffic safety rules'처럼 고정된

N+N+N(NNN)형태도 있다. 모두 다 명사구이나 그 구의 속성을 결정하는 특성을 지닌 표제어(head words: 전체 구의 속성을 결정하는 특성을 지닌 핵심적인 단어)는 NN인 경우와 N'N 유형인 경우에는 뒤의 N이고, N of N 유형인 경우에는 앞의 N이다. 이 경우는 우리말과 반대이기 때문에 의식적으로 주목하도록 해야 한다. 또한, 학습자들에게 다음과 같이 제1 강세를 갖는 단어에 밑줄을 그어 강조할 필요가 있다.

alarm clock	blood donor	heart attack	tea bag
answering machine	bus stop	phone book	windshield
assembly line	credit card	reference book	windshield wiper
bank account	handcuffs	shoe horn	youth hostel
sales tax	identification card	computer program	food processor
blood test	birthday card	pop star	parking lot

Activity 3

여기에서는 N+N 연어 유형을 지도하면서 부딪히는 몇 가지 경우를 살펴본다. 우리말의 실(室)은 영어에는 여러 가지로 표현된다. 미용실(beauty parlor/salon), 회의실(conference room), 교실(classroom), 거실(living room), 침실(bedroom), 화장실(rest room), 전시실(exhibition hall), 과학실(laboratory), (백악관) 집무실(Oval Office) 등에서 우리의 표현과 인지적으로나 언어적으로 같은 경우도 있지만 다른 경우도 있다. 이는 앞에서 살펴본 바와 같이 우리말의 '-장(場)'의 경우에 있어 테니스장(tennis court)이나 골프장(golf course) 또는 볼링장(bowling alley)에서 'court', 'course', 'alley'처럼 많은 경우가 다르게 표현된다. 이 경우 우리말의 '-실'이나 '-장'은 의미적 확산성을 지니고 있다.

한편, store나 shop은 주로 N+N형으로 쓰인다. 그 예로, 'drug store', 'grocery store', 'convenience/corner store', 'variety store', 'department store', 'record store', 'discount store', 'shoe store', 'liquor store', 'furniture store' 'chain store', 'DIY store', 'gift shop', 'photo shop', 'jewellery shop', 'pawn shop', 'flower shop', 'sports shop', 'coffee shop' 'luggage shop', 'services shop', 'souvenir shop', 'exchange shop' 등을 들 수 있다.

'아침 운동하는 사람'을 무엇이라고 표현하는지에 대한 질문에 학생들의 반응을 살펴보았다.

'아침' 의미도 알고 '운동하다'도 알고 있는 상태에서 'morning exerciser'는 쉽게 표현하지 못했다. 또한 '창고'하면 학생들이 헷갈린다. 그 이유는 마땅하게 영어 단어를 생각해내지 못하기 때문이다. 'warehouse'의 경우 영어는 복합적이지만 한국어는 그렇지 않은 것으로 여긴다. 복합명사 학습 시 또 한 가지 문제점은 어순에 있어 복합명사를 수식하는 형용사가 N+N 사이가 아니라 앞에 오는데 하위 학습자 중 상당수는 사이에 놓았다. 예를 들어, 멋진 바위 형상/구성(*rock *fantastic* formations), 끔찍한 자동차 사고(*car *terrible* accident) 등을 들 수 있다. 물론 이 경우 개별 단어의 의미를 알지 못해 무작위로 나열했을 가능성도 있다.

또 한 가지 궁금증은 복합명사의 문어 방식은 일정한 규칙이 없다는 점이다(Redman & Shaw, 2001). 즉, 두 단어로 쓰이는 경우(예: credit card), 한 단어로 쓰이는 경우(예: sunglasses), 그리고 연자 부호(hyphen)로 결합되는 경우가 있는데(예: baby-sitter), 인지적으로 볼 때 두 단어 관계에서 그 쓰임새와 친밀도가 높을수록 하나의 단어로 쓰이는 경향이 있는 것 같다. 여기에는 불행하게도 특별한 규칙이 없으나 자주 쓰이는 N+N 유형은 시간이 가면서 종종 하나의 단어로 된다(Redman & Shaw, 2001). 또 한 가지 주목할 점은 N+N의 예에서 'orange juice'나 'wheelchair'인 경우 어느 쪽이 핵이 되는가 하는 점이다. 이 경우는 두 가지 속성이 결합하여 하나의 별도의 특정한 속성을 지닌 개체를 표현하는 경우이다. 'raincoat'나 'shoelace'도 같은 경우이다.

그러나 여기서 둘 이상의 명사를 포함하고 있는 복합 명사 표현에서는 오직 핵 명사만이(핵 명사 앞에서 핵 명사를 수식하거나 핵 명사에 의존하는 명사는 제외하고) 복수형이 된다는 점이다. 따라서 'car doors', 'policy decisions', 'skate boards', 'horse boxes', 'trouser creases' 'coat hangers' 등과 같은 표현에서 핵 명사인 두 번째 명사만이 복수형이 되고, 비핵 명사인 첫 번째 명사는 일종의 의존적 또는 수식어로서 복수형이 될 수 없다.

Activity 4

다음과 같은 N+N 연어 활동은 학습자가 친숙한 주제어를 통해 관련된 연어를 확인하고 사용하는데 유용하다. 또한, 집단별로 일정 시간을 주고 게임 형식으로 수업을 진행하면 재미있고 의미있는 활동을 할 수도 있다.

Money	Roads	People	Things we wear	Household appliances
credit card, parking meter, checkbook, box office, computer program, ticket office, vending machine, income tax, salesclerk...	traffic light, parking lot, stop sign, traffic jam, traffic cop, police officer, traffic safety, traffic accident, traffic control, traffic rules, sidewalk...	math teacher, movie star, brother-in-law, baby-sitter, pop/rock star, soccer player, hairdresser, bus driver, flight attendant, office worker...	earrings, running shoes, raincoat, sunglasses, T-shirt, bow tie, necklace, wrist watch, hair pin...	vacuum cleaner, hair drier, toothpaste, toothbrush, microwave oven, compact disk, computer chip...

또한, 추출한 연어를 관찰하고 보다 더 가능성 있는 연어로 확장할 수 있다. 예컨대, 'traffic light'를 알고 있다면 'traffic jam'을 기억하고 말하기는 쉬울 것이다. 다시 말해, 다음 예에서처럼 N+N 유형의 한쪽 부분은 서로 다른 많은 복합 명사의 기초를 형성한다.

post/ticket/box **office** movie/TV/pop/rock **star** engagement/wedding/diamond **ring** **wedding**/hall/party/reception/invitation	**traffic** light/jam/cop/rules dining/living/waiting **room** **coffee** break/cup/pot/shop **business**/class/center/card/English

Activity 5

다음으로는 N+N 연어 유형에 익숙하게 하고 품사 어형에 친숙하게 하는 연어 게임을 활용해 보자. 학습자들은 이와 같은 N+N 연어 유형 활동을 통해 연어를 이해하고 표현할 수 있는 언어적 기반을 구축할 것이다. 이와 같은 활동은 중상위 학생에게 적합한 것이지만, 조정된 입력을 통해 낮은 수준의 학생에게도 연어 구성 원리를 익히게 하는데 유용하다.

table top → top quality → quality time → time management → management course → course work → workshop → shop assistant → assistant manager → manager trainee → trainee coordinator → coordinator workshop → workshop materials → materials manufacturer→manufacturer discount → discount price → price reduction → reduction compound → compound interest → interest account → account executive → executive job → job security → security analysis...

결론적으로, N+N 연어 유형은 주로 고정된 표현이며 명사로서 기능하는 둘 또는 그 이상의 단어로 구성된다. 만일에 복합명사의 양쪽 부분의 개별 단어를 이해하고 있으면 그 의미는 명확해질 것이다. 대개의 경우 복합명사의 앞부분에 강세가 주어지나 가끔은 두 번째에 주어지기도 한다. 또는 'mother tongue'처럼 양쪽에 강세가 오는 경우도 있다. 'office'나 'traffic'처럼 복합명사의 한쪽 부분을 이해하고 있는 학습자에게 이미 알고 있는 개별 어휘를 활용하여, 앞에서 예시한 바와 같이 많은 다른 복합명사로의 기초를 형성하는 원리를 이해하게 함으로써 N+N 유형의 연어를 보다 잘 이해하고 표현하는데 많은 도움을 줄 수 있다. 끝으로, 많은 경우에 L1의 표현과 같으나 그렇지 않은 경우 (예: 우편환 money order)가 있어 학습자로 하여금 이러한 예는 따로 기록하여 재활용하도록 함으로써 하나의 뭉칫말로 이해하고 정확하게 표현할 수 있도록 해야 한다.

Activity 6

아래와 같은 활동은 *Oxford Collocations Dictionary*(2009)에서 제시된 명사+명사 연어 유형이다. 오른쪽 A에 있는 빈칸에 알맞은 단어를 B에서 찾아 쓰면서 제거해 나가는 방법이다. 이와 같은 활동을 그룹별로 하게 되면 다양한 의견과 생각 속에서 연어 지수(Collocational Quotient: CQ)를 높일 수 있고 의미의 차이를 자연스럽게 분별할 수가 있는 장점이 있다. 제시된 자료는 명사+명사 연어 유형 평가를 위한 자료로도 활용할 수 있다. 학습 활동 후에 학습자들에게 적절한 평가 자료를 제공함으로써 개념이해와 연어 사용 능력을 향상시킬 수 있도록 지도한다.

Choose a suitable word from the box on the right to complete each sentence. Look at the bold noun entry for help.

A	B	
1. The hotel is located in a popular **beach** resort.	chances	room
2. In economy class you don`t get enough **leg** room.	boom	shift
3. The traffic was held up by a massive **protest** rally.	accident	space
4. He was seriously injured in a **traffic** accident.	case	box
5. They`re collecting money for **famine** relief.	mail	gathering
6. The specimens were arranged in a **display** case.	stall	relief
7. It`s a small office with very little **shelf** space.	aid	resort
8. She went through her in box deleting the **junk** mail.	rally	crash
9. The financial crisis was blamed for the recent **crime** wave.	hour	wave
10. He was working at the hospital on the **night** shift.		

8.2 동사+명사(V+N) 유형

연어 유형 중에서 동사+명사 연어 유형에 대한 연구가 많았다(김윤정, 2005; Bahn & Eldaw, 1993; HyeJin Kim & Hyunsook Yoon, 2008). 동사+명사형 연어는 언어 학습에 중추 역할을 한다(김낙복, 2005a). 'My brother and I made an early reservation with my eye doctor at 6.'의 문장에서 'made a reservation' 동사+명사 연어가 문장 구성의 핵심 부분이며, 그 앞에 'My brother and I' 주어와 'with my eye doctor' 전치사+명사 연어와 'eye doctor'명사+명사 연어가 결합하여 완전한 문장을 구성한다. 여기에 'at 6'와 같은 전치사+명사 연어가 부가적으로 추가해준다. Nesselhauf(2003)는 동사+명사 연어에서 가장 어려움을 유발하는 동사 선택의 중요성을 강조하였다. 예컨대, 동사 'reach'는 'reach a decision/a conclusion/a compromise/a verdict/an argument/a goal/a landmark deal'로 쓰이지만 *reach an aim/*come to an aim 처럼 완전히 자유롭게 아무 명사와 결합하여 사용하지는 않는다.

이처럼 영어 학습에서 가장 중요한 연어 유형은 V+N유형이다. 이 경우 L1과 L2가 일치하는 경우에는 큰 어려움이 없으나 L1≠L2로 일치하지 않는 연어(incongruent collocations)에 보다 더 주목할 필요가 있다. V+N 유형은 문장을 구성하는 주요소로 작용하기 때문에, V+N 연어 유형을 많이 활동함으로써 문장단위로 확장할 수 있다. 학생들에게 어떤 물음에 완전한 문장으로 대답하라고 할 때 대부분이 어려워함을 관찰하게 된다. 이를 해소하기 위해서는 V+N 유형을 다양한 활동을 통해 익숙하게 한다. 그럼으로써 연어 구성 능력은 물론 실질적인 의사소통능력을 기를 수 있다. 또한, Corson(1995)이나 Nation(2001)이 지적한 바와 같이 어휘 지식을 수용 지식(receptive knowledge)과 산출 지식(productive knowledge)으로 분류할 수 있는 데, 연어 활동에서는 단순히 틀린 부분이나 부적절한 연어를 고르는 내용도 필요하지만, 학습자들이 보다 능동적인 활동을 할 수 있도록 틀린 부분을 고쳐 쓰거나 Cloze 테스트, 쓰기 활동, 말하기/스피치 활동 등의 다양한 활동을 지도하고 피드백해줄 필요가 있다.

Activity 1

다음과 같이 학습자에게 친숙한 개별 단어를 모아 V+N 유형의 연어를 구성한 다음 '두 난을 활용하여 연어 짝 맞추기' 활동을 해본다. 일정 시간을 주고 개별 또는 소집단 협동 학습을 하도록 해본다.

Verbs		Nouns
1. watch	a.	the plane
2. wear	b.	television
3. make	c.	an egg
4. catch	d.	the piano
5. ring	e.	money
6. boil	f.	the bus
7. play	g.	the phone
8. ride	h.	a jacket
9. board	i.	a bell
10. answer	j.	a bike

1	
2	
3	
4	
5	
6	
7	
8	
9	
10	

이러한 활동이 익숙하고 중상위 수준의 학생들에게는 앞에서 연어 교수 방법에서 소개한 '짝이 어울리지 않는 동사 찾기(odd verb out)' 활동으로 연어 숙달도와 개별 단어 의미 차이의 분별력을 높일 수 있다(Lewis, 2000a, p. 113).

*** 다음 중 주어진 명사와 함께 연어 구성을 할 수 없는 동사(구)를 골라 보세요.**

1. accept, act on, disregard, follow, ignore, make, take ADVICE
2. come up with, do, expect, get, require, supply AN ANSWER
3. build up, close down, set up, put off, take over, wind up A BUSINESS
4. deal with, do, examine ignore, reject, respond to A COMPLAINT
5. accept, answer, come in for, give rise to, make, reject CRITICISM

다음으로 수업 시간에 학생들에게 다음과 같이 우리말을 제시하고 공통점을 관찰하도록 해본다.

T: '농구하다, 결정하다, 설거지하다, 수술하다, 질문하다, 산책하다'에서 공통점이 무엇인가요?

S: 우리말로 끝에 '-하다'로 끝납니다.

T: 그럼 다음에 제시하는 우리말에 해당하는 영어를 쪽지에 써보세요.

S: 농구하다(　　), 질문하다(　　), 산책하다(　　), 설거지하다(　　)

T: 잘 모르는 단어가 있으면 함께 찾아보고 비교해 보세요.

그리고 난 후 명사와 결합하는 동사를 고르도록 다음과 같은 V+N 연어 유형의 자료를 나누어 준다.

nouns / verbs	basketball	a decision	the dishes	a operation	a question	a walk
do						
take						
make						
have						
play						
ask						

각 팀의 학생들은 제시된 우리말 뭉칫말 중에서 명사에 해당하는 단어는 협동 학습을 통해 찾아낼 것이다. 물론 개별적으로 연어 관계 이해를 증진시킬 수 있을 것이다. 또한 쪽지에는 이미 학생들이 알고 있는 동사를 선택해서 제시한다. 찾은 명사와 함께 동사를 조합하여 우리말의 뭉칫말을 영어로 표현하는데 어려움을 겪을 수 있다. 이와 같은 연어 활동을 통해 동사와 명사를 함께 결합하여 연어를 구성하는데 익숙할 수 있도록 도와준다. 학습자들의 숙달도가 향상됨에 따라 '위협을 제기하다', '의문을 제기하다' '위험을 제기하다' 등과 같은 비탈어휘된 동사이면서 '-하다'로 번역되는 경우에도, 'pose a threat', 'pose the question', 'pose a risk', 'pose a danger', pose challenges', 'pose the problem', 'pose a barrier/obstacle' 등과 같이 다양한 예시를 연어 노트에 기록하고 다시 사용하도록 함으로써 동사+명사 연어 지수(CQ)를 높이도록 도와준다.

Activity 2

학생들에게 A란에 명사를 무작위로 제시해 주고 B란의 동사와 결합 가능한 명사를 쓰도록 해 본다. 이 과정에서 학습자는 철자는 물론 발음과 함께 연어 구성 활동을 전개할 수 있다. 이와 같은 연어 활동은 학습자에게 문장을 구성하는 틀을 제공해 줄 수 있고, 특히 'make, have, take, do, put'과 같은 탈어휘 동사(delexicalized verbs/delexical verbs)가 많은 명사와 결합하여 뭉칫말을 형성하는 원리를 익히도록 하는데 유용하다.

영어에서 'decide'와 함께 'make a decision'을 많이 보게 된다. 이는 말하는 사람의 음운적 음절 나눔(syllabication[5]))을 하거나 표현의 여지(room)를 확보하기 위함이다. 즉, 'decide'보다 'make a decision'을 사용하는 이유는 'make a *tough* decision', 'make a *quick* decision', 'make a *sudden* decision', 'make a *drastic* decision', 'make a *rational* decision', 'make a *final* decision', 'make a *bold* decision', 'make an *audacious* decision'처럼 동사적 표현보다 명사적 표현이 말하는 사람에게 음절 리듬과 표현의 여유를 제공하기 때문이다.

<table>
<tr><td>A</td><td colspan="2">friends, the dishes, a journey, progress, business, harm, a noise, a speech, one's best, a will, laundry, a mistake, one's make-up, some work, fun of someone, an excuse, the garden, a good job, a complaint, the shopping, arrangements, money, an appointment, a phone call, a favor, a bargain, the cleaning-up, repairs, one's homework, the beds, a fuss, one's duty, someone a good turn, a compromise, the bed, an exercise, a nuisance of oneself, an effort, one's hair, an impression, homework, an examination, a profit, plans, a copy, one's chores, experiments, damage, the splashing</td></tr>
<tr><td></td><td>Make</td><td>Do</td></tr>
<tr><td>B</td><td></td><td></td></tr>
</table>

또한, 많은 탈어휘 동사(delexical verbs)는 동사적 표현을 명사적으로 표현하는 것으로, 형용사나 부사의 수식을 쉽게 받기 때문이기도 하다. 예를 들어, 'recover-make a recovery', 'make a *remarkable* recovery', 'decide-make a *hasty* decision' 등으로 표현하기 쉽다. 이는 명사에 초점을 두면서 명사의 어휘적 특성을 넓혀준다. 그러나 직설적인 면은 부족하며 경우에 따라 회피성 표현이 될 수도 있다. 이러한 현상은 정치인들이 수동태와 함께 이와 같은 간접 표현 방식을 선호하는 이유일 수도 있다. 아래는 *Oxford collocations dictionary*(2009)의 Study Pages에서 발췌한 것으로 문장 내에서 올바른 동사+명사 연어 유형을 고르거나 함께 어울려 결합하지 않은 동사를

5) Syllabication is key to rhythm. Adding or subtracting syllables is necessary to keep the communication smooth.

제거하는 방식을 선택할 수도 있다.

※ Cross out any verbs which do not normally collocate with the **bold** noun.

1. He got into/had/made **an argument** with the waiter and was thrown out of the restaurant. (got into/had an argument)
2. He had to do two jobs to clear/pay off/pay up **his debts**. (clear/pay off his debts)
3. Someone came up with/presented/put forward **the suggestion** that we should have an auction. (came up with/ put forward the suggestion)
4. The scientists failed to arrive at/decide/draw any firm **conclusions** from the study.(arrive at/ draw any firm conclusions)
5. The company agreed on/came to/struck a **deal** with the union after lengthy negotiations. (agreed on /struck a deal)
6. **A meeting** has been arranged/programmed/scheduled for next week. (a meeting has been arranged/scheduled)
7. The supervisor refused to accept/receive/shoulder the **blame** for the accident. (accept/shoulder the blame)
8. He drummed/rattled/tapped his **fingers** nervously on the desk as he spoke. (drummed/tapped his fingers)
9. We set/took/went on **a trip** to a nearby island on a fishing boat. (took/ went on a trip)
10. I put up my hand to shade/shelter/shield **my eyes** from the sun. (shade/shield my eyes)

Activity 3

다음과 같이 V+N 연어를 주변에서 얻을 수 있는 소재를 가지고 한 덩어리 뭉칫말로 관찰하고 기억하도록 한다. 이와 같은 연어 활동을 통해 문장 단위의 의사소통 상황으로 이끌 수 있을 것이다. V+N 유형의 연어적 표현은 수집하기도 용이하고 언어 자료도 많다. 이 모든 표현을 기억하도록 하는 것보다 함께 결합하여 영어의 주요소를 구성한다는 인식을 고양시키고 완전한 문장을 구성하는 원리로 익히게 한다. 이 경우 주어를 'I'로 표현함으로써 자신감을 증대시킬 수 있다.

Aitchison(1988)이 말한 바와 같이 동사는 문장을 지배하고 문장 구조를 통제한다. 따라서 학습자들에게 동사의 특성과 문장 구조를 지배하는 원리를 가르쳐야 한다. 이는 문법적 접근이 아니라 '동사'의 본유적으로 파생된 특성임을 인식하도록 하는 것이 중요하다. 즉, 동사의 종류에 따라 자동사는 명사를 하나, 타동사는 둘, 또는 세 개의 명사를 취하여 문장을 구성하는 면을 설명하는 것이 중요하다. 그러나 문제는 많은 동사가 자동사와 타동사로 함께 사용되고 있기 때문에 문맥에서 그 의미를 파악하도록 해야 한다. 자체의 고유한 의미가 명사와 결합하여 다양하게 쓰이는 탈어휘 동사(delexicalized verbs)인 'get', 'have', 'do', 'make', 'take', 'put', 'bring', 'give' 등은 함께 어울리는 명사와 같이 익히는 것이 중요하다고 여러 연구자들이 주장하고 있다 (Lewis, 1997a; McCarthy & O'Dell, 1997; Redman & Shaw, 2001).

be going down the steps 계단을 내려가고 있다
be opening the window 창문을 열고 있다
be changing my suit 옷을 갈아입고 있다
be making the bed 침대를 정돈하고 있다
be wearing white uniforms 흰색 유니폼을 입고 있다
be ironing some clothes 옷을 다리미질하고 있다.
be taking the escalator 에스컬레이터를 타고 있다
be handing out the papers 서류들을 건네고 있다
be knitting a scarf 목도리를 짜고 있다
be using a sewing machine 재봉틀을 사용하고 있다
be sharing an umbrella 우산을 같이 쓰고 있다
be cleaning the window 창문을 닦고 있다
be folding up the table 테이블을 접고 있다
be entering the store 상점에 들어가고 있다
be shopping for shoes 구두를 사고 있다
be playing a flute 플루트를 연주하고 있다
be opening up a book 책을 펼쳐보고 있다
be holding a water bottle 물병을 잡고 있다
be giving a presentation 발표를 하고 있다
be pouring a drink 음료를 따르고 있다
be exchanging business cards 명함을 주고받고 있다

따라서 위와 같은 동사는 앞에서 언급한 바와 같이 어휘 학습장에 여러 방법으로 기록해 둔다. 또한, V+N 유형의 연어는 문장 속에서 다양하게 실현된다. 대표적인 것이 수동태(passive voice)로 쓰이는 경우이다. 교사는 이와 같이 연어가 변형되어 문장 속에서 구현되는 부분을 잘 관찰하고 학습자의 관심을 유도하는 것이 중요하다.

위와 같은 예시는 사전적 제시와는 다르다. 다시 말해, 사전적 제시는 일반적으로 'to go down the steps'와 같이 to 부정사를 사용하나, 문장의 구성 원리를 이해하고 역동성과 실현성을 강조하기 위하여 진행형을 사용하고, 주어를 'I'로 표현하도록 함으로써 자신감을 불어 넣어 주고 실질적인 의사소통 과업이 되도록 한다.

Activity 4

수업 준비를 할 때나 교수 과정 중에 중요한 연어 자료를 모아 진정성의 원리에 입각한 예문을 가능한 많이 수집하여 학습 활동에 활용한다. 이 경우 V+N의 연어 유형이 다양하게 변형되어 적용되는 다음 예들을 살펴본다. 이와 같은 과정을 통해 진정성 있는 문장 예를 지속적으로 모아 정리하고 재사용할 수 있을 것이다.

What steps do you take? (조치를 취하다: take steps)
How much money do you make? (돈을 벌다: make money)
What's a Korean traditional food to eat? (음식을 먹다: eat food)
That's the best place to go/visit? (좋은 곳을 방문하다: visit the best place)
Could you take a picture/selfies together? (사진을 찍다: take a picture/selfies)
What languages can you speak? (언어를 말하다: speak languages)
Which road should we take? (길을 택하다: take road)
What course/class are you going to take? (수강하다: take a course)
Do you have anything to declare? (물건을 신고하다: declare something)
Which kinds of action has the government taken? (조치를 취하다: take action)
I have some errands to run. (심부름하다: run an errand)
Sanctions are often imposed directly by the wronged individual or group.
(제재 조치를 취하다: impose sanctions)
She did not have any nice clothes to wear to the party. (옷을 입다: wear clothes)
I'm thinking of some questions to ask. (질문하다: ask questions)
We are making a Si-Fi movie to release next year. (영화를 개봉하다: release a movie)
Much attention should be given/paid to develop the quality of the products.
(주의를 기울이다: pay attention)
I'm having/throwing/holding a birthday party. (파티를 열다: have a party)
What do you have for lunch? (점심 먹다: have lunch)
You should bring a prescription to fill. (약(처방전)을 조제하다: fill a prescription)
The fuzzy objects were seen through the 3-D goggles worn by the participants.
(안경을 쓰다: wear goggles)
What perfume are you wearing? (향수를 바르다/사용하다: wear perfume)
I even forget all the bills I have to pay. (지불하다: pay bills)
What type of work-out/exercise do you like to do? (운동하다: do an exercise)
No actions can be taken. No plans are made. (계획을 세우다: make plans)
What role do you think dictionaries can play in assisting vocabulary development? (역할을 하다: play a role).
All of the approaches and principles have a role to play in vocabulary instruction. (play a role: 역할을 하다)
We should trust the decision we already made. (결정하다: make a decision)

He doesn't like to have his photograph taken. (사진을 찍다: take a photograph/picture)
I have an announcement to make. (발표하다: make an announcement)
A few journalist from South Korea expressed concern, before the game, at the capability of their team to cope with the physical threat posed by their African opponents. (위협을 가하다: pose a threat)
I am not sure at the moment what steps/measures we might take to reduce traffic problems. (조치를 취하다: take step/measures)
Although the meeting lasted several hours, no official conclusions or decisions were made and so another meeting had to be scheduled. (결론/결정을 내리다: make conclusions/decisions)
A new study considers the role air pollution might play. (역할을 하다: play the role)
Questions have been raised over the prevalence of Chinese products that are sold throughout the world. (의문을 제기하다 raise questions)
An official announcement has yet to be made. (안내하다: make an announcement)
A heavy snowfall warning for Incheon was issued along with a three-hour airport warning which took effect at 10:00 a.m. (폭설 경보를 발령하다: issue a heavy snowfall warning)

위와 같은 활동을 통해 아래와 같이 McCarthy와 O'Dell(2005, p. 18, p. 22)이 제시한 예와 같은 연어 노트를 작성하여 재사용하고 확장할 수 있을 것이다.

A. Make

collocation	example
make arrangements for	The school can **make arrangements for** pupils with special needs.
make a change/changes	The new manager is planning to **make some changes.**
make a choice	Jill had to **make a choice** between her career and her family.
make a comment/ comments	Would anyone like to **make any comments** on the talk?
make a contribution to	She **made a** useful **contribution to** the discussion.
make a decision	I'm glad it`s you who has to **make the decision**, not me.
make an effort	Joe is really **making an effort** with his maths this term..
make an excuse	**I'm too tired to go hog-wild tonight.** Let's **make an excuse** and stay at home.
make friends	Karen is very good at **making friends.**
make an improvement	Repainting the room has really **made an improvement.**
make a mistake	They've **made a mistake on our bill.**
make a phone call	I've got to **make some phone calls** before dinner.
make progress	Harriet is **making progress with her schoolwork.**

B. do

collocation	example
do your best	All that matters in the exam is to **do your best.**
do damage	The storm **did some damage** to our roof.
do an experiment	We are **doing an experiment** to test how the metal reacts with water.
do exercises	We'll **do some exercises** practising these collocations tomorrow.
do someone a good turn/do someone a favour	Scouts and guides are supposed to **do someone a good turn** every day.
do harm	Changing the rules may **do** more **harm** than good.
do your hair	No, I`m not ready. I haven't **done my hair** yet.
do your homework	My son has to **do his homework** straight after school.
do the ironing/ shopping/washing/splashing, etc.	I'll **do the wash** if you **do the ironing.**
do some work	We`ll **do some work** on our project and then **go to the cinema.**

C. Have

collocation	example
have an accident	Mr Grey **had an accident** last night but he's OK now.
have an argument / arow	We **had an argument / a row** about how to fix the car.
have a break	Let's **have a break** when you finish this exercise.
have a conversation/ chat	I hope we'll have time to **have a chat** after the meeting.
have difficulty	The class **had difficulty** understanding what to do.
have a dream/ nightmare	I **had a nightmare** last night.
have an experience	I **had** a frightening **experience** the other day.
have a feeling	I **have a feeling** that something is wrong.
have fun / a good time	I'm sure you`ll **have fun** on the school trip.
have a look	The teacher wanted to **have a look** at what we were doing.
have a party	Let`s **have a party** at the end of term.
have a problem / problems	Ask the teacher if you **have problems** with the exercise.
have a try/go	I'll explain what to do and then you can **have a go/try.**

D. Take

Hi, jean, We'so glad we decided to **take a holiday** here. Yesterday we **took a trip** to the mountains. First we **took a train** to a little town and then we **took a bus** going to various villages and got off when we saw one that we **took a liking to.** Of course, we were **taking a risk** as we didn`t know exactly what we`d find there. But we were lucky. Some kids **took an interest in** us and showed us some great places.	We **took** a lot of **photos.** Have you done anything yet about your job? I'd **take a chance** and leave if I were you. No point in staying somewhere where the boss has **taken a disliking to** you! **Take advantage of** being in London-there are always plenty of jobs there. You`ll soon find something else, so **take action,** that`s my advice! Good luck! Ellen

E. Pay

collocation	example
pay attention	you must **pay attention** to the teacher.
pay a compliment	I was trying to **pay** her **a compliment** but she misunderstood.
pay your (last) respects	At a funeral people **pay their last respects** to the person who has died.
pay tribute [formal]	When jack retired, his boss made a speech **paying tribute** to all he had done for the company.

Activity 5

아래와 같이 언어 상자를 활용하여 첫 번째와 두 번째에는 기반어인 명사(attention과 money)와 결합하는 동사의 다양성을 보여주는 예와 세 번째와 네 번째에는 다양한 기반어인 명사에 동사를 하나 결합시킨 예를 관찰하도록 한다. 학습자들에게 두 가지 경우를 제시하여 다양한 언어적 노출을 생각해보고 결합어와 기반어를 찾아보는 활동을 통해 연어 의식을 높여 연어 사용 능력을 향상시킬 수 있다. 무엇보다도 학습자의 어휘 학습 태도와 학습 유형을 바꿔 줄 수 있을 것이다.

1) Attention

pay catch attract capture turn draw give divert absorb concentrate distract focus occupy call devote give deserve...	(one's) attention

2) Money

borrow change/cost loan/give *gain invest make/earn *reduce save/lose spend advance lend/collect deposit print (re)pay refund/raise recover return/waste...	money

3) answer

answer	the door the phone a call the question a riddle the query...

4) keep

keep	a diary/journal a record an account one's word a secret a dog...

5)

동사	결합되는 명사
Address	an issue, a problem, a question, aspects (of), a topic, concerns...
Administer	a drug, medicine, first-aid, an injection, treatment, vaccine...
Alleviate	pain, stress, cold symptoms, poverty, a problem, burden, hardship, unemployment...
Apply	medicine, ointment, a method, an idea, a/the law, a remedy, a skill, logic...
Apply for	admission, a course, permission, a job, a loan, a scholarship, a visa
Arouse	anger, controversy, curiosity, distrust, expectations, fear, hatred, interest, suspicion, sympathy...
Arrange	an appointment, a date, a meeting, a trip, the house, the cars. the toys...

address an issue 쟁점을 다루다/처리하다 administer a drug 약을 복용시키다 administer first-aid 응급처치를 해주다 alleviate pain 통증을 완화하다 apply ointment 연고를 바르다 apply for a visa 여권을 신청하다 arouse curiosity 호기심을 일으키다 arrange an appointment 약속을 정하다...

1), 2)예는 제시어인 명사 'attention'과 'money'와 결합하는 동사를 찾아보는 활동이고, 3)과 4)의 예는 동사 'answer'와 'keep'과 결합하는 명사를 산출하는 활동의 예이다. 5)는 특정 동사에 결합하는 명사를 표 형태로 제시한 경우로 'Activity 1'에서 예시 '짝이 어울리지 않는 동사 찾기(odd verb out)'와 반대로 '짝이 어울리지 않는 명사(odd noun out)'를 찾아내는 활동으로도 적용할 수 있다.

1)의 예의 명사 'attention'은 영어 문장에서 너무도 자주 나오는 명사이다. 이 명사 'attention'과 결합하여 쓰이는 예로 주로 'pay attention to'를 시작하여 10여 개의 동사와 많이 사용되고 있음을 알 수 있다. 반면에 3), 4)의 예와 같이 동사 'answer'나 'keep'과 결합하는 명사는 한정되어 있다. 이는 앞에서 살펴본 바와 같이 동사 'wear' 나 'win'과 같은 확산적인 동사인 경우 함께 쓰이는 명사가 많을 수 있으나 대개는 연어 제약에 의해 한정된 명사만이 정해진 동사와 사용된다. 이는 COCA를 활용하여 연어검색을 해보면 그 사용용례를 쉽게 알 수 있다. 2)의 예는 우리가 쉽게 접하는 명사 'money'를 통해 V+N연어 유형의 인식도를 높일 수 있다.

결론적으로, 특정한 동사가 특정한 명사와 결합하여 실현되는 V+N 연어 유형은 영어 표현에서 가장 많이 찾아볼 수 있다. 왜냐하면 영어는 주어+동사를 취하는 경우가 많고 대부분의 동사는 목적어로 명사를 취하기 때문이다. 이는 영어 단어 중에서 명사와 동사가 가장 많다는 점에서도 그 중요성이 크다. 또한, 경우에 따라 'the war broke out', 'the wind blows', 'the bomb exploded/blew', 'the alarm went off', 'the lions roar', 'the birds are chirping', 'the beans sprout', 'my heart tightens', 'disasters strike'처럼 특정 명사가 특정 동사와 결합하여 명사+동사(N+V)연어 형태로 거의 굳어진 패턴으로 사용되기도 한다. 이 경우도 V+N 연어 유형의 변형으로 인식할 수 있고, 수동태의 경우에도 이와 같은 패턴을 보일 수 있다. 다시 말해, 동사+명사 연어는 문법적으로 동사+목적어 형태이다. 또한 확장 적용되어 다음 예와 같이 명사+동사-ing나 명사+동사-er로 복합명사나 복합형용사의 역할도 한다: kill pain → painkilling, painkiller; take a risk → risk-taking, risk-taker; ride a bike → bike-riding, bike-rider; take a test → test-taking, test-taker; take a note → note-taking, note-taker; make a decision → decision-making, decision-maker; take pains → painstaking; break the ice → ice-breaking, ice-breaker.

이와 같은 동사+명사 연어 유형은 수동태로 전환 시 명사+동사 연어 유형으로 사용되기도 한다. 앞에서 살펴본 명사+동사 연어 유형은 자주 사용될 수 있는 형태이지만 여기에서는 그 수가 적고 제한되어 있어 활동 예시는 생략하기로 한다.

8.3 형용사+명사(A+N) 유형

우리 학생들의 형용사 사용 능력은 어떤가요? 여행을 하는 경우 '성수기'에는 비싼 가격으로 가능한 피하려고 한다. 성수기를 영어로 'high season' 또는 'busy season'이라 한다. 그렇다면 비수기는 'high season'을 생각하면서 'low season'이라 생각하기 쉬운 데 그 보다는 'off season'을 주로 사용하는 것을 보고 영어가 쉽지 않구나 생각한다. 우리말에 '새빨간 거짓말', '가짜 뉴스' 등을 영어로 표현하기가 여간 어렵지 않다. 또한, 영어의 'little과 small, difficult와 hard, wrong과 false, private와 personal, big과 large, high와 tall, slim과 skinny' 등의 유의어가 어떤 명사와 결합하는지 혼동될 때가 많다. 쉽게 보아서 보통 영어 수업 시간이 시작되면 대개 'good morning/afternoon/ evening' 하는 식으로 인사를 주고받는다. 이와 같이 어휘 결합에 대해 별 생각 없이 하나의 단어처럼 뭉칫말로 쓰이는 말들은 일상어에서 어렵지 않게 찾아낼 수 있다. 'Merry Christmas', 'Happy New Year', 'Happy Birthday', 'Good luck', 'Great job' 그리고 선거 때 주로 사용하는 'slim margin' 등은 그 좋은 예들이다.

최근에 미국 대통령 트럼프가 북한에 대한 'maximum pressure(최대의 압박)', 독일 총리 앙겔라 메르켈과는 '대단한 만남(great meeting)', 대선 때 오바마가 자신의 전화를 도청했다고 하면서 '전례없는 행위(unprecedented act)', 요즘 부쩍 많이 보도되고 있는 '가짜 뉴스(fake news)'와 같이 표현들은 전형적인 A+N 연어 유형이라 말할 수 있다. 또 그가 자주 쓰는 A+N 연어 형태에 사용하는 형용사는 '위대한(great)', '좋은(good)', '나쁜(bad)', '거대한(huge)', '끔찍한(terrible)'과 같은 아주 초보적인 단어를 사용하면서 대중들의 마음에 어필하고 있다.

여기서 유의할 점 하나를 언급하여 강조하지만 우리말은 복합명사로 쓰이지만 영어는 '난폭운전' 하면 'reckless driving', '투명인간'은 'invisible man'처럼 형용사+명사 연어로 영어와 일치되지 않은 경우가 너무도 많다. 또 한 가지 EFL 학습자들이 혼동하기 쉬운 형용사 연어 관계는 유의어의 올바른 사용이다. 사전 상 우리말의 '임시의'에 해당하는 영어 단어 'temporary', 'tentative', 그리고 'provisional'의 사전적 정의가 유사한 형용사로 인식할 것이다. 그러나 이러한 인식과는 다르게 실제로 결합하여 사용되는 명사와의 연어 관계를 코퍼스로 분석해 보면, 세 형용사는 많은 경우에 서로 교차하여 사용되지 않는다. 예컨대 '임시 근로자' temporary worker, '임시 협정'은 tentative agreement, '임시 정부'는 provisional government[6]와 같이 서로 구분하여 사용한다. 결국 EFL학습자들은 개별 형용사만으로는 그 쓰임을 정확하게 알기 힘들고, 그 형용사가 명사와 결합한 A+N유형의 연어 관계를 통해 특성과 쓰임을 제대로 분별할 수 있다.

학생들의 형용사 사용능력을 높여 다양한 형용사를 자연스럽게 사용하도록 도와주어야 한다. 자주 묻는 질문 중 하나로 수업 시간에 학생들에게 이렇게 묻는다.

T: How do you feel? (예: adjectives to describe feelings)
S1: I am tired.
S2: I am bored.
S3: I am excited.
.
.
.

T: 그럼 이번에는 How do I look?이라고 묻고 답하는 짝 활동을 해보자.
S1: You look (so) handsome.
S2: You look (so) pretty/cute.
T: 다음 예문을 관찰해 보자
You look (so) gorgeous/awesome/fantastic/exhausted/down/...
T: 이번에는 'idea'를 주고 결합할 수 있는 형용사를 생각해 보자.
2-3분 정도의 시간에 사전을 찾지 말고 빈 칸을 채우라고 해보자.

good.....	idea

학생들은 몇 개의 형용사를 생각해낼까? 그 결과는 5-6개 정도는 사전을 사용하지 않고 대답

6) 1919년 5월 24일 김규식 선생이 로이드 조지 영국 수상에게 보낸 독립 청원 서한에 'The Provisional Government of the Republic of Korea'라고 명기되었다.(조선일보, 2019. 2. 26.)

했고 그 이후에는 사전을 부지런히 찾거나 다른 학생들과 브레인스토밍을 하고 있었다.

a good, a new, an old, a great, an excellent, a great...	idea

Activity 1

학생들에게 왼쪽 목록 1에는 형용사를 오른쪽 목록 2에는 명사를 주고 A+N 연어 짝을 구성해 보도록 한다. 집단과 개인별로 각각 다른 결과가 나올 수 있다. 다시 짝 활동이나 그룹 활동 과정을 통해 맞게 연결해본다. 학습자는 그러한 검증 과정에서 연어 능력을 향상시킬 것이다. 이와 같은 활동을 통해 문장이나 담화 속에서 A+N 유형의 연어를 관찰하고 표현 능력을 향상시킬 수 있다.

List 1	List 2
1. wavy	a. road
2. loud	b. sky
3. cloudy	c. watch
4. instant	d. hair
5. double	e. knife
6. digital	f. laugh
7. cellular	g. order
8. sharp	h. bed
9. alphabetical	i. phone
10. wide	j. coffee

1	
2	
3	
4	
5	
6	
7	
8	
9	
10	

Activity 2

다음은 아래와 같은 문단을 주고 형용사에 주목하면서 A+N 연어 유형을 찾아보도록 하고, 글 속의 단어를 활용하여 함께 어울려 A+N 연어를 만들어 보도록 한다.

> Mom! Thank you for the care package that you sent me. The dress was *gorgeous*, and your *homemade* cookies were so *delicious*. You know, the food at the student dining hall is *awful*, and I'm getting *sick and tired* of eating out. I miss the meals that you made from scratch. Take *good* care of yourself! See you soon.

gorgeous dress, homemade cookies, delicious food, sick and tired, good care

이 경우 우수한 학습자들은 A+N 유형을 경우에 따라 다음과 같이 S+V자리에서 찾아내는 경우도 있을 것이다: 예, The *girl* over there is *beautiful*→beautiful girl. 형용사와 명사 관계는 기본적으로 다음과 같이 수식 관계와 서술 관계로 쓰인다: 예, These scissors are blunt→ blunt scissors. 또한 'easy-going', 'good-looking' 같이 복합형용사(compound adjectives)가 간혹 나오는데 그 의미를 파악하는 것은 어렵지 않다. 그 이유는 그 단어의 의미가 대부분 형용사의 의미에 따른 것이기 때문이다. 이와 같은 과정을 통해 A+N 연어 유형에 익숙해지고 문장이나 담화 내에서 적용할 수 있다.

Activity 3

다음은 하나의 형용사에 명사가 다양하게 실현되는 경우와 하나의 명사에 다양한 형용사가 실현되는 경우이다.

heavy	breakfast smoker/smoker bombing traffic/losses fine/debt equipment accident rain/workload rainfall snow/snowfall toll paperwork responsibility bag/suitcase accent vehicle sound/heart machinery schedule weight/packer weapons...

a new/crazy a big/half-baked a simple/basic an old a silly/stupid an unusual a nice/whole a bright a brilliant a clever a great/bad a fresh a very interesting a very good a fixed a clear a confused an original a mad an interesting a radical...	**idea**

abrupt academic awkward challenging difficult/hard direct easy/simple embarrassing good inconvenient personal plain (ir)relevant rhetorical serious/rude sharp straight stupid/silly tough tricky unexpected...	**question**

교수자가 어휘의 구조화를 통해 이와 같은 연어 자료를 학습자에게 제공함으로써 학습자는 개별 단어의 결합 원리를 이해하고 뭉칫말 학습에 익숙하게 된다. 물론 학습자 편에서 보면 한꺼번에 많은 어휘를 제공받게 되기 때문에 어려움이 있을 수 있지만, 학습자가 이미 알고 있는 단어를 활용하면서 그 수를 점차 증가시키면 큰 무리는 없을 것이다. 또한, 의미 확장에 있어, 예를 들어 'a heavy heart' 하면 물리적으로 '무거운/육중한 심장'이라기보다는 '비통한/무거운 심정'의 비유적 의미라는 점도 확인해줄 필요가 있다. 'a heavy/light packer'인 경우는 여행 중 짐을 많이 가지고 다니는 사람과 최대한 짐을 줄여 가볍게 다니는 사람의 경우를 생각하면서 기억하면 좋을 것이다. 더욱이 A+N 연어 유형인 'a heavy toll'는 '큰 피해/손해'라는 의미인 데 여기에 더하여 동사 'take'를 사용하여 'take a heavy toll' 하면 '큰 피해를 입히다'로 완전한 의미 단위 구성을 한다. 여기에 주어 부분과 대상을 선택하여 추가하면 다음과 같이 훌륭한 문장들을 만들어낼 수 있다. 'Typhoid fever in Africa took a heavy toll on the life and energy of northern farmers.' 'The disease takes a heavy toll of infant life'....

Activity 4

다음으로는 영어에서 많이 사용되지만 학생들이 어려워하는 분사형 형용사를 살펴보자. 이 경우는 serious나 happy와 같은 일반 형용사뿐 아니라 동사+ed형이나 동사+ing형과 같은 분사형 형용사의 쓰임과 사용에 유의하도록 한다.

T: 학생들에게 물었다. '경기'를 영어로 말해 보아라.
S: ...
T: 그럼 '흥미있는 경기'를 영어로 말해 보아라.
S: ...
T: 이번에는 '재미있는 책'은?

학생들 중에는 'shocked'와 'shocking', 'excited'와 'exciting', 'interesting'과 'interested', 'amazed', 'amazing'을 잘 구별하지 못하는 경우가 있다. 문장 단위를 주고 빈 칸에 우리말로 써 준 경우도 마찬가지다. 다음과 같이 많이 쓰이는 분사형 형용사를 팀별로 나누어주고 구별하도록 해본다. 개별 단어를 모르는 경우에는 기본 의미를 가르쳐준다. 아래 예문처럼 문장 내에서 A+N연어의 사용을 어렵지 않게 분별할 수 있다.

- The shocking news shocked me.
- I was interested in the interesting story.
- The exciting story makes me more excited.

1. missing/missed luggage (분실한 짐)
2. a lasting/lasted impression (오래가는 인상)
3. detailed/detailing information (구체적인 정보)
4. recording/recorded message (녹음된 메시지)
5. attached/attaching file (첨부파일)
6. emerged/emerging company (신흥기업)
7. opposed/opposing opinion (반대 의견)
8. disappointing/disappointed results (실망스러운 결과)
9. the involving/involved issues (관련된 문제들)
10. the finishing/finished product (완성된 제품)
11. an enclosed/enclosing brochure (동봉된 책자)
12. challenging/challenged sports (도전적인 스포츠)
13. damaged/damaging buildings (파손된 건물)
14. existing/existed equipment (기존장비)
15. turning/turned point (전환점)
16. establishing/established policy (확고한 방침)
17. advancing /advanced country (선진국)
18. qualified applicant/qualifying applicant (자격을 갖춘 지원자)
19. limiting/limited time (한정된 시간)
20. demanded/demanding task (너무 어려운 과업)

이와 같은 과정을 통해 학습자 스스로 귀납적 규칙을 세워나가는 경우가 교사의 일방적인 연역적 규칙 제시보다 효과가 있을 것이다. 또한 개별 단어의 의미보다 주로 함께 사용되는 유용한 뭉칫말의 예를 가능한 한 많이 제공해주고 학습자가 관찰하고 가설을 형성하고 실험 과정을 통해 하나의 뭉칫말로 기억하고 저장하며 필요할 때 기억 속에서 회상해 재사용할 수 있도록 장려한다.

Activity 5

아래와 같은 활동은 *Oxford Collocations Dictionary*(2009)에서 제시된 A+N 연어 유형이다. a~j의 문장 빈칸에 들어갈 형용사를 박스에서 찾아 알맞은 형용사를 쓰면서 제거해 나가는 방법이다. 이 경우 학습자들은 형용사와 결합하는 명사에 주목하면서 형용사를 선택하는 과정을 통해 자신들의 어휘 학습 방법을 점검하고 어휘 수준을 가늠하게 될 것이다. 상위 학생인 경우 박스 안에 함께 어울리지 않는 형용사 한두 개를 추가하여 학습자의 연어 인식도를 측정해볼 수 있다. 이와 같은 활동을 그룹별로 하게 되면 다양한 의견과 생각 속에서 연어 숙달도를 높일 수 있고 의미의 차이를 자연스럽게 분별할 수가 있다는 장점이 있다.

Complete each of these sentences with an adjective from the box. Use the entries for the words in **bold** to help you.

team flexible proven short-term skeleton in-house repetitive heavy
high-powered competitive

a. He didn't want the stress of *a high-powered* **job.**
b. He couldn't stand the _repetitive_ **work** of the production line.
c. The company offers a _competitive_ **salary.**
d. Does your job allow you to work _flexible_ **hours?**
e. She's hired an assistant to help with her _heavy_ **workload**
f. She joined the company on a _short-term_ **contract.**
g. We gathered in my boss's office for a _team_ **meeting.**
h. Applicants should have a _proven_ **track record** in project management.
j. They only have a _in-house_ **staff** on duty during the holidays.

Activity 6

영어 형용사 strong/powerful은 '강한' 또는 '강력한'과 같은 유사한 의미로 사용되나, '진한 커피'의 의미로 strong coffee는 적절한 표현이나 */??powerful coffee는 적절한 표현은 아니다. '강한 바람'도 */??powerful wind는 매우 어색하고 strong wind가 적절한 표현이다. '당선 가능성이 높은 후보자'의 의미로 strong candidate는 자연스러운 표현이나 */?powerful candidate는 어색하거나 잘못된 표현이다. 이처럼 A+N 연어 유형에 적절한지를 아래와 같이 연어 격자(collocation grid)를 활용하면 여러 형용사와 명사를 비교해 보면서 연어 인식도와 단어 간 공기 관계와 연어성(collocability)을 살펴볼 수가 있다. 아래와 같이 원어민들과 함께 연어 격자 연습을 해보았다. 간혹 원어민도 쉽지 않다고 하였다. 흥미로운 점은 형용사 'beautiful'은 여성에게만 사용한다는 우리의 선입견을 원어민들은 충분히 받아들일 수 있다고 하였다. 따라서 학습자의 수준과 활동 과정에 따라 단순한 격자 연습으로 이해하게 한 후에 점차 확대하는 것이 바람직하다.

	Beautiful	pretty	handsome	heavy	strong	light	high
woman	X	X		X	?		
man	?		X		X		
dog	X						
weather	X						
work				X			
price	?						
smoker				X			
lunch				X			
smell					X		
furniture	X			X	X	X	
tea					X	X	
coffee					X	X	
cheese					X		
sound	X						?
cigeratte					X	X	
river	X	X					X
mountain	X	X					X
meal				X		X	
traffic				X		X	

? refers to some possible collocations.

8.4 동사+부사(V+Adv) 유형

영어에는 세 가지 종류의 부사가 있는 것 같다(Lewis, 1997a). 가장 많은 종류는 형용사에 접미사 '-ly'를 첨가하여 만든 부사이다. 예를 들어, 형용사 quick에 접미사 '-ly'를 첨가하면 부사 quickly가 된다. 어휘부에서 이러한 형용사-부사의 쌍 중에 형용사만을 수록하고, 어휘부에 수록된 모든 형용사에 대해 상응하는 '-ly' 부사를 생성하는 어휘 잉여 규칙(lexical redundancy rule)을 가정함으로써 어휘 내항(lexical entry)의 잉여성을 최소화할 수 있다. 두 번째 종류의 부사로는(much와 같이) 형용사로 쓰이거나(예: too much money), 부사로 쓰이거나(예: much too heavy) 동일한 형태를 유지하는 부사이다. 세 번째 종류의 부사로는 soon과 같이 상응하는 형용사가 없는 부사이다(예: He'll arrive soon, *His soon arrival). 이러한 단어는 어휘부에 본유적인 부사로 수록된다고 볼 수 있다.

학교 교육과정상의 대부분의 부사는 '형용사+ly' 형태로 파생되기 때문에 기본 어휘 목록에 포함되지 않았다. 그 이유로 학습자가 쉽게 유추할 수 있다고 판단한 것 같으나 실제로는 그렇지 않은 것 같다. 예컨대, 'ready'를 알고 있다고 해서 'readily'의 의미와 쓰임을 알고 있다고 볼 수는 없다. 또한 'over'를 알고 있다고 해서 'overly'를 쉽게 추론할 수는 없다. 한편, 'deadly'는 형용사+ly이지만 형용사나 부사로 쓰인다. 마찬가지로 형태는 같지만 품사가 다르기 때문에 'friendly'나 'lovely'는 명사 'friend'나 'love'에 '-ly'를 붙여 형용사로 쓰인다. 한편, 독립적으로 쓰이는 문장 부사와 동사나 형용사를 수식하거나 강조하는 수식 부사로 나뉜다. 실제 부사의 사용은 '형용사+ly' 형태로 구성되어 쓰이나, 일부 부사가 문장부사로 상당히 제한적이고 반복적으로 쓰이고 있음을 알 수 있다: unfortunately, fortunately, hopefully, definitely, absolutely, certainly, obviously, clearly, successfully 등.

Greenbaum(1970)에 따르면 부사는 동사의 힘을 강화시키는 동사의 강조어(verb- intensifier)로 보고 동사의 앞에 올 수도 있다. 그러나 부사는 주로 빈도(frequency)와 정도(degree)를 나타낸다(McCarthy & O'Dell, 1999; Redman, 1997). 다음 활동에서는 부사의 빈도와 정도의 층을 살펴보고자 한다.

Activity 1

부사의 빈도나 정도의 층을 관찰하고 그 활용 방법을 모색해 보자.

· 빈도(how often)

100% ◀──────────────────────────▶ 0%

always	frequently	regularly	sometimes	occasionally	seldom(formal)	never
usually	fairly often	now and then	not often	hardly ever		
	generally			rarely		

· 정도(how much)

less ◀──────────────────────────▶ more

slightly	kind of	rather	quite		extremely
a (little) bit	somewhat	fairly	pretty	very	terribly
					awfully

기초 과정에서 많이 사용되는 'so', 'quite', 'very', 'too', 'together', 'just', 'already', 'yet', 'well', 'often', 'pretty', 'sometimes', 'almost', 'never', 'far' 등과 부사적 표현인 'on a regular basis'나 'in an interesting way' 등은 부수적으로 다루고, 부사를 '형용사+ly'형만으로 한정한다. Lewis(1997a)는 부사를 'yesterday', 'last week'과 같은 시간 부사(adverbs of time), 'back', 'into town'과 같은 장소 부사(adverbs of place), 동사의 연어로 사용되는 'carefully', 'quickly'와 같은 양태 부사(adverbs of manner) 그리고 형용사를 더 강하게 또는 더 약하게 수식하는 부사로 나누고, 많은 형용사는 문자 그대로 사용될 때 등급성(gradable)을 나타내지 않지만 은유적으로 사용될 때는 등급성을 나타낸다고 설명하였다. 그러나 여기에서 우리는 빈도나 정도에 따른 부사 이외에 동사나 형용사가 가지는 강도나 긍정과 부정에 따른 부사 선택이 있을 수 있다고 가정한다. 이와 같은 설명은 교실 수업에서 자주 마주치는 언어 규칙이지만 부사의 어순에 관한 논의와 그 쓰임에 관해서는 크게 다루어지지 않고 있다.

Activity 2

부사가 빈도나 등급성 뿐만 아니라 화자의 감정 표현 정도나 반응 정도를 나타내기 위해 제한적인 부사로도 사용된다.

· 강도(how strong)

less ←————————————————→ more

terribly	relatively	strongly
unbelievably	comparatively	entirely
dreadfully		completely
incredibly		totally
		thoroughly
		absolutely
		extremely
		perfectly

부사의 경우에는 주로 등급성의 속성을 가지고 있기 때문에 그 의미가 비등급성인 경우에는 다음 예처럼 의미적으로 이상한 표현이 된다.

> !Fifteen students were very present, and five were very absent. (!표시는 의미적 비정상을 나타낸다)

동사나 형용사를 수식하는 부사의 경우는 형태상으로 '형용사+ly' 형태가 상당히 많이 있다. 이는 인간의 감정과 관계가 있으며 언어는 감정을 수반하는 표상이기 때문에 이에 대한 지도가 필요하다. 더구나 요즘에는 감정이나 행위의 양태뿐만 아니라 화자가 청자의 이해를 구하거나 행위가 일어난 정도를 설명하거나 빈도 등을 표현하고자 할 때 부사를 많이 사용하는 경향이 있다. 이와 같은 경향은 TOEIC과 같은 공인된 시험 문항에서 다루어지고 있는 것만 보아도 알 수 있다.

Activity 3

동사+부사 연어를 Benson 외(1991, pp. 44-45)의 예를 통해 살펴보자.

Example

thank heavily

thank profusely

The BBI entry for thank cites thank profusely but not thank heavily:
thank V. 1. to ~ profusely; sincerely 2. to ~for (she ~ed me profusely for my help)
3. (colloq.) (H; no passive) I'll ~you to make less noise in the future

1. anchor firmly/*potently	7. arrange tastefully/*strongly
2. appropriate sincerely/*forcefully	8. forbid categorically/*highly
3. argue heatedly/*mightily	9. invite cordially/*vehemently
4. protest vigorously/*highly	10. resent bitterly/*wonderfully
5. recommend highly/*deeply	11. turn sharply/*deeply
6. apologize humbly/*highly	12. appreciate deeply/*highly

우리는 추가적으로 다음과 같은 연어를 어렵지 않게 생각할 수 있다.

I couldn't stand my boss, I'm seriously thinking about quitting.

He was seriously injured by the car accident.

이와 같이 동사를 지도할 때 부사나 부사적 표현을 함께 예시해 줌으로써 표현력을 풍부하게 익힐 수 있고 자신의 의사 표현 정도와 강도를 실어 소통할 수 있는 능력을 키울 수 있다: The birds chirp merrily.

Activity 4

다음으로는 Benson 외(1991, pp. 24-25)에 제시된 부사+형용사를 살펴보자. 그리고 학생들에게 '빈칸 채우기 활동으로 연어 완성하기' 활동을 하도록 언어 자료를 제시해 준다. 학습자는 제시된 언어의 관찰을 통해 나름대로의 가설을 설정하고 실험하는 과정을 통해 부사의 활용에 익숙해 간다. 이 경우 학습자의 수준과 학습 내용에 따라 일부를 활용할 수도 있고 단서를 제공해 주거나 우리말로 설명해줄 수도 있다. 또한, 하단에 부사를 제시하여 학습자의 활동을 도와줄 수 있다.

Example
To be *brutally/perfectly* frank, I don't think you're the right person to do that job.
The entry for **frank** lists two adverbs, brutally and perfectly, that collocate with **frank**:
frank adj. 1. *brutally, perfectly* ~ 2. ~ about, with(she was ~ with us about everything)

1. These companies are ________ competitive with each other.
2. The Tokyo area is ________ populated.
3. They were ________ addicted to drugs. They needed help.
4. With her training and experience, she was ________ qualified for the position.
5. It is ________ cold this morning.
6. The group was frozen ________.
7. When he came out of the shower, he was ________ wet.
8. We will do everything that is ________ possible.
9. Your discovery is a ________ interesting one.
10. He ran across the strange ________ naked.
11. My mother is a ________ educated woman.
12. You should be ________ ashamed of yourself.
13. We are ________ aware of the dangers.

이와 같이 부사는 동사의 특성을 강화하거나 빈도를 표현해 주는 것뿐만 아니라 'at a surprisingly fast pace', 'highly contagious', 'extremely important', 'densely populated', 'sparsely populated', 'generally acceptable'처럼 형용사를 수식하여 형용사의 정도와 강도를 표현해 준다. 한 발 더 나아가서 'a densely populated country', 'a highly educated woman', 'highly irregular situation'과 같이 부사+형용사+명사의 확장된 연어(extended collocation) 형태로 사용되는 점도 강조함으로써 학습자가 다양한 연어 형태에 노출되게 하여 유창성을 보다 더 높일 수 있다. 또한, 교사는 이와 같은 부사의 쓰임에 유의하여 이러한 자료를 언어 자료에서 찾아 기록하였다가 교수 전략으로 활용할 수 있다. 이에 대한 자세한 설명은 부사+형용사 연어 유형에서 살펴보기로 한다.

Activity 5

아래와 같이 연어 학습의 전형적인 방식 중 하나인 '두 난을 활용하여 연어 짝 맞추기' 활동을 통하여 학습자가 부사의 활용에 익숙하게 한다. 이 경우 학습자의 수준과 활동 과정에 따라 한두 개를 예시한 후 활동을 전개할 수 있다.

List 1	List 2
1. generously 2. heavily 3. lavishly 4. eagerly 5. bitterly 6. widely 7. strictly 8. extensively	a. damaged b. limited c. anticipated d. disappointed e. illustrated f. influenced by g. available h. rewarded

언어 교사는 아래와 같이 자주 쓰이는 부사를 표로 만들어 활용할 수 있다. 교수 자료를 탐구하다가 부사의 용례가 나오면 추가해서 기록하고 수업 시간에 재활용할 수 있는 연어 자료로 모을 수 있다. 즉, 동사+부사 연어나 부사+형용사 연어 형태의 쓰임을 제시하고 활용한다. 예를 들어, bitterly는 '심하게', '몹시', '비참하게' 뜻으로 아주 부정적인 감정을 주로 나타낸다. 슬픔을 나타내는 'disappointed', 'regret', 'cry', 또는 짜증이나 화를 나타내는 'complain', 'resent' 동사와 쓰인다. 또는 cold와 같이 날씨에 쓰여 부사+형용사 연어 형태로 그 강도를 강조하기도 한다.

bitterly	cold, disappointed, regret, cry, complain, resent
completely	finish, prepare, change, defeat, booked, forget, encouraging, ...
deeply	appreciative, ashamed, concerned, moved, offended, worried, hurt, appreciate, move...
highly	effective, controversial, probable, profitable, unlikely, motivated, educated, delighted, amusing, ...
ridiculously	cheap, easy, long, small, early, ...
strongly	advise, affect, appeal, believe, condemn, consider, deny, demand, denounce, disagree, feel, influence, oppose/object to, recommend, support, suggest protest, impress...
totally	disappointed, different, absorbing, absurd, alter, bored, ...
completely	finish, prepare, defeat, booked, forget, encouraging, ...
extremely, really	upset, tired, grateful, unusual, cold, dangerous, ...

Activity 6

아래와 같은 활동은 *Oxford Collocations Dictionary*(2009)에서 제시된 부사+동사/동사+부사 연어 유형이다. 각 문장의 볼드체 동사와 결합하는 이태릭체 부사 중에서 어울리지 않는 것을 골라 제거(삭제) 표시를 하는 활동이다. 이와 같은 활동을 그룹별로 하게 되면 다양한 의견과 생각 속에서 연어 숙달도를 높일 수 있고 의미의 차이를 자연스럽게 분별할 수가 있는 장점이 있다.

Adverbs

1. In each of the following sentences one of the adverbs in italics is not a common collocate of the verb in bold. Decide which it is and cross it out. Use the entry for the bold verb to help you.

a She argued **fiercely/heatedly/~~hardly~~** about her right to compensation. (fiercely/heatedly)
b They will fiercely/heatedly/passionately defend their rights. (fiercely/ passionately)
c He grinned owlishly/sheepishly/wolfishly at her. (sheepishly/wolfishly)
d He blankly/categorically/flatly denies that he has committed a crime. (categorically/flatly)
e His frugal lifestyle contrasted brutally/markedly/starkly with his wife`s extravagance. (markedly/starkly)
f Her tragic story brutally/markedly/starkly illustrates how vulnerable children can be. (brutally/starkly)

8.5 부사+형용사(Adv+A) 유형

부사+형용사 연어 형태는 오늘날 언어 활동에서 강조 및 미세함과 완성도에 주목하면서 더욱 다양하게 진화 발전하는 연어 형태다. 기본적으로 형용사는 명사와 부사는 동사와 잘 어울리는 조합이지만 형용사의 특성을 강조하거나 세밀하게 표현하고자 부사가 형용사와 결합하는 형태로 구성한다. 이윤경(2009)은 한국 대학생 35명을 대상으로 부사+형용사 연어 능력에 관한 연구에서 부사+형용사 연어 지식이 매우 제한적이며 연어 능력은 언어 일반 능력과 유의한 상관관계가 있다고 보고하였다. 주로 사용되는 부사+형용사 연어로는 bitterly cold, blissfully happy, completely different/new/free, fully aware/reliable/different/significant/impossible/available, highly/significant/impossible/difficult/essential/unusual, seriously ill, unbearably ugly 형태로 쓰이거나 동사+ed 분사 형태로 highly developed/civilized/specialized, physically/mentally disabled처럼 사용된다. 이 경우에는 'highly infectious disease', 'extremely limited degree', 'highly qualified applicant', 'internationally standardized course'처럼 뒤에 명사와 함께 쓰여 부사+형용사+명사 연어 형태로 종종 사용되기도 한다.

Granger(1998)은 EFL 상위학생들의 영작에서 원어민(native speaker: NS)과 비원어민(non-native speaker: NNS)간의 부사+형용사 연어의 사용빈도와 사용 용례가 확연하게 다르다는 점을 아래 'Activity 2'와 'Activity 3'과 같이 비교하여 제시하였다. 또한 흥미롭게도 EFL 학생들의 연어 결합은 어휘적으로 일치하는(lexically congruent) 모국어(L1)의 영향으로 직역한 대응어(direct translational equivalent)를 찾는 경향이 있다고 지적하였다. 부사+형용사 연어 형태에 있어 가장 두드러진 면은 원어민과 비원어민과의 부사 사용에 대한 비교 부분이다. Granger(1998)에 따르면, 원어민은 severely, bitterly 등과 같이 –ly amplifier형태로 형용사+ly형을 주로 사용하는 데 반하여, 비원어민은 주로 부사 'very'로 형용사의 특성을 나타내려고 한다. 가령 원어민이 'bitterly cold' 말하는 경우 비원어민은 'very cold'라고 표현한다는 것이다. 아래 Activity 2와 3은 Granger이 제시한 내용을 소개한 것이다.

Activity 1

이 활동은 앞에서 설명한 바와 같이 EFL학습지들이 강조 부사(intensifying verb)로 주로 very를 사용하여 표현하는 경우, 의사소통 상황에서 의미는 통하겠으나 쓰기와 같은 산출식 연어 표현인 경우 제대로 필자나 화자의 정도나 상태를 전달하는 데 효과적이지 않을 수 있다. 그래서 아래 활동은 McCarthy와 O'Dell(2005, p. 17)에 제시한 내용을 소개한다.

※ Choose an adverb from the box to replace very in each of these expressions.

utterly	strongly	bitterly	ridiculously	highly	deeply

1. very ashamed	6. very disappointing
2. very cheap	7. very opposed
3. very controversial	8. very ridiculous
4. very stupid	9. very easy
5. very successful	10. very concerned

Key Answers: 1. deeply ahamed 2. ridiculously cheap 3. highly controversial 4. utterly stupid 5. highly successful 6. bitterly disappointing 7. strongly/utterly opposed 8. utterly ridiculous 9. ridiculously easy 10. deeply concerned

Activity 2

아래는 부사+형용사 연어 학습의 전형적인 방식 두 가지 활동 중 형용사+ly형 부사와 형용사가 결합하는 활동으로 이와 같은 활동을 통하여 학습자가 부사의 쓰임에 익숙하게 한다. 이 경우 학습자의 수준과 활동 과정에 따라 한두 개를 예시한 후 활동을 전개할 수 있다.

NS	NNS
readily available(43)	readily available(8)
bitterly cold(40)	bitterly cold(7) bitterly aware(3) bitterly miserable(2)
blissfully happy(19) blissfully ignorant(20)	blissfully happy(4)
fully aware(33) fully reliable(3)	fully aware(21) fully reliable(15) fully different(6) fully significant(5) fully impossible(3) fully available(2)
highly significant(33) highly reliable(3) highly important(2) highly aware(3)	highly significant(15) highly reliable(7) highly important(6) highly impossible(6) highly difficult(5) essential(4) different(2)

Activity 3

아래는 부사+형용사 연어 학습의 전형적인 방식 두 가지 활동 중 동사+ed형 부사와 형용사가 결합하는 활동으로 이와 같은 활동을 통하여 학습자가 동사+ed형 부사의 쓰임에 익숙하게 한다. 이 경우 학습자의 수준과 활동 과정에 따라 한두 개를 예시한 후 활동을 전개할 수 있다. 이 경우도 학습자의 수준과 활동 과정에 따라 한두 개를 쉬운 예를 제시한 후 활동을 전개할 수 있다.

	NS	NNS
closely	linked(4) integrated attached	linked(3) involved related
deeply	moved convinced affected	moved convinced rooted(8) hurt in loved changed divided
severely	punished restricted shaken attacked depleted complicated felt flogged	punished

Activity 4

제시된 활동은 개별 부사의 인식도를 높일 수 있으며 부사+형용사 연어 형태에 익숙할 수 있다. 특히 이 경우에는 부사 뒤에 일반 형용사 보다는 동사+ed형 형용사 형태를 제시하여 결합할 수 있는 부사를 연상하게 하는 방식으로 활용하면 효과가 좋을 것이다.

주어진 글자로 시작하는 부사를 빈칸에 써 넣으시오. 1. One of his legs was b___________ broken. 2. Consumers must be f___________ informed of the services available. 3. She was h___________ influenced by the writer. 4. The result can be v___________ presented in the form of a graph. 5. The cleaning liquid should not be d___________ applied to the surface.

또한, 아래 A와 같이 부정확한 부사+형용사 연어 유형을 제거하는 활동을 함으로써 연어 인식도를 높일 수 있다. *Oxford Collocations Dictionary*(2009)에서 발췌한 아래 자료에서 B란은 주어진 몇 개의 형용사와 결합할 수 있는 부사를 부사 박스에서 찾아 a부터 f까지 쓰도록 하는 활동이다.

A: Cross out the incorrect one.
1. highly educated highly profitable highly unusual highly exhausted
2. bitterly regard bitterly regret bitterly resent bitterly criticise
3. absolutely convinced absolutely tired absolutely devastated absolutely absurd
4. deeply unhappy deeply religious deeply successful deeply committed

McCarthy & O'Dell(2005, p.17)

B: For each group, find an adverb in the box that collocates with all the adjectives in the group.

mutually distinctly fiercely grossly painfully wildly

a painfully	b ______	c ______	d ______	e ______	f ______
aware honest shy slow	advantageous beneficial contradictory incompatible	competitive independent loyal protective	different odd uncomfortable uneasy	enthusiastic inaccurate optimistic popular	inaccurate inadequate offensive unfair

Activity 5

다음은 김윤정(2008)이 제시한 부사+형용사 연어 인식도를 알아보는 방식이다. 각 문장 속의 밑줄 친 단어 결합이 적절한지(acceptable), 부적절한지(unacceptable)를 판단하여 해당되는 빈칸에 ✓표를 하고 만약 부적절하다면 빈칸에 적절한 단어로 고쳐 쓰는 활동이다. 이와 같은 활동을 통해 학습자들은 단순히 부사+형용사 연어 유형을 암기식 학습에서 벗어나 좀 더 문맥 속에서 연어의 쓰임을 익히고 활용할 수 있다.

1. This is terribly important. □ □부 ( )
2. She is completely unique. □ □부 ( )
3. The staff is highly experienced. □ □부 ( )
4. John is deeply absorbed in his book. □ □부 ( )
5. Both options are strongly impossible. □ □부 ( )
6. The written test was perfectly difficult. □ □부 ( )
7. That flight is absolutely booked already. □ □부 ( )
8. He was bitterly hurt in the car accident. □ □부 ( )
9. Organic foods are now broadly available . □ □부 ( )
10. I'm awfully sorry. I didn't catch your name. □ □부 ( )

Activity 6

아래 활동은 McCarthy와 O'Dell(2005, p. 16)의 부사+형용사 연어 활용 예들을 소개한다. 주요 부사와 함께 결합하는 형용사를 제시하였고 어떻게 사용되는 지에 대한 코멘트를 예시로 제시하여 부사+형용사 연어의 쓰임을 잘 보여주고 있다. 교수자나 학습자들도 다양한 언어활동을 하면서 발견하는 부사+형용사 연어 유형을 문장 단위로 모아 정리하여 재활용할 수 있다. 이러한 활동을 통해 언어 간 차이나 언어 표현 문화의 차이까지지도 살펴볼 수가 있다.

A. Highly

collocations	comments
(un)likely unusual successful competitive profitable effective controversial recommended	Highly is used with some probability words(likely, unusual) With the exception of highly controversial it usually combines with very positive words. Extremely can also be used with all the opposite adjectives except recommended.

It is **highly unlikely** that I'll finish my work on time.

Jill's **highly unusual** behaviour began to worry her parents.

B. Absolutely, utterly

collocations	comments
ridiculous stupid impossible wrong alone appalled convinced devastated miserable	Absolutely and (slightly more formal)utterly combine with adjectives with very extreme meanings where we can`t use very. For example, we say absolutely/utterly exhausted, not exhausted, where as we say very tired, but not or tired. Often, but not always, these words have negative connotations.

It was an **absolutely stupid** comment to make.

The whole area was **utterly devastated** after the earthquake.

C. Bitterly, deeply, ridiculously, strongly

word	collocations	comments
bitterly	**disappointing/disappointed resent criticise regret complain cry weep**	carries a feeling of deep sadness; used slightly more in writing than on conversation
deeply	**ashamed concerned shocked committed moved affected hurt**(of feelings) **regret care religious unhappy**	collocates mainly with words associated with feelings; used slightly more in writing than in conversation
ridiculously	**cheap expensive easy low high long short small large early**	suggests something extreme, which seems unbelievable or unreasonable
	early	unreasonable
strongly	**oppose influence believe deny recommend support condemn suggest feel argue object**	collocates with verbs, particularly verbs that relate to having an opinion

I was **bitterly disappointed** when I failed the exam.

Professor McDellvit was always **deeply committed** to her students.

The restaurant was **ridiculously expensive.** I don't think we'll go there again.

I would **strongly recommend** that yon learn a foreign language.

8.6 문법적 연어: 전치사 연어 유형[7)]

단어 간 결합체인 어휘적 연어(lexical collocation: LC)는 영어 기본 문형을 구성한다는 점에서 영어 학습에 큰 장점과 가치가 있다. 그러나 오늘날처럼 좀 더 세부적이고 첨언적인 상황이 많은 경우에는 LC를 넘어 전치사의 역할이 무척 커지고 있다. 즉, 단어와 단어, 특히 명사와 명사를 연결하거나 수식하는 데 있어 전치사는 상당히 중요한 역할을 한다. 영어의 유창성을 기르고 나아가 짧은 대화 중심의 주어진 주제나 문제에 대한 자신의 생각과 주장을 펴기 위해서는 단어와 단어, 구와 구, 절과 절을 이어주는 연결기능을 하는 전치사와 같은 기능어 사용의 중요성이 더욱 커지고 있다. 이에, 학습자들이 개별 단어를 넘어 정확성과 유창성을 겸비하게 하기 위해서는 이와 같은 연결어 기능을 하는 전치사의 지도가 개별 단어 의미 중심이 아니라 다른 명사

7) 본 자료는 [김낙복. (2010). 명시적인 어휘적 연어 지도가 문법적 연어 능력에 미치는 영향: 전치사 연어 중심으로, *영어어문교육 16*(3), pp. 141-160]을 수정 보완한 내용임

와 결합하여 함께 쓰이는 뭉칫말 형태로 확장되어 이루어질 필요가 있다.

한편, 명시적인 어휘적 연어지도가 연어 능력 향상에 미치는 영향과 문법적 연어(grammatical collocation: GC)인 전치사+명사, 명사+전치사 연어와의 상관관계를 통해 효율적인 문법적 연어 교수 학습 방안을 모색할 필요가 있다. 한국인이 영어를 배울 때 가장 어렵게 생각하는 것이 전치사이고 실제 말할 때나 글을 쓸 때 가장 틀리는 부분도 전치사이다. 다시 말해, 영어에서 내용이 뚜렷한 명사, 동사, 형용사, 부사 등은 그 뜻을 파악하기가 비교적 쉽지만, 그 뜻이 분명하지가 않은 전치사를 바로 학습하기가 쉽지 않다(이기동, 2001). Cambridge (2005) 사전에는 전치사 of의 뜻이 크게 19가지로 분류되고 있다. 이 분류는 다시 세분화되기 때문에 이 전치사에 주어지는 의미는 더 많을 수 있다. 따라서 다의성과 의미 구조가 복잡한 영어 전치사를 외국어로 정확하게 사용하는 법을 배우기란 매우 어렵다(Swan, 1997). 더욱이, 설문 조사에 의하면 상당수의 학생들이 어휘를 학습하면서 품사 인식을 크게 하지 않는 것으로 나타났다. 이는 학습자들이 영어 어휘를 단지 형태와 의미만을 단순 암기하기 때문일 것이다. 그러므로 실제 학습한 어휘를 결합하여 뭉칫말화(chunking)하여 사용하고자 할 때에는 어려움을 느낀다. 또한 학습자들은 단순한 의미 이해 중심으로만 학습하기 때문에 말하기나 쓰기와 같은 산출 기술(productive skills) 활용에 더욱 어려움을 느낄 수밖에 없다. Nation(2002)은 한 단어의 학습 부담(learning burden of a word)으로 의미(meaning), 형태(form) 그리고 사용(use)을 지칭하면서, 사용상에는 문법적 기능(grammatical functions), 연어, 사용상 제약들(constraints on use)을 지적하고, 특히 단어 사용에서는 연어 결합어(collocation collocates)를 학습시키도록 제안하고 있다.

전치사와 관련하여 어휘를 품사별로 대별하면, 일반적으로 문장에서 주된 요소로 역할을 하는 내용어(content words)와 부수적으로 보조적인 역할을 하는 기능어(function words)로 나누어진다. 기능어에 속하는 영어 전치사는 상당 부분 한국어의 후치사(postposition)인 조사 기능을 하는 관계로 영어를 학습하는 한국의 학습자가 더욱 어렵게 느끼고 있는 부분이다. 한국어의 후치사와 마찬가지로 영어의 전치사도 그 사용 빈도수는 매우 높다. 이는 영어 어휘 코퍼스를 통해 살펴보면 상위 50 고빈도 단어 중에 8개의 전치사를 포함하고 있다: to(no. 3), of(no. 5), in(no. 9), on(no. 15), for(no. 16), with(no. 21), at(no. 27), from(no. 50)은 사실에서도 알 수가 있다(O'Keeffe, McCarthy, & Carter, 2007, p. 34).

이와 같이 전치사는 영어 사용에 있어 빈도가 높음에도 불구하고 영어를 배우고 쓰면서 가장 어렵게 생각되는 품사 중 하나다. 김윤정(2005), 박민희(2007), 송인동(2000)은 전치사를 연어 접근방식(collocational approach)으로 학습하는 것이 표현 능력을 향상시키는데 효과가 있다는 연구 결과를 보고하였다.

이제 좀 더 전치사의 종류 및 그 활용에 대해 살펴보기로 하자. 영어에 100여 개의 수가 있는 전치사는 <표 8-1>과 같이 어 구성(word-formation)을 토대로 크게 단순전치사(simple prepositions), 복합전치사(mixed/compound prepositions), 합성전치사(complex prepositions) 그리고 분사전치사 (participle prepositions)가 있다. 이와 같은 전치사를 전치사+명사(P+N) 연어적 접근 방식으로 살펴보고자 한다.

〈표 8-1〉 전치사의 형태별 종류

전치사의 형태별 종류	예
1. 단순전치사 2. 복합전치사 3. 합성전치사 4. 분사전치사	on, in, from, to, for, of, by, at, up, down... into, upon, throughout, without, onto, along... along with, by means of, in addition to, out of... including, pending, considering, concerning, regarding...

첫째, 단순 전치사는 on, in, to처럼 독립성이 약하나 해석상 의존성이 강하다. 즉, 해석상 의존성이 강하기 때문에 뒤에 다른 단어가 와야 자연스러운 해석이 이루어진다. 예를 들면, 'on (sale)'에서 괄호 안에 있는 말을 해석하지 못하면 전치사는 실용적으로 사용할 수가 없다. 둘째, into (in+to), throughout (through+out), without (with+out)처럼 그 철자를 분리하면 다른 두 개의 전치사가 된다. 이와 같은 전치사도 독립성이 약해서 뒤에 오는 단어와 합쳐져야 자연스럽게 활용이 된다(예, without any hesitation), 셋째, 두 개 또는 그 이상의 단어가 모여서 전치사의 역할을 하는 것으로 단어들이 하나로 합쳐지지 않고 그냥 분리되어 각각 쓰인다. 이와 같은 전치사들은 전치사 연어 형태로 명사와 결합하여 다양하게 쓰이기 때문에 말하기나 쓰기를 할 때 유용하다(예, at the beginning of the class). 마지막으로, 원래 동사에 -ing를 붙여서 분사형태를 갖추고 있는데, 이는 또 하나의 어휘 파생어라고 볼 수 있다. 즉, 기존의 전치사로 의미를 다 나타내지 못하는 점을 보완하여 기존의 동사를 변형하여 전치사로 사용하는 유형이다(예, considering her age). 각 전치사 종류별 예시에서 보는 것처럼, 주로 전치사+명사 연어적 접근 방식으로 전치사를 뭉칫말화할 수 있도록 제시하고 학습 활동을 촉진하는 것이 그동안 전치사를 개별 단어 의미 중심으로 학습시키는 것보다 생성력(productivity)을 높여 노력과 비용 효율성이 훨씬 클 것이다.

전치사+명사, 명사+전치사 연어는 Benson 외(1997)에 따르면 문법적 연어에 해당한다. 즉, 문법적 연어는 emphasis on, rely on, famous for, by accident, under discussion에서처럼 명

사, 동사, 형용사 등과 전치사의 결합 형태이다. Benson 외(1997)는 연어 유형을 분류함에 있어 내용어와 기타로 나누어 분류하였으며, 이는 기본적으로 앞에서 살펴본 5가지의 어휘적 연어와 지금 다루고자 하는 전치사+명사와 명사+전치사와 같은 문법적 연어가 결합과 연결기능에 있어 그 특성이 다르기 때문에 필자도 명사+전치사, 전치사+명사 연어 유형을 문법적 연어 방식에 의해 설명하고자 한다.

앞에서 전치사의 형태를 통해 살펴본 바와 같이 개별 전치사가 독립성이 약하기 때문에 뒤에 나오는 말과 함께 뭉칫말로 기억하면 더욱 효과적일 것이다. Celce-Murcia와 Larsen-Freeman (1999)도 전치사의 형태적인 면을 언급하면서 전치사와 공기하는 동사, 형용사, 명사를 함께 제시하여 학습하기를 권했다. 이는 일찍이 Ooi와 Lee(1996)가 동사는 명사와, 형용사는 명사와, 부사는 동사나 형용사와, 동사는 전치사와 함께 결합하여 제시하고 가르침으로써 목표 언어 사용의 유용성을 설파한 점과 맥을 같이한다. <표 8-2>는 전치사를 포함한 연어 유형을 그 예와 제시한 것이다.

〈표 8-2〉 전치사의 연어 유형과 그 예

전치사를 포함한 연어 유형	예
1. 동사+전치사	insist on, look into, complain about, arrive at...
2. 동사+명사+전치사	pay attention to, make use of, take care of...
3. 전치사+명사+전치사	in celebration of, in cooperation with, on behalf of...
4. 전치사+명사	on display, under construction, in pain, at work...
5. 명사+전치사	comment on, trip to, problem with, request for...
6. 형용사+전치사	(be) afraid of/good at, superior to, famous for...

유형1 동사+전치사는 일반적으로 구동사(phrasal verb)라 한다. 이 유형에는 look into와 같이 동사에 전치사가 결합한 경우도 있지만, put up with와 같이 부사와 전치사가 함께 따라오는 경우도 있다. 영어의 자동사가 전치사와 결합하여 목적어를 수반하는 경우가 많다. 유형2 동사+명사+전치사는 동사구(verb phrase)를 구성한다. 유형 3 전치사+명사+전치사는 많은 경우는 아니지만 전치사가 명사의 전후에서 위치하면서 연결하여 준다. 유형6은 형용사+전치사로 학생들이 대부분 숙어식으로 암기하는 경우가 많다. 유형4 전치사+명사와, 유형 5 명사+전치사는 명사 전후에서 전치사가 명사와 밀접한 관계를 가지면서 의미와 형태를 연결해준다. 많은 학생들은 어휘를 개별 어휘에 집중하고 반복 암기 방식으로 공부하는 경우가 많다. 그러한 이유로 인해 전치사의 경우에도 전통적으로, 시간, 장소, 위치, 방향 등 개별 전치사에 초점을 맞추어

가르쳤다. 그 결과 문장 속에서 다른 명사와 함께 결합하여 쓰이는 경우를 자연스럽게 인식하지 못하였고 적절하게 사용하지도 못하게 되었다.

<그림 8-1>은 동사나 명사로 쓰이는 comment가 전치사on과 결합하여 사용되고 있는 코퍼스를 보여주고 있다. 원어민들은 이와 같이 단어 간 결합인 뭉칫말을 무의식적으로 받아들여지고 사용하지만 영어를 외국어로 사용하는 한국인에게는 처음부터 의식적이고 의도적으로 함께 결합하여 학습하지 않으면 발화하거나 쓰는 경우 어려움을 겪기 쉽다. 두 단어 이상이 함께 공기하여 사용되는 뭉칫말 중심의 어휘적 접근 방식은 Lewis(1997a)가 말한 바와 같이 혁명적인 것이 아니라 기존의 것을 사고의 전환과 언어 습득 본질에 충실하여 외국어를 학습하자는 강조점을 시사해 준다.

be looking to sell all of Conoco . DuPont declined to	comment	on a report in a London newspaper that the French oil c
who represents the McMullen-Bowlen-Elway group , declined to	comment	on any action that his clients took in the bidding process
ended up in the U.N . headquarters ? And could you	comment	on any security or intelligence relations between Israel a
move forward and learn from this . But let me just	comment	on Brennan because I watched that press conference th
REPRESENTATIVE : Mr. Stossel , Mr. Stossel , I can not	comment	on Dr. Ziem 's practice . I came to read you her
NASA spokesman , Dwayne Brown , said the agency did not	comment	on movies , leaving that to movie critics . But when it
analyst issue , citing their current role in gathering public	comment	on new rules recently proposed by the NYSE and NASD .
was witnessed in this blended course that students would often	comment	on other 's posts and include personal remarks using th
text and image function together to organize , convey , and	comment	on philosophical meaning . # The Theater of Natural Phil
characters and traditions turns The Echo Maker into a literary	comment	on present-day and historical scientific attitudes toward
Chronicle of Higher Education in the last two years failed to	comment	on some aspect of decline (Blumenstyk , 1991 ; Cage ,
COLMES : Thank you very much . DIOGUARDI : Let me	comment	on that because ... COLMES : Yeah , quickly . DIOGUARDI
the details involved in this attack . So I would n't	comment	on that or other reports about the attack . I would only
n't know anything about the suicide , so I ca n't	comment	on that part of the question . Yes , in the back
the task of implementing it KOPPEL Doctor- Amb AL Let me	comment	on that , Mr. Koppel . I do n't think the U.N
right Coach ? # " I 'm not even going to	comment	on that , " Dick Vermeil said Monday with a pained expre
the coalition . The IRS by law is not permitted to	comment	on the case , but it is widely assumed that the coalition
my job responsibility . ROOK : Gotcha . But can you	comment	on the ethical portion of he is sent to prison for what
an Energy Department spokesman , said the agency " ca n't	comment	on the indictment in any way . " # A senior administratio
once mentioned Hitler . When asked why he had failed to	comment	on the key current issue , Barth replied that he had the
was going to say and I do think it 's a	comment	on the larger culture , but colleges , I think , have
because of PCB exposure . # Company officials declined to	comment	on the lawsuit . # David Baker said that despite the critic

〈그림 8-1〉 동사나 명사로 쓰이는 comment가 전치사 on과 결합하는 예

Activity 1

전치사 연어 활동은 기본적으로 연어노트(collocation notebook)를 활용하여 아래와 같이 대

화문이나 독해를 하면서 자주 사용하는 전치사+명사, 명사+전치사 연어 등을 정리하여 재활용할 수 있다. 교재, 신문, 잡지, 문학 자료 등 다양한 읽기 자료나 듣기 자료를 활용하면서 <표 8-3>의 연어 노트에 지속적으로 기록하면서 연어 관계에 대한 인식을 고양시킬 필요가 있다.

〈표 8-3〉 전치사+명사, 명사+전치사 연어 예

Preposition	Noun	Noun	Preposition
In	many ways a confined area the sports sector their discussion a wedge formation the writing process the following stage a more logical order a safe and peaceful situation ---	comment emphasis research survey information opinion basis view study ---	on

Activity 2

이 활동은 전치사+명사 연어 유형을 문장 속에서 활용하는 활동이다. 학습자들은 특히 전치사와 결합하는 명사에 집중하면서 명사의 특성과 전체 문맥에 맞는 전치사를 하단의 전치사 박스에서 찾아 쓰면서 연어 인식도를 높인다. 마찬가지로 혼자 활동하기 보다는 그룹별로 하거나 연어 사전을 활용할 수도 있다. 특히 요즘에는 인터넷으로 다양한 코퍼스를 활용하여 연어 검색을 할 수가 있다.

Preposition + Noun Collocations

1. He was lying on the floor ____ pain.
2. I'm not going out ____ this rain!
3. I don't have much time to read ____ pleasure.
4. The advantage of booking tickets ____ advance is that you get better seats.
5. I'm ____ my summer vacation.
6. The building project was delayed because materials did not arrive ____ schedule.
7. They bow to the teacher ____ the beginning of class.
8. I will pick him up ____ the airport.
9. Tonight, the sun will set ____ 6:30 pm.

10. He has been doing the same job ____ a long period of time.

at, with, on, in, to, for, under, by

Activity 3

이 활동은 Activity 2와 마찬가지로 명사+전치사 연어 유형을 문장 속에서 활용하는 활동이다. 학습자들은 특히 전치사와 결합하는 명사에 집중하면서 명사의 특성과 전체 문맥에 맞는 전치사를 하단의 전치사 박스에서 찾아 쓰면서 연어 인식도를 높인다. 물론 혼자 활동하기 보다는 그룹별로 하거나 연어 사전을 활용하면 효과가 클 것이다. 또한, 인터넷으로 다양한 코퍼스를 활용하여 연어 검색을 할 수가 있다. 이 연어 유형은 학생들이 가장 어려워하는 유형 중이 하나이다. 왜냐하면 이제까지 교재나 각종 시험에서도 크게 주목하지 않았으며 논의되지 않은 부분이기 때문이다. 하지만 영어 의사소통능력 향상을 위해서는, 특히 산출 연어 능력 향상을 위해서는 꼭 필요한 연어 유형 활동이다.

Noun + Preposition Collocations

1. There is still **confusion** ____ the result of the vote.
2. I don't feel I can **comment** ____ their decision.
3. There have been many **disputes** ___ the proper way to train a child actor.
4. There are serious **problems** ___ the current financial situation of the company.
5. The **demand** ____ oil in Asia has increased rapidly.
6. **Research** ____ insects suggests that bacteria has played a vital part in animal evolution.
7. You should make an earnest **apology** ____ your mistake.
8. We appreciate your immediate **attention** ____ this matter.
9. He invented **an excuse** ____ being late.
10. People have different **opinions** ____ that issue.

about, in, on, with, to, for, at

Activity 4

아래와 같은 활동은 *Oxford Collocations Dictionary*(2009)에서 제시된 전치사+명사 연어 유형을 기본으로 하면서 형용사+명사까지 확대한 활동이다. 왼쪽 A란에 있는 문장의 빈 칸에 알맞은 단어를 B에서 찾아 쓰면서 제거해 나가는 방법이다. 이와 같은 활동을 그룹별로 하게 되면 다양한 의견과 생각 속에서 연어 숙달도를 높일 수 있고 의미의 차이를 자연스럽게 분별할 수가 있으며 학습자들은 볼드체에 주목하면서 전치사 활용도를 향상시킬 수 있다.

Complete these sentences by adding a preposition and matching the two halves, using the entries for the bold adjectives to help you.

A	B
a. The scandal was **damaging** to	the new software. (c)
b. I always used to be **late** ___	economic growth. (g)
c. I need some time to get **acquainted** ___	the latest crime statistics.(h)
d. She was **insistent** ___	women.(e)
e. His good looks made him **irresistible** ___	maintaining her privacy. (d)
f. Tickets are **limited** ___	school. (b)
g. We need an environment that is **conducive** ___	tow per person. (f)
h. I was **alarmed** ___	the government. (a)

Activity 5

이 활동은 Activity 2와 Activity 3에서 활용한 전치사+명사, 명사+전치사 연어 유형을 스토리가 있는 문단 속에서 텍스트내 전치사 연어(preposition collocations in text)를 활용하는 활동이다. Activity 2와 Activity 3을 통해 전치사 연어 유형에 익숙해진 학습자들은 보다 의사소통적인 연습을 위해 다양한 주제와 문맥 속에서 어떻게 전치사 연어가 실현되는 지를 확인할 것이다. 그러면서 전치사 연어의 중요성과 사용 능력을 향상시킬 것이다. 이 활동은 아래 텍스트내 연어에서 언급하는 Cloze 테스트와 연결될 수 있어 어휘력뿐만 아니라 독해 능력까지 한꺼번에 측정할 수 있는 유형이다. 학습자들은 빈 칸 좌우에 있는 명사에 집중하면서 명사의 특성과 전체 문맥에 맞는 전치사를 하단의 전치사 박스에서 찾아 쓰면서 연어 인식도를 높인다. 물론 숙달도에 따라 혼자 활동하기 보다는 그룹별로 하거나 연어 사전을 활용하면 효과가 클 것이다. 또한, 인터넷을 활용한 다양한 코퍼스를 활용하여 연어 검색을 할 수가 있다. 이러한 전치사 연어 유형은 학생들이 가장 어려워하는 유형 중이 하나이다. 왜냐하면 앞에서 언급한 바와 같이 이제까지 교재나 각종 시험에서도 크게 주목하지 않았으며 논의되지 않은 부분이기도 하다. 하지만 영어 의사소통능력 향상을 위해서는, 특히 산출 연어 능력 향상을 위해서는 꼭 필요한 연어 유형 활동이다.

Preposition Collocations in Text

My University Education
I first earned a bachelor's degree 1_____ mathematics. 2_____ a student, I took several courses 3_____ math. The course of study 4 _____ our school extends 5_____ four years and did research 6 _____ number theory. I gave several papers 7____ conferences and published a paper 8_______ a well-known journal. The editor 9______ the journal showed keen interest 10______ my study. 11_____ the strength 12 ______ the published paper, I was encouraged to write up a longer report. The report made a profound impression 13_____ several specialists 14_____ my field who urged me to apply for a scholarship to pursue a Ph.D. 15_____ _________computer science. I hope that my published research can serve as the basis 16_____ my future doctoral dissertation. After I complete my studies, I plan to get married to a man 17_____ the same field. My fiancé is a quiet, scholarly man 18______ a love of philosophy and classical music. 19______ our first date, we had a friendly conversation 20____ my future plans 21____ a fancy restaurant. He congratulated me 22____ my successful studies. 23_____ that time, I remember being attracted 24_____ ______ him 25_____ his British accent.

※ bachelor's degree 학사학위, Ph. D. 박사학위, doctoral dissertation 박사 논문 fiancé 약혼자

to of as in at on for with by about

8.7 텍스트 내의 연어

텍스트 내의 연어(collocation in a text) 학습은 언어 학습의 궁극적 목적을 실현하는 실제적인 활동이다. 다시 말해, 문장 단위의 수준을 넘어 읽기나 듣기 텍스트를 통해 목표어의 언어 능력을 향상시켜 종합적인 의사소통능력을 신장시키는데 그 목적이 있다. Lewis(2000a)는 연어적 관점에서 다양한 장르의 텍스트를 검토하는 일은 흥미 있는 일이며, 서로 다른 종류의 텍스트가 다른 연어적 특성들을 보일지라도 연어가 텍스트에서 중요한 특징이라는 점을 곧 알게 된다고 주장한다. 그래서 Lewis는 소설, 재무 보고서(financial report), 신문 기사(newspaper article), 전형적인 EFL 교재 등을 비교해본 후, 언어 자료에서 연어의 중요성과 연어 학습의 필요성을 피력했다. Lewis는 인기 있는 EFL 코스북 중 하나인 *Headway* 시리즈 중 중상급용(upper intermediate, p. 77)을 살펴보고 연어적 표현을 다음과 같이 추출하여 제시했다.

Activity 1

A.	plan a family have a problem share interests a lovely age for (a child) went to school a teenage daughter/son I told her off	my best friend have the same sense of humor completely obsessed with grow up suddenly grow away from (your family) an endless stream of (people) in front of (my) friends
B.	have the one child it might have been nice to... have a son I see her as...	by the time I'd we were closest they'd gone away for days afterwards

교사는 학습자의 관심을 유익하게 끌 수 있는 이와 같은 연어를 쉽게 확인할 수 있어야 한다. A의 예 대부분은 앞에서 살펴본 네 가지 유형의 연어에 속한다. B의 예는 논란의 여지는 있지만 유용한 연어적 표현이다. Lewis는 이와 같이 200단어밖에 되지 않는 텍스트에서 문법적 특성을 포함하며 어휘적 항목의 중요한 부분으로 확장된 긴 연어까지 포함하여 20개가 넘는 연어를 찾아 볼 수 있었다고 설명한다.

여기서 교사는 학습자가 텍스트를 최대한 활용하여 연어의 풍부함과 밀도(density)에 주의를 기울일 수 있도록 해야 한다. 따라서 텍스트 내 연어의 교수 전략으로는 다음을 들 수 있다.

첫째, 텍스트 내 연어적 표현(collocational expressions)이 풍부한 교재를 선정해야 한다.

둘째, 학습자에게 텍스트에 밑줄을 치거나 볼드체로 연어를 확인하고(identify) 예측하도록(predict) 한다.

셋째, 학습자에게 유용한 연어를 주목하고(notice) 밑줄을 치도록(underline) 한다.

넷째, 학습자에게 그러한 연어 표현을 재생 가능한 방식으로 노트에 저장하도록 권장한다. 이때 수준에 따라 모국어 상당어를 함께 쓰도록 한다.

다섯째, 담화나 텍스트의 연어적 표현의 연결을 통해 전체 내용을 이해하도록 하여 읽기 및 쓰기와 통합시킬 수 있는 징검다리 역할을 하도록 한다. 이 경우 순서상 연어적 표현을 제시해 주고 이야기 만들기와 같은 쓰기 활동을 병행할 수 있다.

학습자의 연어 학습 활동 결과를 검사하는 방법은 여러 가지가 있을 수 있다. 연어 교수학습 활동에서 텍스트와 관련하여 Jeong-Won Lee(2002a)는 안내된 규칙 빈칸 채우기[8])가 특정한 언어 숙달도는 물론 전반적인 독해 능력을 측정하는데 타당성 있는 도구라고 하였다. 그러나 여기에서는 엄격한 빈칸 채우기보다 어휘적 연어의 유형에 초점을 두어 추론적 빈칸 채우기 검사를 사용한 자료이다. 텍스트 내에서의 빈칸은 연어적 표현과 함께 품사 어형은 물론 다양한 어휘적 특성을 포함하고 있다. 따라서 텍스트 내의 연어 인식을 위해서는 문장 단위의 연어보다 많은 인지적 활동이 요구된다.

먼저 교사는 교과서를 활용한 수업을 진행하면서 한 과가 끝난 후 그 본문을 빈칸 채우기 검사 형식을 이용해서 연어 문제로 다룰 수 있다. 그 방법으로는 첫 문장과 마지막 문장을 그대로 두고 텍스트 내 주된 연어적 표현을 중심으로 빈칸을 구성한다. 텍스트를 다룰 때에는 어휘 학습 방법에 따라 G1과 G2에게 똑같은 방식으로 교과서의 지침과 과정에 충실하면서 사고 단위 중심으로 본문을 L1으로 번역하여 주고 전체 내용 파악에 초점을 두게 한다. 다음은 교육과정상 교과서 텍스트 내의 연어를 살펴보고자 한다.

Activity 2

Clothes similar to the bikini have been worn for ages. Paintings from ancient Italy 1_____ that women were 2_____ two-piece clothes about four thousand years ago. But the modern bikini was born in 1946, and was called the bikini for a 3_____ reason. In July 1946, the USA government 4_____ that they would soon be testing an 5_____ bomb at the Bikini Atoll, a 6_____ island, in the North Pacific. This was the first time the USA government 4____ the testing of an 5_____ bomb, and people around the world were worried about the military exploding the most 7____ bomb in history. End-of-the-world fears were 8_____ high.

At the same time, Paris was 9_____ a fashion show that was scheduled to 10____ place four days after the explosion. Designer Louis Reard had already planned on 11___ something explosive. He was putting model Micheline Bernardini in a two-piece 12_____ suit. He thought that if he called it a bikini, he'd 13____ even more attention. People loved it. They thought that if the world ended, no one would be around to complain about how much skin the model had 14____, and if the world didn't end, they might just have introduced something new in 15_____. The world survived. And so did the bikini.

announced atom take wearing powerful show sharing hosting beachwear
special running throw small bathing revealed attract introducing imagined

<고교영어, 장원출판사, Lesson 9: Reading Ⅰ, The Bikini 중에서>

8) 여기서 용어상의 혼동을 피하기 위해 빈칸 채우기(gap-filling)와 규칙 빈칸 채우기(the cloze procedure)를 구분할 필요가 있다. 빈칸 채우기란 흔히 지문의 한 두 곳을 삭제하여 빈칸으로 두고 수험자로 하여금 문맥으로 미루어 이 빈칸에 들어갈 가장 적절한 말을 채우는 작업이다. 반면에, 규칙 빈칸 채우기는 지문의 여러 부분을 규칙적 또는 무작위로 삭제하여 빈칸으로 두고 수험자로 하여금 문맥에 맞도록 각 빈칸에 가장 적절한 말을 삽입하는 작업이다 (오준일, 1999).

1은 명+동, 2는 동+명, 3은 형+명, 4는 명+동, 5는 명+명, 6은 형+명, 7은 형+명, 8은 명+동, 9는 동+명, 10과 11은 동+명, 12는 명+명, 13은 동+명, 14는 명+동, 15는 명+명 연어 유형이다. 이와 같은 텍스트 내의 빈칸 채우기 활동을 통해 단어 연쇄(word chain)의 원리에 대한 이해도를 높여 대학수능시험을 비롯한 토익 등 각종 시험을 대비하는 데에도 도움이 될 것으로 기대한다. 위 텍스트에서는 부사 유형(특히 형용사+ly 유형의 부사)이 전혀 나오지 않고 있다. 이와 같이 실제 의사소통 상황에서는 많은 부사 유형이 나오지만 교과서에서는 극히 드물다. 또 한 가지는 텍스트 내의 연어에 있어서는 여러 낱말들이 이어져 있는 항목들을 따로 떼어놓을 가능성이 있지만 이 또한 연어 관계가 적용된다는 점이다. 이런 의미에서 연어 짝들은 합성어와는 구별되며 낱말들이 또한 통사적으로 서로 묶여 있다. 즉, 절 경계를 넘어서 작용하는 연어가 있음을 보여준다. 이는 문법적 연어와 연관을 지을 수 있다. 아래는 새로운 쇼핑 센터에 대한 설계 계획의 적용을 다루고 있는 어느 신문 보도에서 발췌한 글이다(이탤릭체는 강한 연어를 표시함).

Activity 3

> The study of planning *appeals* for similar centres in the past, most of which were *rejected*, suggest that the future is more hopeful for developers... Now that the Secretary of State for the Environment has said that *applications* should be *approved* unless there are good reasons against them, many more should *succeed*. (*Independent*, 10 October 1986; McCarthy, 1990, p. 14 재인용)

위 텍스트에서 동사 'reject/appeal'과 'application/approve/succeed' 간의 연어 관계는 중간에 여러 낱말이 끼여 있어도 강하다. 그 관계는 아래와 같이 다양한 통사적 실현으로 나타날 수 있다.

1) They *rejected* my *appeal*.
   The *rejection* of his *appea*l was a great shock.
2) My application *succeeded*.
   She made a *successful application*.
   Getting our *application approved* took ages.
   You have to submit your *application* for *approval*. (McCarthy, 1990, p. 14)

위와 같은 예에서 알 수 있듯이, 하나의 텍스트가 홀로 기반어인 명사 'application'과 함께 하는 결합어인 동사 'submit', 'approve'와 같은 단어들과 연어에 대한 일반적인 진술을 하도록 반드시 허용하는 것은 아니다. 그 단어들이 결합한다는 사실에 대한 우리의 지식은 많은 양의 자료와 그 단어들의 정규적인 공기 현상에 대한 경험에 바탕을 두고 있다. 이와 같이 성인 원어민들은 자신의 언어에 있어서 전형적인 연어에 대해 상당히 직관적인 지식을 가지고 있다. 방대한 분량의 텍스트를 처리하고 분석하는 코퍼스 언어학이 발전한 오늘날에는 이와 같은 직관들을 관찰·확인하고 더 확대할 수 있으며, 그로 인해 특정 어휘에 대한 연어 관계의 예측이 가능하게 되었다. 그런 정보를 조직하려는 시도와 실현은 바로 다음과 같은 사전 항목에서 찾아볼 수 있다.

· application: (collocates) file, fill out, make, put in, send in, submit, process, screen, reject, turn down, withdraw, approve, reject, succeed (*BBI Dictionary of English Word Combinations*, 1997)
· application: (collocates) accept, consider, examine, file, fill in, grant, invite, lodge, make, process, put in, receive, refuse, reject, send in/out, submit, turn down, vet, withdraw, write (*LTP Dictionary of Selected Collocations*, 1997)
· application: (collocates) file, lodge, make, send in, submit, withdraw, consider, examine, process, screen, grant, refuse, reject, turn down (*Oxford Collocations Dictionary*, 2002)

이와 같은 연어 사전은 EFL 환경에서의 학습자들에게 원어민의 직관과 연어 사용에 쉽게 접근할 수 있게 해준다. 문제는 단순한 연어 관계의 직관과 관찰을 넘어 연어 관계를 보다 잘 인식하고 이용 가능성을 확대하기 위해서는 어형성 원리도 함께 익히는 것이 필요하다는 점을 시사한다. 궁극적으로 연어의 이해는 텍스트 속에서 이루어져야 하며 그런 이해의 활동 속에서 연어의 사용과 실현은 확대될 수 있다. 다시 말해, 연어는 여러 낱말 단위 이상의 어휘 항목(lexical items)들을 찾아낼 수 있게 해주며, 더 나아가 그것들을 다단어 조립식 뭉칫말로 취급하는 것을 정당화시켜 준다고 볼 수 있다.

Flower(1995)는 텍스트를 읽고 난 후 다시 보면서 유용한 어휘나 어구가 무엇인지를 살펴보라고 권한다. 또한 개별 단어를 찾지 말고 함께 어울리는 방식에 주목하라고 주장한다. 이와 같은 활동은 특히 수준이 낮은 학생들에게 반복 효과와 함께 어휘 중심 학습을 촉진시켜 줄 수 있을 것이다. 학습자에게 아래 텍스트의 밑줄 친 부분과 같은 약한 연어에서 고정된 어휘구와 같은 뭉칫말에 주목하게 할 필요가 있다.

A Traveller's Story

I hate flying. It's the worst way to travel. First of all, your plane leaves at 10 o'clock in the morning. Fine. But you have to be there at 8. You live 50 miles from the airport. So you leave home at 6. That means getting up at 5. Crazy!

You don't want to be late, so you take a taxi. The trains are terrible, but the traffic is awful! You sit in a traffic jam for 45 minutes. Are you going to miss your plane?

No. You arrive just in time. But now you stand in a queue at the check-in for another half an hour. In front of you is a noisy family of eight and an elderly couple who can't find their passports. Then you stand in another queue at passport control for 15 minutes. You are not happy!

Finally, you go through passport control. You have exactly 8 minutes to buy something from the duty-free shop before it's time to board the plane. Then you have a long journey in front of you. The seats are very small. The person sitting next to you is very fat. He wants to tell you his life story....

That's what normally happens. But yesterday it was different. Yesterday the person sitting next to me on the plane was a tall thin man with long black hair and dark glasses. He didn't say a word to me for over an hour. When the flight attendant brought drinks, he refused. When she brought lunch, he refused again.

Suddenly, the man stood up. He took something out of his travel bag. It was a gun. People started to scream. The flight attendant came over to us.

"Can I help you?" she asked.

"Take me to Havana-or I'll blow the plane up!"

The flight attendant smiled.

"Please sit down, sir. Havana's where we're going. Now, what would you like to drink?“

*밑줄 친 부분은 강한 어휘적 연어에서부터 약한 연어에 해당되는 뭉칫말임.

위 지문을 통해 나타난 연어적 표현을 독해 후에 연습 문제 형식으로 지도해 준다면 학습자는 연어적 인식을 제고하여 자신들의 언어 지식으로 활용할 수 있다. 다음은 Flower(1995)가 제시한 연어적 관찰을 일부 수정하여 재구성한 자료를 연습문제 형식으로 제시한 것이다.

Collocation Exercise

Now look at these phrases from the text. Write the words and their meaning.

1. Noun + Noun
   _____ jam, _____ control, _____ attendant, _____ bag
2. Verb + Noun
   _____ home, _____ a taxi, _____ your plane, _____ the plane
3. Verb + Preposition + Noun
   You stand _____ a queue.
   You go _____ passport control.
   You buy something _____ the duty-free shop.
4. Adjectives + Noun
   A _____ man, _____ hair, _____ glasses, _____ couple
5. Adverb + Verb (+Adverb)
   You have _____ 8 minutes to buy something from the duty-free shop
   That's what _____ happens.
6. Phrasal Verbs
   You leave home at 6. That means getting _____ at 5!
   Suddenly, the man stood _____ .
   "Take me to Havana or I'll blow the plane _____ !"
7. Time Expressions
   Your plane leaves _____ 10 o'clock _____ the morning.
   You sit in a traffic jam _____ 45 minutes.
8. Sentential Frames or Heads
   "_____ I help you?"
   "Please sit _____ "
   "What would you _____ to drink?"
9. Can you find some more useful words and expressions? Write them here:
   ____

IX. 영어교육에서의 연어 활용 방안

연어 지도가 단순히 어휘력 향상에 그치지 않고 영어 네 기능 학습 효과에 영향을 미치고 있는지를 살펴보는 것은 매우 중요하다. 왜냐하면 언어 학습의 궁극적 목적은 듣고, 읽고, 말하고, 쓰기와 같은 이해와 산출 기능을 통해 의사소통을 하는 것이기 때문이다. 그러한 네 기능 의사소통의 촉진과 활성화를 위해서는 언어 기능 발달의 기초가 되며 핵심요소인 어휘력의 중요성을 아무리 강조해도 지나치지 않다. 영어 학습자들의 이해 가능한 입력과 출력을 위해서는 보다 더 효과적이고 자연스럽게 영어를 사용할 수 있는 어휘 지식이 바탕이 되어야 한다. 그 중에서도 연어 능력과 사용은 핵심이다(이정원 & 김낙복, 2005; Lewis, 2000a, 200b; Nation, 2001; Nesselhauf, 2005; Dongkwang Shin & Nation, 2008). 따라서 연어의 본질적인 영향은 어휘력 향상은 물론 영어 네 기능향상으로의 전이가능성(transferability)을 높이는 방향으로 지도와 활동이 이루어져야 하고 교수방법과 교재 개발에도 반영이 되어야 할 것이다.

9.1 언어 기능별 적용 활동[9)]

읽기와 말하기 활동에 있어, 어휘력은 독해력 향상에 중추적인 역할을 한다. 또한 어휘 학습 방법에 따라 영어 독해력에 영향을 준다. 읽기에 있어서 어휘를 이해하는 능력은 매우 중요하며(Day & Bamford, 1998), 영어 연어와 같은 뭉칫말(chunks)을 활용하여 읽기 학습 효과에 영향을 미쳤는지에 관한 여러 연구가 있었다(김낙복, 2007; 김경자, 김낙복, 2012; 이정원, 정복희, 2008; Kyunghee Choi, 2011; Hera Chu, 2010). Nattinger과 DeCarrico(1992)는 어휘의 단위 학습은 담화의 더 큰 구조와 상호작용의 사회적인 측면에 학습자가 더욱 집중할 수 있도록 해주기 때문에 말하기와 쓰기 능력의 향상을 가져온다고 주장하였다. 연어를 포함한 충분한 어휘 지식은 읽기 활동 시 학습자의 이해를 도와주는 가장 훌륭한 디딤돌이 된다(Nation & Coady, 1988).

독해에 대한 정의는 일반적으로 주어진 글을 읽고 그 내용을 이해하는 것이라고 정의할 수 있다. 그렇다면 글을 읽고 그 내용을 이해하는데 어휘 지식의 영향은 어느 정도일까? 이와 관련하

---

9) 본 자료는 [김낙복. (2007). 연어 중심 어휘 지도가 고등학생의 영어 독해력 향상에 미치는 영향. *영어어문교육, 13*(3), 157-163]을 수정 보완한 내용임

여 독자의 어휘 수와 독해와의 관계에 관하여 많은 연구가 진행되었는데, 광범위하고 대표적인 연구는 Thorndike(1973)의 IEA(International Association for the Evaluation of Educational Achievement)의 프로젝트라 할 수 있다. 이 연구에서는 15개국의 10세, 14세와 17세의 103,425명의 학생을 대상으로 독해 교육에 관한 조사 결과, 어휘 지식과 독해는 매우 밀접한 관계가 있음을 밝혔다. 어휘 통제에 있어 Nation(1990)은 학습자가 모든 언어 기술(language skills)을 다룰 필요가 있다면, 약 3,000개의 기본 단어(basic words)와 더 많은 수용적 어휘가 필요하다고 역설했다. 그리고 그는 읽기 자료에서 장르에 따라 다소 차이는 있으나 최빈도 단어 2,000개가 텍스트의 90% 정도 차지한다고 하면서 독자의 일반 어휘 지식은 주어진 글을 얼마나 잘 이해할 수 있는가를 보여준다고 주장하였다(Nation, 2001). 그래서 어휘의 발전은 읽기 기술의 발전과 밀접하게 연관이 있다(Stoller & Grabe, 1993). Knight(1994)는 읽기나 듣기에 있어 가장 방해되는 것은 빈약한 어휘력이라고 주장하였고, Coady와 Huckin(1997)도 의사소통을 하는데 가장 필요한 언어 요소가 어휘력이라고 어휘 지식의 중요성을 강조했다. 또한, 언어학습에서 어휘력이 독해력을 결정하는 중요한 요소라는 주장도 있어 왔다(Cheongsook Chin, 2002; Dubin, 1989). Park(2004)도 어휘 사전 지도를 통한 어휘 지식이 독해에 도움을 준다는 점을 확인하였다.

반면에 단순한 어휘 교육이 독해력을 증가시키지 않는다는 연구도 있다. Nagy(1988)는 어휘 교육이 독해력을 증가시키지 못하는 이유로 개별 단어 지도는 많은 단어를 알게 할 수는 있을지 몰라도 깊이 있는 어휘 지식을 창출하지는 못한다고 주장한다. 이로 인해 어휘력이 독해력으로 전이되지 않을 수 있다. Song(1999)은 문법이나 어휘 지식보다는 독해전략 사용이 독해력 시험 수행에 크게 기여하였다고 보고하고 있다. 그러나 많은 학생들이 독해가 어려운 이유를 어휘 지식의 부족 때문으로 인식하고 있으며, 어휘가 독해에 있어 대단한 역할을 한다고 생각하고 있다. Nunan(1988)도 학습자뿐만 아니라 교사들도 어휘 습득을 외국어 학습에서 최우선 과제로 삼을 만큼 중요한 역할을 하는 것으로 인식하고 있다고 말한다. 실제로 학생들은 독해를 하면서 어휘가 뒷받침되지 않기 때문에 개별 단어 의미에 매여 있는 경우가 많고, 정상적인 독해 속도를 지연시키며 내용 파악에 어려움을 겪고 있는 상황이다. 이를 도외시하고 다독이나 독해 전략적 접근을 통해서 독해 능력을 기르라고 하는 것은 이론적으로는 맞을지 모르지만, 실제에 있어 독해를 하기 위한 기본 어휘능력이 부족하여 독해 자체가 불가능한 경우가 많은 상황에서는 설득력이 부족하다고 본다. 많은 학생들은 독해를 하면서 모르는 단어가 나오면 바로 사전(교재의 미니사전이나 주석을 포함)을 찾아 그 단어의 의미를 파악하고 독해를 계속해 나가는 경우가 많다. 이 경우 독해의 본질적인 문제에서 벗어나게 된다.

한편, 정양수(2000)는 학습자들이 일상적인 독서 과정 중 문맥상에서 새로운 어휘의 의미를 파악하는 지금까지의 연구와는 다르게 Burling(1968)이 제안한 복수언어 독서법(Diglot Reader Method)를 활용하여 중학교 1학년생 72명을 대상으로 8주간에 걸친 연구 결과, 학습할 어휘가 나열된 어휘 목록만으로 학습한 통제집단보다 복수언어 독서교재를 사용한 실험집단 학생들이 훨씬 더 많은 어휘를 습득했다고 보고했다. 그는 이와 같이 한국어가 교재의 몸통으로 사용되고 문맥 중간 중간에 영어 어휘가 규칙적으로 소개되는 복수언어 독서법은 교재내용에 대한 이해에 전혀 손상을 주지 않으면서 독서에 대한 흥미를 길러 줄 뿐만 아니라 영어로만 쓰여진 교재로부터 오는 심적 긴장과 부담을 줄여줄 수 있다고 주장한다. 또 다른 한편에서는 기존의 독해와 관련한 부수적인 어휘 학습과 개별 단어중심 어휘 학습 지도와는 다른 연구도 있었다.

이정원과 김낙복(2005)은 어휘 접근방식에 기반하여 명시적이고 직접적인 연어 중심으로 어휘 학습한 집단이 어휘 인식도 평가뿐만 아니라 통합적 읽기 평가인 추론적 규칙 빈칸 채우기(rational cloze test) 검사에서 개별 단어 중심으로 어휘학습한 집단보다 우수했다고 보고하고 있다. Heeyoung Kim과 Jungok Bae(2012)은 연어 지식과 독해력 간에는 유의한 상관관계를 보이지 않았지만, 쓰기 능력과 연어 사용 간에는 어휘적 연어와 문법적 연어에서 유의한 차이를 보였다고 보고하고 있다. 한미향(2010)도 236명의 대학생을 대상으로 연어능력과 어휘력 및 독해력 간의 관계성을 알아보고자 하였다. Cloze 테스트가 연어 능력(collocational competence)이 읽기 능력과 어휘력과 밀접한 관계가 있으며, 연어 능력을 향상시키는 데 유용한 도구임을 제안하였다. 이와 같은 어휘 학습과 사용에 대한 담화기반 활동이 그동안 소홀히 다루어져 온 것은 사실인데(Celce-Murcia & Olshtain, 2000), 영어 학습 초기부터 개별 단어를 넘어 연어와 같은 어휘 뭉칫말로 어휘와 문법을 통합적으로 지도함으로써 의사소통적인 뭉칫말에 대한 인식을 고양시키고 독해 능력도 향상시킬 수 있을 것으로 기대한다(김낙복, 2007).

말하기와 쓰기 기능과 관련하여, 연어 능력과 쓰기 능력 간의 관계에 대한 연구는 초등학교(이재근, 김은주, 2008; 유경미, 김낙복, 2014; 이영도, 2016), 중등학생(손영희, 2007; 박선미, 이정원, 2011), 대학생과 성인(김윤정, 2005; YiBoon Chang, 2018, Heeyoung Kim & Jungok Bae, 2012)을 대상으로 연구가 이루어진 것으로 연어의 중요성과 필요성 및 한계점에 대한 논의가 지속되고 있다. 특히, 박선미와 이정원(2011)은 80명의 고등학생을 대상으로 연어 중심 어휘 지도가 쓰기 능력 향상에 영향을 주는 지에 대한 연구에서, 연어 중심 어휘 지도는 영어 학습자들의 어휘 능력 증진에 긍정적인 영향을 미쳤으며, 쓰기 능력 향상에도 유의한 영향을 미쳤다. 또한, 연어 중심 어휘 지도는 특히 하위 집단 학습자들의 어휘 능력과 쓰기 능력 증진에 더 도움이 되었다는 점을 강조하였다. 김윤정(2005)은 연어 지식과 관련하여 의미 있는 연구 결과를 발표하였다. 이 연구에서는 대학생의 영어 연어지식과 연어사용능력을 알아보는 것을 주요 목적으로 하여 일반적인 영어 능숙도와 영작문 능력을 기준으로 한 연어지식과 연어사용의 상관관계를 조사하고 연어지식과 사용에 영향을 주는 요소에 대해 분석하였다. 그 결과, 학습자의 영어 능숙도가 높을수록 연어지식 표현력과 이해력 모두 높았으며, 학습자의 영작문 능력이 높을수록 연어지식 표현력과 사용빈도가 많고 이해력도 높았다고 보고하였다. 특히 연어지식에 가장 큰 영향을 미치는 것은 영어 능숙도이며, 연어사용에 가장 큰 영향을 미치는 것은 영작문 능력으로 나타났다.

이와 같은 연어 지식이 영어 기능 향상에 긍정적인 영향을 미쳤다는 여러 연구를 종합해 볼 때, 학습자의 연어지식이 학습자의 언어능력이라는 점을 강조하지 않을 수 없다. 물론 한 개인의 언어 능력은 연어 지식 이외에 다른 언어적, 비언어적 능력이 총합이라 말할 수 있다. 그렇다 하더라도 어휘 학습에 많은 시간과 노력을 기울이는 현 상황에서 산출력이 높은 연어 접근방식의 어휘 학습은 학습자의 영어 숙달도를 향상시키는 지표(indicator)라 할 수 있다. 하나의 단어를 안다는 것은 지금까지 많은 학생들이 반복해서 익혀왔던 철자와 의미를 아는 것 이외에도 단어의 연어성(collocability)을 아는 것을 포함한다는 점을 생각할 때, 영어 연어 중심 교육은 영어 교육 연구와 발전에도 많은 기여를 할 것으로 보인다. 최근 들어 한국의 영어 학습자들을 위한 연어습득에 관한 체계적인 연구와 논의가 이루어지고 있지만 학교급별, 수준별, 다양한 문법적 연어를 포함한 유형별 연어 또한 보다 깊이 있는 탐구적, 실천적 연구가 절실히 필요하다. 특히 가르치는 방법을 획기적으로 바꾸는 방법 중의 하나는 영어 사용 능력 중심으로 평가 방법을 바꿈으로써 영어 능력 평가의 역영향 효과(washback effect)를 기대해볼 만하다고 생각한다.

아래자료는 *BBI Workbook*의 Unit 7 exercise에서 발췌한 것으로 이야기 책, 신문, 뉴스, 에세이, 동화 등의 영문 자료를 연어 유형에 따라 규칙 빈칸 채우기 테스트 형태로 아래와 같이 제시하여 빈 칸을 채워보도록 해보자.

Fill in the blanks in the following two exercise. If a verb is to be added, put it in the past tense. If no insertion is necessary, do not write anything.
Exercise A

A Day in Court

Yesterday I attended a trial. The accused had been indicted (1)___________ larceny. Several years earlier he had been convicted (2)_______ fraud. He had two accomplices. One way charged (3)_______ possession of stolen goods. The other was accused (4)_______ obstructing justice.

The trial was (5)_______ in a municipal court. An experienced judge (6)_______ the case. Six people served (7)______ the jury. Citing lack of evidence, the defendant's lawyer asked the judge to (8)______ the case. When the judge refused, the lawyer (9)_______ a plea of not guilty.

Several defence witness (10)_________ testimony. Witnesses must (11)____________ an oath, they (14)__________ perjury. The witnesses tried to (15)__________ a(n) (16)_________ alibi for the accused. The prosecutor then (17)_____________ the same witnesses, trying to disprove the defendant's alibi.

Because of the (18)_________ publicity concerning the case, the judge decided to isolate, this is to (19)__________ the jury. However, the jury very quickly (20)__________ a verdict of not guilty and filed back (21)_____________ the courtroom. When the foreman of the jury (22)__________ the verdict, the accused shook hands (23)__________ his lawyer and congratulated him (24)___________ his successful defence. In our country juries often (25)__________ verdicts of not guilty.

Excercise B

A visit to the Doctor

I did not feel well and went to see the doctor. She asked me what was wrong. I explained (1)______ her that I (2)________________ a cold. The doctor did a physical examination, (3) a diagnosis, and (4)__________ (a) mendication. A pharmacist, and (5)_________________ the prescription. A pharmacist had to (6)___________________ prescription (7)___________. She told me to (8)______________ the medication twice a day. The medication is reported to be very effective (9)__________ the common cold.

The doctor also (10)_______me some advice. She said that I was allergic (11)_________ certain types of meat and should nor eat them. She suggested that I (12)___________ a warm bath once a day in order to relax. She also urged me to (13)___________ calisthenics every morning and (14)____________ a long walk every afternoon.

Last year one of my friends was (15)______ hospital. The doctor decided to (16)_________ an X-ray of his back. The nurses (17)_____________ him an injection every day. The nurses were always friendly (18)_________________ the patients. When my friend did not respond (19) treatment, the doctor decided to (20)___________________ several tests (21)___________ him. It was discovered that my friend had (22)______________ blood pressure or hyper-tention. He would have to (23)___________ a pill once a day and (24)________ a low-salt diet.

The doctor (25)_________ rounds every morning. She often (26)__________ jokes in order to make the patients laugh. When my friend recovered, he went back (27)________ work. He wrote a letter (28)______ the doctor in order to (29)______ his gratitude (30)_________ her help.

읽기와 쓰기뿐 아니라 의미 단위의 뭉칫말로 끊어 듣기 활동이 듣기능력 향상에 도움을 주었다는 연구(김영희, 강문구, 윤선중, 2011; 김낙복, 2010a)와 연어 지도가 영어 말하기 향상에 긍정적인 영향을 주었다는 연구도 있다(최진숙, 2018; Nahk-Bohk Kim, 2011, 2016). 뭉칫말은 몇 개의 단어들이 묶여 하나의 의미로 인식되는 뇌의 기억 조직 단위(memory organization unit)로 어휘 뭉치들을 결합시켜 더 큰 단위를 만든다(Newell, 1990). 즉, 두 단어 이상이 일정한 의미를 가지고 하나의 뭉칫말 단위로 사용되는 표현을 의미 단위로 볼 수 있다. 그리고 이러한 의미 단위는 일상 대화에서 들을 수 있는 유창한 표현의 대부분을 이루고 있기 때문에 언어 학습 초기부터 의미 단위를 많이 알고 있으면 유창성을 기를 수 있다(Hill, 2000; Pawley & Syder, 1983). 듣기나 말하기 활동에 활용할만한 유용한 자료는 많다. 아래 두 스피치 대본을 가지고 연어 접근방식(collocational approach)에 의한 의미 단위별로 뭉칫말화(chunking)하면서 영어 말하기와 듣기 연습하면 아주 효과가 높을 것이다. 특히 동영상을 직접 보면서 섀도잉(shadowing)을 통해 자신이 주인공인 양 스피치를 해보도록 하면 새로운 자신감이 생길 것이다. 무엇보다도 우리가 말하기 연습을 할 때 유창한 원어민의 자료와 동영상을 통해 연습하는 것도 좋지만 한국인이 우리의 독특한 억양과 리듬을 접하는 것도 World Englishes 환경에서 소중한 경험이 될 것이다.

영문 대본을 이해하기 위하여 적절한 끊어 읽기와 강조는 발표 내용의 전달력을 높이는 데 효과적이다. 지금 소개하는 나승연과 김연아의 프레젠테이션으로 뭉칫말화(chunking)과 섀도잉(shadowing)을 함께 연습해 보자. 이 자료에도 영어 연어적 표현이 가득 차 있음을 알게 될 것이다. 학습자들은 자신의 수준과 숙달 정도에 따라 뭉칫말화와 섀도잉을 좀 짧게 할 수도 또는 길게 할 수도 있다.

<나승연 대변인 프레젠테이션> https://www.youtube.com/watch?v=NxPvQjEK-_s

Thank you Toby/ for sharing your story/ with us here today.// Toby's story highlights/ what PyeongChang 2018 is really all about.//

It's about giving people/ with desire and talent// the tools they need/ to excel and succeed.// It's about expanding the potential of winter sports/ in underserved markets.//

A new horizon is ultimately/ about what the Olympic movement/ uniquely provides to the world,// potential,/ opportunity,/ and hope.// Some have said/ that this is a contest/ between the roots of traditional winter sports/ and the new shores of opportunity.// Some have said/ that the winter games need to return/ to their traditional markets,/ to be replenished.//

Actually,/ of the 21 winter games held so far since 1924,/ 19 have been held in traditional winter sports markets,/ and only 2/ have been held in Asia,// and none/ in Korea.// So with any region that needs replenishment,/ we humbly propose/ that we need the winter games in Asia,/ to nurture that seeds that were planted/ in Saporo and Nagano/ so that they too can grow and flourish.//

But this race is not about geography.// It is a race about dreams.// It is a race about human potential.// I would now like to speak in French.//(중략)

The 2018 winter games in PyeongChang/ will leave a unique/ and lasting legacy for generations to come.// Every game does.// But ours will be a legacy/ beyond bricks and mortars,/ a legacy beyond potential,/ world records,/ and gold medals.// Ours is a legacy/ that creates opportunity/ and potential for young people,/ wherever they may be,/ and whatever they may dream.//

Today is one of the most important days/ in the lives of every member of our team.// Although I will admit/ the memory of this day/ will be a lot sweeter/ if you choose PyeongChang.// It is an honor/ to represent our country.// But perhaps even more poignant.// It is an honor/ to have the chance/ to impact the millions of young people/ in the future.// That is something/ that only the Olympic movement/ can provide to us.// And it is something/ that only PyeongChang 2018 can provide to you today.//

We know/ that whatever decision you make today,/ will be a historic one.// Uniquely,/ PyeonChang 2018 offers you/ both a historic choice/ and a historic chance/ to bring the winter games in Korea/ for the first time,/ and back to Asia/ for only the third time,/ and in doing so,/ help us to deliver the potential,/ the promise,/ and yes,/ the hope of PyeongChang 2018/ to millions of new hearts and minds/ around the world.// Thank you very much/ for your attention this afternoon,/ and for the honor of participating in this campaign/ for the 2018 winter games.// And now/ in our last film,/ several of our dream program children,/ will share with you,/ perhaps better than anyone can,/ what new horizons truly mean.//

<김연아 프레젠테이션> https://www.youtube.com/watch?v=6PueL-8_1RY

President Rogge,/ members of the IOC,/ good afternoon.// It's hard to believe/ it's only been seven weeks/ since we met in Lausanne.// Since that time,/ I've been training harder for today/ than most of my competitions.// And just like in Lausanne,/ I'm still a little bit nervous.// After all,/ to be part of this process,/ it's very humbling/ for some in my age.// It is humbling/ because you are making history today.// And I get to be a small part of it.//

I remember feeling the same way/ when I competed in Vancouver./ 10 years ago,/ when

PyeongChang began its dream/ to host the winter games,/ I was a young girl/ seeking for my own Olympic dreams/ in an ice rink in Seoul.// At the time/ I was fortunate/ to choose a winter sport/ that held good training facilities/ and coaches in Korea.//
But as you know/ many Korea winter athletes/ travel half way around the world/ just to train/ for their Olympic dreams.// But now,/ my dream is to share the opportunities I had/ with other athletes/ in new regions.// And PyeongChang 2018/ can help to achieve that.// Our government created/ "The drive the dream" project/ to fund winter sports facilities and training for athletes.// Thanks to this program,/ Korea earned a total of 14 medals in Vancouver/ including mine.// And we placed 7th/ in overall medals/ won out of 82 countries.//

To do even better in the future,/ we need the new venues/ that PyeongChang 2018 will bring.// With new horizons/ will leave a legacy/ that is perhaps even more important than venues.// I'm talking about human legacy.// I'm an example of a living legacy,/ of our government's effort/ to improve the standards of Korea winter sports.// And I know now,/ perhaps/ more than I ever imagined/ what our victory will mean.// It will mean the possibility for success/ and achievement.// That's what young people/ everywhere in the world/ need and deserve.//

And lastly,/ I'd like to add personal note today.// It's rare for an Olympian/ actually get to say thank you/ to all IOC members/ at one time.// So please allow me to say/ thank you dear IOC members/ for providing some like me the opportunity/ to achieve my dreams/ and to inspire others.// Thank you.//

9.2 뭉칫말 기반의 기능 통합 전략10)

지금까지 연어와 같은 뭉칫말(chunks)과 의미 단위의 뭉칫말화(chunking)를 활용하여 영어 의사소능력 향상에 긍정적인 영향을 미쳤는지에 대한 연구가 있어왔다(김낙복, 2005a, 2007, 2010, 2013; Kyunghee Choi, 2011). 뭉칫말은 기본적으로 두 개 이상의 단어가 결합하여 하나의 의미 단위를 구성하는 연어를 비롯하여, 관용어(idiomatic expressions), 고정 표현(fixed expressions), 반고정 표현(semi-fixed expressions)를 일컫는다. Duk-Ki Kim(2003)에 따르면, 오랫동안 언어 사용 능력은 언어 구조에 대한 지식에 기반을 둔 것으로 여겨져 왔으나, '뭉칫말(chunks)'의 형태로 문법화된 어휘가 언어의 기본이라는 어휘론자들(lexicologists)의 입장을 지지하고 있다.

이와 같이 틀에 박힌 관습화된 뭉칫말(formulaic chunks)은 언어 습득 초기에도 일어나지만

10) 본 자료는 [김낙복. (2013). 뭉칫말 기반의 통합형 영어 학습 프로그램이 학습자의 전략 사용과 과업 수행에 미치는 영향. *영어교과교육, 12*(2), 38-44] 내용을 수정 보완한 내용임

숙달된 성인 언어 사용자도 의사소통에서 문법화된 뭉칫말(grammaticalized chunks)을 저장하고 검색하여 사용하기 때문에, 교실 언어 교수는 습득 초기부터 뭉칫말화(chunking)를 통한 어휘 발달에 초점을 두어야 한다(김낙복, 2005a). 이와 같은 주장들은 어휘의 지위 변화와 함께 어휘의 개념이 어휘구나 틀에 박힌 정형어구(formulaic sequences)를 포함하여 넓혀져 왔으며, 이는 의사소통이나 습득에서 초기 학습자들에게 중요한 역할을 한다고 제안한 Richards와 Renandya(2002)의 주장과 그 맥락을 같이 하고 있다.

여기에서 우리는 외국어로서 영어를 배우는 주목적이 의사소통에 있다고 볼 때, 언어 사용과 활용 능력을 기르기 위해서는 원자적인 낱말 단위의 어휘 학습에서 탈피하여 뭉칫말 접근방식에 의한 읽기, 듣기, 쓰기, 말하기의 통합적인 영어 학습을 통해 유창성은 물론 정확성을 함께 향상시켜야 한다는 당위성을 찾을 수 있다. Lewis(1997a, 2000a), Sinclair(1991)와 Hoey(2005)는 언어 사용자가 언어의 텍스트를 어휘와 문법으로 분석하여 설명하고 이해할 수 있지만 많은 경우는 이미 어휘와 문법의 이분법적인 분리가 아니라 문법도 이미 짜여 만들어진 어휘의 구조화된 결합물이라는 어휘 접근방식을 지지하고 있다.

결국, 영어의 텍스트가 다단어 뭉칫말로 구성되어 있으며 이 뭉칫말의 확장이 하나의 문장을 형성한다고 볼 수 있다. 그리고 그 뭉칫말들의 상당 부분은 새로운 것이 아니며 단독으로 사용되기 보다는 다른 뭉칫말과 결합하여 자연스럽게 문법적 구조를 형성한다고 말할 수 있다. 예를 들어 아래 문장을 보자.

1) Scientists/ at the University of California-Berkeley/ used the Green Bank telescope/ in West Virginia/ to look for intelligent radio signals/ from planets/ around 86 of these stars.//

2) In order to how to plant,/ prune and care for your landscape plants,/ the Community Society offers many different horticulture workshops/ to help gardeners and homeowners/ develop a green thumb/ and keep their trees and plants healthy.//

3) We are sharing our ideas/ about chunking and shadowing/ in an international workshop/ about English education/ with the theme/ of more effective integrated skills/ and looking for ways/ to improve the current learning methods and strategies/ at school.//

4) Some middle school students/ spend endless hours/ shouldering a huge academic burden/ at various cram schools/ after their regular school classes/ to prepare to get into special purpose high schools/ for foreign languages,/ science or the arts,/ and independent, private high schools/ as well as specialized vocational schools.//

위의 예들은 영어 텍스트의 어휘적 속성을 그대로 보여주고 있다. 즉, 문장의 기본 구성요소인 동사+명사 연어 뭉칫말에 전치사나 접속사와 같은 연결어로 이어져 몇 개의 긴 확장된 뭉칫말(extended chunks)로 구성되어 문장을 완성하고 있다. 이와 같이 뭉칫말을 기반한 통합적 학습 전략은 영어의 총체적인 의사소통 능력, 즉 읽기, 듣기, 말하기, 쓰기가 균형 있게 발전시킬 수 있을 것이다. 따라서 어휘와 문법의 구조를 동시에 학습할 수 있도록 뭉칫말을 통한 통합적 교수 방법을 구안할 필요가 있다.

언어 습득과정에서 전략 사용이 학습자의 언어 습득에 긍정적인 영향을 주었다고 보고하고 있다(Cohen, 1998; O'Malley & Chamot, 1990; Oxford, 1990). 그러나 이러한 연구들은 학습자의 과업 수행과 언어 기능별 통합 전략(integrated strategies)이 언어 숙달도에 어떤 영향을 주고 있는지에 대한 명확히 답을 주고 있지 않다. 또한 학습자들은 학습과정 중 많은 전략을 순간에 사용하는데 영어 숙달도가 높은 학습자들은 더 다양하고 많은 전략을 사용한다(Green & Oxford, 1995; O'Malley & Chamot, 1990; Wharton, 2000).

"학습을 더 쉽고, 더 빠르고 더 즐겁고 더 자기주도적이고 더 효과적이며 새로운 상황에 더 잘 전이하기 위해 취하는 구체적인 행동"(Oxford, 1990, p. 8)이라는 학습전략의 정의에 비추어보면, 지금까지 주로 한 가지 언어 기능 중심의 학습 효과의 유무를 살펴본 연구를 지양할 필요가 있다. 1990년대 들어서면서 본격적으로 언어의 두 기능 간 통합 지도에 대한 연구가 있어 왔다. 주로 읽기와 쓰기의 문어체 영역과 듣기 말하기의 구어체 영역에 관한 것이었다. 먼저, 읽기와 쓰기는 상호 지지적인 관계로 보아 상호 절충적으로 사용할 것을 권한다(Carson, Carrell, Silberstein, Kroll, & Kuehn, 1990; Ferris & Hedgcock, 1998; Grabe, 2003). 특히, Ferris와 Hedgcock(1998)는 글쓴이와 같이 글을 읽고 독자같이 글을 쓰는 것('read like writers and write like readers')이 읽기를 바탕으로 한 유용한 쓰기 활동이라고 보고, 두 능력 간의 방향성을 기준으로 충분한 읽기 선행을 전제한 쓰기 능력 계발을 한다는 방향성 가설(The directional hypothesis), 읽기와 쓰기 모두 과업 수행에 있어 의미를 재구성하는 과정이 강조되어야 한다고 본 비방향성 가설(The nondirectional hypothesis) 및 읽기 능력의 향상이 쓰기 기술을 강화하고 마찬가지로 쓰기 능력의 향상이 읽기 기술 발전을 촉진한다고 본 양방향성 가설(The bidirectional hypothesis)을 제안하고 있다.

따라서 많은 학습 전략을 지도하기보다는 핵심이 되는 지도 전략을 구안하여 학습자들의 전략 사용과 영어 숙달도 향상을 촉진하는 것이 중요하다고 본다. 다음은 뭉칫말을 기반한 몇 가지 핵심 학습 전략, 즉 Chunks & Chunking과 Shadowing, Windowing과 Echoing 전략을 살펴보고자 한다.

9.2.1 뭉칫말 기반의 Chunks & Chunking 전략

Chunking 전략은 Newell(1990)이 정의한 바와 같이 이미 형성된 하나의 뭉칫말화된 기억체계에 또 다른 요소를 반복적으로 결합하고 좀 더 큰 단위를 형성하여 유기적인 계층 체계로 구축해 나가는 과정을 뭉칫말화(chunking)과정이라 말할 수 있다. 즉, 영어 학습활동에서 뭉칫말(chunks)을 기반하여 의미단위로 분석하고 생각하며 이해하는 활성화 단위이다. 이는 독해, 청해, 말하기, 쓰기의 모든 학습 활동에 적용할 수 있다.

Chunking 활성화를 위한 뭉칫말 전략이 영어 읽기 능력 향상에 많은 영향을 미쳤으며(김낙복, 2007; 이정원, 정복희, 2007), 듣기나 말하기의 구어 능력에 영향을 주었다는 연구(Young-Mi Kim, 2010; Da-Un Chung, 2010) 그리고 쓰기 능력 향상에 긍정적인 영향을 주었다는 연구(김윤정, 2005; 박선미, 이정원, 2010; 장예원, 2011)가 다수 있다. 또한, 읽기와 쓰기(송미정, 2002; 이진영, 민찬규, 2010; 최연희, 성민선, 2006; 최윤희, 2012; 허근, 2012)의 통합적 접근을 연구한 사례도 있다. 이제는 영어 기능의 분리적 접근이 아니라 통합적 접근방식으로 기능한 상호 시너지를 극대화하는 교수학습 전략이 필요하다.

여기에서는 언어학습의 핵심인 어휘학습 단계부터 기존의 개별 단어 중심의 학습 방식을 넘어 두 단어 이상의 뭉칫말 접근방식(chunk-based approach)을 통해 학습자들의 통합적 스키마를 활성화 시키는데 주안점을 두었다. 그렇게 함으로써 의미 단위를 확장하고 읽는 중에 안구 운동을 확대하도록 할 필요가 있다. 왜냐하면 뭉칫말은 자연스럽게 발생하는 텍스트와 대화에서 언어를 이해하고 창조하는데 가장 강력한 힘을 가진 개념이기 때문이다(Lewis, 1993, 1997a; McCarthy, 1990). 정연창, 서려임, 김은일(2007)은 대학생들을 대상으로 동사+명사 뭉칫말 학습과 영어 능력과의 상관관계가 있다고 설명하고 있다. 아주 자주 등장하는 두 단어 이상의 어휘 뭉칫말인 연어를 중심으로 학습활동을 전개하면서 전치사+명사, 명사+전치사와 같은 문법적 연어의 뭉칫말 활동도 <표 9-1>과 같이 영어 학습 활동에 결합적으로 적용하여 실행할 수 있다.

〈표 9-1〉 Chunking과 Windowing 전략에 활용한 뭉칫말 유형

뭉칫말 유형	예
① 명사+(of)+명사	blood circulation, food poisoning, leg room, a sense of direction, a variety of society, a surge of anger...
② 명사+동사	bees buzz/ sting/ swarm, blood circulates, wind blows, volcano erupted, lions roar, crickets chirp...
③ 동사+(전치사)+명사	take off my shoes, do the splashing, come to a conclusion, reject an appeal, make slight mistakes...
④ 형용사+명사	strong tea, a rough estimate, educated woman, economic growth, one-sided conversation...
⑤ 동사+부사/부사+동사	affect deeply, cordially invite, sincerely apologize, fight bravely, highly recommend, strongly protest...
⑥ 부사+형용사+(명사)	highly motivated, seriously injured patient, fiercely competitive, distinctly different, hotly debated issue...
⑦ 전치사+명사+(전치사)	without any preparation, under pressure, on display, in pain, in cooperation with, in terms of...
⑧ 형용사/명사+전치사	afraid of, crowded with, aware of, information on/about/regarding/concerning, influence on...

Lewis(2000a, p. 134)는 "어떤 학자들은 suggest an alternative, an evasive answer와 같은 어휘적 연어유형과 aware of, step into와 같은 문법적 연어유형을 구분하지만, 어휘를 가르칠 때, put the meeting off until～과 같이 어휘적 연어유형과 문법적 연어유형이 결합된 구문으로 기억을 하는 것이 훨씬 유용하며, 그러한 과정을 통해서 학습자들은 어휘적 연어와 문법적 연어를 구분 없이 동시에 받아들일 수 있다."고 제안하였다. 그는 문법적 연어를 학습자에게 제시할 때 단순히 'aware of'의 방식으로 제시하기보다는 특정한 예시를 넣어 'aware of the problems'라든가 'interested in football'과 같이 약간 더 큰 확장된 뭉칫말(extended chunks)로 제시하는 것이 좋다고 조언한다. 문법적인 연어라도 하나의 뭉칫말로 인식하고 문법적인 여과 과정 없이 뭉칫말 단위로 바로 사용할 수 있도록 하여 언어 학습에서 문법화된 어휘(grammaticalized lexis)를 강조하였다.

연어 교육 활동에서 개별 단어 중심의 어휘 학습에서 벗어나 둘 이상의 단어로 이루어진 뭉칫말[11)]을 통해 영어 교육이 초·중등은 물론, 대학에서도 기존의 토익, 토플, 의사소통영어, 스크

11) Lewis(1997a, p. 20)는 '어휘는 개별 단어들 이상이다(vocabulary is more than words.)'라고 하면서 저장되는 많은 부분은 문법이나 단어로 구성되어 있는 것이 아니라 조립식 다단어 뭉칫말(prefabricated multi-word units: PMWUs)로 이해된다는 점을 강조하고 이를 'lexis'의 개념으로 설명하고 있다. PMWUs는 lexical phrases (Nattinger & DeCarrico, 1992) 그리고 lexical chunks (Lewis, 1993), lexical bundles (Biber & Conrad, 1999)

린영어 등 특수목적용 영어 ESP(English for Specific / Special Purposes) 교양영어에서 주로 담당해오던 영문 독해와 청취를 넘어 영어의 네 기술을 통합적으로 접근하여 뭉칫말화(chunking)를 촉진하는 방향 모색이 필요하다. 이와 같은 통합 모형은 실시간 의사소통(real-time communication) 시대에 실제적으로 쓰기(email 등)와 말하기(전화 및 화상회의 등)와 같은 표현 기능이 더욱 필요한 시기에 유용한 대안이라 할 수 있다. 분리적이고 개별 기능 중심의 전통적인 영어 학습과 달리 총체적인 통합 모형을 통하여 즉각적인 현장 적응력을 높이고 학습자의 형식 스키마 및 내용 스키마를 자극하여 영어 숙달도를 실질적으로 향상시킬 수 있다고 본다.

요컨대, 뭉칫말 단위별 끊어 읽기의 원칙은 객관적인 절대 원칙이라기보다는 문맥 상황에 따라 학습자의 수준에 따라 정해지는 주관적 특성을 지니고 있으며 뭉칫말 단위로 끊어읽기에 대한 숙달 정도에 따라 얼마든지 바뀔 수 있는 가변적 성격을 지닌다고 보아야 할 것이다. 직독직해를 위해서는 무엇보다 중요한 점은 단어별로(word by word) 읽기보다는 의미단위, 즉 뭉칫말로 앞에서 끊어읽기로 뭉칫말화(chunking)하는 훈련을 꾸준히 함으로써 독해능력을 물론 청해 능력과 쓰기 기능까지도 함께 향상시킬 수 있다고 본다. 이와 같은 통합적 훈련을 통해 영어의 종합적인 의사소통능력, 즉 읽기능력은 물론, 듣기, 말하기, 쓰기능력 향상에도 도움을 줄 것으로 기대한다.

아래는 오바마 대통령의 연설 일부분이다. 연어적 표현을 볼드체로 표시하였는 데 연설 내용 상당 부분이 연어적 뭉칫말이 포함되어 있음을 알 수 있다. 이와 같은 스피치 자료는 영어의 통합적 접근방식(integrated approach)을 하는 데 좋은 모티브를 제공해 준다.

> "That's why we'll have to **set priorities**. We'll have to **make hard choices**. And although government will **play a crucial role** in **bringing about the changes** we need, **more money and programs** alone will not get us where we need to go. Each of us, **in our own lives**, will have to **accept responsibility** - for **instilling an ethic of achievement** in our children, for **adapting to a more competitive economy**, for **strengthening our communities**, and **sharing some measure of sacrifice**."
> (excerpt from a text of Barack Obama's announcement for President; February 10, 2007)

9.2.2 확장된 Chunking의 Windowing, Shadowing과 Echoing 전략

영어 의미 단위의 뭉칫말화(chunking)는 문어적인 읽기나 쓰기에만 적용되는 것이 아니라 구

등으로 학자마다 다양한 용어로 사용된다.

어 인식도 강화 연습 단계로 섀도잉(shadowing)과 에코잉(echoing) 단계에도 적용이 된다. 즉, 뭉칫말 단위를 하나의 언어 사고의 구조로 뭉쳐 연속적으로 뭉칫말화를 강화하는 방법으로 창문화(Windowing)를, 원어민의 발화를 인식하면서 뒤따라 말하는 방식인 섀도잉과 원어민 발화와 자신이 뒤따라 하는 shadowing 발화를 비교하면서 청취하는 에코잉 학습법을 활용하면 효과적이다. Chunking의 연쇄 경로인 windowing 훈련은 몇 단어로 구성되는 어휘적 뭉칫말을 뭉칫말화하는 chunking 훈련을 지속적으로 강화시킬 수 있으며, 메아리 청취법인 echoing은 원어민을 뒤따라 말하는 shadowing을 자기점검하고 피드백을 통해 shadowing의 학습효과를 배가시키는 전략이다(김낙복, 2010a). 이를 통해 언어의 형식 스키마(formal schema)는 물론 내용 스키마(contents schema)를 활성화하여 언어 구조와 문맥담화 처리에 자연히 익숙하게 될 것으로 기대한다.

듣기와 말하기의 구어 전략 훈련을 위해 아래 <그림 9-1>의 경로 창문화 과정을 적용하여 <그림 9-2>와 같이 단일 문장에서의 창문화를 결합하여 복잡한 창문화 과정을 통해 사고 개념을 표현하고자 언어의 발화체계를 이해하도록 한다. 과제는 이와 같은 창문화 과정을 어떤 과정을 통해 영어 듣기에 어떻게 적용하느냐이다. 먼저 문장이 시작하면서 뭉칫말화에 의한 처음 창문화(initial windowing)가 되며, 대화 경로에 의해 다음 중간 창문(middle windowing)이 열리고 연속하여 그다음 창문, 그다음 창문이 연속적으로 열리면서 마지막 창문(final windowing)까지 단계적으로 창문화가 계속된다. 이와 같은 연쇄 창문화(chain windowing) 과정을 통해 의사소통능력 신장이 이루어진다. 이처럼 대화 참여자의 상호작용 창문화를 통해 의사소통이 지속된다(김낙복, 2010a). 이와 같은 창문화 원리는 듣기에 중점을 두면서 영어의 다른 기술에도 적용될 수 있도록 지도한다.

The crate that was in the aircraft's cargo bay fell.		
1. 단일 문장:		
a: 처음 창문화		-out of airplane
b. 중간 창문화		-through the air
c. 마지막 창문화		-into the ocean
2. 결합된 창문		
a+b:	처음과 중간 창문화	-out of the airplane through the air
a+c:	처음과 마지막 창문화	-out of the airplane into the ocean
b+c:	중간과 마지막 창문화	-through the air into the ocean
a+b+c:	전체 경로에 대한 최대의 창문화	-out of the plane through the air into the ocean

〈그림 9-1〉 처음, 중간, 마지막 경로 창문화 결합(Talmy, 1996, p. 8)

학생들은 독해나 듣기 자료를 의식적으로 뭉칫말을 사선(slashing)으로 표시하면서(이 경우 학습자 스스로 의미 단위를 알 수 있는 어떤 표시를 사용하여도 무방하다), chunking과 shadowing을 할 수 있도록 제시되어 있는데 학생 수준과 학습 반복에 따라 그 범위를 확장하여 연습할 수 있다. 즉, 각 뭉칫말 단위에로 끊어 읽기를 하는데 연습 정도나 수준에 따라 두 개의 chunk 단위를 확장된 더 큰 하나의 chunk 단위로 연습할 수도 있다. 이렇게 연습을 확장하면 웬만한 문장 단위가 <그림 9-2>와 같이 몇 개의 chunk로 뭉칫말화할 수 있다.

통합적인 학습 활동 방법 중 핵심이 되는 shadowing 낭독 훈련을 위해서는 뭉칫말을 이해하고 실제 문장과 글 속에서 실현되는 과정을 살펴보고 그 방법을 지도해야 한다. 우리는 하나의 생각 단위가 펼쳐지면서 인지적으로 다음 창문을 개념화하고 열면서 또 다음 창문을 개념화하고 열고 그러면서 자신의 생각, 의견, 주장, 설명 등을 피력한다(김낙복, 2010a). 이와 같은 창문화 과정에서 뭉칫말이 운율적 단서(parosonic cues)를 제공하여 뭉칫말 어구, 문장, 문단, 이야기를 읽고, 듣고, 쓰고 말한다. 따라서 학습자들에게 친숙한 사고 과정의 창문화를 통해 영어 듣기를 연습하고 훈련하는 것은 듣기 능력 향상뿐만 아니라 전략에도 긍정적인 영향을 줄 수 있다. <그림 9-2>는 shadowing과 chunking 전략을 처음, 중간, 마지막 창문화 순으로 연쇄적인 창문화 과정 훈련을 통해 학습이 이루어지는 있음을 보여주고 있다.

처음 창문화 a: Scientists at the University of California-Berkeley/

중간 창문화 a+b: Scientists at the University of California-Berkeley/
used the Green Bank telescope/ in West Virginia/

마지막 창문화 a+b+c: Scientists at the University of California-Berkeley/
used the Green Bank telescope/ in West Virginia/
to look for intelligent radio signals/ from planets/ around
86 of these stars.//

〈그림 9-2〉 Chunking을 활용한 Windowing과 Shadowing 전략

이와 같은 창문화 과정을 통해 문장이 연속적으로 구성되고 있음을 이해하면서 chunking과 shadowing으로 의미를 파악하도록 한다. 아래와 같이 처음에는 쉬운 단문으로 시작하여 점차 다양한 유형의 연어적 뭉칫말 수를 늘려나가면서 중문, 복문, 혼합문까지 확장하여 연습하다 보면 말하고 쓰기 능력 향상에도 효과가 클 것이다. 다음 내용은 강의 시간에 활동한 자료의 일부이다.

► **단문(simple sentence): 주어와 동사가 하나씩으로 이루어진 문장**
ex. I went to school with my best friends to improve my English speaking ability last Tuesday.

► **중문(compound sentence): 단문이 등위접속사(and, but, or , so)로 연결되어 있는 문장**
ex. Now we are taking a Practical English course with some students enrolled on the fourth floor of Bresee Hall right next to Nazarene Hall to improve our overall English abilities once a week and try to get more than an 800 TOEIC scores.

► **복문(complex sentence): 종속접속사(when, because, if, as soon as, after, before....)로 연결된 문장**
ex. 맛보기 문장 1: When I was in my high school days, I was very small and weak.
맛보기 문장 2: I will go out to play with my schoolmates as soon as I finish my math homework.

앞의 단문 문장을 뭉칫말을 늘려나가면서 복문으로 전개한 예:

At the age of 26, **John**, /who is the same age as me / wearing a red jacket/ **went to school** / 10 miles from his house / **with his friends** / who lived in an old house / and were in the same grade / **to meet his English teacher** / who was married to a beautiful nurse / **on Chuseok**, / when it rained heavily.//

► **혼합문(mixed sentence): 단문과 중문, 복문 등이 혼합된 문장**
Ex. 1:
I would like to see children / taught to not say / they like things / which they do not like, / merely because certain people say / they like them, / and how foolish it is to say / they believe this or that / when they understand nothing about it.//

Ex. 2:
In a post on his social network site, / President Moon vowed / on Sunday,/ before the bereaved families and the nation, / who will once again be in deep sorrow / in the joint funeral service, / to completely uncover the truth of the tragedy / and build a memorial park / in a way / that symbolizes the value of life and safety / as society's priority, / pledging to search for the remains / of the five victims still missing / as soon as the ship is raised.//

또한, 창문화 전략 연습을 하기 좋은 방법 중 하나는 '사진 묘사하기(picture description)' 활동일 것이다. 이는 토익이나 토익 스피킹 등 각종 시험에서 출제되는 문형으로 주어진 사진의 주요 요소들인 사람, 사물, 상황 등을 정확하고 세밀하게 설명할 수 있는 지를 평가한다. 첫 번째 그림은 그웬의 토익 스피킹 교재에서 발췌한 자료로 사진을 설명하는 과정과 내용을 살펴보면 영어 뭉칫말 연습을 충분히 할 수 있을 것이다. 두 번째 그림은 한 학생이 사진 묘사하기 활동으로 설명하는 내용을 수정한 것이다. 1차는 지도하기 전의 내용이고 2차 내용은 지도 후 수정 보완한 내용이다. 이와 같이 before-after 방식으로 개인별, 또는 집단별로 뭉칫말을 활용한 '사진 묘사하기'는 영어 학습에 대한 흥미를 줄 수 있으며 뭉칫말 연습에도 유용하다.

This is a picture/ taken outdoors.// There are several people/ in this picture.// On the very left side of the picture,/ there is a man/ wearing dark jeans.// He is standing up,/ holding a camera/ and taking a picture with it.// On the very right side of the picture,/ I can see a girl/ with bare feet.// She is bending over/ and playing with her doll.// In the background of the picture,/ I can see three people/ sitting together.// Two of them are adults/ and one of them is a kid.// They look like a family.// The child is sitting/ on her father's lap.// Next to them,/ an elderly man is taking a rest/ and holding a book/ in his hands.// Behind them,/ I can see a brick wall./ Maybe/ people are having a peaceful time/ at a square.//

1차

This is a picture taken in the park. There are several people and many seagulls in this picture. On the right side of the picture, a man is standing and holding a snack his hand. He has black hair. He is wearing a long-sleeved shirt. The man is wearing a pair of black jeans. He is feeding the seagulls.

2차

This is a picture taken in the park. On the right side of the picture, there are many seagulls. On the lower middle part of the picture, there is a pigeon. On the right side of the picture, a man is standing and holding a snack in his hand. He has black hair. He is wearing a long-sleeved shirt. The man is wearing a pair of jeans. Perhaps he is going to feed the seagulls. In the background of the picture, there are many trees. There are two white canopies in the upper right side to protect passersby from the sun.

아래 예는 많은 사랑을 받아왔던 Abba의 "I have a dream"의 노래 가사다. 이 노래는 미국 인권가로 유명한 Martin Luther King, Jr. 목사의 1963년에 행한 연설 "I have a dream"과 오버랩되어 더욱 영감을 주는 노래다. 이 노래를 듣다 보면 하나의 문장이 한 뭉치로 들려옴을 느낄 것이다. 이는 일찍이 Lewis(1993)나 Duk-Ki Kim(2000)이 언급한 뭉칫말은 한 숨에 노래의 한 가락처럼 한 덩어리 뭉치로 이해되고 사용한다는 통찰과 맥을 같이한다. 쉽지 않은 연설 내용을 집중해서 shadowing 하면서 듣다 보면 뭉칫말에 뭉칫말로 계속 연결되고 있음을 주목하게 되고 뭉칫말별로 의미를 이해하려고 따라가게 된다. 또한 어디에서 끊어 읽어야 하는 지 어려움을 겪는 학생들도 쉬운 가사 내용이 한 뭉치, 한 뭉치로 연결되는 운율적 리듬(prosodic rhythm)을 듣다보면 영어의 상당 부분이 다단어 뭉칫말로 구성되어 있다는 McCarthy(1990) 언급을 실감할 것이다. 학생들에게 이와 같이 연설문, 쉬운 팝송이나 영화 OST, 시(poem) 등을 선정하여 학습 초기에 활동한다면 영어에 대한 자신감 증진과 영어 뭉칫말에 익숙할 기회를 줄 수 있다. 주의할 점은 개인별 수준이나 교육 활동에 따라 뭉칫말의 범위를 좀 넓게 하거나 좀 좁게 하면서 지도할 필요가 있다.

I have a dream, Sung by Abba

I have a dream, / a song to sing /
To help me cope / with anything /
If you see the wonder / of a fairy tale /
You can take the future /even if you fail /
I believe in angels /
Something good in everything I see /
I believe in angels /
When I know the time/ is right for me /
I'll cross the stream /
I have a dream /

I have a dream,/ a fantasy/
To help me through/reality/
And my destination/ makes it worth the while/
Pushing through the darkness /still another mile/

I believe in angels/
Something good in everything I see/
I believe in angels/
When I know the time/ is right for me/
I'll cross the stream,/ I have a dream/
I'll cross the stream, / I have a dream/

I have a dream, /a song to sing/
To help me cope/ with anything/
If you see the wonder/ of a fairy tale/
You can take the future/ even if you fail/
I believe in angels/
Something good in everything I see/
I believe in angels/
When I know the time/ is right for me/
I'll cross the stream,/I have a dream/
I'll cross the stream, /I have a dream/

아래는 Martin Luther King, Jr의 연설 I have a dream의 일부이다.
I have a dream, Speech by Martin Luther King, Jr. (1963. 8. 28)

I am happy to join with you today/ in what will go down in history/ as the greatest demonstration for freedom/ in the history of our nation.// Five score years ago,/ a great American,/ in whose symbolic shadow we stand today,/ signed the Emancipation Proclamation.// This momentous decree came as a great beacon light of hope/ to millions of Negro slaves/ who had been seared/ in the flames of withering injustice.// It came as a joyous daybreak/ to end the long night of their captivity.//
But one hundred years later,/ the Negro still is not free.// One hundred years later,/ the life of the Negro is still/ sadly crippled by the manacles of segregation/ and the chains of discrimination.// One hundred years later,/ the Negro lives/ on a lonely island of poverty/ in the midst of a vast ocean/ of material prosperity.// One hundred years later,/ the Negro is still languished/ in the corners of American society/ and finds himself an exile/ in his own land.// And so we've come here today/ to dramatize a shameful condition.//

---중략---

And so/ even though we face the difficulties of today and tomorrow,/ I still have a dream.// It is a dream / deeply rooted in the American dream.//
I have a dream/ that one day/ this nation will rise up/ and live out the true meaning of its creed:/ "We hold these truths/ to be self-evident,/ that all men are created equal."//
I have a dream/ that one day/ on the red hills of Georgia,/ the sons of former slaves/ and the sons

of former slave owners/ will be able to sit down together/ at the table of brotherhood.//
I have a dream/ that one day/ even the state of Mississippi,/ a State sweltering with the heat of injustice,/ sweltering with the heat of oppression,/ will be transformed/ into an oasis of freedom and justice.//
I have a dream/ that my four little children/ will one day live in a nation/ where they will not be judged by the color of their skin/ but by the content of their character.//
I have a dream today!/
I have a dream/ that one day,/ down in Alabama,/ with its vicious racists,/ with its governor/ having his lips dripping with the words of "interposition" and "nullification"/. One day / right there in Alabama/ little black boys and black girls/ will be able to join hands with little white boys and white girls / as sisters and brothers.//
I have a dream today!//
I have a dream/ that one day/ every valley shall be exalted,/ and every hill and mountain shall be made low,/ the rough places will be made plain,/ and the crooked places will be made straight;/ "and the glory of the Lord shall be revealed/ and all flesh shall see it together."//
This is our hope,/ and this is the faith/ that I go back to the South with.// With this faith,/ we will be able/ to hew out of the mountain of despair/ a stone of hope.// With this faith,/ we will be able to transform the jangling discords of our nation/ into a beautiful symphony of brotherhood.// With this faith,/ we will be able to work together,/ to pray together,/ to struggle together,/ to go to jail together,/ to stand up for freedom together,/ knowing that we will be free one day.//
---후략---

https://www.americanrhetoric.com/speeches/mlkihaveadream.htm
https://www.youtube.com/watch?v=vP4iY1TtS3s

더 나아가 한 소절씩 운율적 리듬의 좋은 시구로 가득 찬 시 낭송도 영어 뭉칫말을 익숙하게 하는 데 큰 도움이 된다. 아래 시는 수선화(daffodils)로 알려진 낭만파 워즈워드(Wordsworths)의 'I wandered lonely as a cloud'이다. 그 다음으로는 요즘에는 면접이나 여러 상황에서 자기를 소개하는 기회가 많다. 특히 취업을 준비하는 학생들에게는 '1분 스피치'로 자기소개를 영어로 해야 하는 경우가 있는 데 많은 어려움을 겪고 있음을 보게 된다. 아래 예시는 샘플들이지만 많은 뭉칫말을 사용하여 자기소개를 하고 있음을 알 수 있다. Self-Introduction 2는 이현석의 리얼라이프 speaking(p. 17)을 수정한 내용이다.

I Wandered Lonely As a Cloud (Daffodils)   By William Wordsworth

I wandered lonely as a cloud
That floats on high o'er vales and hills,
When all at once I saw a crowd,
A host, of golden daffodils;
Beside the lake, beneath the trees,
Fluttering and dancing in the breeze.

Continuous as the stars that shine
And twinkle on the milky way,
They stretched in never-ending line
Along the margin of a bay:
Ten thousand saw I at a glance,
Tossing their heads in sprightly dance.

The waves beside them danced; but they
Out-did the sparkling waves in glee:
A poet could not but be gay,
In such a jocund company:
I gazed—and gazed—but little thought
What wealth the show to me had brought:

For oft, when on my couch I lie
In vacant or in pensive mood,
They flash upon that inward eye
Which is the bliss of solitude;
And then my heart with pleasure fills,
And dances with the daffodils.

https://www.poetryfoundation.org/poems/45521/i-wandered-lonely-as-a-cloud

Self-Introduction 1

I'm a Business English major/ at _____ University. / My name is Gildong, Hong.//
I understand you are seeking a professional service person/ with a proactive mind/ who will exceed customers expectations.//
I have completed my Business English studies/ and intern/ at the ABC trade company/ for a year.//
My strong point is I have a good command of English/ and work hard to be of service to others// I have built several teams for a variety of projects.
I managed the finances for our Business Club. This required all donations, distribution of funds, and balancing the books.

My goal in five years/ is to become a manager or owner of my own enterprise.

Self-Introduction 2

My name is Sunmi Chin/ and currently a senior/ **in college.**// I **have a double major/ in computer engineering/ and business administration.**/ I was an **engineering major/ in the beginning,**/ I thought it would be helpful/ if I had some **business knowledge.**// **That's why**/ I decided to **sign up for business administration,/ As for future plans,**/ I plan to **go to graduate school**/ because/ I want to **further my expertise**/ in computer programming.// After I finish my degree,/ I hope to **join a good company/ in the IT sector.**// **As far as my personality goes,**/ I am quite outgoing/ and **get along with others**/ very well.// I also **have a proactive attitude**/ and don't **get stressed** over little things.// **As for hobbies,**/ I enjoy skiing **in the winter**/ and surfing **in the summer,**/ I also like to study English/ **in my free time.**//

말하기의 여러 과정을 통해 학생들이 뭉칫말 표현에 익숙해지고 수준이 조금 있는 학생들에게는 아래와 같이 좀 더 난이도가 있는 대본을 읽고 이해하게 한 후 본인이 스피커라 생각하고 큰 소리로 연설하는 훈련으로 뭉칫말에 대한 의식을 고양시킬 수 있다. 또한, 다양한 연설문, 드라마나 영화 대본 등을 활용하여 문장 내에서의 창문화, 문장 간의 창문화를 통해 일정한 분량의 듣기와 말하기 과제를 연습함으로써 듣기와 말히기 숙달도 향상을 촉진시킬 수 있다. 학습 전략 지도는 독해 지문의 원어민 녹음 파일을 활용하면서 비교할 수 있다. 보다 적극적인 학습자는 자신의 스마트폰에 녹음하여 활용하기도 한다. 학습자들의 자기 주도적 학습에서도 shadowing과 windowing 훈련과정의 효과성을 확인할 수 있을 것으로 기대한다. 이와 같은 과정을 통해 동일한 영어 독해나 읽기 자료를 통해 영어의 네 기능 향상을 기대할 수 있을 것이다.

아래 예시 1은 뭉칫말 중심의 직독직해 연습 자료이며, 예시 2는 미국 대학교수의 "What Is Really College For" 제목의 기고문 내용 중 일부이다. 학생들에게 처음에는 사선이 없는 형태로, 두 번째는 뭉칫말 단위로 사선을 넣어 제공하고, 세 번째는 우리말과 함께 제공할 수 있다. 이는 학생 수준과 독해 과정에 따라 뭉칫말의 인식도를 고려하여 조정된 입력을 제공하여야만 효과가 클 것이다.

예시 1

▶ 1단계: 영어 원문을 아무 표시 없이 나누어 주고 어느 정도 이해하는지 점검한다.

"Romeo and Juliet" was, of course, Shakespeare's famous tale of star-crossed lovers who died together rather than be kept apart. Tonight, there is a modern version of that tragedy with a dangerous twist. A girl who fell head over heels in love with a boy her parents thought was bad news. The two teenagers made a pact to commit joint suicide. But then, only the girl followed through. We need to add that they were 15 and minors. Surrounded by farms, halfway between Baltimore and Washington is a place that looks like a lot of America, a place where April Garvey's parents felt certain she would grow up safely. April was the all-American daughter. A little more housework might have been desirable, but aside from that, she was everything that you could want. For April, there were bad times too. She had bouts of depression, which worsened after her parents' divorce when she was 12. At 15, when she fell in love, she thought she had found someone who understood her, although her parents would ultimately try to keep them apart.

▶ 2단계: 뭉칫말 기반의 끊어읽기 전략을 적용하여 의미 단위로 끊어 읽기 표시(slashing)한 자료를 나누어 주고 1단계 학습방법과 비교해 보도록 한다.

"Romeo and Juliet" was, / of course, / Shakespeare's famous tale of star-crossed lovers / who died together / rather than be kept apart. // Tonight, / there is a modern version / of that tragedy / with a dangerous twist. // A girl / who fell head over heels in love / with a boy / her parents thought / was bad news. // The two teenagers / made a pact / to commit joint suicide. // But then, /only the girl / followed through. // We need to add / that they were 15 / and minors. // Surrounded by farms, / halfway / between Baltimore and Washington / is a place / that looks like / a lot of America, / a place / where April Garvey's parents / felt certain / she would grow up / safely. // April was / the all-American daughter. // A little more housework / might have been desirable, / but / aside from that, / she was everything / that you could want. // For April, / there were bad times too. // She had bouts of depression, / which worsened / after her parents' divorce / when she was 12. // At 15, / when she fell in love, / she thought / she had found someone / who understood her, / although her parents would ultimately try / to keep them apart. //

▶ 3단계: slashing 부분을 우리말과 함께 나누어 주고 이미 학습한 방법과 비교하도록 하고 이해 정도를 점검하고 뭉칫말 기반의 직독 방법을 익히게 한다.

"Romeo and Juliet" was,/of course, /Shakespeare's famous tale/of star-crossed
<로미오와 줄리엣>은 / 물론 / 셰익스피어의 유명한 이야기였다./ 이루어질 수 없는

lovers /who died together / rather than / be kept apart. // Tonight, / there
연인들의 / 같이 죽음을 택한 / ~할 바에는 / 떨어질 // 오늘 저녁 /

is a modern version /of that tragedy with a dangerous twist / A gir who fell
현대판 얘기가 있다 / 그 비극의 / 위험한 반전을 포함한 // 한 소녀 /

head over heels in love/with a boy/her parents thought/was bad news.//
지독한 사랑에 빠진 / 한 소년과 / 그녀의 부모는 생각했다 / 나쁜 소식이라고 //
The two teenagers/ made a pact/ to commit joint suicide.// But / then,/
두 십대 남녀는 / 맹세했다 / 동반자살하기로 // 그러나 / 그 이후 /

only the girl/ followed through.// We need to add/ that they were 15/ and
그 소녀만 / 자살에 성공했다 // 이런 점을 덧붙이고 싶다/ 그들은 15세였고/

minors.// Surrounded by farms,/ halfway/ between Baltimore and Washington/ is
미성년자였다고 // 농장에 둘러싸진 / 중간지점에 / 볼티모어와 워싱턴사이의 /

a place/ that looks like/ a lot of America,/ a place/ where April Garvey's parents/
이런 곳이었다./ 처음 보이는/ 전형적인 미국이/이런 곳이다 /그곳은 에이프릴 가비의 부모들이
felt certain/ she would grow up/ safely.// April was/ the all-American daughter. //
확신을 했던 / 딸이 자랄 것이라고 / 안전하게 // 에러프릴은 / 전형적인 미국가정의 딸이었다. //

A little more housework/might have been desirable,/but/aside from that,/
조금 더 많은 집안일을 / 해줬으면 좋았겠지만 / 그러나 / 그것을 제외하곤 /

she was everything/ that you could want.// For April,/ there were bad times too.//
그녀는 완벽했다 /여러분이 원할 수 있는// 에이프럴에겐/안 좋은 시기가 있었다.//

She had/ bouts of depression,/which worsened/after her parents' divorce/
그녀는 겪었다/우울증의 발병을/ 악화되었다 / 그녀의 부모의 이혼 이후에 /

when she was 12.//At 15,/ when she fell in love,/ she thought /she had found someone/
그녀가 12세 때//15세 때/그녀가 사랑에 빠졌을 때/그녀는 생각했다/누군가를 만났다고/

who understood her,/although/her parents/would ultimately try /to keep them apart.//
자신을 이해해 주는/~에도 불구하고/그녀의 부모가/궁극적으로 시도했다/그들을 갈라놓기를//

예시 2

What Is College Really For?

It's freshmen orientation week / at the university / where I teach.// I'm meeting a group of new students / for the very first time / to welcome them to the school / and introduce them / to the freshman orientation seminar they have joined.// We are currently answering the question, / "Why did you go to college?"// A young woman / in the front row / raises her hand / to contribute her answer / to the group's discussion.

"I want to be a first grade teacher," / she proclaims. // "But, my dad said / he won't pay for college / unless I major in business or computers. Dad says / teachers don't make any money."

My heart tightens.// There's so much I want to say / in this very moment, / so much I want to unload.// My first private thought is / we could possibly have the next brilliant educator / sitting right here, / but instead / we may crank out / a mediocre business student. Then my mind dashes / to the assertion / that college only exists / so students can get a diploma, / get a job, / work for the man, / and die.// Other thoughts creep in / about classism and finances / — like major thoughts about classism:/ Do we [colleges] just stop creating teachers;/ we pay them hourly, / because after all / they should stop going to college / for a four-year, / one-hundred thousand dollar education? / Other people's kids can be teachers, / but not mine!// The last thought / is the discussion of passion / I always want to have on this subject, / the trope that / if you are a passionate anything / you will be more successful / and well-off / than a mediocre someone / who is not very good / at his or her job.// I keep that one to myself too. //

Instead, / I settle on a question: / Did you and your dad explore / alternative ways teachers make extra money, / like coaching a sport, / advising a club, / working in the summer, / or traveling with students?// The young woman said, "No." // I continue: / if more time at the school / isn't for you / there is the opportunity / to try new things / in your summers. You could run a YMCA program, / a summer daycare, / teach dance/art/languages; / work at the pool, / or be a private tutor / all while enjoying your salaried teacher benefits. / She hadn't heard of this either. // I finish with: / and if you're interested / there are two other routes; / one is administration / where you could be a curricular specialist / or principal / and two,/ you could / earn your master's degree or doctorate / and teach college courses / in elementary education part-time / or even full-time / with a career change.// My young student / had never heard any / of these options / and her father / had never explored them with her/ — probably because / he had not thought of them either.//

---중략---

So,/ as I work with my young / want-to-be first grade teacher student / and tell her about other options, / I don't evangelize. / My job / is to educate not convert.// My job, / however, / does not stop / with simply teaching college freshmen.// I, / me, / we / have to educate / our fellow community members and parents / that mind-sets / have to evolve / with the rest of the culture / as related to college.// It should begin with / 1) / What is the purpose of college / both in the culture / and in the lives of our students; / 2) / Money can be made in all disciplines / — but / we have to recognize this / and research it. / 3) / Bachelor's degrees can / and should / broadly educate a student for many careers /— not just one.// Discussing graduate work / with young students / (and our friends and family) / can open options / to some previously never considered. / In short /— none of this is permanent.// Education is fluid / and so is the job market /— which means / this is everybody's first time / in these uncharted waters.// Let's listen to each other, / let's help each other, / and let's innovate / for a future as unique and exciting / as the students sitting before us / in this freshmen seminar.//

Source: https://www.huffingtonpost.com/christopher-gurrie/what-is-college-really- for_b_13861696.html (Christopher Gurrie, Coordinator of the Speech Communication Program, The University of Tampa)

X. 나오는 글

외국어를 가르치고 배우는 방법은 시대에 따라 변해온 언어관과 함께 발전하여 왔다. 전통문법이 지배하던 시대에는 문법 암기와 번역이 중심이 된 문법번역식 방법이, 구조문법 언어관에서는 문형연습을 기계적으로 반복하는 청화식 교수법이 풍미하였고, 뒤이어 생성문법 언어관에서는 의사소통중심의 교수법이 새롭게 제시되었다. 특히, 생득성과 내적 체계의 본질에 언어 연구의 중점을 둔 형식 언어학의 Chomskyans는 그 언어를 사용하는 원어민의 언어직관을 포착하여 "언어는 유한한 수의 규칙으로 무한한 문장을 생성한다"(Chomsky, 1957, 1965)는 규칙이 지배하는 생득적인 체계(rule-governed innate systems)라고 주장해 왔으나, 컴퓨터의 비약적인 발전과 함께 많은 연구자들은 코퍼스 기반 연구에 의한 어구색인 분석과 코퍼스 언어학의 발달에 힘입어 언어의 상당 부분이 다단어 조립식 뭉칫말(multi-word prefabricated chunks)의 형태로 구성되어 있다는 점을 데이터 추론을 통해 확인하였다.

우리는 그와 같은 수많은 뭉칫말을 매일 매 순간 반복하여 사용하면서 의사소통을 한다. 한국어를 포함하여 대부분 언어의 모국어 화자는 이미 짜여진(ready-made) 조립식 뭉칫말을 어려서부터 상황과 관계와 분야에 따라 적절하게 수정하고 덧붙여서 확장해 사용해왔다는 사실을 주목해 보자. 다른 많은 영어 교육 이론과 교수 방법이 있겠으나 본 영어 연어 교육론에서는 하나의 단어, 기반어(base)가 다른 단어와 결합하는 방식이 모든 언어 사용에 기본이라는 어휘 접근 방식(Lexical Approach: LA)에 근거하여 한국인에게 친숙한 학습 모형과 교수 전략을 구안하여 LA의 핵심인 연어 교육 내용과 방법론을 제시하고자 하였다.

모국어 화자와 마찬가지로 EFL환경에서 영어 학습자의 머릿속 어휘사전(mental lexicon)은 조각된 개별 단어로 구성된 목록보다 의미 단위를 수반한 좀 더 큰 덩어리의 수많은 뭉칫말로 구성되어 있다고 본다. LA를 주장하는 어휘론자들은 이러한 뭉칫말은 작은 언어 조각으로 분해되어 습득되는 것이 아니라, 공기 관계와 연어성(collocability)을 습득하면서 분해되지 않는 뭉칫말 총체(unanalyzed wholes)로 기억에 저장되며, 필요할 때 언제든지 기억으로부터 회상해 꺼내어 사용할 수 있는 조립식 뭉칫말(prefabricated chunks)형태로 머릿속 어휘사전에 축적한다고 보고 있다. 그러한 뭉칫말은 학습자의 습득과정과 속도 및 양에 있어 차이가 있을 것이고, 누군가는 보다 더 확장된 연어(extended collocation)와 같은 어휘묶음(lexical bundles)으로 필요한 의사소통을 할 것이다. 그렇기 때문에 언어 입력 학습 활동도 뭉칫말 단위로 하여야 출력도 뭉칫말로 산출될 수 있다는 것이 타당한 설명이다. 이는 영어를 잘 하고자 하는 학습자는 하나의 긴 통 문장을 기억하기에는 학습 부담이 너무 크고 그렇다고 개별 단어로는 의사소통에 유익하지 않기에 여러 단어가 결합된 뭉칫말에 주목할 필요가 있다.

이와 같은 어휘 접근방식은 과거에는 연구자나 언어학자의 직관을 통해 많은 부분을 수작업하여 일부 밝혀졌지만 최근에는 컴퓨터의 발전과 코퍼스 언어학의 발달로 헤밍웨이의 문학작품도, 오바마의 연설문도, 김 선생님이 사용하는 교실영어도, K 학생이 쓴 영작문도 모두 코퍼스 프로그램으로 분석 가능하게 되면서 언어 습득에 대한 설명적 타당성과 전망을 더욱 밝게 하고 있다. 이처럼 언어교육에서 언어에 대한 문법 규칙보다는 어휘적 관점(lexical view of language)에 대한 통찰은 문법보다 어휘의 중요성을 중심에 두게 되었다.

지금까지 성행한 수많은 교수 방법들은 기본적으로 어휘와 문법의 이분법적(dichotomous) 견해를 기저에 공유하고 있었다. 그리고 언어 이해와 생성에 있어 문법이 중심적 역할을 하는 것으로 보고, 어휘는 주어진 문법 구조에 의해 단순히 배열되는 부수적인 것으로 보았기 때문에 언어교육은 문법 중심의 교육이 주로 이루어졌고, 어휘 학습은 개별 단어의 의미를 단순히 암기하는 것이 대부분이었다. 이러한 상황에서 한국 영어 학습자들의 어휘학습 활동도 '영어 단어를 한국어 단어 의미로, 혹은 한국어 단어를 영어 단어 의미로 바꾸는 일대일 등치관계(paired-translational equivalence)'로 인식하고 기계적인 암기에 치중해 왔던 것이 사실이다. 이런 까닭에 말하고자 하거나 쓰고자 할 경우 개별 단어는 상당수 알고 있음에도 이를 의미 단위나 문장 표현으로 사용하지 못하고 있는 실정이었다. 또 다른 문제점은 어휘와 문법을 이분법적으로(dichotomous) 분리하여 학습하기 때문에 어휘 항목(lexical items/phrases/ units/ expressions)에 대한 인식도가 높지 않다는 점이다(김낙복, 2005a; Lewis, 1997a; McCarthy, 1990; Nation, 2001; Wray, 2000; Woolard, 2000). 그런 까닭에 학습자들에게는 일상 언어 학습에서 반복적으로 수없이 사용하고 발견되는 연어 쌍(collocational pairs)에 대한 어휘적 통찰력을 발휘하지 못한 것이다. 이제는 연어(collocation)를 기반으로 어휘 뭉칫말(lexical chunks)과 어휘묶음(lexical bundles) 지도 활성화로 학습자들이 자연스럽게 어휘와 문법의 통합적 접근방식을 지향하도록 하여 연어 숙달도 즉, 연어 지수(Collocational Quotient: CQ)를 높여야 한다.

Richards와 Renandya(2002)는 어휘의 개념도 원자적인 개별 단어뿐만 아니라 두 단어 이상이 결합된 다단어 뭉칫말(multi-word chunks)의 형태까지 확장을 주장한다. 또한 어휘 지도에 있어 연어나 확장된 연어와 같은 어휘 뭉칫말(lexical chunks)을 지도하는 것이 영어 의사소통 능력 향상을 위해 효율적이다(김낙복, 2005a, 김부자, 2006, Lewis, 1997a). 이에 연어 중심 교수 전략과 교수 방법을 살펴보고 다양한 실제 적용 사례를 통해 영어 학습 전략을 촉진하여 영어의 상당 부분은 조립식 어휘 뭉칫말로 구성되어 있다는 점을 인식하고 관찰하도록 하면서 다양한 연어 유형을 활용하는데 초점을 두고자 하였다. 이를 통해 언어의 정확성(accuracy)뿐만 아니라 유창성(fluency)을 동시에 향상시킬 수 있는 전략으로 적극 활용하면 효과적일 것이다.

우리가 언어 학습을 하면서 가장 어렵게 느끼고 시간을 많이 투자하는 부분이 어휘라는 점은 인정할 것이다. 영어 교수 학습 활동에서도 어휘력의 중요성은 아무리 강조해도 지나치지 않다. 또한 오늘날 의사소통능력 향상을 위한 영어교육은 읽기, 듣기와 같은 수용기능(receptive skills)뿐만 아니라 말하기와 쓰기와 같은 산출기능(productive skills)을 더욱 강조하고 있다. 이러한 상황에서 영어의 중점도 영어회화, 실용영어, 인터뷰 영어나 스피킹 그리고 OPIc과 같은 말하기 능력 향상을 위한 프로그램이 다양하게 편성 운영되고 있다.

언어 학습의 주된 목적이 의사소통에 있다는 점을 생각할 때, 이미 알고 있거나, 더 나아가 새로운 어휘 학습에 있어서도 주로 함께 쓰이는 단어들을 연어 접근방식으로 뭉칫말 학습을 한다면, 영어 학습 활동을 보다 능동적이고 생산적으로 할 수 있을 것이라고 생각한다. 이와 같이 EFL 상황에서 집중적인 명시적 어휘 학습(explicit vocabulary learning)을 실시하는 것은 학습자가 언어의 입력(input)은 물론 수용(intake)과 출력(output)을 극대화시킬 수 있게 하며, 영어에 대한 지식(knowledge)뿐만 아니라 영어를 실제 의사소통을 위해 사용할 수 있는 기술(skill)을 향상시키는데 보다 효과적이라고 본다.

현재, 연어 연구(collocation research)는 개별 단어를 넘어 어휘 결합원리와 제약 현상 등을 살펴보는 것에서부터 코퍼스에 기반한 데이터베이스 구축과 전자코퍼스의 연구, 최근에는 CollGram 프로그램을 활용한 연어군(collocation family) 검색과 같은 전문 어휘연구까지 다양하게 이루어지고 있다. 그러나 활용 면에서 보면 연어의 기본 특성과 유형 및 그 적용방안 등을 보다 전문적이고 체계적으로 살펴보는 것이 실용적 배경에서 더욱 중요하다. 연구 분석 면에서는, 텍스트 분석은 물론 대화분석, 담화분석 등의 코퍼스 설계, 분석 및 평가 등 그 연구 범위가 광범위하다. 특히 학습자들이 많이 사용하는 교재와 교과서를 개발하고 편찬할 때 이에 대한 충실한 반영이 절실하다. 이러한 상황에서 본 영어 연어 교육론이 영어 실용성 탐구와 실제성 연구에 관심있는 많은 분들에게 계속적인 논의의 밑알이 될 수 있기를 기대한다.

Language Learning Strategies

A more practiced eye (더 숙련된 눈),
A more receptive ear (더 잘 받아들이는 귀),
A more fluent tongue (더 유창한 혀),
A more involved heart (더 관심 있는 마음),
A more responsive mind (더 민감한 정신)

(Rebecca L. Oxford, 2003)

참고문헌

교육부. (2015). *영어과 교육과정*. 교육부 고시 제2015-74호 [별책 14].

권영도. (1999). 영어 관용어의 고찰과 교수방법에 관한 연구. *Foreign Languages Education, 5*(2), 189-211.

권오량. (1995). 한국의 영어교수방법과 교수방법론 연구의 변천. *영어교육, 50*(2), 107-132.

권인숙. (2001). *한국, 일본, 중국 중학교 영어 교과서의 코퍼스 언어학적 어휘 비교 연구*. 미출간 박사학위논문. 숭실대학교, 서울.

권인숙. (2004). 한국 중학교 6차 및 7차 교육과정 영어 교과서의 코퍼스 언어학적 비교 분석. *Foreign Languages Education, 11*(1), 211-251.

김경자, 김낙복. (2012). 연어 중심 어휘 지도가 초등학생의 어휘력 및 읽기 능력에 미치는 영향. *영어어문교육, 18*(4), 237-258.

김낙복. (2005a). *영어 연어 교수 학습에 관한 연구*. 미출간 박사학위논문. 충남대학교, 대전.

김낙복. (2005b). 영어 연어의 고찰과 교수 방법에 관한 연구. *Foreign Languages Education, 12*(2), 141-165.

김낙복. (2007). 연어 중심 어휘 지도가 고등학생의 영어 독해력 향상에 미치는 영향. *영어어문교육, 13*(3), 157-176.

김낙복. (2010a). Shadowing 훈련이 영어 듣기 능력과 전략 발달에 미치는 영향. *영어교과교육, 9*(3), 119-140.

김낙복. (2010b). 명시적인 어휘적 연어 지도가 문법적 연어 능력에 미치는 영향: 전치사 연어 중심으로. *영어어문교육, 16*(3), 141-160.

김낙복. (2013). 뭉칫말 기반의 통합형 영어 학습 프로그램이 학습자의 전략 사용과 과업 수행에 미치는 영향: 사례 연구. *영어교과교육, 12*(2), 37-59.

김낙복. (2014). 영어어문교육 학술지에 게재된 영어 어휘 연구 논문의 동향 분석. *영어어문교육, 20*(1), 287-309.

김낙복. (2015). 연어 사전 분석과 활용 방안: "Wind"의 어휘적 연어를 중심으로. *영어교과교육, 14*(3), 71-91/

김미순. (2008). *연어를 활용한 연어 능력 향상 방안*. 미출간 박사학위논문. 전주대학교, 전주.

김부자. (2006). 의사소통 능력을 높여주는 어휘 지도에 대한 연구: 동사를 중심으로. *영어어문교육, 12*(1), 131-158.

김성식. (2004). *초등학교 영어 교육을 위한 어휘 중심 교수법 수업 모형과 어휘 자료 개발에 관한 연*

究. 미출간 박사학위논문. 한국교원대학교, 청주.

김성아, 박혜연. (2007). 한국 EFL 학습자의 연어사용 능력에 관한 연구. *영어학, 7*(3), 325-344.

김성환. (2001). *어휘접근법에 의한 담화지향적 영어어휘지도*. 월드와이드웹: http://myhome.naver.com/ksh1285에서 2003년 5월 20일에 검색했음.

김영숙. (2002). *초등영어 어휘교육*. 서울: 한국문화사.

김영희, 강문구, 윤선중. (2011). 의미단위로 끊어 듣기 활동을 통한 영어 듣기 능력 향상 방안. *영어교과교육, 10*(2), 63-83.

김윤정. (2005). 연어능력이 대학생들의 연어 능숙도와 영작문 능력에 미치는 영향. *영어어문교육, 11*(4), 189-208.

김윤정. (2006). *한국 대학생의 영어 연어 지식과 사용에 관한 연구*. 미출간 박사학위논문. 부경대학교 대학원, 부산.

김은주. (1999). 언어 습득 · 학습론. 김영숙, 최연희, 차경애, 김은주, 남지영, 문영인, *영어과 교육론: 이론과 실제* (pp. 57-105). 서울: 한국문화사.

김재은, 최인철. (2015). 고등학교 영어 교과서, EBS 수능 연계 교재, 대학수학능력시험의 코퍼스기반 난이도 비교 분석. *멀티미디어영어교육, 18*(1), 59-92.

김정렬. (2003). *초등영어 학습과제의 설계와 활용*. 서울: 한국문화사.

김현진. (2000). *열린 영어 수업을 위한 주제중심 통합 영어 교육*. 서울: 도서출판 동인.

남기심. (1995). 어휘 의미와 문법. *동방학지, 9,* 158-161.

민덕기. (2016). *영어어휘학습을 위한 코퍼스 및 사전 활용*. 서울: 한빛문화.

민수정, 정보현. (2012). 고등학교 영어 교과서에 사용된 기본 어휘에 대한 코퍼스 기반 분석. *영어영문학, 17*(1), 143-159.

민찬규. (2002). 형태 초점 의사 소통 접근 방법: 교수법적 특징과 영어교육에의 적용 방안. *Foreign Languages Education, 9*(1), 69-87.

박경자, 이희경. (2002). *영어습득의 이해*. 인천: 우용출판사.

박기표, 채정숙. (2000). 외국어 독해의 문지방 가설에 관한 검증. *Foreign Languages Education, 7*(2), 259-276.

박민희. (2007). *연어를 활용한 전치사 교수법에 대한 연구: 문법적 연어를 중심으로*. 석사학위논문, 단국대학교, 서울.

박선미, 이정원. (2011). 연어 중심 어휘 지도가 고등학생의 영어 쓰기 능력에 미치는 영향. *언어연구, 27*(3), 445-466.

배두본. (1990). *영어교육학*. 서울: 한신문화사.

배연경. (2013). 사전 사용 연구의 현황과 의의: 영어교육에서의 사전 사용을 중심으로. *한국사전학,*

21, 108-134.

손영희. (2007). *연어 학습과 쓰기와의 관련성 고찰: 학교 2학년을 중심으로.* 석사학위논문, 경남대학교, 창원.

송미정. (2002). *어휘 연구의 최근 동향 및 효과적인 어휘 교수법.* 월드와이드웹: http://www.mantoman.co.kr/study에서 2003년 6월 12일에 검색.

송미정. (2003). 단어 목록의 제시 형태가 새로운 어휘의 기억과 사용에 미치는 영향. *Foreign Languages Education, 10*(3), 237-261.

송인동. (2000). 영어전치사 어휘교수요목의 설계와 인터넷 원격교육에의 적용. *대한언어학회, 8*(3), 317-339.

송희심. (2000). 한국의 영어 읽기교육 연구에 대한 고찰. *영어교육, 55*(4), 367-388.

신명신. (1996). 영어 기본 어휘 목록 제안. *영어교육 51*(4), 151-175.

신성철, 박의재, 신두호. (1996). *미국문화와 영국문화.* 대전: 문경출판사.

신성철, 박의재, 이정원. (1999). *현대영어교육.* 대전: 문경출판사.

신성철, 박의재. (1987). *영어교수법.* 서울: 한신문화사.

오준일. (1999). 빈칸 채우기 유형과 읽기 전략에 관한 사례 연구. *영어교육, 54*(2), 85-108

우윤식. (1998). *현대 통사론의 기초.* 부산: 부산외국어대학교 출판부.

유경미, 김낙복. (2014). 연어를 활용한 어휘지도가 초등학생의 영어 읽기 및 쓰기 능력에 미치는 영향. *영어교과교육, 13*(3), 83-104.

윤현숙. (2009). 개정 교육과정 중학교 1학년 영어교과서에 나타난 어휘의 코퍼스 기반 분석. *현대영어 교육, 10*(2), 87-107.

이동주, 김진언. (2018). 초등학교 영어교과서의 동사 연어(collocation) 사용 양상 분석. *학습자중심교과교육연구, 18*(23), 243-269.

이선. (2003). "Pour boiling water?" or "Pour boiled water?": 어휘중심접근법과 Concordance Analysis의 활용방안. *Foreign Languages Education, 10*(4), 87-100.

이소영, 이현우. (2018). 영어 I에 나타난 영어 어휘 어휘의 분포: 등급화된 어휘 그룹과 교과서 간의 관계. *교육문화연구, 24*(2), 497-514.

이소영. (2001). 고등학교의 영어 읽기 지도 현황. *영어교육, 56*(4), 243-263.

이영도. (2016). *어휘 중심 접근법을 활용한 영어 학습법이 초등학생의 쓰기 능력 및 정의적 태도에 미치는 효과.* 석사학위논문, 경인교육대학교, 안양.

이윤경. (2009). 코퍼스에 기반한 한국인 영어 학습자의 "부사+형용사" 연어 능력에 관한 연구. *언어과학연구, 48*, 253-277.

이은주, 김영규. (2012). 외국어교육에서 어휘다발 분석을 위한 어구색인 프로그램의 소개와 비교.

Foreign Language Education, 19(1), 133-155.

이은주. (2008). 영어교육과 응용언어학 분야에서 수행된 코퍼스 기반 연구의 분석. *영어교육, 63*(2), 296-297.

이은주. (2015). 영어교육에 게재된 코퍼스 기반 연구 분석: 학습자 코퍼스와 응용코퍼스 언어학 연구를 중심으로. *영어교육, 70*(5), 193-214.

이은지, 윤현숙. (2014). 정형화된 어구 중심의 학습이 중학생의 영어 말하기 유창성에 미치는 영향. *응용언어학, 30*(1), 139-159.

이재근, 김은주. (2008). 연어(collocation)를 활용한 초등학교 영어 쓰기 향상 방안. *영어교과교육, 7*(1), 83-94.

이정원, 김낙복. (2005). 연어 중심 어휘 지도가 영어 어휘 발달에 미치는 영향. *영어교육, 60*(2), 11-135.

이정원, 정복희. (2008). 연어 중심 어휘지도를 통한 고등학생의 영어 읽기 능력 향상에 관한 연구. *신영어영문학, 40*, 265-285.

이진영, 민찬규. (2010). 영어 읽기 및 쓰기 능력의 신장을 위한 요약 활동의 효과에 관한 연구. *영어교과연구, 9*(1), 133-154.

이찬승. (2003). *영어지식DB: 어휘 · 문법 · 사전.* 월드와이드웹: http://www.englishcare. com/engdb에서 2003년 8월 21일 검색했음.

이화자. (1996). 중고등학생의 영어 어휘력 신장을 위한 효율적인 교수방법. *영어교육, 51*(2), 77-105.

이화자. (1999). 어휘 지도의 효율적인 방안. 이홍수(편), *영어교수학습 방법론* (pp. 205-234). 서울: 한국문화사.

장경숙. (2007). 영어과 개정 교육과정의 기본 어휘 목록. *영어교육, 62*(2), 331-353.

장예원. (2011). *영어 연어의 명시적 지도가 중학생의 쓰기능력에 미치는 영향.* 석사학위논문, 부산대학교 교육대학원, 부산.

정규태, 장경숙. (2005). 영어과 교육과정의 어휘 통제에 관한 문헌 연구. *응용언어학, 21*(1), 197-218.

정양수. (2000). 복수언어 독서(Diglot Reader) 방법이 영어 어휘습득에 미치는 영향. *영어교육, 55*(1), 177-199.

정영국, 배연경. (2009). *사전에 길이 있다.* 서울: 능률교육.

정영국, 조미옥. (2012). *영어 사전 사용 연구.* 서울: 한국문화사.

정영국. (2002). 제7차 교육과정의 영어과 어휘 지침 운용 연구. *Foreign Languages Education, 9*(1), 49-68.

정영국. (2003). 영영전자사전(CD-ROM)의 활용. 국제영어대학원대학교 개교 1주년 기념 학술행사 워크샵 발표 자료. 서울: 국제영어대학원대학교.

정영창, 공도경, 김은일. (2012). 한국 고등학생들의 영어 '형용사+명사' 연어 능력에 관한 연구: 코퍼스 기반 접근. *새한영어영문학, 54*(3), 183-214.

정영창, 서려임, 김은일. (2007). 한국 대학생의 영어 "동사+명사" 연어 능력에 관한 코퍼스 기반 연구. *현대문법연구, 49*, 199-232.

최연희, 성민선. (2006). 한국 고등학생들의 영어 읽기 능력과 쓰기 능력관계 연구: 영어 독해일지 쓰기를 중심으로. *Foreign Languages Education, 13*(1), 215-246.

최윤희. (2012). 한국영어 학습자들의 영어 읽기-쓰기 통합형 과업 수행에서 전략사용과 과업 수행. *영어교과교육, 11*(3), 87-107.

최진숙. (2018). 연어능력과 소그룹 협동학습이 한국 대학생의 영어발표에 미치는 영향. *대한언어학, 26*(4), 267-285.

한미향. (2010). EFL학습자의 연어 능력과 클로즈 테스트 수행. *한국영어학회, 10*(4), 939-962.

한종임. (2004). 웹기반 어휘 학습과제의 활용 및 저작활동이 한국 대학생 영어 학습자의 어휘 학습에 미치는 영향. *Foreign Languages Education, 11*(4), 183-206.

허근. (2012). 멀티미디어 활용 초등영어 읽기, 쓰기 통합지도방안. *멀티미디어 언어교육, 15*(1), 181-209.

현태덕. (2007). 연어 학습이 영어능력 향상에 미치는 효과. *현대영어교육, 8*(1), 191-209.

Aitchison, J. (1988). *Words in the mind: An introduction to the mental lexicon*. New York: Blackwell.

Alexander, R. J. (1984). Fixed expressions in English: Reference books and the teacher. *English Language Teaching Journal, 38*(2), 127-134.

Allen, V. F. (1983). *Techniques in teaching vocabulary*. New York: Oxford University Press.

Bachman, L. (1990). *Fundamental considerations in language testing*. Oxford: Oxford University Press.

Bahns, J. (1993). Lexical collocations: A contrastive view. *ELT Journal, 47*(1), 56-63.

Bans, J., & Eldaw, M. (1993). Should we teach EFL students collocations? *System, 21*(1), 101-114.

Barlow, M. (2004). *Collocate 1.0: Locating collocations and terminology*. Houston, TX: Athelstan.

Battenburg, J. D. (1991). *English monolingual learners' dictionaries: A user-oriented study*. Tübingen: Niemeyer.

Benson, M., Benson, E., & Ilson, R. (1986). *Lexicographic description of English*. Amsterdam: John Benjamins.

Benson, M., Benson, E., & Ilson, R. (1991). *Using the BBI combinatory dictionary: A workbook with exercises*. Philadelphia, MA: John Benjamins.

Benson, M., Benson, E., & Ilson, R. (1997). *The BBI dictionary of English word combinations*. Philadelphia, MA: John Benjamins.

Bernhardt, E. (1988). *Reading development in a second language*. Norwood, NJ: Ablex Publishing.

Biber, D., & Conrad, S. (1999). Lexical bundles in conversation and academic prose, In H.

Hasselgard & S. Oksefjell (Eds.) *Out of corpora: Studies in honor of Stig Johansson* (pp. 181-189). Amsterdam: Rodopi.

Biber, D., Conrad, S., & Cortes, V. (2004). If you look at... Lexical bundles in university teaching and textbook. *Applied Linguistics, 25*(3), 371-405.

Biber, D., Conrad, S., & Reppen, R. (1998). *Corpus linguistics: Investigating language structure and use.* Cambridge: Cambridge University Press.

Bley-Vroman, R., & Park, S. (2005). A sketch of corpus linguistics for second language research and learning. In R. Bley-Vroman & H. Ko (Eds.), *Corpus linguistics for Korean language learning and teaching* (pp. 3-20). Honolulu: University of Hawaii, Second Language Teaching and Curriculum Center.

Boer, F., Eyckmans, J., Kappel, J., Stenger, H., & Demecheleer, M. (2006). Formulaic sequences and perceived oral proficiency: Putting a lexical approach to the test. *Language Teaching Research, 10*(3), 245-261.

Bogaards, P. (1996). Dictionaries for learners of English. *International Journal of Lexicography, 9*(4), 277-320.

Bonk, W. (2001). Testing ESL learner's knowledge of collocations. In T. Hudson & J. D. Brown (Eds.), *A focus on language test development: Expanding language proficiency construct across a variety of tests* (Technical Report # 21, pp. 113-142). Honolulu, HI: Second Language Teaching and Curriculum Center, University of Hawaii.

Brinton, L. J., & Akimoto, M. (1999). Collocational and idiomatic aspects of composite predicates in the history of English. *Studies in Language Companion Series, 47*, 1-20.

Brown, C. (1993). Factors affecting the acquisition of vocabulary: Frequency and saliency of words. In T. Huckin, M. Haynes, & J. Coady (Eds.), *Second language and vocabulary learning* (pp. 263-288). Norwood, NJ: Ablex Publishing.

Brown, D. F. (1974). Advanced vocabulary teaching: The problem of collocation. *RELC Journal, 5*(2), 1-11.

Brown, H. (2000). *Principles of language learning and teaching* (4th ed.). Enlewood Cliffs, NJ: Prentice Hall.

Burling, R. (1968). Some outlandish proposals for the teaching of foreign languages. *Language Learning, 18*, 61-75.

Cambridge Advanced Learner's Dictionary. (2003). Cambridge: Cambridge University Press.

Canale, M., & Swain, M. (1980). Theoretical bases of communicative approaches to second language teaching and testing. *Applied Linguistics, 1*(1), 1-47.

Carson, J. E., Carrell, P. L., Silberstein, S., Kroll, B., & Kuehn, P. (1990). Reading-Writing Relationships in First and Second Language. *TESOL Quarterly. 24*(2), 245-266.

Carter, R. (1987). *Vocabulary.* London: Allen and Unwin.

Carter, R. (1998). *Vocabulary: Applied linguistic perspectives* (2nd ed.). London: Routledge.

Carter, R. (2001). Vocabulary. In R. Carter & D. Nunan (Eds.), *Teaching English to speakers of other languages* (pp. 42-47). Cambridge: Cambridge University Press.

Carter, R., & McCarthy, M. (Eds.). (1988). *Vocabulary and language teaching.* London: Longman.

Celce-Murcia, M., & Larsen-Freeman, D. (1999). *The grammar book: An ESL/EEL teacher's course* (2nd ed.). Boston, MA: Heinle & Heinle.

Celce-Murcia, M., & Olshtain, E. (2000). *Discourse and context in language teaching: A guide for language teachers.* Cambridge: Cambridge University Press.

Chang, YiBoon. (2018). Features of lexical collocations in L2 writing: A case of Korean adult learners of English. *English Teaching, 73*(2), 3-36.

Channell, J. (1981). Applying semantic theory to vocabulary teaching. *ELT Journal, 35*, 115-122.

Chi, A. (2003). *An empirical study of the efficacy of integrating the teaching of dictionary use into a tertiary English curriculum in Hong Kong.* Hong Kong: Language Centre, Hong Kong University of Science and Technology.

Chin, Cheongsook. (2002). Context, semantic mapping, and word lists: Effectiveness on EFL learners' vocabulary growth. *English Teaching, 57*(4), 245-266.

Chin, Cheongsook. (2004). EFL learners' vocabulary development in the real world: Interests and preferences. *English Teaching, 59*(2), 43-58.

Choi, Kyunghee. (2011). Effects of learning chunks of words on reading comprehension. *Modern English Education, 12*(2), 1-21.

Chomsky, N. (1957). *Syntactic structures.* The Hague: Mouton.

Chomsky, N. (1965). *Aspects of the theory of syntax.* Cambridge, MA.: MIT Press.

Chu, Hera. (2010). Effects of chunking on reading comprehension of EFL learners: Silent vs. oral reading. *English Language & Literature Teaching, 16*(3), 19-34.

Chun, D. M., & Plass, L. J. (1996). Effects of multimedia annotations on vocabulary acquisition. *The Modern Language Journal, 80*, 183-198.

Chung, Da-Un. (2010). The effects of shadowing on English listening and speaking abilities of Korean middle school students. *English Teaching, 65*(3), 97-127.

Clark, E. V. (1993). *The lexicon in acquisition*. Cambridge: Cambridge University Press.

Coady, J. (1993). Research on ESL/EFL vocabulary acquisition: Putting it all in context. In T. Huckin, M. Haynes, & J. Coady (Eds.), *Second language reading and vocabulary learning* (pp. 3-23). Norwood, NJ: Ablex.

Coady, J. (1997a). L2 vocabulary acquisition: A synthesis of the research. In J. Coady & T. Huckin (Eds.), *Second language vocabulary acquisition* (pp. 273-288). Cambridge: Cambridge University Press

Coady, J. (1997b). L2 vocabulary acquisition through extensive reading. In J. Coady & T. Huckin (Eds.), *Second language vocabulary acquisition* (pp. 225-237). Cambridge: Cambridge University Press.

Coady, J., & Huckin, T. (Eds.). (1997). *Second language vocabulary acquisition*. Cambridge: Cambridge University Press

Cohen, A. D. (1998). *Strategies in learning and using a second language*. London: Longman.

Cohen, A. D. (2000). Exploring the strategies that respondents use in test taking. In G. Ekbatani & H. Pierson (Eds.), *Learner-directed assessment in ESL* (pp. 127-150). Mahwah, NJ: Lawrence Erlbaum.

Cohen, E. G. (1994). Restructuring the classroom: Conditions for productive small groups. *Review of Educational Research, 64*(1), 1-35.

Collins Coubild learner's dictionary. (2001). Glasgow, England: Harper Collins Publishers.

Conklin, K., & Schmitt, N. (2008). Formulaic sequences: Are they processed more quickly than nonformulaic language by native and nonnative speakers? *Applied Linguistics, 29*(1), 72-89.

Conrad, S. (2005). Corpus linguistics and L2 teaching. In E. Hinkel (Ed.), *Handbook of research in second language teaching and learning* (pp. 393-409). Mahwah, NJ: Lawrence Erlbaum.

Conzett, J. (2000). Integrating collocation into a reading & writing course. In M. Lewis (Ed.), *Teaching collocation: Further developments in the lexical approach* (pp. 70-86). London: Language Teaching Publications.

Cook, V. (1988). *Chomsky's universal grammar: An introduction*. Oxford: Basil Blackwell.

Cook, V. (1991). *Second language and language teaching* (2nd ed.). New York: Arnold.

Corder, S. P. (1967). The significance of learner's errors. *International Review of Applied Linguistics, 5*, 161-170.

Corder, S. P. (1973). *Introducing applied linguistics*. Harmondsworth: Penguin.

Corrigan, R., Moravsik, E. A., Ouali, H., & Wheatley, K. M. (Eds.). (2009). *Formulaic language*

(Vols. 1-2). Amsterdam/Philadelphia: John Benjamins.

Corson, D. J. (1995). *Using English words*. Dordrecht: Kluwer.

Cortes, V. (2004). Lexical bundles in published and student disciplinary writing: Examples from history and biology. *English for Specific Purposes, 23*(4), 397-423.

Cowie, A. P. (1981). The treatment of collocations and idioms in learners' dictionaries. *Applied Linguistics, 2*, 223-235.

Cowie, A. P. (1988). Stable and creative aspects of vocabulary use. In R. Carter & M. McCarthy (Eds.), *Vocabulary and language teaching* (pp. 126-139). London: Longman.

Cowie, A. P. (1998). *Phraseology: Theory, analysis, and applications*. Oxford: Oxford University Press.

Cowie, A. P., & Howarth, P. (1995). *Phraseological competence and written proficiency*. In G. M. Blue and R. Mitchell (Eds.), *Language and education* 80-93). Clevedon: Mulilingual Mmatters Ltd.

Craik, F. I. M., & Lockhart, R. S. (1972). Levels of processing: A framework for memory record. *Journal of Verbal Learning and Verbal Behaviour 11*, 671-684.

Crow, J. T., & Quigley, J. R. (1985). A semantic field approach to passive vocabulary acquisition for reading comprehension. *TESOL Quarterly, 19*, 497-513.

Crowther, J., Dignen, S., & Lea, D. (2002). *Oxford collocations dictionary for students of English*. Oxford: Oxford University Press.

Cruse, D. A. (1986). *Lexical semantics*. Cambridge: Cambridge University Press.

Daulton, F. E. (2003). List of high-frequency baseword vocabulary for Japanese students. *The Internet TESL Journal, 9*(3), http://iteselj.org.

Day, R. R., & Bamford, J. (1998). *Extensive Reading in the Second Language Classroom*. Cambridge: Cambridge University Press.

Day, R., Omura, C., & Hiramatsu, M. (1991). Incidental EFL vocabulary learning and reading. *Reading in a Foreign Language, 7*, 541-549.

DeCarrico, J. S. (2004). *Vocabulary teaching*. Boston, MA: Heinle & Heinle.

Doughty, C., & Williams, J. (1998). Pedagogical choices in focus on form. In C. & J. Williams (Eds.), *Focus on form in classroom second language acquisition* (pp. 197-261). New York: Cambridge University Press.

Dubin, F. (1989). The odd couple: Reading and vocabulary. *ELT Journal, 19*, 497-513.

Dubin, F., & Olshtain, E. (1993). Predicting word meanings from contextual clues: Evidence for L1 readers. In T. Huckin, M. Haynes, & J. Coady (Eds.), *Second language reading and vocabulary learning* (pp. 181-201). Norwood, NJ: Ablex.

Ellis, N. C. (1995). Vocabulary acquisition: Psychological perspectives and pedagogical implications. *The Language Teacher, 19*(2), 12-16.

Ellis, N. C. (1997). Vocabulary acquisition: Word structures, collocation, word-class, and meaning. In N. Schmitt & M. McCarthy (Eds.), *Vocabulary: Description, acquisition and pedagogy* (pp. 122-139). Cambridge: Cambridge University Press.

Ellis, N. C. (2002). Frequency effects in language acquisition: A review with implications for theories of implicit and explicit language acquisition. *Studies in Second Language Acquisition, 24*, 143-148.

Ellis, N. C. (2003). Constructions, chunking, and connectionism: The emergence of second language structure. In C. J. Doughty & M. H. Hong (Eds.), *The handbook of second language acquisition* (pp. 63-103), Oxford: Blackwell.

Ellis, N. C. (Ed.). (1994). *Implicit and explicit learning of languages*. London: Academic Press.

Ellis, R. (1994). *The study of second language acquisition*. Oxford: Oxford University Press.

Fernando, C. (1996). *Idioms and idiomaticity*. Oxford: Oxford University Press.

Ferris, D., & Hedgcock, J. C. (1998). *Teaching ESL composition: Purpose, process, and practice*. Mahwah, NJ: Lawrence Erlbaum.

Firth, J. R. (1957). A synopsis of linguistic theory 1930-1955. In *Studies in Linguistic Analysis* (pp. 1-32), special volume. Oxford: Blackwell.

Firth, J. R. (1957). *Papers in Linguistics* 1934-1951. Oxford: Oxford University Press.

Flower, J. (1995). *Start building your vocabulary: Elementary*. Hove, England: Language Teaching Publications.

Frazer, C. A. (1999). Lexical processing strategy use and vocabulary learning through reading. *Studies in Second Language Acquisition, 21*(2), 225-241.

Gardner, D. (2007). Validating the construct of word in applied corpus-based vocabulary research: A critical survey. *Applied Linguistics, 28*(2), 371-405.

Gass, S. (1997). *Input, interaction, and the second language learner*. Hillsdale, NJ: Erlbaum.

Gass, S., & Selinker, L. (1994). *Second language acquisition: An introductory course*. NJ: Lawrence Erlbaum Associates.

Gass, S., Madden, C., Preston, D., & Selinker, L. (1988). *Variation in second language acquisition: Psycholinguistic issues*. Clevedon: Multilingual Matters.

Gavioli, L., & Aston, G. (2001). Enriching reality: Language corpora in language pedagogy. *ELT Journal, 55*(3), 238-246.

Gledhill, C. (2000). The discourse function of collocation in research article introductions. *English for Specific Purposes, 19*, 115-135.

Goldsmith, P. (2003). *Oxford phrasebuilder genie*. Oxford: Oxford University Press.

Gough, C. (2001). *English vocabulary organizer: 100 topics for self-study*. Hove, England: Language Teaching Publications.

Grabe, W. (2003). Reading and writing relations: Second language perspectives on research and practice. In B. Kroll (Ed.), *Exploring the dynamics of second language writing* (pp. 242-262). New York: Cambridge University Press.

Granger, S. (1998). Prefabricated patterns in advanced EFL writing: Collocations and lexical phrases. In A. P. Cowie (Ed.), *Phraseology: Theory, analysis, and applications* (pp. 145-160). Oxford: Oxford University Press.

Granger, S. (2002). A bird-eye view of computer learner corpus research. In S. Granger, J. Hung, & S. Petch-Tyson (Eds.), C*omputer learner corpora, second language acquisition and foreign language teaching* (pp. 3-33). Amsterdam: John Benjamins.

Green, N. M., & Oxford, R. (1995). A closer look at learning strategies, L2 proficiency, and gender. *TESOL Quarterly, 29*, 261-297.

Greenbaum, S. (1970). *Verb-intensifier collocations in English*. Hague: Mouton.

Gu, Y., & Johnson, R. (1996). Vocabulary learning strategies and language learning outcomes. *Language Learning, 46*, 643-679.

Gurrie, C. (2018). *What is college really for?* Retrieved January 3, 2019, from the World Wide Web:https://www.huffpost.com/entry/what-is-college-really- for_b_13861696.

Ha, Jooyeon., & Yoon, Hyunsook. (2016). Effects of implicit and explicit learning conditions on the acquisition of implicit and explicit collocational knowledge. *Korean Journal of English Language and Linguistics 16*(4), 695-716.

Hakuta, K. (1974). Prefabricated patterns and the emergence of structure in second language acquisition. *Language Learning, 24*, 287-297.

Halliday, M. A. K. (1961). Categories of the theory of grammar. *Word, 17*(2), 241-292.

Halliday, M. A. K. (1994). *An introduction to functional linguistics* (2nd ed.). London: Edward Arnold.

Hargreaves, P. (2000). Collocation and testing. In M. Lewis (Ed.), *Teaching collocation: Further developments in the lexical approach* (pp. 205-223). London: Language Teaching Publications.

Harley, B. (Ed.). (1995). *Lexical issues in language learning.* Amsterdam: Benjamins.

Harmer, J. (1983). *The practice of English language teaching*. London: Longman.

Harmer, J. (1991). *The practice of English language teaching* (2nd ed.). New York: Longman.

Harmer, J. (2001). *The practice of English language teaching* (3rd ed.). Harlow, Essex: Longman.

Hartmann, R. R. K., & James, G. (1998). *Dictionary of lexicography*. London: Routledge.

Hartmann, R. R. K., & James, G. (1999). Case study: The Exeter university survey of dictionary. In R. R. K. Hartmann (Ed.), *Thematic network project in the area of languages: Recommendations, national reports and thematic reports from the TBNP sub-project 9: Dictionaries* (pp. 36-52). Berlin: Freie Universität Berlin.

Hatch, E., & Brown, C. (1995). *Vocabulary, semantics, and language education*. Cambridge: Cambridge University Press.

Hedge, T. (2000). *Teaching and learning in the language classroom*. New York: Oxford University Press.

Hill, J. (2000). Revising priorities: From grammatical failure to collocational success. In M. Lewis (Ed.), *Teaching collocation: Further developments in the lexical approach* (pp. 47-69). London: Language Teaching Publications.

Hill, J., & Lewis, M. (1997). *LTP dictionary of selected collocations*. Hove, England: Language Teaching Publications.

Hindmarsh, R. (1980). *Cambridge English lexicon*. Cambridge: Cambridge University Press.

Hoey, M. (1991). *Patterns of lexis in a text*. Oxford: Oxford University Press.

Hoey, M. (2000). A word beyond collocation: New perspectives on vocabulary teaching. In M. Lewis (Ed.), *Teaching collocation: Further developments in the lexical approach* (pp. 224-242). London: Language Teaching Publications.

Hoey, M. (2005). *Lexical priming: A new theory of words and language*. London: Routledge.

Hornby, A. S. (1974). *Oxford advanced learner's dictionary*. Oxford: Oxford University Press.

Howarth, P. (1998). Phraseology and second language proficiency. *Applied Linguistics, 19*(1), 24-44.

Huckin, T., Haynes, M., & Coady, J. (Eds.). (1993). *Second language reading and vocabulary learning*. Norwood, NJ: Ablex.

Hulstijn, J. H. (1992). Retention of inferred and given word meanings: Experiments in incidental vocabulary learning. In P. Arnaud & H. Béjoint (Eds.), *Vocabulary and applied linguistics* (pp. 113-125). London: Macmillan.

Hulstijn, J. H. (1993). When do foreign-language readers look up the meaning of unfamiliar words? The influence of task and learner variables. *The Modern Language Journal, 77*, 139-147.

Hulstijn, J., Hollander, M., & Greidanus, T. (1996). Incidental vocabulary learning by advanced foreign language students: The influence of marginal glosses, dictionary use, and reoccurrence of unknown words. *The Modern Language Journal, 80*, 327-339.

Hunston, S. (2002). *Corpora in applied linguistics*. Cambridge: Cambridge University Press.

Hunston, S., & Francis, G. (1999). *Pattern grammar: A corpus-driven approach to the lexical grammar of English*. Amsterdam: John Benjamins.

Hunston, S., Francis, G., & Manning, E. (1997). Grammar and vocabulary: Showing the connections. *ELT Journal, 51*(3), 208-216.

Hunt, A., & Beglar, D. (2002). Current research and practice in teaching vocabulary. In J. C. Richards & W. A. Renandya (Eds.), *Methodology in language teaching: An anthology of current practice* (pp. 258-266). Cambridge: Cambridge University Press.

Huston, S. (2002). *Corpora in applied linguistics*. Cambridge: Cambridge University Press.

Hymes, D. (1972). On communicative competence. In J. P. Pride & J. Holmes (Eds.), *Sociolinguistics: Selected reading* (pp. 269-293). Harmondsworth, England: Penguin.

Jackson, H. (1988). *Words and their meaning*. New York: Longman.

Joh, Jeongsoon., & Choi, Seonghee. (2001). Towards innovative reading instruction in English classrooms: A study of middle school students. *English Teaching, 56*(1), 3-29.

Johnson, D. W., Johnson, R. T., & Holubec, E. J. (1990). *Circles of learning: Cooperation in the classroom*. Edina, MN: Interaction Book.

Johnson, D. W., Johnson, R. T., & Smith, K. A. (1995). Cooperative learning and individual student achievement in secondary schools. In J. E. Pederson & A. D. Digby (Eds.), *Secondary schools and cooperative learning* (pp. 3-54). New York: Garland.

Kang, Dong-Ho. (2003). The relationship between vocabulary learning and motivation in Korean primary school EFL classrooms. *English Teaching, 58*(2), 119-141.

Kellerman, E. L. (1986). An eye for an eye: Crosslinguistic constraints on the development of the L2 lexicon. In E. Kellerman & M. Sharwood-Smith (Eds.), *Crosslinguistic influence in second language acquisition* (pp 35-48). Oxford: Pergamon.

Kennedy, G. (1990). Collocations: Where grammar and vocabulary teaching meet. In S. Anivan (Ed.), *Language teaching methodology for the nineties* (pp. 215-229). Sinapore: RELC.

Kim, Duk-Ki. (2003). Chunking in foreign language learning. *Foreign Languages Education, 10*(4), pp. 129-161.

Kim, Heeyoung., & Bae Jungok. (2012). The relationship of collocation competence with reading and writing skilJs. *English Teaching, 67*(3), 95-119.

Kim, HyeJin., & Yoon, Hyunsook. (2008). Effects of predictability in L1 on the use of L2 verb+noun collocations. *English Teaching, 63*(2), 237-257.

Kim, Nahk-Bohk (2011). Effective free-talking methods in a Korean university setting. *Modern English Education, 12*(4), 192-214.

Kim, Nahk-Bohk. (2003). An investigation into the collocational competence of Korean high school EFL learners. *English Teaching, 58*(4), 225-248.

Kim, Nahk-Bohk. (2004). A collocational analysis of Korean high school English and suggestions for collocation instruction. *English Language & Literature Teaching, 10*(3), 41-66.

Kim, Nahk-Bohk. (2008). Teaching in chunks: Facilitating English proficiency. *Modern English Education, 9*(1), 30-51.

Kim, Nahk-Bohk. (2016). Effects of free-talking sessions on EFL university students' attitudes and speaking progress. *Modern English Education, 17*(2), 141-162.

Kim, Seong-Sig. (2002). A corpus-based analysis of the words in the elementary school English textbooks. *English Teaching, 57*(3), 253-278.

Kim, Young-Mi. (2010). Spoken corpora of EFL learners: Collocations, vocabulary use, and their oral proficiency levels. *Multimedia-Assisted Language Learning, 13(1).* 9-28.

Kjellmer, G. (1984). Some thoughts on collocational distinctiveness. In J. Aarts & W. Meijs (Eds.), *Corpus linguistics: Recent developments in the use of computer corpora in English language research* (pp. 163-171). Amsterdam: Rodopi.

Knight, S. (1994). Dictionaries use while reading: The effects on comprehension and vocabulary acquisition for students of different verbal abilities. *The Modern Language Journal, 78*, 285-299.

Ko, Myong Hee. (2011). Korean college students' dictionary use. *Foreign Languages Education, 18*(1), 19-44.

Koya, T. (2003). A Study of collocation in English and Japanese noun-verb combinations. *Intercultural Communicaion Studies 12*, 125-147.

Krashen, S. (1981). *Second language acquisition and second language learning*. Oxford: Pergamon Press.

Krashen, S. (1982). *Principles and practice in second language acquisition*. Oxford: Pergamon Press.

Krashen, S. (1985). *The input hypothesis*. London: Longman.

Krashen, S. (1988). *Second language acquisition and second language learning* (2nd ed.). Oxford: Prentice Hall / Pergamon.

Krashen, S. (1989). We acquire vocabulary and spelling by reading: Additional evidence for the input hypothesis. *The Modern Language Journal, 73*, 445-464.

Krashen, S., & Terrell, T. (1983). *The natural approach: Language acquisition in the classroom.* Oxford: Pergamon Press.

Kuiper, K. (2004). Formulaic performance in conventionalised varieties of speech. In N. Schmitt (Ed.), *Formulaic sequences* (pp. 37-54). Philadelphia: John Benjamins Publishing Company.

Kwon Ye-Eun., & Lee Eun-Joo. (2014). Lexical bundles in the Korean EFL teacher talk corpus: A comparison between non-native and native English teachers. *The Journal of Asia TEFL, 11*(3), 73-103.

Landau, S. I. (2001). *Dictionaries: The art and craft of lexicography.* Cambridge: Cambridge University Press.

Larsen-Freeman, D. (2001). Teacher Grammar. In M. Celce-Murcia (Ed.), *Teaching English as a second or foreign language* (pp. 251-266). Boston: Heinle & Heinle.

Larsen-Freeman, D., & Long, M. H. (1991). *An introduction to second language acquisition research.* Harlow, Essex: Longman.

Laufer, B. (1998.) The development of passive and active vocabulary: Same or different? *Applied Linguistics 19*, 255-271.

Laufer, B., & Hadar, L. (1997). Assessing the effectiveness of monolingual, bilingual and bilingualized dictionaries in the comprehension and production of new words. *The Modern Language Journal, 81*, 189-196.

Laufer, B., & Shmueli, K. (1997). Memorizing new words: Does teaching have anything to do with it? *RELC Journal, 28*, 89-108.

Lea, D. (2002). *Oxford collocations dictionary for students of English.* Oxford: Oxford University Press.

Lee Nari. (2010). *Korean EFL learners' knowledge and interpretation of formulaic sequences.* Unpublished Dissertation of Graduate School of Korea University, Seoul.

Lee, Jeong-Won & Schallert, D. L. (1997). The relative contribution of L2 language proficiency and L1 reading ability to L2 reading performance: A test of the threshold hypothesis in an EFL context. *TESOL Quarterly, 31*(4), 713-739.

Lee, Jeong-Won. (2002a). An analysis of test-taking strategies for the cloze. *English Teaching, 57*(1), 213-233.

Lee, Jeong-Won. (2002b). An exploratory study on reading comprehension test-taking processes and strategies in the EFL context. *English Teaching, 57*(4), 177-195.

Lee, Seongwon. (2002). The effect of topic interest on dictionary use and vocabulary learning. *English Teaching, 57*(1), 89-109.

Levelt, W. J. M. (1989). *Speaking: From intention to articulation*. Cambridge, MA: MIT Press.

Levenston, E. (1979). Second language acquisition: Issues and problems. *Interlanguage Studies Bulletin, 4*, 147-160.

Lewis, M. (1993). *The lexical approach: The state of ELT and a way forward*. Hove, England: Language Teaching Publications.

Lewis, M. (1997a). *Implementing the lexical approach: Putting theory into practice*. London: Language Teaching Publications.

Lewis, M. (1997b). Pedagogical implications of the lexical approach. In J. Coady & T. Huckin (Eds.), *Second language vocabulary acquisition* (pp. 255-270). Cambridge: Cambridge University Press.

Lewis, M. (2000b). Language in the lexical approach. In M. Lewis (Ed.), *Teaching collocation: Further developments in the lexical approach* (pp. 126-153). London: Language Teaching Publications.

Lewis, M. (Ed.). (2000a). *Teaching collocation: Further developments in the lexical approach*. London: Language Teaching Publications.

Lewis, M., & Hill, J. (1992). *Practical techniques: For language teaching*. Hove, England: Language Teaching Publications.

Mackey, W. F. (1965). *Language teaching analysis*. Bloomington: Indiana University Press.

Marianne, C., & Diane, L. (1999). *The grammar book* (2nd ed.). Boston, MA: Heinle & Heinle.

Martin, M. (1984). Advanced vocabulary teaching: The problem of synonyms, *The Modern Language Journal 68*(2), 130-137.

Mayor, M. (2013). *Longman collocations dictionary and thesaurus* (LCDT). Harlow, Essex: Pearson Education Ltd.

McCarthy, M. (1984). A new look at vocabulary in EFL. *Applied Linguistics, 5*(1), 12-22.

McCarthy, M. (1990). *Vocabulary*. Oxford: Oxford University Press.

McCarthy, M., & O'Dell, F. (1999). *English vocabulary in use: Elementary*. Cambridge: Cambridge University.

McCarthy, M., & O'Dell, F. (2001a). *English vocabulary in use: Upper-intermediate*. Cambridge: Cambridge University Press.

McCarthy, M., & O'Dell, F. (2001b). *English vocabulary in use: Advanced*. Cambridge: Cambridge University Press.

McCarthy, M., & O'Dell, F. (2005). *Collocations in use (Intermediate)* Cambridge: Cambridge University Press.

McCarthy, M., & O'Dell, F. (2017). *Collocations in use (Intermediate,* 2nd ed.*)* Cambridge: Cambridge University Press.

Mclntosh, C. (2009). *Oxford collocations dictionary for students of English* (OCDSE, 2nd ed.). Oxford: Oxford University Press.

Meara, P. (1980). Vocabulary acquisition: A neglected aspect of language learning. *Language Teaching and Linguistics: Abstracts 13*, 221-246.

Melka, F. (1997). Receptive vs. productive aspects of vocabulary. In Schmitt, N. and M. McCarthy (Eds.), *Vocabulary: Description, Acquisition and pedagogy* (pp. 84-102). Cambridge: Cambridge University Press.

Meyer, C. F. (2002). *English corpus linguistics: An introduction.* Cambridge: Cambridge University Press.

Miller, G. A. (1956). The magical number seven, plus or minus two: Some limits on our capacity for processing information. *The Psychological Review, 63*. 81-97.

Molinsky, S., & Bliss, B. (1994). *Word by word picture dictionary*. NJ: Prentice Hall.

MonoConc Pro 2.2 [computer software]. (2000). Houston, TX: Athelstan.

Moon, R. (1997). Vocabulary connections: Multi-word items in English. In N. Schmitt & M. McCarthy (Eds.), *Vocabulary: Description, acquisition and pedagogy* (pp. 40-63). Cambridge: Cambridge University Press.

Moon. R. (1998). *Fixed expressions and idioms in English*. Oxford: Clarendon Press.

Nagy, W. E. (1988). *Teaching vocabulary to improve reading comprehension.* Urbana, IL: National Council of Teachers of English.

Nagy, W. E. (1997). On the role of context in first-and second-language vocabulary learning. In N. Schmitt & M. McCarthy (Eds.), *Vocabulary: Description, acquisition, and pedagogy* (pp. 64-83). Cambridge: Cambridge University Press.

Nagy, W. E., & Herman, P. A. (1987). Breadth and depth of vocabulary knowledge: Implications for acquisition and instruction. In M. G. McKeown & M. E. Curtis (Eds.), *The nature of vocabulary acquisition* (pp. 19-35). Hillsdale, NJ: Erlbaum.

Nagy, W. E., Anderson, R. C., & Herman, P. A. (1987). Learning word meanings from context during normal reading. *American Educational Research Journal, 24*, 237-270.

Nagy, W. E., Herman, P. A., & Anderson, R. C. (1985). Learning words from context. *Reading Research Quarterly, 20*(2), 233-253.

Nation, I. S. P. (1982). Beginning to learn foreign language vocabulary: A review of the research.

RELC Journal, 13, 14-36.

Nation, I. S. P. (1990). *Teaching and learning vocabulary*. Boston, MA: Heine & Heine Publishers.

Nation, I. S. P. (1991). Dictation, dicto-comp and related techniques. *English Teaching Forum, 29*, 12-14.

Nation, I. S. P. (2001). *Learning vocabulary in another language*. Cambridge: Cambridge University Press.

Nation, I. S. P. (2002). Best practice in vocabulary teaching and learning. In J. C. Richards & W. A. Renandya (Eds.), *Methodology in language teaching: An anthology of current practice* (pp. 267-272). Cambridge: Cambridge University Press.

Nation, I. S. P. (2005). Teaching and learning vocabulary. In E. Hinkel (Ed.), *Handbook of research in second language teaching and learning* (pp. 581-595). Mahwah, NJ: Lawrence Erlbaum.

Nation, I. S. P. (2012). *The BNC/COCA word family lists*. Retrieved November 10, 2018 from https://www.victoria.ac.nz/lals/about/staff/paul-nation#vocab-lists.

Nation, P., & Coady, J. (1988). Vocabulary and reading. In R. Carter & M. McCarthy (Eds.), *Vocabulary and language teaching* (pp. 97-110). London: Longman.

Nation, P., & Waring, R. (1997). Vocabulary size, text coverage and word lists. In N. Schmitt & M. McCarthy (Eds.), *Vocabulary: Description, acquisition, and pedagogy* (pp. 6-19). Cambridge: Cambridge University Press.

Nattinger, J. R. (1988). Some current trends in vocabulary. In R. Carter and M. McCarthy (Eds.), *Vocabulary and language teaching* (pp. 62-72). London: Longman.

Nattinger, J. R., & DeCarrico, J. S. (1992). *Lexical phrases in language teaching*. Oxford: Oxford University Press.

Nesi, H. (2000). *The use and abuse of EFL dictionaries*. Tübingen: Verlag.

Nesselhauf, N. (2003). The use of collocations by advanced learners of English and some implications for teaching. *Applied Linguistics, 24*(2), 223-242.

Nesselhauf, N. (2005). *Collocations in a learner corpus*. Amsterdam: John Benjamins.

Newell, A. (1990). *Unified theories of cognition*. Cambridge, MA: Harvard University Press.

Nunan, D. (1988). *Syllabus design*. Oxford: Oxford University Press.

Nunan, D. (1999). *Second language teaching & learning*. Boston, MA: Heinle & Heinle.

O'Keeffe, A., McCarthy, M., & Carter, R. (2007). *From corpus to classroom*. Cambridge: Cambridge University press.

O'Malley, J. M., & Chamot, A. U. (1990). *Learning strategies in second language acquisition*. Cambridge: Cambridge University Press.

Ooi, D., & Lee, J. (1996). Vocabulary teaching: Looking behind the word. *ELT Journal, 50*(1), 52-58.

Oxford Advanced Learner's Dictionary. (5th ed.). (2000). Oxford: Oxford University Press.

Oxford, R. L. (1990). *Language learning strategies: What every teacher should know.* Boston, MA: Heinle & Heinle.

Oxford, R. L. (1997). Constructivism: Shape-shifting, substance, and teacher education applications. *Peabody Journal of Education, 72*(1), 35-66.

Oxford, R. L. (2003a). *Language learning styles and strategies: An overview.* Proceedings of GALA (Generative Approaches to Language Acquisition) Conference, 1-25. Retrieved December 23, 2018 from http://web.ntpu.edu.tw/ ~language/workshop/read2.pdf

Oxford, R. L. (2003b). Learning styles and strategies: Concepts and relationships. *IRAL, 41*(4), 271-278.

Oxford, R. L., & Cohen, A. (1992). Language learning strategies: Crucial issues of concept and classification. *Applied Language Learning, 3*, 1-35.

Oxford, R. L., & Scarcella, P. C. (1994). Second language vocabulary learning among adults: State of the art in vocabulary instruction. *System, 22*(2), 231-243.

Palmer, H. E. (1933). *Second interim report on English collocation.* Tokyo: Kaitakusha.

Paribakht, T. S., & Wesche, M. B. (1996). Enhancing vocabulary acquisition through reading: A hierarchy of text-related exercise types. *The Canadian Modern Papers in ESL, 6*, 155-178.

Paribakht, T. S., & Wesche, M. B. (1997). Vocabulary enhancement activities and reading for meaning in second language vocabulary acquisition. In T. Huckin, M. Haynes, & J. Coady (Eds.), *Second language reading and vocabulary learning* (pp. 174-200). Norwood, NJ: Ablex.

Park, Gi-Pyo. (2004). The effects of vocabulary preteaching and providing background knowledge on L2 reading comprehension. *English Teaching, 59* (4), 193-216.

Park, Hahn. (1998). Composition errors as an index of Korean American language student fluency levels. *Korean Studies, 22*, 82-105.

Park, Jun-Eon. (2001). Korean EFL learners' vocabulary strategies. *English Teaching, 56*(4), 3-30.

Parry, K. (1997). Vocabulary and comprehension: Two portraits. In J. Coady & T. Huckin (Eds.), *Second language vocabulary acquisition: A rationale for pedagogy* (pp. 55-68). Cambridge: Cambridge University Press.

Pawley, A., & Syder, F. H. (1983). Two puzzles of linguistics theory: Nativelike selection and nativelike fluency. In J. Richards & R. Schimidt (Eds.), *language and communication* (pp. 191-226). New York: Longman.

Peters, E. (2009). Learning collocation through attention-drawing techniques. In A. Barfield & H. Gyllstad (Eds.), *Researching collocations in another language* (pp. 194-207). London: Palgrave Macmillan.

Peters. A. M. (1983). *The unit of language acquisition*. Cambridge: Cambridge University Press.

Prince, P. (1996). Second language vocabulary learning: The role of context versus translations as a function of proficiency. *The Modern Language Journal, 80*, 478-493.

Radford, A. (1997). *Syntactic theory and the structure of English: A minimalist approach*. Cambridge: Cambridge University Press.

Read, J. (2000). *Assessing vocabulary*. Cambridge: Cambridge University Press.

Read, J., & Nation, P. (2004). Measurement of formulaic sequences. In N. Schmitt (Ed.), *Formulaic sequences* (pp. 23-36). Philadelphia: John Benjamins Publishing Company.

Redman, S. (1997). *English vocabulary in use: Pre-intermediate & intermediate.* Cambridge: Cambridge University Press.

Redman, S., & Shaw, E. (2001). *Vocabulary in use: Intermediate.* Cambridge: Cambridge University Press.

Richards, J. C. (1974). Word lists: Problems and prospects. *REIC Journal, 5*(2), 87-102.

Richards, J. C. (1976). The role of vocabulary teaching. *TESOL Quarterly, 10*(1), 77-89.

Richards, J. C. (1985), *The context of language teaching*. Cambridge: Cambridge University Press.

Richards, J. C., & Rodgers, T. S. (2001). *Approaches and methods in language teaching*. Cambridge: Cambridge University Press.

Richards, J. C., & Schmidt, R. W. (2002). *Longman dictionary of language teaching and applied linguistics*. London: Longman Publishing Group.

Richards, J., & Renandya, W. A. (Eds.). (2002). *Methodology in language teaching: An anthology of current practice*. Cambridge: Cambridge University Press.

Rivers, W. M. (1983). *Communicating naturally in a second language: Theory and practice in language teaching.* Cambridge: Cambridge University Press.

Rivers, W. M. (1984). *Interactive language teaching*. Cambridge: Cambridge University Press.

Robins, R. H. (1980). *General linguistics*. New York: Longman.

Rubin, J. (1987). Learner strategies: Theoretical assumptions, research history and typology. In A. Wenden & J. Rubin (Eds.), *Learner strategies in language learning* (pp. 15-30). Englewood

Cliffs, NJ: Prentice Hall.

Rundell, M. (2010). *Macmillan collocations dictionary* (MCD). Oxford: Macmillan Education.

Rundell, M., & Fox, G. (2002). *Macmillan English dictionary* (MCD). Oxford: Macmillan Education.

Ryu, Jesun. (2006). Dictionary use by Korean EFL college students. *Language & Information, 7*, 83-114.

Sánchez, M. (2005). Research on dictionary use by trainee translators. *Translation Journal, 9*(2), Retrieved January 6, 2015, from http://translationjournal.net/journal/32dictuse.htm.

Saragi, I., Nation, I. S. P., & Meister, G. F. (1978). Vocabulary learning and reading. *System, 6*(2), 72-78.

Schmidt, R. W. (1990). The role of consciousness in second language learning. *Applied Linguistics, 11*, 129-158.

Schmitt, N. (1997). Vocabulary learning strategies. In N. Schmitt & M. McCarthy (Eds.), *Vocabulary: Description, acquisition and pedagogy* (pp. 199-227). Cambridge: Cambridge University Press.

Schmitt, N. (2000). *Vocabulary in language teaching*. Cambridge: Cambridge University Press.

Schmitt, N. (2004). *Formulaic sequences: Acquisition, processing and use*. Amsterdam/Philadelphia: John Benjamins.

Schmitt, N., & McCarthy, M. (Eds.). (1997). *Vocabulary: Description, acquisition and pedagogy*. Cambridge: Cambridge University Press.

Seal, B. D. (1991). Vocabulary learning and teaching. In M. Celce- Murcia (Ed.), *Teaching English as a foreign or second language* (2nd ed.) (pp. 296-311). New York: Newbury House.

Shapiro, N., & Adelson-Goldstein. J. (1998). *The oxford picture dictionary*. Oxford: Oxford University Press.

Shei, C. C., & Pain, H. (2000). An ESL writer's collocational aid. *Computer Assisted Language Learning, 13*(2), 167-182.

Shin, Dongkwang. (2007). What collocations would be unpredictable for Korean EFL learners? *Korean Journal of Applied Linguistics, 23*(2), 83-98.

Shin, Dongkwang., & Nation, P. (2008). Beyond the single words: The most frequent collocations in spoken language. *ELT Journal, 62*(4), 339-348.

Sinclair, J. M. (1991). *Corpus, concordance, collocation*. Oxford: Oxford University Press.

Sinclair, J., & Renouf, A. (1988). A lexical syllabus for language learning. In R. Carter & M. McCarthy (Eds.), *Vocabulary and language teaching* (pp. 140-160). London: Longman.

Singleton, D. (2000). *Language and the lexicon: An introduction.* New York: Oxford University Press.

Sökmen, A. J. (1997). Current trends in teaching second language vocabulary. In N. Schmitt & M. McCarthy (Eds.), *Vocabulary: Description, acquisition and pedagogy* (pp. 237-257). Cambridge: Cambridge University Press.

Song, Mi-Jeong. (1999). Reading strategies and second language reading ability: The magnitude of the relationship. *English Teaching, 54*(3), 73-95.

Song, Mi-Jeong. (2001). The role of L2 proficiency in L2 reading: The threshold model revisited. *English Teaching, 56*(1), 31-51.

Stahl, S. A., & Vancil, S. J. (1986). Discussion is what makes semantic maps work in vocabulary instruction. *Reading Teacher*, 62-67.

Stern, H. H. (1975). What can we learn from the good language learner? *Canadian Modern Language Review, 31*, 304-318.

Sternberg, R. J. (1987). Most vocabulary is learned from context. In M. G. McKeown & M. E. Curtis (Eds.), *The nature of vocabulary acquisition* (pp. 89-105). Hillsdale, NJ: Erlbaum.

Stoller, F. L., & Grabe, W. (1993). Implications for L2 vocabulary acquisition and instruction from L1 vocabulary research. In H. Thomas, H. Margot, & C. James, *Second language reading and vocabulary learning* (pp. 24-45). NJ: Ablex Publishing.

Stubbs, M. (1995a). Collocation and semantic profiles. *Functions of Language, 2*(1). 23-55.

Stubbs, M. (1995b). Corpus evidence for norms of lexical collocation. In G. Cook & B. Seidlhofer (Eds.), *Principle & practice in applied linguistics,* (pp. 245-256). London: Oxford University Press.

Stubbs, M. (1996). *Text and corpus analysis: Computer-assisted studies of language and culture.* Oxford: Blackwell.

Stubbs, M. (2001). *Words and phrases: Corpus studies of lexical semantics.* Oxford: Blackwell.

Summers, D. (1988). The role of dictionaries in the language learning. In R. Carter & M. McCarthy, *Vocabulary and language teaching* (pp. 11-127). England: Longman.

Summers, D. (2003). *Longman dictionary of contemporary English* (3rd ed.). Harlow, Essex: Longman.

Susan, M, G. (1997). *Input, interaction, and the second language learner.* NJ: Lawrence Erlbaum Associates.

Swain, M. (1998). Focus on form through conscious reflection. In C. Doughty & J. Williams (Eds), *Focus on form in classroom second language acquisition* (pp. 64-81). New York: Cambridge University Press.

Swan, M. (1997). *Practical English usage.* Oxford: Oxford University Press.

Swan, M. (1997). The influence of the mother tongue on second language vocabulary acquisition and use. In N. Schmitt & M. McCarthy (Eds.), *Vocabulary: Description, acquisition and pedagogy* (pp. 122-139). Cambridge: Cambridge University Press.

Talmy, L. (1996). The windowing of attention in language: In Shibatani, M. & Thomspson, S. A. (Eds.), *Grammatical constructions* (pp. 235-288). Oxford: Clarendon Press.

Taylor, L. (1990). *Teaching and learning vocabulary*. London: Prentice Hall.

Thornbury, S. (2002). *How to teach vocabulary*. London: Longman.

Thorndike, R. L. (1973). *Reading comprehension education in fifteen countries: An empirical study*. NY: John Wiley and Sons.

Ungerer, F., & Schmid, H.-J. (1996). *An introduction to cognitive linguistics*. Harlow, Essex: Longman.

Walter, E., & Woodford, K. (2010). *Using collocation for natural English.* Guildford, UK: Delta Publishing.

Watanabe, Y. (1997). Input, intake and retention: Effects of increased processing on incidental learning of foreign language vocabulary. *Studies in Second Language Acquisition, 19*, 287-307.

Weinert, R. (1995). The role of formulaic language in second language acquisition: A review. *Applied Linguistics, 16*(2), 180-205.

Wesche, M., & Paribakht, T. S. (2000). Reading-based exercises in second language vocabulary learning: An introspective study. *The Modern Language Journal, 84*, 196–213.

Wharton, G. (2000). Language learning strategy use of bilingual foreign language learners in Singapore. *Language Learning, 50*, 203-243.

White, L. (1989). *Universal grammar and second language acquisition.* Amsterdam: John Benjamins.

Widdowson, H. G. (1989). Knowledge of language and ability for use. *Applied Linguistics, 10*(2), 128-137.

Widdowson, H. G. (1993). Proper words in proper places. *ELT Journal, 47*(4), 317-329.

Widdowson, H. G. (2000). On the limitations of linguistics. *Applied Linguistics, 21*, 3-25.

Wilkins, W. A. (1972). *Linguistics in language teaching*. London: Edward Arnold.

Willis, D. (1990). *The lexical syllabus: A new approach to language teaching*. London: Collins Cobuild.

Willis, D., & Willis, J. (2001). Task-based language learning. In R. Carter, D. Carter, & D. Nunan (Eds.), *The cambridge guide to teaching English to speakers of other languages* (pp. 173-179). Cambridge: Cambridge University Press.

Wingate, U. (2004). Dictionary use: The need to teach strategies. *Language Learning Journal, 29(1)*, 5-11.

Wong-Fillmore, L. (1976). *The second time around: Cognitive and social strategies in second language acquisition.* Unpublished doctoral dissertation. Stanford University, Stanford, CA.

Wood, D. (2010). *Formulaic language and second language speech fluency.* London: Continuum International Publishing Group.

Woolard, G. (2000). Collocation-encouraging learner independence. In M. Lewis (Ed.), *Teaching collocation: Further developments in the lexical approach* (pp. 28-46). London: Language Teaching Publications.

Wray, A. (2000). Formulaic sequences in second language teaching: Principle and practice. *Applied Linguistics, 21*(4), 463-489.

Wray, A. (2002). *Formulaic language and the lexicon.* New York: Cambridge University Press.

Wray. A., & Perkins, M. R. (2000). The functions of formulaic language: An integrated model. *Language & Communication, 20*, 1-28.

Yorio, C. A. (1980). Conventionalized language forms and the development of communicative competence. *TESOL Quarterly, 14*(4), 433–442.

Zimmerman, C. B. (1993). *Teacher's perspectives of and strategies with lexical anomalies.* Paper presented at TESOL conference, Atlanta, Georgia.

Zimmerman, C. B. (1997a). Do reading and interactive vocabulary instruction make a difference?: An empirical study. *TESOL Quarterly, 31*, 121-140.

Zimmerman, C. B. (1997b). Historical trends in second language vocabulary instruction. In J. Coady & T. Huckin (Eds.), *Second language vocabulary acquisition* (pp. 5-19). Cambridge: Cambridge University Press.

찾아보기

가설(Hypothesis) 13, 161
간섭(interference) 30
강 연어(strong collocation) 64, 91
개념-기능 중심 교수요목(notional-functional syllabus) 11
거시적 조직어(macro organizer) 49
결합성(cohesion) 86, 148
결합적 단순성(syntagmatic simplicity) 48
계열적 유연성(paradigmatic flexibility) 48
고빈도 단어(high-frequency words) 21, 257
고정 표현(fixed expressions) 46, 278
고정된 연어(fixed collocation) 66
고정성(fixedness) 50, 69
공기 제약(co-occurrence restraints) 78
공기관계(co-occurrence relation) 33, 57, 62, 88, 137, 242, 297
공기성(co-occurrence) 62, 69
과다사용(overuse) 35, 108
과업 중심 언어 교수 학습법(Task-based Language Learning and Teaching) 11
과잉일반화(overgeneralization) 163
관습화된 발화(institutionalized utterances) 46, 175
관습화된 표현(institutionalized expressions) 13
관용구(phraseology) 63
관용성(idiomaticity) 66
관찰-가설-실험 42, 45, 130, 211
광의의 연어(wide collocation) 62, 86
교육적 코퍼스(pedagogic corpus) 37
구조적 교수요목(structural syllabus) 11
규칙 빈칸 채우기(cloze test) 26, 266
긍정적 증거(positive evidence) 169
기능어(function words) 257
기반어(기저어, base) 89, 90, 137, 179, 297
내용 스키마(contents schema) 284
내용어(content words) 215, 257
능동 어휘(active vocabulary) 18
다단어 뭉칫말(multi-word chunks) 115, 182, 217, 279, 288, 298
다단어 조립식 뭉칫말(multi-word prefabricated chunks) 3, 11, 38, 115, 117, 297
다독(extensive reading) 25
다의성(polysemy) 56, 93, 179, 257
단어 연쇄(word chain) 267
단일 방향성(unidrectionality) 70
대조 분석 가설(Contrastive Analysis Hypothesis: CAH) 32
데이터 중심 학습(data-driven learning) 38
머릿속 어휘사전(어휘부, mental lexicon) 15, 46
명시적 어휘 학습(explicit vocabulary learning) 30, 299
모국어(mother tongue) 17, 25, 223
문법 번역식 교수법(Grammar-Translation

Method) 11
문법적 연어(grammatical collocation) 43, 53, 85, 89, 92, 93, 170, 256, 257
문법화된 어휘(grammaticalized lexis) 44, 96, 282
문자적 의미(literal meaning) 66
문장 틀(sentence frames) 34, 46, 49, 54
문장 핵어(sentence headwords) 46, 49
뭉칫말(chunks) 3, 12, 41, 57, 128, 155, 157, 271, 278, 281
뭉칫말 접근방식(chunk-based approach) 281
뭉칫말 총체(chunks wholes) 57, 297
뭉칫말화(chunking) 3, 41, 55-57, 129, 135, 157, 257, 276, 278, 279, 281, 283
반복가능성(replicability) 137, 166
복합어(compound words) 50
부수적인 어휘 학습(incidental vocabulary learning) 16, 17
부정적 전이(negative transfer) 31, 166
부정적 증거(negative evidence) 169
비상호성(non-reciprocity) 41, 71
비합성성(non-compositionality) 50, 51, 67
산출 지식(productive knowledge) 17, 224
삼항어(trinomial) 47, 50, 146
상향식 처리 과정(bottom-up processing) 137
섀도잉(shadowing) 276, 284
수동 어휘(passive vocabulary) 18
수용 지식(receptive knowledge) 17, 224
수용(intake) 132, 137, 163, 166, 299
숙어(idioms) 50
암시적 어휘 학습(implicit vocabulary learning) 24
약 연어(weak collocation) 64, 91
어구색인 분석(concordance analysis) 11, 38
어군(word family) 22
어형성(word formation) 50, 268
어휘 관계(lexical relations) 59
어휘 구(phrases) 45, 50, 97
어휘 궁합 3, 12, 60, 63, 71, 137, 216
어휘 묶음(lexical bundles) 115
어휘 문법(lexico-grammar) 13
어휘 문법적 구조(lexicogrammatical structures) 65
어휘 뭉칫말(lexical chunks) 12, 41, 115, 118, 178, 298
어휘 접근방식(Lexical Approach) 12, 41
어휘 항목(lexical items) 46, 56, 97, 215, 268
어휘력(어휘 능력) 15, 19, 273
어휘론자(lexicologist) 128, 278, 297
어휘적 가설(lexical hypothesis) 52
어휘적 교수요목(lexical syllabus) 43, 181
어휘적 연어(lexical collocation) 43, 53, 85, 89, 90, 170, 256
어휘화된 문법(lexicalized grammar) 44, 116, 136
언어 기술(language skills) 122, 272
역영향 효과(washback effect) 173, 274
연쇄 창문화(chain windowing) 284
연어(collocation) 3, 12, 13, 59, 104, 298
연어 격자(collocation grid) 138, 148, 242
연어 능력(collocational competence) 12, 82, 130
연어 사전(collocation dictionary) 96, 151, 153, 180

연어 연구(collocation research) 36, 85, 218, 299
연어 오류(collocation error) 150, 218
연어 유형(collocation types) 85, 89, 170
연어 제약(collocation restriction) 87, 235
연어 지수(collocational quotient) 189, 223, 298
연어 지식(collocational knowledge) 12, 84, 101
연어 짝(collocational pairs) 72, 140
연어 평가(collocation test) 171
연어군(collocation family) 41, 115, 299
연어노트(collocation notebook) 260
연어성(collocability) 57, 62, 67, 137, 211, 215, 242, 274, 297
연어적 연속체(collocational continuum) 63
연어적 접근 방식(collocational approach) 84, 97, 101, 137, 138
연어적 피드백(collocational feedback) 136
영한사전(단일어 사전, monolingual dictionary) 179
유창성(fluency) 115, 299
은유적 의미(metaphorical meanings) 64
의미 단위(sense unit) 55
의미의 투명도(transparency of meaning) 66, 86
의사소통 교수요목(communicative syllabus) 11
이분법(dichotomy) 3, 43, 76
이용가능성(availability) 20
이중어 사전((bilingual dictionary) 32, 179
이중어화된 사전(bilingualized dictionary) 151, 179
이항어(binomial) 47, 88, 146
이해 가능한 입력(comprehensible input) 97, 121, 132
이해 가능한 출력(comprehensible output) 136, 137, 163, 169
인접성(contiguity) 69
인지적 사고 과정(cognitive thinking process) 172
일대일 등치관계(paired-translational equivalence) 298
읽기 전략(reading strategies) 125
임의성(arbitrariness) 41, 70
입력 가설(Input Hypothesis) 132, 163
입력 자료(input materials) 168, 182
입문 단계(threshold level) 12
자유 결합(free combination) 63, 67, 71, 86, 116
자율 언어 학습(autonomous language learning) 170
장 이론(field theory) 15
적용가능성(applicability) 137, 166
전략 대조표(strategy checklist) 172
전산 언어학(computational linguistics) 38
전이(transfer) 30, 137
전이가능성(transferability) 75, 137, 166, 271
전치사 연어(preposition collocation) 256
정형어구(formulaic sequence) 115
정확성(accuracy) 115, 299
제2언어 습득(Second Language Acquisition) 15
제시-연습-생성(presentation-practice-production) 11, 42, 161, 211

조립식 뭉칫말(prefabricated chunks) 117, 297
조립식 어휘 뭉칫말(prefabricated lexical chunks) 115
조립식 표현(prefabs) 50
중간언어(interlanguage) 159
지시적 의미(referential meaning) 48
참조 코퍼스(reference corpus) 38
창문화 훈련(windowing practice) 178
창문화(windowing) 3, 138, 157, 158, 160, 284
친근성(familiarity) 20
코퍼스(corpus) 16, 36
코퍼스 분석 19, 23, 37, 57, 82, 111, 114, 135, 182
코퍼스 언어학(corpus linguistics) 3, 11, 19, 36, 38
탈어휘 동사(delexicalized/delexical verbs) 108, 142, 153, 226, 227, 229
통합적 접근방식(integrated approach) 11, 283
특수목적용 영어(English for Specific Purposes) 283
표제어(headwords) 50
하향식 처리 과정(top-down processing) 137
학습 지도안(lesson plan) 11
학습자 자율성(learner autonomy) 148, 162, 170
학습자 코퍼스(learner corpus) 37, 38, 104
학습전략(learning strategies) 126, 128, 168, 280
합성성의 원리(principle of compositionality) 51, 66
핵심어휘(core/defining vocabulary) 20
현저성(prominence) 76
현저성(saliency) 47, 125
협의의 연어(narrow collocation) 62, 86
형식 스키마(formal schema) 284
형태소(morpheme) 46, 129
형태의 고정도(fixedness of form) 66
화용적 의미(pragmatic meaning) 48
확장된 뭉칫말(extended chunks) 280, 282
확장된 연어(extended collocation) 41, 113, 115, 216, 248, 297

저자 소개

김낙복

공주대학교 영어교육과와 방송통신대학교 법학과를 졸업하였다. University of Hawaii at Manoa에서 TESOL을, 영국 Anglia Ruskin University에서 ELT를 수학하였다. 충남교육청 소속 영어교사로 18년간 근무하면서 3년간 교육컨설턴트로 활동하였다. 방송통신대학교 경영대학원에서 MBA과정을 수학하고 졸업하였으며 충남대학교에서 박사학위를 받았다. 미국 Northwest Nazarene University에서 Visiting Professor를 지냈으며, 주요 논저로는 *연어 중심 영어 어휘 교수 학습에 관한 연구*, *Teaching in chunks: Facilitating English proficiency*, *A corpus-based lexical analysis of the speech texts: A collocational approach*, *University students' collocational knowledge about prepositions with nouns in the EFL context* 등이 있다. 현재 나사렛대학교에 재직 중이며 HR컨설턴트로, 한국영어어문교육학회 연구이사 및 편집이사, 한국 ESP학회 홍보이사, 현대영어교육학회 섭외이사로 활동하고 있다.

영어 연어 교육론 - 원리와 적용

발행일 : 2019년 5월 01일 초판 인쇄
2019년 5월 10일 초판 발행

저　자 : 김 낙 복
발행인 : 정 영 기
발행처 : 한빛문화
서울특별시 성동구 독서당로 51길 14-6
02) 2291-9761

ISBN 979-11-86778-30-2 93740

정 가 : 25,000원

Linear Algebra

프리드버그 선형대수학

5판

지은이 **스티븐 H. 프리드버그, 아놀드 J. 인셀, 로렌스 E. 스펜스**

스티븐 H. 프리드버그 : 현재 일리노이 주립대학교에서 교수로 재직 중이다. 해석학과 선형대수학 도서와 논문의 저자, 공동저자로 활동하고 있다. 주요 저서로는 『Introduction to Linear Algebra with Applications』(Prentice Hall, 1986), 『Elementary Linear Algebra(2nd edition)』(Pearson, 2017) 등이 있다.

아놀드 J. 인셀 : 현재 일리노이 주립대학교, 일리노이 웨슬리언 대학교에서 교수로 재직 중이다. 선형대수학 도서를 집필하면서 공동저자로 활동 중이며, 격자이론(lattice theory), 위상수학, 위상군에 대한 논문을 발표하였다. 주요 저서로는 『Elementary Linear Algebra(2nd edition)』(Pearson, 2017)이 있다.

로렌스 E. 스펜스 : 현재 일리노이 주립대학교에서 교수로 재직 중이다. 대학 수학 교과서 9권의 저자, 공동저자로 활동하면서 이산수학과 선형대수학을 주요 주제로 수학 저널에 논문을 기고하고 있다. 주요 저서로는 『Elementary Linear Algebra(2nd edition)』(Pearson, 2017), 『Discrete Mathematics(5th edition)』(Pearson, 2005) 등이 있다.

옮긴이 **한빛수학교재연구소**

한빛수학교재연구소에서는 이공계열 공통 수학 및 수학 관련 학과 전공 교재에 적합한 번역서와 집필서를 기획하여 출간하고 있다.

감수 **심형보**

현재 서울대학교 전기·정보공학부 교수, 수리과학부 겸무교수로 재직 중이다. 주요 번역서로는 『KREYSZIG 공업수학(10판)』(텍스트북스, 2020)이 있다.

프리드버그 선형대수학

초판발행 2020년 6월 5일
8쇄발행 2025년 1월 16일

지은이 스티븐 H. 프리드버그, 아놀드 J. 인셀, 로렌스 E. 스펜스
옮긴이 한빛수학교재연구소 / **감수** 심형보 / **펴낸이** 전태호
펴낸곳 한빛아카데미(주) / **주소** 서울시 서대문구 연희로2길 62 한빛아카데미(주) 2층
전화 02-336-7112 / **팩스** 02-336-7199
등록 2013년 1월 14일 제2017-000063호 / **ISBN** 979-11-5664-491-0 93410

책임편집 김은정 / **기획** 고지연 / **편집** 윤세은 / **진행** 윤세은
디자인 김연정 / **전산편집** 김강수 / **제작** 박성우, 김정우
영업 김태진, 김성삼, 이정훈, 임현기, 이성훈, 김주성 / **마케팅** 김호철, 심지연

이 책에 대한 의견이나 오탈자 및 잘못된 내용은 출판사 홈페이지나 아래 이메일로 알려주십시오.
파본은 구매처에서 교환하실 수 있습니다. 책값은 뒤표지에 표시되어 있습니다.

홈페이지 www.hanbit.co.kr / 이메일 question@hanbit.co.kr